JN015533

CryptoDad

THE FIGHT for THE FUTURE OF MONEY

暗号通貨の未来と国家

「クリプト父さん」による
闘いの記録

J・クリストファー・ジャンカルロ〔著〕
飯山俊康〔監訳〕
野村資本市場研究所〔訳〕

一般社団法人金融財政事情研究会

CryptoDad: The Fight for the Future of Money by J. Christopher Giancarlo
Copyright © 2022 by J. Christopher Giancarlo. All rights reserved.
Translation copyright © 2022 by Kinzai Institute for Financial Affairs, Inc.
All Right Reserved.
This translation published under license with the original publisher
John Wiley & Sons, Inc. through Tuttle-Mori Agency, Inc., Tokyo
Cover Photo: Mike McGregor Inc.

1970年代の家族。私、母エラ・ジェーン、弟のマイクとティム、父ヘクター、兄チャーリー。その年は、ダブルのジャケットが流行した（ジャンカルロ家の写真）

ウォール街のボスたち。2010年、ニューヨーク証券取引所でGFIグループが発足。左から私、最高執行責任者のロン・リーバイ、ジェネラル・カウンセルのスコット・ピントフ、プレジデントのコリン・ヘフロン、創設者で執行役会長のミッキー・グーチ、最高財務責任者のジム・ピアース（ジャンカルロ個人の写真）

2014年６月、息子のルークとヘンリー、娘エマ、妻レジーナが見守るなか、米最高裁のクラレンス・トーマス判事に対してCFTC委員長に宣誓就任（ジャンカルロ個人の写真）

ケンタッキー州マディソンビル近くのカーディナル炭鉱の地下900フィートで、CFTCのステークホルダーらと面会（ジャンカルロ個人の写真）

CFTCでの５年間の任期中に、全米二十数州の数多くの家族経営農場を訪れ、現地のCFTCの関係者らと面会（ジャンカルロ個人の写真）

2010年ドッド・フランク・ウォールストリート改革・消費者保護法の成立にあたって、クリス・ドッド上院議員とバラク・オバマ大統領と会談（権利と画像はスティーブ・シュワルツから取得）

2018年、ドナルド・J・トランプ大統領と大統領執務室で会談し、アメリカのデリバティブ市場の監督について議論（ホワイトハウス公式写真）

2017年10月、ジェローム・パウエル連邦準備制度理事会議長とともに記者会見に臨む（写真の権利はアラミーから取得）

2018年２月、上院銀行委員会の公聴会において、議員が着席するまで、SECのジェイ・クレイトン委員長と意見交換（ジャンカルロ個人の写真）

2019年、CFTCと英財務省・イングランド銀行・英金融行為監督機構が策定した「ブレグジットに架ける橋」を、イングランド銀行のマーク・カーニー前総裁およびアンドリュー・ベイリー現総裁とともに公表（フィナンシャル・タイムズから写真の権利を取得）

2018年、CFTCの同僚であるブライアン・クインテンズ、ダン・バーコウィッツ、ドーン・スタンプ、ロスティン・ベナム各委員とともに（CFTCの公式写真）

CFTCの幹部チーム。左からブライアン・ビューシー、マット・ダイグラー、マイク・ギル、エリック・パン、マギー・スクラー、ブルース・タックマン、私、ダン・デイビス、サラ・サマービル、ジョン・ロジャース、ジェイミー・マクドナルド、マット・カルキン、エリカ・リチャードソン、アミール・ザイディ（CFTCの公式写真）

2016年、ホワイトハウス記者会主催の晩餐会に出席するため、私の30年来の花嫁とともにケネディ・ウォーレン・アパートを出発（ジャンカルロ個人の写真）

14世紀に歴史をさかのぼる名誉市民の称号である「フリーダム・オブ・シティ・オブ・ロンドン」を、シティ・オブ・ロンドン・コーポレーションのキャサリン・マクギネス政策・資源委員長、ワーシップフル・カンパニー・オブ・ペインター・ステイナーズの組合員でCFTCの広報担当ディレクターのエリカ・リチャードソンとともに受賞（ジャンカルロ個人の写真）

CFTCの委員長が公聴会室でステージに上がり、バンド「セカンド・アメンドメンツ」とともに別れを告げるのは、おそらくこれが最初で最後。左から、リードギターのマニング・ファラチ、キーボードのケニー・ハルショフ元ミズーリ州下院議員、ギターとリードボーカルの下院農業委員会幹部コリン・ピーターソン議員、私、ベースギターのダン・ウルフ、そしてドラムのザック・マーティン（ジャンカルロ個人の写真）

ビットコイン 2021コンファレンスの会場で、ブライアン・ブルックス元通貨監督庁暫定長官とともに、大勢のライブの聴衆を前に（ジャンカルロ個人の写真）

この本を、３人の賢い恩師たちに捧げる：
生きることに忠実であるべきことを教えてくれた母、エラ・ジェーン
学問の目標は自由であることを教えてくれた教授、ヘンリー
そして、優しさこそ愛の本質であることを体現する妻、レジーナ

日本語版の発刊にあたって

『暗号通貨の未来と国家――「クリプト父さん」による闘いの記録』の日本語版は、野村グループが企画し、翻訳してくれました。暗号通貨とお金の未来について、私の経験と考察をより多くの日本の皆さんに届けてくれたグループCEOの奥田健太郎氏と野村の素晴らしい経営陣、取締役会の仲間に感謝します。

1年前に本書が出版されて以来、いろいろなことがありました。一つは、世界中の政策当局者が、デジタル資産と暗号通貨に関する適切な法規制上の枠組みを真剣に検討し始めたことです。当然のことながら、多くの人が、私がかつて所属していたアメリカの政府機関、商品先物取引委員会（CFTC）の先進的な取組みを検証しています。本書で述べるように、CFTCは設立当初から、世界の金融市場におけるイノベーションの最先端を走ってきました。実際、CFTCは1970年代に、先物取引という金融イノベーションにおけるブレークスルーの安全弁として設立されました。このイノベーションは、世界の準備通貨である米ドルの金との兌換性が停止された後、世界経済が金利や為替の変動リスクをヘッジすることを可能にしました。半世紀後、世界は再び、新しい金融の仕組みを試みています。暗号通貨です。今回もまた、CFTCがグローバル・スタンダードの設定者となりました。

本書で詳述するように、CFTCは早くから分散型台帳技術とデジタル資産に取り組んでおり、

2015年には、ビットコインがCFTCの所管のもと、コモディティとして公式に定義されると決定されました。2年後には、CFTCの委員長として、ビットコイン先物の自己認証と市場取引の開始を監督しました。これにより、世界初の完全に規制された重要なデジタル資産の市場が開始されることになったわけです。その後、イーサリアム先物を含む他のコモディティ・ベースの暗号通貨商品もCFTCの監視下に置かれるようになっています。今日、デジタル資産のコモディティ・デリバティブ（取引量で最大のデジタル資産の種類）の取引は、CFTCの緊密な監督のもと、秩序立った透明性のある市場で取引されています。これにより、ドル・ベースの価格設定が促進され、現在の不安定な経済状況にもかかわらず、健全な流動性と高水準の建玉が維持されています。これらの市場は、暗号通貨にまつわる詐欺、不正使用、市場操作の犯人を訴追するうえで、世界の市場規制当局のなかで最も強力な規制執行を支える監督上の可視性をCFTCにもたらしています。

しかし、最も重要なことは、CFTCが早期に、そして果敢に暗号通貨に取り組んだことにより、責任ある金融市場のイノベーションに係る規制上のリスクと不確実性が軽減され、個人投資家と機関投資家によるデジタル資産への投資・経済活動という重要で新しいグローバル・エコシステムへの途が開かれたことではないでしょうか。したがって、今日の政策当局者がCFTCに注目し、暗号通貨市場での7年間にわたる監督、専門的分析、商品の普及促進のメリットを、消費者と金融イノベーターの双方が享受できるようにしていることは合理的です。

同時に、中央銀行デジタル通貨、あるいは「CBDC」への関心が世界的に高まりました。アメリカのシンクタンク、大西洋評議会によると、世界の国内総生産（GDP）の95％以上を占める105カ国が今日、CBDCを検討しています（注1）。このデジタル・ゴールドラッシュに積極的に取り組んでいるのは、G20では19カ国、韓国、日本、インド、ロシアなどであり、それぞれが最近、大きな進展をみせています。欧州中央銀行は、2023年末までに「デジタル・ユーロ」のプロトタイプを導入し、2025年までに広範な利用が可能になるとみられています（注2）。

実際にCBDCを開始している10カ国のうち、中国はCBDCを広範に展開した最初の国です。驚くべきことに、中国人民銀行（PBOC）金融市場担当責任者、鄒瀾（ゾウ・ラン）氏によると、中国のデジタル法定通貨を使用してすでに875億元（137・8億ドル）相当の取引が行われたようです（注3）。中国のe-CNYの普及を後押ししているのは、携帯電話やウェアラブルデバイス（注4）で使用できるという利便性の向上や、消費者や企業によるさまざまな取引への対応を可能にするプログラム可能性というテクノロジーの高度化です（注5）。

e-CNYの大きな目的は、中国政府にとって、国内の商取引をよりいっそう管理できるようにすることと、そこで生じるデータの可視化をもたらすことにあります。また、e-CNYは、非法定デジタル通貨という代替手段により脅かされている中国政府の金融に対する権能を強化するものです。中国のe-CNYの目標として掲げられているのは、国内の汚職防止、中国の決済システムの効率化、より多くの中国人による銀行システムへのアクセス、企業や個人の金融取引に対する政府の管理・監督の強化、となっています（注6）。

e-CNYにより、中国の国有銀行は、企業や個人の金融取引により直接的にアクセスできるようになります。また、e-CNYによりPBOCは、銀行口座、身分証明書、国内の電話番号、将来的には外国の電話番号を介して、資金の流れを直接追跡できるようになります。さらに、警察カメラ、顔認識、携帯電話、電子メッセージ追跡など、中国における既存の電子監視システムを補完する役割も果たします(注7)。今日、中国の至る所にあるドローンと顔認識のインフラは、マスクをせずに中国の中心街を歩く年配の中国人女性を特定し、「はい、そこのおばさん、このドローンはあなたに話しかけています。マスクをせずに歩き回ってはいけません。家に帰り、手洗いを忘れないでください」と叱ることができます(注8)。将来的には、e-CNYによって、中国当局が「おばさん、マスクをせずに歩いているのを確認しましたので、あなたのデジタル・ウォレットから250e-CNYを引き落としました。次回、またマスクをしていない場合は、追加で500e-CNYを失いますよ!」と以前の警告を引き継いで、金銭的な処罰を与えることが可能になるかもしれません。

これこそまさに、本書の第16章「デジタル・ドル」で私がおそれをなしてみる中央銀行デジタル通貨のモデルです。私たちは、こうした形態のCBDCが世界の通貨と金融の未来の姿を規定するのを容認するわけにはいきません。そのかわりに、個人の権利やプライバシーの保護、法の支配、自由企業、検閲からの自由といった伝統的な自由主義の価値が完全に組み込まれたCBDCのモデルを考えなければなりません。このようなCBDCは、e-CNYと比較して、単に監視や検閲の対象になりにくいだけでなく、正反対のものとして強力に対立するものになるでしょう。

個人のプライバシーは社会的な善です。個人とその市民権を尊重する自由社会では、市民が個人的プライバシーを享受し、いかなる理由であれ、あるいはまったく理由がなくとも、個人情報を自分のものにしておけることが不可欠です。資本主義経済において、憲法上の言論、集会、信仰の自由は、金融取引のかたちをとることが多々ありますが、プライバシーが保護されていなければ、それらは容易に侵害されてしまいます。一方で、自分自身や自分の情報、対人関係について自ら決定できることは、政治的・法的独立、社会的調和、経済的創造性の維持など、さまざまなかたちで社会に力を与え、強化します。プライバシーは、「消費者」としてのプライバシーだけでなく、あらゆる合法的な取引における個人のプライバシーであり、他者や社会といかにかかわるか、人々に自律権と選択肢を与えるものです。特に経済的プライバシーは、主権者たる国民が主権者であり続けること、そして自由社会が自由であり続けることを可能にします。

本書で述べるように、民間部門とステーブルコイン発行体という掛合わせは、プライバシーを保護する非法定デジタル通貨の開発の起点となる可能性が高いと思われます。ただ、残念ながら、私たちが「ビッグテック」に関して目撃してきたことは、彼らへの信頼に結びつきそうにありません。FAANG(Facebook, Amazon, Apple, Netflix, Google)と多くのソーシャルメディアは、さまざまなかたちで政治的な風潮に屈し、自社の「利用規約」の解釈を変えて、憲法で保護される広範な言論を検閲しています。今日、オンラインで議論できるアイデアを規定しているのと同じソーシャルメディアが、非法定デジタル通貨を監督することになれば、どのような活動に対価が支払われ、どのような政治運動に支援金が送られるか、彼らが決定するようになることも容易に想像がつくでしょう。ブランド・ペアレントフッドやライト・トゥ・ライフのような賛否両論ある団体に寄付したい、弾薬を買いたい、中絶したい。こうした場合、決済に使うステーブルコインの「利用規約」を確認しつつ、当該ステーブルコイン発行者の内部にあり、ホワイトハウスや24サセックス・ドライブ(注9)の圧力を受ける「地域社会基準局」の許可を得るしかありません。

残念ながら、公的部門がもっと良い仕事をするかどうか、あるいはプライバシーを完全に保護するCBDCが、西側の民主主義の同胞・同盟国の中央銀行によって近々デジタル鋳造されるかどうかは、定かではありません。国際決済銀行(スイスを拠点とする世界の中央銀行の中央銀行)の総支配人は2022年1月のスピーチで、中央銀行による個人の金融取引への可視性が法定CBDCによって高まる点を評価しました(注10)。欧州連合(EU)は来るデジタル・ユーロについて、小規模な取引ではプライバシーを保護しつつ、大規模な金融取引では政府による監視を重視する設計を検討しているとも伝えられています(注11)。

主要7カ国(G7)のなかで、CBDCの開発が最も遅れているのはアメリカとイギリスです。グローバルな通貨ゲームの保守本流であるポンドとドルの動きは鈍いものになっています(注12)。アメリカでは、連邦準備制度理事会(FRB)が、ディスカッション・ペーパーの発行や技術的な研究・実験など、さまざまな角度からCBDCの潜在的な利益とリスクを慎重に検証しています。

FRBが2022年1月に公表したCBDCディスカッション・ペーパーは、将来の「デジタル・ドル」が「消費者のプライバシー」は保護するものの、より広範な個人のプライバシーは保護しないことを示唆しています(注13)。綿密に練った用語法ではなかったのかもしれませんが、もし消費者としてのプライバシーのみを保護することを意味しているのであれば、そのアプローチにはおおいに改善の余地があると言わざるをえません。FRBがウォルマートにおける消費者の購買パターンを捕捉しようと言っていないのは良いことです。しかし、中央銀行や政府は、プランド・ペアレントフッド、カナダのトラック運転手の団体、反ワクチンを主張する団体、全米ライフル協会、アメリカ自由人権協会など、その活動が時の政府に有利だったり不利だったりする社会的・政治的組織に対する市民の資金提供に安易にアクセスできてはならないのです。

ごく最近、バイデン政権の科学技術政策局は、US CBDCシステムに関する技術評価を公表しました(注14)。正しい方向への一歩です。US CBDCシステムの主要な政策目標として、当該評価は「民主主義の価値と人権の尊重」をあげており、さらに重要なポイントとして「プライバシーを維持し、恣意的または違法な監視から保護する」ことが必要だとしています。そこでは、センシティブな金融データのプライバシーは保護されるべきであり、US CBDCに「組み込まれた保護と設計上の選択は、プライバシーがデフォルトで含まれることを確保するものでなければならない。それは、データ収集が市民の合理的な期待に沿うこと、かつ、CBDCシステムの政策目標を推進するために必要なデータのみが収集されるよう確保することを含む」とされています。また、同技術評価において、US CBDCは、暗号化された情報が真実であることについて、当該情報を明らかにすることなく証明することを可能にするといったプライバシー強化のテクノロジー（ゼロ知識証明、準同型暗号、マルチパーティー計算など）を活用することで、不正な金融取引を撲滅し、金融包摂を促進し、個人のプライバシー保護を確保できると指摘されています。概して、バイデン政権による当該CBDC技術評価は、民主主義にふさわしいCBDCに不可欠なプライバシー保護の構成要素を提示しているといえるでしょう。

自由社会は、経済的自由や金融プライバシーといった民主主義の価値が、その発行体が主権国家であれ民間企業であれ、デジタルマネーに組み込まれることを強く主張しなければなりません。自由世界の公的部門・民間部門はともに、お金の未来に関してリーダーシップを発揮し、民主主義の価値を主張していく必要があるのです。そうしなければ、私たちは、監視と統制という大きく異なる価値観を組み込んだCBDCと非法定デジタルマネーの世界的な拡大を受け入れなければならなくなるでしょう。世界中の自由民は、ためらうことなくデジタルなお金の未来に向き合い、今日の物理的なお金に刻み込まれている価値観が、明日のデジタルマネーにコーディングされるよう、主張しなければなりません。それは、言論の自由、個人のプライバシー、経済的自由です。

かつて、ロナルド・レーガンはこう言いました。

「自由は一世代で失われうる。自由は血統で受け継がれるものではない。自由は、戦いで勝ち取り、守り、次世代へ受け継がれ、受け継いだ者も同じようにしなければならない……」

世界中の自由民にとって、お金の未来は戦って勝ち取るに値するものなのです。さあ、取りかかりましょう。

J・クリストファー・ジャンカルロ
ニューヨーク
2022年9月

序文

暗号通貨、または口語で「クリプト」と呼ばれるものは、実はかなりの重大事だ。インターネット以上に重大事だと私たちは思う。そしてそれは、個人の自由に対して、印刷機やパソコン、初期のオープンなインターネットのように、大きな影響を与える可能性があると信じている。なぜならば、暗号通貨は分権化を可能にするからだ。つまり、読者諸氏のような個々人が力を握るようになるということだ。

ビットコインが開発される前に、分散型ネットワークというアイデアは、理論上のものにすぎないと考えられていた。ここで分散型ネットワークとは、関連性をもたない世界中のコンピュータが互いに何か（たとえば、だれが何を所有しているか）について信頼に基づく合意に達するというものだ。問題は、ネットワーク内のコンピュータが悪意をもって他のコンピュータを混乱させようとする可能性があることだ。

コンピュータ・サイエンスでは、この合意をめぐる問題はビザンチン将軍問題として知られている。サトシ・ナカモトを名乗るビットコインの創造者が2009年にビットコインの試案を発表し、彼女か彼か、あるいは彼らによって、それまでの難問が世界で初めて解決された。ビットコインのマイニング・アルゴリズムは、互いを知らないコンピュータのネットワークが、確実に、信頼に基づいて、合意することを可能にする。そしてその合意、またはコンセンサス（現在、ブロックチェーンと呼ばれる）

は、修正不可能であり、正当性の検証が可能だ。

歴史的にこのような合意は、中央の主体に委ねられるか、1カ所に集中するしかなかった。お金については長い間、政府が権力を握り、金融は大手銀行の領域だった。ティム・バーナーズ・リーが最初に描いた相互に関連性のあるコンピュータのオープン・ネットワークという商業用インターネットのユートピア的なビジョンは、データのカルテルによる寡占化というディストピアに変じてしまった。現在、インターネットにログインすることは事実上、フェイスブック、アマゾン、アップル、ネットフリックス、グーグル（頭文字をとってFANGと通称される）のいずれかにログインすることを意味する。これほど適切な頭字語（訳者注：Fangは牙を意味する）があるだろうか。

権力の集中をめぐる問題については、「権力は腐敗する、絶対的権力は絶対的に腐敗する」というイギリスの歴史家アクトン卿の格言がある。お金の分野で中央集権が生じていたのは、それが最善のかたちだからではなく、唯一のかたちだったからだ……少なくともいままでは。サトシの画期的な発明は、お金の分権化を可能にしただけでなく、あらゆるものを分権化するための設計図になった。

私たちはいま、インターネット、金融、お金が少数によって支配されるのではなく、多数によってコントロールされる未来像を描くことができる。これらソーシャルネットワーク（これらはすべて「社会的な（ソーシャル）ネットワーク」といえる）は、一握りのCEOや企業だけでなく、ユーザーである私たち全員に価値をもたらす。もはや、投資したり、お金を借りたり、建設したりするためにだれかの許可を必要とすることはない。特権のない公平な競争の場がそこにある。

ビットコインは、私たちにとって最初の暗号通貨として知られるようになった。それは、クリプトと呼ばれる新たな経済分野を生み出した。この分野は、インターネットがそうであったように、まったく無名のものから、だれもが無視できないものへと成長した。いまは、依然としてニッチなテクノロジーのようにみえるが、明日にはそれがすべてになっているかもしれない。ジェフ・ベゾスが初めてアマゾンを投資家たちに売り込んでいた頃、最初に必ず聞かれた質問は「インターネットっていったい何だ」だった。それは、暗号通貨のストーリーにも当てはまるだろう。

クリプトは単なる技術ではない。社会的ムーブメントだ。より多くの選択、独立性、機会をあらゆる者に提供することを可能にする。現在のシステムではとうてい思いつかないことを達成できる。お金を電子メールのように使うことができる。インターネットの接続とスマートフォンさえあれば、だれでも参加できる。個人の権利と尊厳を保護しつつ、インターネット、金融システム、そしてお金の仕組みを、変える力をもっている。これらは実に素晴らしい可能性であり、アメリカの精神と建国の原理を体現している。クリプトはきわめてアメリカ的である。

1990年代初頭には、インターネットの経済的な可能性を予測することはむずかしかっただろう。ごく最近まで、いまや世界経済の最大の原動力となっているインターネット企業の多くは、新参者にすぎず、なかには存在さえしなかったものもある。これらはほとんどがアメリカ企業であり、その経済的な成長と繁栄は主にアメリカ国民によって享受されてきた。アメリカはインターネットを勝ち取ったわけだ。

それは偶然でも幸運なめぐりあわせでもなかった。それはまさに、アメリカが法の支配と思慮深い規制を通じて長い間培ってきた、起業家精神を育む文化に由来する。私たちが選んだこの道は、洗練された金融・資本市場を生み出し、スタートアップ企業を育成し、イノベーションのゆりかごでもあり温床でもあるアメリカの地位を確固たるものにした。起業家たちは、他国がまねのできない明瞭さと迅速さをもって事業を立ち上げることができるアメリカに集まった。そして、いったんこのエコシステムが確立されると、それはおのずと強化され、恒久化されていった。

しかし、インターネットをめぐる競争が30年以上続き、アメリカのリーダーとしての地位が強固になるなかで、もう一つの競争が始まった。それが「お金のインターネット」をめぐる競争だ。まだ初期ではあるが、インターネットの競争とは異なり、アメリカはそこでのリーダーではない。これまで、大規模なクリプト関連企業は、いずれもアメリカの外で創業している。多くの場合、アメリカを離れたアメリカ人が創業者となっている。アメリカの規制環境があまりにも緩慢、不透明、あるいは厳格で、世界のイノベーションに追いついていけないことがその理由だ。そしてアメリカの投資家は、おそらく初めて、海外の金融プラットフォームに注目し始めている。国内ではほしいものが手に入らないからだ。

この悲しく皮肉な状況を認めるのは辛い。アメリカは、クリプト関連の起業家が集まる場所ではない。自由の国、勇者の故郷、民主主義と自由市場の砦であるアメリカは、いま、突如として、過去四半世紀にわたる技術革命の母国としての地位を危ぶまれるようになってしまった。アメリカは、国境を越え、国際的に分散化され、許可を必要としないこのテクノロジーの動きが、アメリカの承認を待ってくれると過信している。だが、そうはいかないだろう。アメリカは自己満足に陥っている。インターネットのブームとクリプトのブームを混同し、一度勝ったから、また勝てると思い込んでいる。過去の成功は、将来の成功を保証しない。

しかし、すべてが失われたわけではない。暗号通貨はまだ初期段階にあり、私たちの運命は私たち自身の手にかかっている。アメリカには、暗号通貨が約束する未来を理解しているクリス・ジャンカルロのような指導者がいる。商品先物取引委員会（CFTC）の委員長としてジャンカルロは、政府において暗号通貨を擁護し、CFTCにいまも息づく親クリプトの文化を残した。インターネットと同様に、アメリカをクリプトのリーダーにするための彼の献身は、彼にツイッター上やインターネットのフォロワーの大群の間で「クリプト父さん」の異名を与えることにつながった。そして、彼が5年間の公職に就く動機となった義務感と愛国心は、アメリカが取り残されないようにするモチベーションにもなっている。ジャンカルロは真のアメリカ人だ。

私たちが心から願うことは、多くの人が本書を読み、目前にある機会の重大さだけでなく、私たちの繁栄が保証されていないということを認識することだ。この本は、クリプトに対するアメリカの規制アプローチの現状と、そのあるべき姿を、インサイダーの視点から語っている。その知識を武器として、私たちはともに解決策を見出すことができよう。適切な成分と栄養素を与え、エコシステムを構築することによって、クリプトはアメリカで繁栄することが可能となる。私たちはともに、アメリカが起業家にとってクリプト事業を立ち上げるために文句なく最適な場所になることを、アメリカをだれもが夢を実現できる場にし続けることを、確実なものにすることができる。

私たちは、読者諸氏が、その未来に向けてクリプト父さんとともに戦うことを願っている。私たちは宇宙開発の競争に勝ち、インターネットを勝ち取った。次は、お金の未来のための戦いを勝ち抜こう。

前へ、そして上へ

2021年7月16日

ウィンクルボス兄弟（キャメロン、タイラー）

はじめに

2021年7月14日
ニューヨーク州のビッグ・ムース湖に向かう途中にて。

私は物語としてこの本を書いた。世界中の金融の中心地をめぐり歩く5年間の旅の物語だ。だれが何を言ったか、何をやったか、私が自分の目で見て耳で聞いた話だ。多くは深刻なものだが、笑えるものもあり、また、私たち一人ひとりの生活に影響を与える最高レベルでの決定がどのようになされたかを明らかにするものもある。

それは、2010年代後半の2014年から2019年に起こった実際の出来事だ。登場人物の多くは素晴らしく、一部は私にとって大切で、一部は不誠実だが、いずれもアメリカと世界経済がどのように運営されているかを知るうえで多かれ少なかれ重要な存在だ。

ワシントンD.C.だけでなく、ロンドン、ブリュッセル、バーゼル、香港において、金融情勢を左右する政治的権力がどのようなものかを知りたい読者のために、この本を書いた。

読者がこの物語を楽しんでくれることを願う。なぜなら、物語の途中で、より重要なメッセージを伝えなければならないからだ。とてつもなく大きなことが私たちの周りで起こっているということだ。一人の人間が権力の殿堂で経験しうる偶然で突拍子もない経験を上回る、とてつもなく大きな何かだ。それは一世代に一度どころか、数世紀に一度しか起こらない変化だ。

その変化は、インターネットの新しい波である「価値のインターネット」が原動力となっている。それは、仲介者を必要とせず、インターネット上で、価値のあるものを人から人に直接転送することを可能にする。

私が言う革命的な変化とは、社会が価値のあるものを所有し共有する方法の変化だ。そのなかでも、最も価値が高いのがお金だ。近い将来、お金の支払というものは、国際的な送金でもスーパーマーケットのカウンターでの支払でも、テキスト・メッセージを送るように簡単ですぐすむようになる。しかも無料でだ。

なぜ、これが革命的なのかといえば、これまでお金には場所と時間の制限があったからだ。自分から遠く離れたところにお金を送るためには、手間暇がかかる。それができるのは、手数料を支払うことのできる人に限られ、また、銀行の営業時間に限られていた。人類の歴史上、初めてお金が、時間と空間を超え、何よりも社会的階級を超えるようになる。

この本では、お金が私たちの目の前でどのように変化しているかが語られる。読者諸氏は、その変化を把握し、同胞の市民とともに声をあげて、その変化を実現していかなければならない。

お金は政府の構成物であると同時に社会の構成物でもある。私たちはともに、今日のアメリカのドルや、その他民主国家の通貨に組み込まれた、個人の自由、言論の自由、プライバシー、自由企業、法の支配といった価値が、未来のデジタルなお金にも組み込まれるようにしなければならない。

中央銀行に任せきりにするには、お金はあまりにも重要だ。私たちは、今後の急変していくお金について発言権を求めていかなければならない。私たちは、金融に係るプライバシーと経済的自由を確保しなければならない。そうしなければ、この本に登場する一部の人たちが私たちにかわって決定を下すことになる。デジタルマネーの利便性が約束されているからといって、選挙で選ばれていない政府のテクノクラートたちによって、その意図がいかに高潔なものであったとしても、私たちの自由が脅かされることを無視することはできない。

言論の自由、自由企業、個人の経済的なプライバシーといった不可侵の市民的自由が保護されなければ、民主主義国家の国民にとって、デジタル・ドル、デジタル・ユーロ、その他のデジタル通貨が専制国家の通貨より高い価値をもたらすことはない。自由な社会は、国あるいはほかの主体が発行するデジタル通貨に個人の自由とプライバシーの保護をコーディングすることにより、多くの利益を享受できる。自由な人々はそれを無視することで、多くの利益を失う。その選択は、市民社会の未来を左右する。

この本は、ビットコインなどの暗号通貨やその基盤となる分散型台帳の高度な技術について解説するものではないものの、その簡単な説明は試みる。この本は、ビットコイン投資戦略の手引書でもない。暗号通貨投資の良し悪しを判断するものでもなく、デジタル・ドルの創出を求めるものでもない。デジタル・ドル創出で何が問題になるのかは解説するが、この本はより基本的なところを扱う。

この本は、将来における経済的なプライバシーと金融の自由を主張するために書かれた。私たちは、止めることができないデジタルマネーの波、すなわち「価値のインターネット」を活用し、将来世代のために、より多くの人々の経済的な包摂、金融と経済の自由、人類の希望を実現していかなければならない。私たちは臆病でなく、大胆でなければならない。お金の未来が究極的には、勇敢な者たち——哲学者、農民、教師、音楽家、ファストフードのレジ打ち、ホテルの清掃員、医者、夢想家、そして私のような偶然に規制当局者になった者——から成る自由社会によって決定されるようにしなければならない。

そこにはもちろん、読者諸氏も含まれる。

序章

「昨日見たばかりの夢
すべて時間とともに消え去ったかのようだ
そして、もう一度、私は記憶をたどる
私のこの人生のもう一つの宝物、もう一つの宝物」
「運命は愛に慈悲を示さない
だからこそ、私はもう一度車輪を積み込む
なぜなら、人生にはまだ探索するべき裏道がたくさんあるからだ
まだ探求すべき裏道が」
「私は自分自身と自分の心理を変えることができないことを知っている
だからこそ、私は行かなければならない
現実を後にして
そうだ、後にして」
「そしていま、太陽が道を照らしている
曲がりくねる道を
そのために私は全力を尽くした
全力を尽くした」
「私は、道を探している
道を探している
道を探している
再び」（注1）

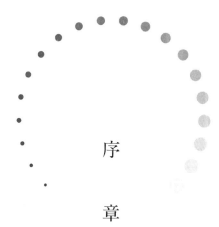

この本を開いてくれてありがとう。この本を書いた理由を話そう。

アメリカ、そして世界の経済の将来は、市場、テクノロジー、政治がダイナミックに交わって決定される。それらの相互作用が、私たちの食品、家の暖房の燃料、スマートフォンの動力となる電力、住宅ローンや自動車ローン、そして究極的には、これらすべての支払に使われるお金のコストと供給量を決定する。自慢の「アメリカ的生活様式」を維持するための妥当な価格を決定する。

私は、最初はウォール街の弁護士として、後に金融機関の幹部として、この経済の交差点で37年のキャリアを積んできた。また、世界で最もその重要性を理解されていない市場規制当局の一つであるCFTC（商品先物取引委員会）に5年間勤務した。そこでは、まったく予想もしなかったことに、何世代にもわたって最大ともいえる変化を垣間みることになった。それは、「価値のインターネット」、ビットコイン、そして暗号通貨の台頭だ。

そのため、この本は、部分的には、激変する世界で私がどのように専門家としての道を歩んできたかを語る個人的な本だが、それ以上のものであってほしい。つまり、戦いへの呼びかけだ。私は、これまでの経験から、民主主義社会にとって、私たち一人ひとりの日常生活に密接した影響を及ぼす「価値のインターネット」がもたらす多大な変化に勇気をもって相対することが急務になっていると確信している。変化のあり方は、自由な市民によってかたちづくられなければならない。

私がそう言う理由は以下のとおりだ。まず、金融市場について、カギとなる三つの所見をあげよう。

老朽化したインフラ

まず、アメリカの物理的なインフラ（橋、トンネル、空港、公共交通機関）を考えてみよう。これらは20世紀には最先端だったが、現在は老朽化が進んでいる。

残念なことに、金融のインフラの多くについても、アメリカと多くの先進西欧諸国の両方において同じことがいえる。小切手決済制度、株主の議決権行使や委任状手続、投資家のアクセスと開示、金融システムの規制監督。これら、かつて20世紀には最先端にあったグローバルなモデルは、21世紀においては時代遅れになってしまった。場合によっては、恥ずかしいほど遅れている。

この老朽化した金融システムによってアメリカなど先進国は、21世紀のデジタル技術を用いてイチから新しい金融インフラを構築している中国などに対して、競争上不利な立場に置かれている。その典型的な例が、アメリカでは個人による銀行を通じた送金の清算・決済に通常数日を要することだ。他の多くの国では、数秒ではないにしても、数分しかかからない。また、証券取引の決済には数日、土地所有権に係る保険の加入には数週間かかる。いまだに、世界中でお金を動かすには、現金をスーツケースに詰め込んで飛行機で運ぶほうが、電信送金よりも速くできる場合が多い。

現在の金融システムの限界をあらわにした顕著な例が、ＣＯＶＩＤ-19パンデミックに対する２０２０年春のアメリカ政府による救済策だ。何千万人もの国民が、小切手で救済金を受け取るまでに

ー カ月以上待たなければならなかった。同時に、百万人を超える死者に救済金が支給された。

価値のインターネット

二つ目の所見は、こうした古い金融および規制システムが、私を含む一部の人たちが「価値のインターネット」と呼ぶ、次のデジタル化の波への適応に苦心しているということだ(注2)。

最初の波は情報のインターネットだった。ウィキペディアは、その第一波を象徴する例だ。ボランティアたちが協力してつくりあげた巨大な分散型のオンライン参考書だ。その波は、ブリタニカ百科事典のような伝統ある出版社によって執筆、所有、管理されていた情報に、キーボードを叩くだけで、いつでも、どこでも、無料で簡単にアクセスすることを可能にし、情報の執筆・所有・管理を民主化した。

最初のインターネットの波は、「モノのインターネット」に取って代わられた。その波によって、私たちが買い物をしたり住んだりするあらゆる場所、私たちが身につけたり運転したりするすべてのもの、私たちが利用するあらゆる機器が、インターネットに接続されるようになった。

そしていま、私たちは、インターネットの次の波、「価値のインターネット」の入り口に立っている。派手さでいえば、これまでの波と変わらないが、「価値のインターネット」は、これまでの波をあわせたものよりもさらに深く、私たちの経済の実態に変革をもたらすだろう。この波は、情報のインターネットが知識にもたらしたような変化を、貨幣、金融商品、そして経済活動にもたらすこととなる。つまり、コストを削減し、スピードを速め、障壁を乗り越え、アクセスを拡大し、確実性を高め、グローバルな取引の即時処理に係る障害を取り除くだろう。

この波によって、価値あるものは、第三者の仲介なしに個人の間で、安全かつプライベートな方法で保管、管理、取引、移管されるようになる。たとえば、エネルギー、農業、鉱物などのコモディティに係る契約、株券、土地の登記、物件の所有権、音楽や美術などの文化財、出生証明や運転免許などの個人資産などが対象になる。このインターネットの次の波は、信頼の媒体を、中央で管理される大規模な機構から、暗号化、トークン化、そしてパソコンとスマートフォンのネットワークを介して結ばれる共通の台帳が動力となって保護される、個人対個人のデジタル化された「握手」へとシフトさせる。送り主がだれであり、送り先がだれであるかを確認するために有力な銀行やクレジットカード会社のような仲介者を通す必要もなく、テキスト・メッセージを送るだけで、お金を送ったり、財産の所有権を譲渡したりすることが可能になる。ウーバーが人の移動に、エアビーアンドビーが宿泊に、アマゾンが商業に、それぞれもたらした変化に劣らない変革の機会が訪れる。私たちは、数十年にわたるデジタル革命の中間点にたどり着いたにすぎない。

考えてもみてほしい。最後に電子メールではなく切手を貼った手紙を出したのはいつだったか。最後に写真を携帯電話に保存せずにアルバムに貼り付けたのはいつだったか。パンドラやスポティファイではなく、CDやカセットテープ、アナログ・レコードを最後に再生したのはいつだったか。インターネットが手紙、写真、音楽を一世代で変えられるとしたら、インターネットが金融サービスやお金を一世代で変えないと考えるのはナイーブだ。数年後には、小切手を切ることは、コダックにフィルムを送って現像するのと同じくらい時代遅れになるだろう。電信送金、さらに言えばベンモやスクエア・キャッシュのようなモバイル・アプリ経由での送金も同様だ。なぜなら、これらの表面上「デジタル」な手法はすべて、いまでも銀行やクレジットカード会社など高い手数料をとる仲介業者に依存しているからだ。近い将来、私たちは価値あるものを、第三者の助けを必要としたり手数料を払ったりせずに、携帯端末から受取人の携帯端末に直接送れるようになるだろう。

お金ほど、インターネットが劇的な影響を与える分野はないだろう。イングランド銀行の高名な副総裁、ジョン・カンリフ卿はかつて私に、社会は数世代に一度「お金とは何か」という問いを繰り返すのだと教えてくれた。彼は、最近のインターネットの波は再び、社会にこの問いを投げかけていると考えているという。

彼は正しい。社会はすでに10年以上にわたってお金の本質とは何かを問うてきた。２００８年の金融危機の焼け跡から生まれたビットコインは（注3）、最初のデジタル資産となった。その出現以来、民間では、将来のあるもの・ないものを含め、何千もの民間の暗号通貨が芽吹いてきた。

明らかに、デジタルマネーの探求において、民間は政府や中央銀行よりはるかに進んでいる。だが、最近になって政府も動き出している。現在、世界のほとんどの中央銀行は、中央銀行デジタル通貨と呼ばれる政府発行の暗号通貨を真剣に検討している。

私たちが今日知る世界は、通貨制度、銀行、そして外貨口座が一般的に一つの準備通貨に紐づけられた、競合する通貨圏の集まりだ。米ドル圏やユーロ圏のように。私がこの本で説明するように、こうした伝統的な通貨圏は明日にも、ネットワーク化され統合された各国デジタル通貨圏に取って代わられるかもしれない。中国のデジタル通貨圏、そしておそらくデジタル・ユーロ圏もありうる。これらの通貨圏において、中央銀行デジタル通貨は、強力な中央銀行の統制と監視のもとで、個人・法人向け融資、国内・海外決済、証券およびコモディティ取引、中央銀行の金融政策を含む、すべての重要な金融の機能・取引と分散型台帳を通じてつながるだろう。お金の流通のスピードや効率性の向上は、経済成長を加速させることにもなろう。世界の主要国において、このような経済・金融の中央統制は前例がない。それは、完全に統合され、ネットワーク化されたデジタル経済という「価値のインターネット」を最も端的に具現化したものとなろう。

デジタルなお金の未来

三つ目の所見は、デジタルなお金の未来に向けた基準、プロトコル、ルールが、今日確立されつつあるということだ。いま行動すれば、言論の自由、個人の経済的プライバシー、自由企業、自由な資本市場といった民主主義的価値観を、デジタルな未来のお金に組み込むことができる。そうすることで、私たちはこのイノベーションの波を利用して、将来世代のために、金融包摂、資本と経営の効率性、そして経済成長を最大化することができる。

しかし、私たちが賢明かつ迅速に行動しなければ、この新しいインターネットの波は、アメリカの老朽化した金融システムの欠点を白日のもとにさらすことになる。さらに悪いことに、政府の検閲、社会主義的な信用制度、法の支配の否定、中央集権的な計画経済といった、経済的に競合する非民主主義的な国家の価値観が未来のお金に組み込まれ、世界経済の活力と健全性、個人の自由、人類の進歩が損なわれることになろう。

この本は、お金のデジタル・トランスフォーメーションと、それが世界経済のあらゆる人々の生活をどのように変えるかを記したものだ。だが、同時に、より個人的な話でもある。マーガレット・サッチャー首相に憧れる、自由市場主義を信奉する共和党員である私が、世界有数のデリバティブ取引プラットフォームの構築に関与し、気づいたら2008年の金融危機の震源地にいた。その経験に基づいて、私はドッド・フランク法の金融市場改革を支持するようになった。いまとなっては、この法律は、アナログな口座ベースの金融システムにおける最後の「穴埋め」だったと考えている。

これらの経験から、私はバラク・オバマ大統領によってCFTCの委員に指名された。それはまた、上院の全会一致で承認された、ドナルド・トランプ大統領によるCFTC委員長への指名にもつながった。

映画『スミス都へ行く』(注4)の主人公を演じたジミー・スチュワートのように、私は改革の志をもつ政治の素人としてワシントンに行った。私の当面の目標は、スワップ市場の改革を完了し、改善することだった。しかし、その途中で、インターネットの次の波の最初の前触れを眺めていることに気づいた。既存の金融システムを根底から揺るがすことになる波だ。

当面の課題はビットコイン先物と呼ばれる商品だった。これについては後に詳しく説明する。私は、その発足を阻む大きな圧力に直面した。だが、私は幾分の懐疑心に捕らわれながらも、その圧力に抵抗した。私はむしろ、CFTCが金融イノベーションを奨励し、「価値のインターネット」に備え、暗号通貨デリバティブの開発を監督するよう導いた。政治的なリスクをおそれず、CFTCは金融市場のイノベーターのために規制の不確実性を軽減した。その判断は、私が予想しえなかったような個人・法人の暗号通貨をとりまく巨大なエコシステム誕生の基盤となった。それが、オンラインの暗号通貨コミュニティが私を「クリプト父さん」と呼ぶゆえんだ。この本は私の物語なのだ。

＊　＊　＊

「価値のインターネット」が進化し続けることは、疑う余地がない。バブルがあり、暴落があり、失敗も成功もある。重大な変化には常に、惨事や不正が付き物だ。いまは想像すらできないほど大きなビジネスの混乱もありうるし、ビジネスの革新もありうる。

しかし、テクノロジーは止めることができない。ある法域で抑圧されれば、別の法域に移るだけだ。このイノベーションの方向性は、ますます明確になってきており、正直言って驚くべきものにもなってきている。ビットコインは氷山の一角にすぎない。アメリカの政策担当者たちに問われているのは、賢く規制することによって、この新たなイノベーションの波がアメリカに来ることを許し、アメリカ経済に貢献する勇気をもつか、それとも不作為によって他の法域にそれを押しやるか、ということだ。

自由な市民は、デジタルなお金の未来の設計と運営に自分たちの意見が反映されるよう、声をあげるかどうかを問われている。今日の紙幣が提供する、企業および政府の監視からプライバシーを保護することへの合理的な期待は、デジタルマネーにも見出すことができるだろうか。デジタル・ドルや主権国家の発行しないデジタルマネーは、アメリカ合衆国憲法によって保証され、国民も当然視している経済のプライバシーを、政府の監視から保護するだろうか。それを決めるのは、だれだろうか。

私は、インターネットの進化は、それが通信、写真、小売り、ビジネス会議、エンターテインメントに革命をもたらしたように、お金と金融にも革命をもたらすと確信しており、この本を通じて読者にも確信してもらいたいと思っている。そうならないと考えるのはナイーブだ。それでも、由緒ある国際的な金融機関と中央銀行は、その革命が到来しているという認識さえもてずにいる。老朽化したインフラに既得権をもつ企業もある。政治的に抑圧された銀行幹部、現状維持を望む政治的な保守主義者、たまにいる批判ばかりのジャーナリスト、融通の利かない中央銀行に任せておいては、西洋の先進諸国は取り残されるだろう。私たちには、勇気と決断力、先見の明があり、リスクをとる意思をもつ為政者が必要だ。

もしアメリカが後れをとれば、将来的なデジタルマネーのルール、プロトコル、価値は、経済的に競合する非民主主義的な国家によって設定されてしまうだろう。そうならないよう、自由社会が勇気をもって、その根底にある信念を示さなければならない。私たちは勇敢にお金と金融のデジタル革命をリードしなければならない。「価値のインターネット」の主導権を、経済的に競合する専制国家に譲ってはならない。それが、個人の経済的プライバシー、法の支配、政府統制のない自由な市場といった民主的な価値観によって専制主義の価値観に立ち向かう唯一の方法だ。

その戦いはすでに始まっている。主導権を奪回するためには勇気と決断力が必要だ。この本は、政治的な惰性、組織的な独善、社会的な恐怖を克服し、お金の未来のために戦う勇気を呼び起こすためのものだ。

第4部 フィニッシュ・ライン 341

第1部

オープニング・ラップ

第1章
スワップにはまる

すべてがうまくいっているようにみえたら、それは遅れているということを意味するにすぎない。

——マリオ・アンドレッティ（チャンピオン・カーレーサー）、
サム・スミスによるインタビューより

赤信号

2014年11月6日（木）（ワシントンD.C.の商品先物取引委員会（CFTC）本部）

「SEFCON Vでのスピーチはできません」

私は上級法律顧問のマーシャ・ブレイスをしばらくみて、その発言が腹落ちするのを待った。

「なんだって？　後は行くだけだと思っていたのだが。何かがあったのか？」

SEFCONは、2009年に発足した年次のスワップ執行ファシリティに関するコンファレンスだ。多くの人からすると、ウォール街の怪しい、それでいて退屈な集まりのように聞こえるだろう。しかし当時は、重要で成長著しいトレーディング・プラットフォームで、ドッド・フランク法第七編で規定され、利用を義務づけられた「スワップ執行ファシリティ（SEF）」に焦点を当てた、きわめて重要な業界イベントだった。なお、ドッド・フランク法は、2008年の金融危機を受けて成立した象徴的な金融業界改革法だ（注1）（スワップ・ビジネスについては、少し後に説明する）。

このコンファレンスは、私が数年前に設立に関与した業界団体である、米国ホールセール市場ブローカー協会（WMBAA）が主催していた。私は2013年にWMBAAの会長職を辞しており、元会長という立場だったときに、オバマ政権からCFTCへの参画について打診された。CFTC委員となった私は、規制当局者としての新たな視点から聴衆に語るべく、SEFCONへの招待を暫定的に受け入れていた。

「ホワイトハウスはあなたに適用除外を認めません。彼らはその必要はないと考えています。あのコンファレンスでのスピーチはできません」

スワップの説明

SEFCONとオバマ政権の話を続ける前に、一歩前に戻って「デリバティブやスワップとは何か」という初歩的な質問に答えておこう。

あまり知られていない用語ではあり、怖い印象をもつ向きもあろうが、デリバティブやスワップは安定した金融システムの基礎にほかならない。そして、本書の後半で説明するように、暗号通貨におけるデリバティブの出現は、まったく新しい投資資産および革新的な金融サービスの分野として、暗号通貨の劇的な拡大と成熟化への道を開いた。

デリバティブは、自発的な参加者の間でリスクを移転するツールだ。自分が好まない、あるいは耐えられないリスクを抱える個人や組織が、そのリスクを負うことのできる人に対価を支払い、そのリスクを移転することを可能とするものだ。私たちは日常生活のなかでいつも、この考えを使っている。常にリスクを相殺することで「賭けをヘッジ」している。たとえば、私たちは海岸近くのマンションを買うために少し無理をすることもあるが、いくらかの資金を回収するために、夏の間他人に賃貸することによって、投資をヘッジする。マンションをシェアすることで、投資のリスクを軽減するわけだ。

デリバティブの歴史

投資家、農家、製造業者は、商業リスクや市場リスクを管理するために、何千年にもわたってデリバティブを利用してきた。大昔の哲学者アリストテレスは、ギリシャの数学者タレスが紀元前6世紀にはすでに、オリーブ圧縮機でオプション契約をして金儲けをしていたことを説明している(注2)。デリバティブは、農産物、金利、株式、債券、取引指数、通貨などの現物資産や金融資産の価値の増減から利用者が自らを守ることを可能にする。利用者はその際、原資産を売買する必要はない。その意味で、デリバティブは保険の一形態だが、救済を得るために被保険者が損失を被る必要はない。

アメリカのデリバティブ市場は、少なくとも19世紀までさかのぼる。最初のものは、ニューヨーク、フィラデルフィア、シカゴ、セントルイス、ニューオーリンズ、カンザスシティといった都市の農産物先物市場だった。これらの市場は、農家、牧場主、生産者が生産コストと出荷価格をヘッジすることを可能にした。それがひいては、アメリカの消費者が食料品店の棚でいつでも豊富な食料品を購入できることにつながった。

デリバティブ市場は、今日のアメリカの消費者が、自動車ローンから住宅ローンまで、あらゆる消費者向けの金融サービスにおいて安定した価格を享受している理由の一つである。デリバティブ市場は、住宅の暖房や工場の運営に使用されるエネルギーの価格と利用可能性に影響する。また、住宅ローンの借り手が支払う金利や、労働者が老後に向けた資産形成で得るリターンも左右する。航空会社もデリバティブを利用する。航空会社が半年後の航空券の運賃を提示することができるのは、将来の燃料費をヘッジしているからだ。原油の生産者と精製業者についても同じことがいえる。

農産品の先物

たとえば、私が農家だとして、生産面積が444エーカー（約1.46平方キロメートル）という、この国で平均的な家族経営の農場を所有しているとしよう。さらに、一般的な大豆とトウモロコシを交互に育てるとする。この農場を経営し続け、必要経費を支払うために、私は物知りでなければならない。私は自分の土地と、さまざまな天候パターンが作物に与える影響をよく理解している。農家の労働力とガソリンの費用もわかっている。種代がいくらになるかも知っている。肥料代も知っている。しかし、私が知らないのは、11月に大豆の価格がどうなるかということだ。その年の賃金、トラクター、ガソリン代の費用を合計すると、1ブッシェル当り6・75ドルになる。しかし、私は経験上、市場に出れば、大豆価格は1ブッシェル当り6・00ドルから9・50ドルの範囲で落ち着くと知っている。こうした価格の変動は、大儲けか倒産かの分かれ目となる可能性がある。

では、そのリスクを負担したいと思う人にどうやって移せばいいのか。私にできることは、先物市場で契約を結ぶことだ。生産の少なくとも半分は1ブッシェル当り7・75ドルに設定する。そうすれば、供給が多すぎて1ブッシェル当り6・75ドル以下で売られている場合においても、少なくとも1ドル多く稼いで農場の支払能力を維持することができる。もちろん、1ブッシェル当り9・50ドルまで値上がりしたら、その上昇分は断念することになる。しかし、少なくとも残りの半分の生産では利益を得ることができる。つまり、確実性を得るためにリスクを差し出したわけだ。

グローバルな貿易もデリバティブに依存している。為替レートの変動リスクをヘッジする市場がなければ、製造業者や一次産品生産者は自国通貨以外の通貨を輸出の対価として受け入れることをおそれるだろう。世界的に金利差のリスクをヘッジする市場がなければ、銀行や借り手は国際的なローンの取引に消極的になるだろう。デリバティブがなければ、モノ、サービス、資本は国境を自由に行き来することはできない。つまり、グローバル市場は存在しえないことになる。

世界経済にとって幸運なことに、シカゴにいたレオ・メラメド(注3)やリチャード・サンドア(注4)などの真のビジョナリー数人が、金融先物、スワップ、その他のデリバティブを発明した。アメリカにとって幸運なことに、これらの商品は貿易に不可欠であり、ドル建てで販売され、現在もニューヨークやシカゴで大部分が取引されている。

タブロイド紙では「リスクが高い」とされるデリバティブは、適切に使えば、経済的にも社会的にも有益だ。フォーチュン500企業のうち90%以上が、原材料価格、エネルギー価格、外貨、金利などの生産コストが変動するグローバルなリスクを管理するためにデリバティブを利用している(注5)。このように、デリバティブは、経済成長、雇用創出、繁栄のために資本を用いることができるよう、価格と供給の変動を平準化するという社会的ニーズに応えるものだ。商業的なデリバティブの利用は、2003年から2012年の間にアメリカ経済の規模を1・1%拡大させたと推定されている(注6)。

デリバティブにより、アメリカ人とアメリカ企業は自国の経済成長に参加しやすくなる。アメリカン・ドリームは、今日ではボロボロになったかもしれないが、スワップなしでは本当に神話になってしまっていただろう。アメリカの標準的な住宅の購入方法が30年固定金利の住宅ローンであるのは、デリバティブのおかげである。考えてみれば、金利が30年間横ばいであるはずはない。金利は不規則に上下する。しかし、銀行はスワップ契約を結ぶことで金利リスクを軽減し、固定金利を提供している。自動車を購入するための5年ローンにおいても同じことがいえる。西側先進国では、私たち消費者が享受している価格と供給の安定の多くは、こうしたデリバティブ市場によってもたらされている。

スーパーに足を踏み入れたとき、「今年は豊作か?」「腐ったトマトしか置いていないだろうか?」「棚にパンはあるだろうか?」と立ち止まって尋ねたりはしないだろう。ただショッピングカートに、毎年収穫される新鮮な果物や野菜を入れながら通路を歩き回るだけだ。それもデリバティブのおかげだ(注7)。

しかし、世界中の多くの国では、人々は実際にこうした懸念を経験する。不作や発展途上の不安定な取引市場があると、棚が空っぽになるだけでなく、農家が破産してしまい、来年には食糧がなくなる可能性もある。

食の未来

2014年の時点で(注8)、世界中で約8億の人々が栄養不足に陥っている。これは世界の人口72億人に換算すると、およそ9人に一人に相当する。これは驚くべき数字だ。さて、30年後に地球上にはさらに20億人の人間がいる可能性が高いとしよう(注9)。仮にこの人口増加予測の半分しか実現しなかったとしても、2048年までに地球上の人口はさらに10億人増える。この人たちの食糧はどうまかなうのだろうか。

アメリカを含む世界の農業輸出国が、今後数十年間にわたって世界の食糧供給に大きな役割を果たすのは明らかだろう。これらの輸出国は、十分に機能している金融・デリバティブ市場が大きな支えとなって、増加する10億人を養うことができる。効率的で規制が整ったデリバティブ市場は、世界の人口増加を支えるうえで、少なくとも二つの重要な役割を果たしている。第一に、市場に信頼性の高い公正な価格のベンチマークを提供することによって、不均衡を公平かつ効率的に解決することができる。第二に、物理的な供給をため込む経済的なインセンティブを取り除くことによって、資源が限られた世界における価格の不安定性を減少させる。それによって農家は、回避したいリスクを定量化し、そのリスクを受け入れる意思と能力のある人に妥当な価格で移転することができる。これらは、世界的な食糧需要の増加に応えるために必要な農機具や農業技術への必要不可欠な投資を支えることができるよう、コストを抑制し、資本収益率の増進に貢献する。こうしたリスク低減手段を農家に提供することにより、彼らの収益の不安定性、ひいては価格の不安定性を低減させることができ、デリバティブ市場を聞いたこともない何百万人もの消費者を含むすべての人々に利益をもたらしている。

グローバル・デリバティブの最大の受益者は、世界で最も空腹で脆弱な人々であろう。仮にデリバティブ市場が突然停止した場合、基本的な食料やエネルギーといったコモディティの極端な価格変動の被害を最も受けることになるのは彼らだ(注10)。アメリカのような先進国では、主に二つのタイプのデリバティブのおかげで、こうしたことを心配する必要がほとんどない。

第一のタイプは、シカゴ・マーカンタイル取引所のような組織化された取引所で取引されており、先物またはオプションと呼ばれている。第二のタイプは、交渉プロセスを通じて取引される「店頭取引」と呼ばれるものだ。後者の取引の多くは、両者の合意のもと、契約期間中における特定の決済日にキャッシュフローと金融商品を交換するため、「スワップ(訳者注:「交換」を意味する)」と呼ばれている。

スワップその他のデリバティブの仕組みを説明したのは、ビットコインをはじめとした暗号通貨の台頭におけるデリバティブの重要性を理解してもらうためだ。いまのところは、スワップに話を戻そう。

心地よく長い散歩

SEFCON Vは、私がそこでスピーチできないと知ったわずか6日後の11月12日の水曜日にマンハッタンで開催されることになっていた。何百人もの企業幹部や規制当局者が出席する予定で、同僚のCFTC委員長であるティム・マサドが昼食会において基調講演を行う予定だった。私は、ドッド・フランク法のスワップ改革、特にスワップ取引がＣＦＴＣ登録のスワップ執行ファシリティで行われることを義務づけたことを声高に支持していた、金融界の指導的立場にある共和党員の数少ない一人であった。私はコンファレンスの場で、その議論に重要な貢献をする予定だった。

私がスピーチできなかったのは、オバマ政権が採用した倫理規定が要因だった。この倫理規定は、適用除外を受けない限り、以前の雇用者が主催するイベントにおいて政府高官や閣僚が講演することを禁じている。企業の行事に出席して参加者数や入場料の増加を図るといった、以前の雇用主のために政府高官が公職を利用することを防ぐためだ。

私は簡単に適用除外が得られると思っていた。第一に、私はＷＭＢＡＡから給料をもらっていた従業員ではなく、ボランティアでやっていた無報酬の役員だった。

第二に、問題の倫理規定は、その文言上、ＣＦＴＣのような独立機関ではなく、行政機関にのみ適用されるものだ。オバマ政権の人事担当者に頼まれて、規定を遵守する誓約書に署名したが、根拠規定はＣＦＴＣのような独立機関の高官に適用することを意図していなかった。

第三に、私の要望で、ＷＭＢＡＡは私のＳＥＦＣＯＮ Ｖへの出席を公表していなかったので、私が出席することによって入場料を支払う参加者数を増やすことはできなかった。

最後に、私はＳＥＦルールをつくったドッド・フランク改革の積極的な支持者であると同時に、業界に訴えかけることができる最も知識のある政府高官の一人でもあった。

それでも、私は署名していた。それに、私が委員長のポストに就いたのは比較的最近のことだった。

しかも、ホワイトハウスがいったん「だめだ」と言えば、短期間で関係者を探して説得するのはあまりに骨の折れる作業になるのが通例だ。なんらかの回避策が必要だった。

私は、慎重で抜け目のない首席補佐官のジェイソン・ゴギンズ、法律顧問のアミール・ザイディ、上級法律顧問のマルシア（マーシャ）・ブレイスを含むすべてのスタッフを集めた。几帳面にもマーシャは、CFTCの最高倫理責任者でオバマ政権の元弁護人を務め、倫理規定の誓約書作成に協力した人物に、何週間も前に適用除外について問い合わせたことを説明した。マーシャによれば、その弁護士は適用除外を得られることに楽観的だったようだが、実際は、コンファレンスまで残り4営業日になってホワイトハウスから「だめだ」と言われ、私たちは驚いていた。

私のスタッフはいら立っていた。特にジェイソンはけんかをしたくてうずうずしていた。彼は、CFTC倫理担当官にホワイトハウスの否認の確認書を要求し、挑みかかろうとしていた。マーシャはその弁護士との会話をあらためて詳述した。頭が痛くなってきた。自分の意見を整理する必要があった。私は外に出てサンドイッチを食べてくるので、1時間後にまた集まろうと言った。

私は、CFTCの9階にある役員室の廊下を大股で歩き、十数名の元委員長の白黒写真とさらに奥にある現職委員のカラー写真を通り過ぎた。エレベーターでCFTC本部の赤い大理石のロビーに降り、彫刻でできたCFTCのエンブレムの前で制服の警備員の横を通り過ぎた。私はそのビルから、ワシントン北西部の21番街であるフォギー・ボトムの北、デュポン・サークルの南にあるエリアに出た。

重要な情報は歩き回って処理するという長年の習慣に戻り、速足で歩き始めた。21番街を北に向かい、ニューハンプシャー通りを横切った。みえてくる界隈は、近代的で直線的なガラスのオフィス街から、六角形でたくさんの花に彩られたヴィクトリア様式の住居地区に急速に変化した。マサチューセッツ通りに向かって進み、エンバシー・ロウを左に曲がった。前の夏、アパートを探していた頃に6週間住んでいたコスモスクラブ（注11）の前を通った。

適用免除の否認を覆そうと時間を費やすことに何の利点も見出せなかった。問題は、どのように私のメッセージを伝えるかだった。スピーチの準備はできていた。出来が良く、かつ重要な内容になっていた。CFTCの委員として、私がアメリカ国内で行う初めての重要なスピーチになるはずだった。ニューヨークの金融業界の重要な聴衆に対して、自分自身と自分のアジェンダを明示する重要な機会だった。私は、ドッド・フランク法第七編のスワップ取引規定の支持者として、改革推進派としての立場をあらためて打ち出すつもりだった。同時に、CFTCがその規定の一部を奇妙なかたちで施行していることを批判するつもりだった。

右に曲がり、コスモスクラブ庭園にある明るいマゼンタ色の花が咲いたギンバイカの木々を通り過ぎ、フロリダ通りを歩きながら、私は自身がCFTCの委員（注12）のなかで、いずれの党派に属する者であれ、最も長くスワップ市場改革を主張してきた一人かもしれないという事実を真剣に考えた。2000年に初めてニューヨークの法律事務所を辞めてスワップ業界に入ったとき、他の海外市場の大部分と異なり、スワップ仲介が規制されていないという事実に衝撃を受けた。私の見解では、この規制の欠如により、海外市場と比べてアメリカのスワップ市場のプロフェッショナリズムが損なわれていた。

それからしばらくして、私はスワップの中央に立つ当事者として買い手と売り手を仲介する「セントラル・カウンターパーティーによる清算（中央清算）」と呼ばれるコンセプトを支持するようになった。これは、ある当事者が中央に入って買い手と売り手の取引を仲介するという実務慣行だ。たとえば、多くのデリバティブ市場では、清算機関がこの役割を果たしており、清算機関はすべての売り手に対する買い手として、また、すべての買い手に対する売り手として、機能している。清算機関はまた、当事者による契約上の義務の履行も保証する。

私は、エネルギー・スワップ市場における中央清算の出現が、いかに取引の流動性と市場参加を高めたかを直接みてきた。金融危機の前、私はGFIグループという証券会社で、クレジット・デフォルト・スワップ（CDS）の中央清算機能の開発を率いていた。この取組みは、今日ではCDSにおける世界有数の清算機関となったアイスクリア・クレジットの設立につながった。

私は、スワップの透明性向上にも賛成だった。2008年の金融危機では、金融規制当局が、大規模な金融機関が債務不履行に陥り破綻するリスクを可視化できていなかったことを目の当たりにした。AIGとして知られている巨大保険会社、アメリカン・インターナショナル・グループがCDSの保険を引き受けたことにより、スワップなどのデリバティブが金融危機の一因となったことは間違いない。しかし、これと同等かそれ以上の要因となったのは、デリバティブではなく、銀行のバランスシートに組み込まれた複雑な商品であるモーゲージ担保証券の不透明性だった。一部のデリバティブ取引は一元的に記録されるようになったが、規制当局と市場の双方にとって、本来的価値とリスクに関する信頼できる情報が欠けていた。政府当局は、ベアー・スターンズ、リーマン・ブラザーズ、AIGの破綻が金融システムを通じてデリバティブの取引相手に与える影響を正確に評価できるだけのデータをもっていなかった。彼らには本当の危険を見極める能力がほとんどなかった。危機のさなかに、私が当時働いていたGFIのような専門会社に電話をかけることくらいだった。それでは対応として十分ではなかった。

そのため、議会が後にドッド・フランク法の第七編となる法案を起草し始めた頃には、スワップ市場改革の三つの柱、すなわち、スワップ執行の規制、中央清算機関、データ報告を通じたスワップ取引の透明性向上を強力に支持するようになっていた。共和党員として、ドッド・フランク法のスワップ規定を支持した私は、法案に反対していた党にあって異端者になった。しかし、ビジネスに身を置いた者として、適切に規制された市場は経済と雇用創出にプラスに働くと信じていた。ドッド・フランク法の一部に対する私の支持は、学術理論や政治的イデオロギーではなく、これまでの専門的かつ商業的な経験に基づいていた。これらのスワップ改革は自然なものであり、ひどく過激というほどではなかった(注13)。実際、金融危機が起きたとき、市場参加者は、政府の要請もないなかで、すでにそのうちの二つに取り組んでいたのだから。三つの改革をすべて正確に実施することが正しい解だった。それがスワップ市場改革を支持した理由だ。

一般的に、アメリカのシステムでは、連邦機関による新たな規制を要求する法律が議会で可決された後、連邦機関が規則を策定し、施行する。これは、規制当局に大きな影響力を与える。紙の上ではどんなに立派な法律でも、実際に何かを改善できるかどうかは、法を具体化する規則がどのように書かれるかにかかっている。神は細部に宿るというわけだ。

2010年にドッド・フランク法が成立してから、CFTCは驚くほど短期間で、同法で義務づけられた規則のほとんどを策定した。私が2014年にCFTCに参加した頃には、当時の委員長で辛辣なゲーリー・ゲンスラー（現米国証券取引委員会委員長）のもとで、すでにスワップ改革の大半を実施していた。これは、アメリカ内外の他のどの規制当局よりもはるかに速かった。特に、スワップの清算義務化の実施は非常に効果的であり、清算機関を通じた取引量を大幅に増加させた（注14）。ゲーリー・ゲンスラー元委員長をはじめとするCFTCの委員および職員が成し遂げたことは称賛に値する。

CFTCはまた、スワップ取引がSDRと呼ばれる取引情報蓄積機関に報告されるよう、迅速に対応した（注15）。しかし、このような適切な措置をとっても、スワップ取引の分類に関する世界的な基準の確立は、スワップ取引の当事者自身をメンバーとする団体ではなく、国際的な官僚機構に委ねられてしまった。これは誤りだった。基準の策定作業は、独り歩きしてしまったのだ。重要な取組みがなされたものの、金融危機から10年が経過した後も、SDRは規制当局に対して、グローバル市場における大規模なスワップ・ディーラーの破綻における真のリスクを完全かつ正確に示すことができなかった。

CFTCによるスワップ改革の適用で最もうまくいっていないのは、スワップの取引と執行にかかわる部分だと考えていた。ドッド・フランク法において議会は、スワップ取引について、かなりシンプルで柔軟な枠組みを提示した。特定のスワップは、「スワップ執行ファシリティ（ＳＥＦ）」と呼ばれる規制プラットフォームで取引することが求められた。議会は、これらＳＥＦを、「複数の参加者が州際通商のあらゆる手段を通じて、施設またはシステムの複数の参加者に提示されている他の参加者によるビッドおよびオファーを受け入れることにより、スワップの執行または取引を可能とする取引システムまたはプラットフォーム」と定義した。キーワードは「州際通商のあらゆる手段」であり、この表現は憲法上の歴史も長く、米国連邦裁判所は、電話で行われるものも含め、ほぼ無制限に商業的・技術的事業をカバーすると解釈している（注16）。

近日公表予定だった白書で詳細に説明するつもりだったが、連邦議会は、ＳＥＦが多様かつ柔軟なスワップ取引の執行方法を提供することを明確に認めていた。しかし、残念ながらＣＦＴＣは、私からみると不適切にも、法の求める規則策定にあたって、取引の手法を限定することによってスワップ市場の構造を再構築しようとした。そこでＣＦＴＣは、上場先物市場における多数の市場慣行をＳＥＦ規則に組み込んだ。これは誤ったモデルであり、結果として過度に複雑かつ詳細な仕組みとなり、政策的に問題があるだけでなく、法律の文言とも矛盾していた。

私は演説のなかで、議会によるドッド・フランク法第七編は基本的に正鵠を射ていたと言うつもりだった。スワップの流動性とスワップ市場のダイナミズムの偶発的な性質によく適した、わかりやすく柔軟なスワップ取引規制の枠組みを定めていたからだ。同時に、ＣＦＴＣによるスワップ取引規則の策定は、議会が定めた目的から逸脱していると言うつもりだった。過去20年間にスワップ市場は、重要な商業的ニーズに応えるグローバル市場として有機的に成長し、その独自の領域において機能する規制体系が必要だと説明する予定だった。スピーチを利用して、CFTCのスワップ規制の枠組みとグローバル・スワップ市場固有のダイナミズムとのミスマッチを分析した白書の発表を宣言するつもりだった。そこでは、すでに生じていた弊害についても解説されるはずだった(注17)。この白書は、また、スワップ取引を規制するための包括的でより適したアプローチを提案する予定でもあった(注18)。

コネチカット通りを南下してデュポン・サークルに向かったとき、疑問に思った。SEFCON Vでの演説を否認されたのは、CFTC、ひいてはオバマ政権を批判するだろうと思われたからだろうか。発言の権利を剥奪されたのは、どこで話すかではなく、何を話すか、という問題だったのだろうか。

もしそうであれば、否認は間違いだった。私には、ホワイトハウスが否定すべきではない、発言の権利があった。自分がみたままに発言する権利があった。スワップ業界で14年間、そしてニューヨークとロンドンでビジネスと金融法務に16年間携わった経験から、自分が正しいことはわかっていた。

逆境を利用する

デュポン・サークルの大きな大理石の噴水を横切って、ある決断を下した。SEFCONでスピーチができないのはわかった。しかし、それはスピーチをできないという意味ではなかった。合衆国憲法修正第1条によって表現の自由はまだ守られていた。SEFCONとは別の場所でスピーチすればいい。

デリに入ってサンドイッチとレモネードを手にした。それから南に曲がってニューハンプシャー通りに入り、300ヤード歩き、21番街にあるCFTCのオフィスに向かった。私は警備員に挨拶し、電子カードをタップして二重改札口を開け、エレベーターで9階の執務室に戻った。

デスクに戻った私は、スタッフを集めてサンドイッチを食べながら、計画を開陳した。

「スピーチはやる……ただし、SEFCONではないところでね」

「冒頭で、SEFCONでスピーチをするつもりだったが、ホワイトハウスに否認されたと述べる。スピーチの内容は報道機関に発表し、SEFCONの朝に、CFTCのウェブサイトに掲載しよう」

そして、私たちは実行に移した。一般の聴衆に向けてスピーチを修正し、コンファレンスの前日の夜に発表されるよう手配した。そして、業界にいたときに知り合ったウォール・ストリート・ジャーナルの経済記者ケイティ・バーンにコピーを事前に提供した。彼女であれば、ワシントンのマスコミにありがちな政治の勝者と敗者という観点からではなく、ビジネスの観点から私の主張の重要ポイントを報じてくれると知っていたからだ。この準備の最中に、フィナンシャル・タイムズは、私が数週間前に提出した、同じ問題を扱った論説を掲載することを知らせてきた。

計画ができあがったところで、週末に私は上の息子と一緒に大学の参観日のためフィラデルフィアに向かい、それからニュージャージー州の自宅に向かった。月曜日、私はハドソン川をフェリーで渡り、マンハッタンのブロードウェイにあるCFTCのオフィスに向かった。私はエレベーターに乗って19階に行き、親切な受付に挨拶した。鍵を引っ張り出して、シンプルだが快適なオフィスに入り、ブリーフケースを置き、コーヒーを飲んで、パソコンにログインした。朝イチのメール、報告書、新聞の抜粋に目を通し、フィナンシャル・タイムズに掲載された私の論説をみてうれしくなった。いくつかの重要なくだりを紹介する。

「2009年、ピッツバーグにおいて各国首脳は、各国当局と国際機関が協調して取り組むことによって、台頭するグローバルなスワップ市場をよりよく規制することを約束した」

「5年たっても、グローバルな協調はうまくいっていない。米国商品先物取引委員会（CFTC）は、他国の規制当局と協力せずに、アメリカの先物市場構造という誤ったテンプレートに基づいてスワップの「取引レベル」の規則を生み出した……」

「健全なグローバル市場を維持するためには、スワップの執行・清算を適切かつ法域間で調和して規制する必要がある」（注19）

その日の午後、ウォール・ストリート・ジャーナルのケイティ・バーンと電話で話し、私のスピーチに関するいくつかの質問に答えた。彼女は、ホワイトハウスが適用除外を否認したことについても尋ねてきた。ホワイトハウスの決定に私自身が疑義を挟むことは拒否するが、彼女が調査することは自由だと答えた。

翌日の夕方、SEFCON Vの主催者が42番街とレキシントン通りに位置するグランドハイアット・ホテルに演壇と展示場を設けていた頃、ケイティの記事が掲載された。大成功だ。

「米国規制当局のトップが、数兆ドル規模のデリバティブ市場を統制する新たな規則について、スワップ取引を海外に流出させ、ウォール街の雇用を脅かし、金融市場を不安定化させている可能性があると述べた」

「CFTCの委員4人のうち、唯一の共和党員のクリストファー・ジャンカルロは、今週行われる業界のコンファレンスで伝える予定だった意見のなかで、同委員会の規則は、海外企業がCFTCの監督を回避しようとすることから、スワップ市場を国内と国外のニッチ市場に分断させていると述べた」

「ジャンカルロは、水曜日にニューヨークでのコンファレンスでスピーチをする予定だったと言う。スワップを取り扱う証券会社における過去の職務が、現在の職務と利益相反の関係にあるとみる政府の倫理規定からの適用除外を求めたがうまくいかず、辞退したのだとのこと。水曜日のコンファレンスでは、CFTC委員長のティム・マサドが基調講演を行う予定だ」

「ジャンカルロは長年、CFTCのスワップ取引に係る規則策定を批判してきたが、取引を保証する清算機関を通じて多くの取引を処理するという要件を含むスワップ市場全般の改革は支持している。スワップの清算とデータ報告に関する新たな規則はよく練られており、目的に即していると評

価している」（注20）

高層ビルでのミーティング

翌朝早く、私は、トレーディング会社や証券会社などの市場参加者との一連のミーティングのため、マンハッタンにいた。スワップ取引や銀行資本規制に関する新たな規制が取引市場にどのような影響を与えているのかを直接聞きたかったからだ。その日は、ゴールドマン・サックスでの8時半の朝食会から始まった。他社での会議もこなせば、夜遅くまでかかると思われた。

首席補佐官のジェイソン・ゴギンズと私は、ワールド・ファイナンシャル・センターのウエスト・ストリートにあるゴールドマン・サックスの最新鋭でありながらあえて地味にしているオフィスタワーのロビーで名前を伝えた。ゴールドマン・サックスの名前も見当たらない1階で、控えめな政府対応の担当幹部の一人が温かく迎えてくれた。彼が案内してくれた大きな会議室には、同社のデリバティブ・トレーダー、ビジネス・マネージャー、コンプライアンス担当者などが集まっていた。彼らは順に自己紹介をしてくれた。彼らに対して、新たな規則がどのように作用していて、同社の対顧客サービスに影響しているのか、しているとすればどのような影響があるのか、聞いた。繰り返し聞かれた答えは、この規則により、小規模顧客へのサービスを縮小せざるをえなくなっているというものだった。いくつか規則修正のアイデアを提示したところ、彼らは支持しているようだった。現行規則の複雑さを理解し、その対応に必要なシステムを構築した後に、規則の修正に彼らが引き続き賛同してくれるかはわからなかった。

ミーティングの後、ジェイソンと私はハドソン川からニュージャージーまで一望できる静かなエグゼクティブ・フロアに案内された。そこで私たちは、ゴールドマン・サックスのプレジデント（訳者注：当時）、ゲーリー・コーンと面会した。コーンとはGFIに勤めていた時代からの仲だ。当時、ゴールドマン・サックスは重要な取引先で、彼が先方の窓口だった。情報通でおしゃべりなコーンは、ディーラー間取引の熾烈な競争のなかでいつも真っ向勝負を挑んでいた。彼はフェアな考えをもっていたが、自社に不利になる言動はとらなかった(注21)。

コーンは、低めのソファでコーヒーを飲みながらくつろぐよう勧めてくれた。彼はウォール・ストリート・ジャーナルに掲載された記事を読んでいた。彼の配下の幹部たちと私が議論したばかりのテーマについて詳述してくれた。すなわち、CFTC規則だけでなく、ドッド・フランク法、金融安定理事会（FSB）、G20、米国連邦準備制度理事会（FRB）、米国金融安定監督評議会（FSOC）によって課された法令諸規則全体の影響により、ゴールドマン・サックスや競合他社は資金を顧客のために稼働させるのではなく、ため込むことになる。その結果、ゴールドマン・サックスは限られた資源をより選別的に、最も優良かつ大口の顧客に提供しなければならなくなるのだという。これもまた、拙い規制の結果、大企業が中小企業に優先されることになる事例の一つだった。

コーンの役員室を出て、ニューヨークの他のスワップ・トレーディング会社との会議に向かった。ほんの数年後にゲーリー・コーンが私のキャリアの分岐点において重要な役割を果たすことになるとは、知る由もなかった。

一方、多くのSEFCON出席者から、私のスピーチと白書発表の宣言が大きな反響を呼んでいるという話を耳にした。ホワイトハウスが適用除外を否認したことで、SEFCONで行われなかったスピーチが、SEFCONの檀上から発信していた場合よりもはるかに大きな注目を集めたことは間違いない。

CFTCのジェネラル・カウンシルに感謝しなければなるまい。そしてたぶんホワイトハウスにも。新参のCFTC委員として、両者の助けがなければ、これほどの注目を集めることはできなかっただろう。

第2章 スタート位置

ここは、世界で最も偉大で最高の国ではないだろうか。日差しに照らされた素晴らしい空間と果てしない道がある。何よりも素晴らしいのは、まだつくられていない道、そして人々が日々に精いっぱいであるために、まだ語られていない物語だ。

——ネリー・マクラング（作家、社会活動家）、
「In Times Like These」より

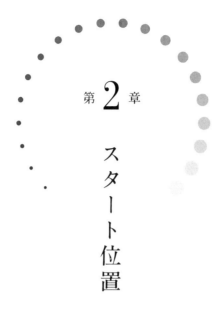

さらに前へ

2014年11月、ニューヨークで開かれたビジネス・コンファレンスでスピーチをする許可を求めてホワイトハウスともめることになったのは、どういう経緯からか。ことの発端は、その5カ月前の2014年6月に、米国商品先物取引委員会（CFTC）の5人の委員のうちの一人になったことだ。そこに至るまでの長い旅路は、それ自体が特異な物語でもある。

ニュージャージー州には、アメリカの経験と私の経験を体現する道がある。ブルームフィールド通りは、ニューアークのザラザラしたアスファルトから緑豊かなワチャング山脈まで北西に広がる。1800年代初期に敷設されたブルームフィールド通りは、ニュージャージー州の最初の郡道だった。エセックス郡を横断し、新しくやってきた移民が住む都会の通りから、最初の入植者たちの子孫が住む、手入れされた芝生のある優雅な邸宅へと変容する町を結んでいた。

ブルームフィールド通りは、私の家族の歴史にもつながっている。20世紀の最初の10年間、父の母方の祖父母であるロレット・オノリオ・グレコと妻のマリア・ルイザは、イタリア中部のラツィオ州にあるヴァル・ディ・コミーノを後にした。まずパリに行き、それから大西洋を渡り、北米大陸の大半を渡り、コロラド州ウォルセンバーグの西にあるピクトーの炭鉱までやってきた。1909年、そこで9人兄弟で第二子となる私の祖母フィオリーナを出産した。やがて、グレコ一家は、当時アメリカ最大のイタリア系移民コミュニティの一つだったニューアークの旧第一区にたどり着いた。オノリオはそこで不動産デベロッパーとして成功し、イタリアに戻った。

ニューアークにいる間に、10代のフィオリーナは、チャーリーと呼ばれる私の祖父、セレスティノ・フォルトゥナト・ジャンカルロに出会った。祖父チャーリーは1903年にイタリアのトスカーナ地方のルッカに生まれた。両親は出稼ぎ労働者で、主に石工や庭師として北欧の都市で働くために毎年春に北へ旅した。結果として、チャーリーは12歳のときに母親を亡くし、仕事のために学校をやめざるをえなかった。祖父チャーリーが正しい読み書きを覚えることはなかった。彼の父親はパリに住むイタリア人女性ダゴスティーノと再婚し、新たな家族を築いた。1921年、18歳だった祖父チャーリーとその兄はシェルブールを出港してアメリカへ向かい、ニューアークで労働者として働き始めた。祖父が自分の父親に会うことは二度となかった。

祖父チャーリーはアメリカで懸命に働き、1920年代の全盛期にニューアークを築いたアイルランド人が経営する建設会社の作業員のリーダーにまで上り詰めた。大恐慌で職を失うと、昼間はレンガ職人として、夜はニューアークのバドワイザー醸造所で見張りとして働いた。彼はその後もずっと建築の仕事に従事した。

祖父チャーリーの一人息子である私の父は、1931年にニューアークの旧第一区に生まれ、コミュニティの精神的支柱だったセントルーシー・カトリック教会で洗礼を受けた。教会はブルームフィールド通りがニューアークを出る地点から数百ヤードの場所にある。1940年代初頭、祖父チャーリーはニューアークからブルームフィールド通りを進み、最初の停留所のあるブルームフィールド郡区に新築の木造2階建ての家屋と隣接する土地を購入した。そこにトマト、イチジク、桜の木を植えた。その家に満足していた祖父チャーリーは、他に移り住むことはなかった。

祖父チャーリーは、勤勉さ、誠実さ、そして正直さを体現していた。少し粗野だったが、率直で愛情深い人だった。常に自分の立ち位置を理解していた。言葉数は少なかったが、言うことは正しかった。

祖父チャーリーは、人は不平を言わず期待もせず、やるべきことをやるだけだと考えていた。

私の父、エットーレ・ジャンカルロは、はるかに野心的だった。彼の視線はずっと先にあった。父が生まれてから、父と私の祖母は父が生まれてから最初の数年間を、イタリアの地方都市ソラで祖母の裕福な両親や弟たちと過ごした。祖母の両親にとって初孫だった父には、惜しみない愛情が注がれた。第二次世界大戦の前に、父は祖母と一緒にニュージャージー州に戻り、その頃に英語発音のヘクターに改名した。戦争が終わると、父はロングアイランドにある全寮制のラ・サール陸軍士官学校の高等部士官候補生になった。父は、ライフル射撃の名手、そしてコンサートで演奏できるレベルのヴァイオリニストに成長した。ルックスがよく魅力的で、刺激を渇望していた。とりわけ、いつか高速車を手に入れてスリルを味わいたいと思っていた。その射撃技術で父は人気者となり、音楽の妙技によって大学の奨学金を得て、その笑顔とバイタリティで魅力的な母を含む女の子たちを魅了した。

母の視線もブルームフィールド通りのずっと先にあった。母、エラ・ジェーン・シュワルツは、父が生まれた翌年に誕生した。父と同じように、先祖は移民だったが、より教養のある階級だった。母の父方の祖父母は、ゲルマン化された実直なポーランド人で、1800年代にベルリンに移住した。母の曽祖父であるヨーゼフ・アルフォンス・シュワルツは、1850年代に市内の名高いフンボルト大学で薬理学を教えていた。ウォルターと呼ばれる彼の息子ウワディスワフは、ブルックリンに移住した後にジャージーシティに移り、薬局を開いた。彼の最初の子ども、ベルトルトは1898年に生まれた。4年後、ウォルターはニューヨークのエレクティック医科大学を卒業して医師になり、私の祖父である次男ヘンリーが誕生した。

シュワルツ兄弟は二人とも父親の後を追って医学を学んだ。祖父ヘンリーは、フォーダム大学とオハイオ州シンシナティのエレクティック医科大学に通った。そこで1920年代に、祖父ヘンリーは、私の祖母フローレンス・クリンケンバーグと出会い、結婚した。祖母はオハイオ州の裕福な建築業者の父とアイルランド生まれの妻エラとの間に生まれた。祖父母はすぐにニュージャージー州に戻り、当時ハドソン大通りと呼ばれていた通りにあった郊外の診療所の上にあるアパートに住んだ。そこで祖父と祖母の間にヘンリー・ジュニアと私の母エラ・ジェーンが生まれた。父方の祖父チャーリーと同じように、母方の祖父ヘンリーも勤勉かつ謙虚で、現状に不満を言う性質ではなかった。

一方、祖父ヘンリーの兄ベルトルトは、ジャージーシティのおしゃれなダウンタウンに位置するジャーナル・スクエアの中心に診療所を構えた。そこでの診療に加えて、当時アメリカ最大の生命・損害保険会社の一つであったバンカーズ・ナショナル・ライフ・インシュアランス・カンパニーで非常勤のヘルス・ディレクターを務めた。後に、エグゼクティブ・ヴァイス・プレジデントにまで上り詰めた。医者の仕事にはあまり関心がなかったが、ベルトルト・シュワルツは優秀な投資家、ポートフォリオ・マネージャーになった。彼の一族はニュージャージー州有数の名家となり、ニューヨークのメトロポリタン・オペラハウスにボックス席をもち、私の母が時々訪れては称賛することになる、おしゃれなアッパー・モントクレアに豪邸を構えた。ブルームフィールド通りでの生活とはかけ離れていた。

シュワルツ兄弟は、生活水準は違ったが、愛国心は似ていた。真珠湾攻撃の後、ベルトルトの二人の息子は、米軍に入隊するために医大を退学した。ベルギーのバストーニュ近郊に配備されて間もなく、ベルトルトの下の息子はバルジの戦いで戦死した。

祖父ヘンリーは40歳になったばかりで陸軍航空隊に入隊した。第一次世界大戦中は10代であり、父親がスペインかぜにかかって隔離中だったアメリカ歩兵を、軍隊がジャージーシティから発つ前に治療していたことを覚えていた。新たに第二次世界大戦が始まると、祖父は経験豊富な医師となり、都市部の住民に蔓延した伝染病に精通していた。後に祖父は大尉に任命され、北米にある複数の訓練基地で健康状態を監督する医務司令官を務めた。ジョージア州オーガスタ近郊のダニエル・フィールドで1年間勤務した後、オハイオ川を挟んでシンシナティの対岸にあるフォート・トーマスに配属された。彼は妻と子どもたちをハイドパーク郊外にある曽祖母エラの広々とした家に預け、週末はそこを訪れた。戦争が終わると、祖父ヘンリーは少佐の階級で退役し、家族とともにニュージャージーに戻った。少佐になった名誉は、彼が終生誇りとしたものだった。

戦争が終わってから数年たち、私の両親は高校の友達に紹介されて知り合った。当時の父は若く向こう見ずで、マンハッタン・カレッジの医学部への進学を考えていた。母は看護師を目指すことを決意していた。彼女は後に、コロンビア大学ティーチャーズ・カレッジに進学し、看護の学士号を得ることになる。二人は大学時代を通して交際していた。

父は語学力と戦後のドル高を利用して、イタリアにある世界で最も歴史の長い大学の一つであるパドヴァ大学の、優れているが学費は安い医学部に進学した。1954年12月、クリスマスのために帰郷しようとしていた父だったが、ローマから乗った飛行機がニューヨークのアイドルワイルド空港に着陸する際、桟橋に衝突して炎上し、ジャマイカ湾に投げ出された。乗客26人が死亡した。たった6人の生存者のうちの一人として、父は奇跡的に沈没する飛行機から逃れ、岸まで泳ぎ着いた。父の気ままな日々は終わった。

間もなく両親は結婚し、イタリアに移り住んだ。大学が休みの時は、コルティナでスキーをし、パリで観劇し、スカラ座のストール席に立ち、地中海に面したテッラチーナにいる父のいとこたちを訪ねた。彼らはヨーロッパのスポーツカーを次々に手に入れ、イタリアの有名な自動車レース「ミッレミリア」への父の参加も実現させてくれた。

1957年、二人の祖父の名前をとって、最初の子どもチャールズ・ヘンリーが生まれた。翌年の春、父は医学部を卒業し、ニュージャージー州に戻った。1959年、私はそこで生まれた。

父の医師としてのキャリアは順調だった。高名なニューヨーク眼科耳鼻咽喉科医院で一般外科と耳鼻咽喉科の研修医を務めた。父はだれに対しても、何に対しても好奇心旺盛だった。それは、ニューヨークが世界の医療技術革新の中心だった1960年代初頭の良き日々にあっていた。父は、かつてなかった手術のプロセスをつくりあげた。新しい医療技術を試した。イタリアで出会った超音波をアメリカの外科手術に導入した。大胆不敵で、夢中で、エネルギッシュで、聡明な人だった。医者であることに喜びを感じていた。

父ヘクターは、ハドソン川の西側、ジャージーシティにあるベルトルトの診療所に加わり、その後を継いだ。自分の父親や義父と同様に、父は自営業者気質で起業家精神に溢れていた。彼の外科手術の革新は注目を集め、診療所は繁盛し、1960年代後半には、ニュージャージー州北部にある祖父チャーリーが建てた新しいビルで母とともに高度看護施設を立ち上げ、成功させた。

両親はその後、さらに道を進んだ。ただし今回は、文字どおりブルームフィールド通りを西に進んだのではなく、比喩的な意味での道だ。ブルームフィールド通り沿いに行ってしまうと、マンハッタンの喧騒からあまりにもかけ離れてしまう。そのかわり、ハドソン川に沿って北に進み、アッパー・モントクレアに似たイングルウッド近郊のイースト・ヒルにたどり着いた。

父が診療所を立ち上げ、弟と私が未就学児だった間に、母は修士号をとるためにコロンビア大学に戻った。さらに二人の息子、マイケルとティモシーを産んだ後、急成長する看護施設の運営も手がけた。それでも、母は常に4人の子どものために時間をつくってくれた。月曜日から金曜日は、朝早くからパンプスと真珠で身なりを整えた。しかし、土曜日になると、彼女はフットボールのキック、ボディーサーフィン、水上スキーや回転の仕方まで教えてくれた。

二人あわさった両親は強力だった。それぞれ、意志が強く、強力で、頑固だった。二人の揺るぎない意志だけで、物事を成し遂げられるかのようだった。そして、実際にそうだった。あらゆる意味で。両親は、子どもである私たちの心のなかでは、強い力だった。私たちは、自己実現、自立、尊厳のある人生を送ることが求められた。しかし、両親の強情な性格は結婚生活に混乱を招き、破綻し始めた。始めは緩やかに、そして後に急激に。

リズムに乗る

私が両足で立って周囲をよく見渡せるようになった頃、１９６０年代が始まった。私はその景色が好きだった。私の世界は、色彩や音楽で溢れていて、素晴らしいものにみえた。放課後、私たちは母の大きな口笛で夕食に呼ばれるまで、家から10ブロック内にある裏庭や緑の多い近所の車道でフットボールやスティックボール、バスケットボールをした。私たちが触れたり食べたりしたものの多くは、国内、特に地元で生産された良い品だった。ニューヨークのガーメント地区で縫製された服、トレントンで製造されたテレビ、コネチカットでつくられた家具、ニュージャージー州の農場でとれた野菜、町で加工された肉などで溢れていた。祖父のチャーリーとヘンリーは、それぞれデトロイト製のキャデラックとビュイックに乗っていた。頑丈なつくりで、ヨーロッパ風を好む父が乗っていたベンツと同じくらい精巧だった。実際、父のベンツは、二人の車と比べると平凡にみえた。二人の車は魅力的だった。祖父チャーリーの1962年型セダン・デビルは後部ウィングのせいで、いまにも離陸して飛んでいくかのようにみえた。父のベンツの後部にあるでこぼこは、いったいどうやって大西洋を渡ったのかと思わせた。

私は、夏に訪ねたヨーロッパの叔父、叔母、いとこ、両親のディナーパーティーにやってきたフランス人、イタリア人、ハンガリー人の医師たちの教養と語学力を尊敬していた。それでもなお、私はフットボール、ロック、ジャージー・ショア、ニューヨーク万国博覧会、アポロ宇宙計画、スポーツカーなど、未来の無限の可能性を表現しているように思えたアメリカ的なものが好きだった。

私たちは明るいカトリックの小学校に通った。中学・高校は、無宗派のドワイト・イングルウッド・スクールで過ごした。幸運にもこの学校は、何を考えるかという狭い世界観を押し付けるのではなく、どのように考えるかという広い枠組みを掲げた、大学進学を見据えた私立のいわゆるプレップ・スクールだった。ドワイト・イングルウッド・スクールが授与するあらゆる学術的な賞を獲得しているようにみえた兄チャーリーを尊敬し、どこか羨ましくも思っていた。私と違って、兄は親切で、おおらかで、運動神経が良く、嫌みなほど頭が良かった。父と同じようにガジェットが大好きで、何日もかけて電子機器、さらにはテレビや初期のコンピュータを組み立てていた。私は兄と違ってエレキギターを弾き、髪を長く伸ばして、よく怒られていた。兄はそんな私を何度か助け出してくれた。性格の良い弟、マイクとティムにとって、私は兄ほど頼れる存在ではなかっただろう。

私は、ニューヨーク州の風光明媚なサラトガ・スプリングスにあるスキッドモア大学に通った。何人かの優秀な教授の指導のもと、満足感と達成感を味わうことができた。21歳になろうとしていた1年生のとき、私は休学し、ロンドンのアパートの地下に部屋を借りて、庶民院議員ロナルド・ベルの研究員として働いた。当時は、マーガレット・サッチャーが首相としての最初の任期中だった。私は彼女が一片の迷いもなく、起業家精神、市民社会、個人主義、反共産主義を支持する姿勢に引かれた。イギリスの社会保障制度、高い税金、産業政策、ソ連とのデタントを容赦なく否定する彼女に憧れた。

ある晩、ウェストミンスターで働く他の十数人の若いアメリカ人とともに、サッチャーに会うために招かれた。私たちは、テムズ川を見下ろすウェストミンスター宮殿にある、クリスタルのシャンデリアが飾られた壮麗なピュージンルームに集められた。夕暮れが窓に差し込み始めると、サッチャーは早速そのウィットと熱意を私たちにみせた。彼女は、人間の自由と自由市場の資本主義が人類の大志を達成するために不可欠な基盤だと述べた。また、政府の統制と国家主義がいかに個人の成長と社会の進歩を妨げたかを説明した。40分もなかったが、生涯を通して印象に残る会合だった。

卒業後は、テネシー州のナッシュビルで3年間過ごし、そのほとんどの間、二人の友人と一緒にセンテニアル・パークに隣接したボロボロのアパートに住んでいた。平日はバンダービルト大学で法学を学び、週末はバーでカントリー・ミュージックを聴いていた。1984年9月、リチャード・ニクソンもかつてパートナーを務めた著名な法律事務所マッジ・ローズ・アレキサンダー・アンド・フェルドンで、新人のアソシエイト弁護士としてウォール街で働き始めた。事務所には、企業法務の弁護士として訓練すると言われており、私もそのつもりだったが、9カ月たっても、地方債の契約書の作成に週6日を費やしていた。私は、さらに著名なニューヨークの法律事務所、カーティス・マレット・プレボスト、コルト&モスル（カーティス・マレット）に転職した。

カーティス・マレットへの移籍は、私にとって重要だった。キャリアについてだけではない。私が勤務を始めたのと同じ週に入所した、コミカルで心優しそうな女性が目にとまった。ロングアイランドのサフォーク郡出身のレジーナ・ベイエルは、この事務所で部署付アシスタントとして夜勤をしていた。ニューヨークのハンター・カレッジの授業料を稼ぐためだった。彼女はそこで教員を目指して勉強していたのだ。私は若いアソシエイトとして、時には必要以上に夜遅くまで働き、徐々にレジーナを好きになった。私たちが付き合っていた1988年の秋、事務所はロンドンでの駐在を打診してきた。即答しなければならず、いつからロンドンで働き始めることができるかと迫られた。そこで私は勇気を出して彼女にプロポーズしたが、「はい」と答えれば海外へ転居するという付帯条項付きだった。レジーナは、プロポーズと、結果的に3年に及んだヨーロッパでのハネムーンを受け入れてくれた。

ロンドンに戻ることができたのは素晴らしかった。私たちはケンジントン・ハイストリートの近くにワンベッドルームのアパートを借りて、友人をつくり、ディナーパーティーを開き、ブリテン諸島やヨーロッパ大陸を旅行し、イギリスの湿った冬の間は暖炉のそばに横になり暖をとった。暖炉の輝きのなかで、私たちの結婚生活は築き上げられた。

ドット・コム

1990年代初頭のロンドンで、私は事務所のために新たなプログラムを始めた。「アメリカでビジネスをするための起業家ガイド」と呼ばれ、イギリスのテクノロジー系スタートアップをターゲットにしていた。私のいた法律事務所は成長していった。

数年後、レジーナと私はアメリカに戻った。彼女の励ましもあり、私はカーティス・マレットから身を引き、ヨーロッパの新興テクノロジー企業を専門とするブティック法律事務所を開業した。私の良き友人で優秀な弁護士でもあるポール・グレイバーマンとともに、ジャンカルロ&グレイバーマンはニューヨークとワシントンにオフィスを構え、14人の弁護士を抱えるまでに急成長した。

それから、レジーナと私は家族を築き始めた。4年の間に、エマ、ルーク、ヘンリーが生まれた。レジーナは、ジャンカルロ&グレイバーマンで会計と簿記を担当した。私たちの赤ん坊を連れてきて、書類を入れる戸棚の引き出しのなかで眠らせたりしていた。顧客数は増えていた。私たちはさらに次のステップへと進み、ベルゲン郡北部の静かな地区にシングル材で建てられたボロボロのヴィクトリア様式の家を購入した。その家には断熱材もエアコンも備わっておらず、完成した地下室も車庫もなかったが、魅力的だった。私たちは部屋ごとに修理と修復に取り掛かった。欠けているものはいろいろある家だったが、子どもたちの笑い声が溢れ、愛情のこもった日曜日の夕食が用意され、訪れるすべての人を温かく迎えた。

当時、1997年から2000年にかけてのインターネット・バブルが膨張していた。膨大な作業負荷に対処するため、ニューヨークの法律事務所をブラウン・レイズマンに統合した。創意溢れるピーター・ブラウンとリチャード・レイズマンによって設立されたテック企業専門法律事務所の草分けだ。彼らの支援を得て、私は史上初のオンライン金融取引に関する法律ジャーナルを共同創刊した（注1）。

それからしばらくして、私は自動化された市場取引システムの聡明なパイオニアであるマイケル・アダム率いる投資家グループの代理人となった（注2）。彼らが、通貨オプションの価格設定と取引のツールとして、当時もいまも広く使われているフェニックスを買収する際には、助言を提供した。2000年初め、フェニックスはロンドンで新規株式公開（IPO）を行うために大手投資銀行を採用していた。またしてもレジーナの励ましもあって、当該IPOを扱うためにブラウン・レイズマンを休職した。私はロンドンでアパートを見つけ、すぐに仕事に取り掛かった。株式市場は史上最高値に近づいていた。平日はロンドンで、週末はニュージャージーで過ごすという慌ただしい日々だった。

しかし悲しいかな、それは突然に終わってしまった。2020年4月14日、アメリカ株は9％急落し、ナスダック総合指数は5日間で過去最悪の週次パフォーマンス、マイナス25％を記録した。ダウ平均株価と呼ばれるダウ・ジョーンズ工業株価平均も急落し、これまでの1日の下落率の記録を下回り、ニューヨーク証券取引所で価格急落時に取引を一時停止するサーキット・ブレーカー発動の引き金となった。ドットコム・バブルははじけた。数日後、フェニックスのIPOは延期された。私は、投資家のフェニックス売却を支援するためにアメリカに戻った。勝負に出たが失敗に終わった。

しかし、結果的にはうまくいった。フェニックスの買収者は、大手銀行や金融機関などの大口取引向けの取引市場を運営する仲介機関「インターー・ディーラー・ブローカー」のGFIグループだった。インター・ディーラー・ブローカー、いわゆるIDBは、議会がドッド・フランク法で認めたスワップ執行ファシリティ（SEF）の先駆けだった。GFIグループは、スワップと呼ばれるデリバティブの仲介を専門としていた。前述のとおり、スワップは認可を受けた取引所ではなく、GFIグループが運営するような参加者が限定され、管理されたネットワーク上で取引される。

私はGFIの聡明な創設者、ミッキー・グーチとすぐに意気投合した。彼は私に、このまま残って、熟練したプロのブローカー機能と市場データ、分析ソフトウェア、自動取引執行システムを統合した、金融機関向けの高度に効率的な市場を目指すという彼のビジョンを実現してくれないかと提案してきた。私は承諾した。

GFIのコーポレート部門の開発責任者として、私は数ラウンドの未公開株による資金調達を行った。その調達資金で、世界の金融センターに新たにオフィスを開設し、世界初のスワップ取引の電子プラットフォームを構築した。また、旧シカゴ商品取引所清算機関に投資し、クレジット・デフォルト・スワップ、すなわちCDSにおける最初の清算機関への転換を支援した。やがて、GFIはCDSをはじめとする店頭デリバティブにおける世界最大の取引プラットフォームに成長した。

GFIは当時、ウォール街の100番地にオフィスを構えていた。GFIに入社して間もないある夏の日、昼食から戻ろうとすると、オフィスのあるビルの前に人だかりができていた。その中央には、激しく踊る若い男がいた。私はくすくす笑ってオフィスに向かった。エレベーターから降りると、ブローカーの多くが窓の外の若いダンサーをみて笑っていた。聞くところによると、彼はGFIの研修生で、昼食の注文を間違えたことから30分の罰を受けているとのことだった。後に彼が戻ると、激しくからかわれていた。「ウォートン教育の無駄遣いだな！」とだれかが叫んだ。

そのしごきには驚いた。その話をグーチに伝えると、意図もなく不愉快な思いをさせたのではなく、若者の訓練の重要な一部が執り行われたのだと言った。ブローカレッジで成功（ブローカーの業務には成功しか許されない）するためには、個々の顧客ごとに区分されたランダムな価格データを短時間で記憶する必要があった。この価格を間違えれば、経済的な損害は莫大なものになる可能性があるため、ブローカーになろうとする者は、デスクから離れた場所で記憶力を養う必要があった。そのため、ブローカー研修生は実際に取引を処理するようになる前に、数カ月間取引の内容を聞き、記録していた。また、わざと複雑にした昼食の注文も受けなければならなかった。それは次のように凄まじいものだった。

「全粒小麦パンのハムサンドイッチにピクルス2個、レタスは抜いて、オリーブ・ペーストを1枚のパンに、ハニーマスタードをもう1枚に塗ること。オレンジは3個つけて。いや、オレンジは二つにしてハニーマスタードはちょっと保留！」

グーチの説明によると、研修生は一度に12件ほどの注文を受けなければならず、1件でも失敗すると罰として、街角で30分間ダンスするか、その他の忘れられないような馬鹿げた恥ずかしいことをすることになる。研修生が数十ドルの昼食の注文をこなせるようになれば、数百万ドル規模のより重要な仕事も引き受けることができるようになるのだという。

2005年、GFIのIPOを指揮し、大きな成功を収めた。翌年、株式の売出しを行い、大規模な買収を成し遂げた。2008年までに、GFIは世界中で18のオフィスをもつまでに成長し、記録的な収益をあげていた。世界のCDSのほとんどが取引されるトレーディング・プラットフォームを運営していた。

そして、2008年の金融危機が襲った。3月にベアー・スターンズが破綻して以来、金融市場のパニックは徐々に拡大していった。金融機関は、住宅や商業用不動産の価格下落がローン返済に悪影響を与えることを危惧した。これにより、住宅価格と消費者信用の二重バブルは崩壊した。資産価値の急落により、アメリカ内外の金融機関の資金繰りがつかなくなり、異常な「取り付け騒ぎ」が発生した。これが、非常に多くの企業や家庭にとって壊滅的な金融危機の始まりとなった(注3)。

ウォール街では、世界最大の投資銀行と商業銀行の破綻が差し迫っていることへの懸念が広がっていた。夏が過ぎ去るとともに、当社のブローカー・フロアの緊張は高まり、フロント・オフィスの社員は秩序ある市場を維持するために、従来より大きなストレス下で働いていた。住宅ローン会社のファニー・メイとフレディ・マックは、1870億ドルで連邦政府の管理下に置かれ、連邦準備制度理事会

（FRB）はAIGを救済するために1800億ドル以上を融資した。嵐が襲い来るなか、GFIはその中心にいた。

9月初旬、ニューヨーク連邦準備銀行の高官から電話があった。リーマン・ブラザーズを含む複数の大手投資銀行におけるCDS取引のエクスポージャーについて聞いてきた。当時、取引状況は刻々と悪化していた。デリバティブ取引市場、特にCDS市場が示す危険信号を読み取るべく、私たちのような企業に必死に電話をかける以外に、当局にできることがないのは明らかだった。

9月下旬、ヘンリー・ポールソン財務長官とベン・バーナンキFRB議長は、ほぼ確実と思われる世界の金融システムの崩壊を回避するため、7000億ドルの救済策を議会に提出した。それでも、被害は発生した。アメリカ、そして世界は、80年前の大恐慌以来最悪の金融危機となる深刻な景気後退に突入していた。

2009年、G20参加国はワシントンで、その後ピッツバーグで会合を開き、危機への共同の対応策を策定した。提案された多くの措置の一つに、スワップ市場の改革があった。これには、スワップの相対清算から中央清算への移行、カウンターパーティー・リスクに関する透明性の向上、規制されたプラットフォームにおけるスワップ取引の執行が盛り込まれた。

前述のとおり、これは適切な改革だった。実のところ、最初の二つはすでに市場で自然に進められている改革であり、三つ目は常識的なものだった。

GFIの同僚には、これらの改革は不可避であるだけでなく、金融スワップ市場にとっても有益になると話した。一方、これらの改革を下手に立法・適用すると、せっかくの効果が半減するのではないかと懸念した。この法律が制定・施行されるにあたって、インター・ディーラー・ブローカーの意見を聞くことは不可欠だった。

グーチとGFIの目端の利くCEOコリン・ヘフロンの熱心な支援もあり、2009年の夏から秋にかけて、GFIの政府対応を取り仕切った。ワシントンの著名な弁護士マイク・ギルを雇い、金融サービスや農業に関する上下両院の主要委員会のメンバーとの面談のため、ワシントンに何度も足を運んだ。GFIと競合するインター・ディーラー・ブローカー各社が個別に行動していては、効果がないか、悪化するだけだという見解に達するまでに時間はかからなかった。望ましいのは、私たちが冗談で自分たちのことを「五つの家族」と呼んでいた五大業者が力をあわせて行動することであった。私たちは、アメリカ業界団体、米国ホールセール市場ブローカー協会（WMBAA）の設立を決定した(注4)。

WMBAAは2009年末、ウォール街からすぐのところにあるハノーバー・スクエアの歴史的なインディア・ハウスでの昼食会で発足した。自然な存在感と統率力を兼ね備えたベテラン経営者、クリス・フェレーリがWMBAAの初代会長に選ばれた。フェレーリとともに役員会に名を連ねたのは、GFIの眼光鋭いコンプライアンス・チーフのビル・シールズ、最初の電子外国為替オプション・ブローカーの一つの創設者で、頭が良く、教養があり、気品のあるイギリス人、ジュリアン・ハーディング、ウォール街のお作法に精通したニュージャージー出身のジャージー・ボーイ、ショーン・バーナード、要求水準が高く才能ある弁護士のスティーブ・メルケル、そして私だった。ワシントンでのガイド役兼顧問は、その魅力、自信、意思の強さで、後に多くの扉を開いてくれたミカ・グリーンだった(注5)。こうしてWMBAAが誕生した。

こうなると、早すぎるということはない。バーニー・フランクが議長を務める下院金融サービス委員会は、最終的にドッド・フランク法に組み込まれることになる法案策定を急いで進めていた。後に第七編となる法案の一部はスワップ商品を取り扱っていた。そこには、四つの実務上の要件が盛り込まれていた。スワップ・ディーラーと主要スワップ参加者の登録、より多くの相対スワップ取引の中央清算への移行、カウンターパーティー・リスクの透明性向上、規制されたプラットフォームにおけるスワップ取引の執行だ。

2010年の冬から春にかけて、喧しい私たち一同は、ワシントンへの無数の電話や出張を通じて、この法案について議論した。私はスワップ市場の専門家として、何度も議会で証言した。そして、2010年7月にドッド・フランク法は成立した。当時、WMBAA会長となっていた私は公式声明を発表し、オバマ大統領と議会による法案可決を支持した。当時もいまも、議会はドッド・フランク法のスワップ改革条項において正しいことをやったと信じている。

だれ、私?

その後数年間にわたり、ゲーリー・ゲンスラー委員長のもとでCFTCはドッド・フランク法のスワップ規制の迅速な規則策定に努めた。2013年1月、共和党のCFTC委員、ジル・ソマーズは、CFTCを辞任する意向を発表した。それから間もなく、上院少数党院内総務のミッチ・マコーネルのスタッフから連絡があり、ジル・ソマーズの後任としてオバマ政権に推薦されることに関心があるか尋ねられた。熟考し、レジーナとも議論した末、私は受けることにした。

GFIで過ごした14年間は、人生で最も満足感を味わった時間であった。ミッキー・グーチ、コリン・ヘフロン、そして多くの素晴らしいGFIの同僚に多大な恩義を感じている。また、CFTC委員として注目され、一目置かれることにつながった仕事についても、WMBAAの同僚に多大な恩義がある。そしてもちろん、予期せぬ新たな冒険を応援してくれたレジーナには感謝してもしきれない。

GFIに別れを告げたとき、同僚たちは私のお気に入りのウォール街のレストラン、デルモニコスで盛大な送別会を開いてくれた(注6)。その最中に、お手洗いに行くためにパーティーを出た。バーを通り過ぎると、若い男がやってきて、今後の健闘を祈りますと言ってきた。彼は、「覚えていないかもしれませんが、14年前に街角で踊らされていた男です」と言った。彼がいま何をしているのか聞いた。JPモルガンの北米債券取引デスクのナンバー2だと言う。彼があの教訓からしっかり学んだのは明らかだった。

2013年8月、オバマ大統領は私の候補者指名を発表した。翌年3月、同じくCFTC委員の候補者に指名されたティム・マサドとシャロン・ボーエンとともに、上院農業委員会で証言した。上院の承認を経て、2014年6月24日、連邦議会を見下ろす下院農業委員会の公聴会室で催された感動的な式典で、最高裁のクラレンス・トーマス判事の前で就任の宣誓をした。多くの友人や家族に加えて、オハイオ州選出のロブ・ポートマン上院議員、フランク・ルーカス下院農業委員会委員長、マイク・コナウェイ下院議員、スコット・ギャレット下院議員、そして新たな同僚であるCFTC委員長のティム・マサドとCFTC委員のシャロン・ボーエンが出席した。

まず、クラレンス・トーマス判事と他の著名なゲストに感謝した。それから、母と父、そして3人の兄弟に感謝した。このメンバーが一堂に会するのは数十年ぶりで、結果的にはこれで最後になった。また、レジーナの愛情と支援、そして3人の子宝、エマ、ルーク、ヘンリーに感謝した。

そして私はこう述べた。

「今日は私と家族にとって本当に名誉な一日です。ニュージャージー州出身の一人の男が、アメリカ合衆国大統領に指名され、米国議会上院の全会一致で承認され、今日、下院の指導者たちに歓迎され、米国最高裁判所の尊敬すべき判事の前で宣誓することに、非常に感激しています。「ああ！なんていう国だろう！」大変光栄に思います」

「公聴会で申し上げたとおり、私は医師、看護師、起業家、そして約1世紀前は一般的な移民という家系の出です。祖父母や曽祖父母がここにいれば、きっと誇らしげに笑ってくれていたことでしょう」

「それでも、驚きはしなかったでしょう。むしろ、この素晴らしい国の他の驚嘆すべき事物を見聞するときと同じように、興奮していたことでしょう。非日常的なことが当たり前のように起こるこの国に」

あの日、太陽はたしかに新しい道に「照り付けて」いた。政党や個人的な忠誠心のためではなく、自分の知識と専門性を見込まれ、その道を旅する機会を与えられた。祖国のために5年間奉仕し、自分なりに精いっぱいがんばること以外に、ワシントンでの野望はなかった。実現すべき党派的な政治課題もなかった。私はだれにも借りがなく、だれも私に借りがなかった。

そうして私は再び、出発点から遠く離れた、「ねじれたり、ほどけたり」する高速道路の新たな区間にいた。その高速道路は、私がこれまでのキャリアを通じて携わってきた法律、市場、テクノロジーの交差点を通過していた。そしてすぐに、価値のインターネットが生む強力な追い風を感じ、暗号通貨の夜明けの光をみることになった。

第3章

ハイウェイを突き進む

直線でも起伏のある道では、次の頂上ではなく、その次の頂上に集中する。そうすれば、その中間にあるものは、そこに到達するずっと前に考慮している（あるいはしなければならない）ことになるはずだ。

——マイケル・コスティン（自動車レースのエンジニア）、レース中の思考を説明、「Trackrod Motor Club Newsletter、Dec.1973」より

レイアウト

アメリカ政府は1800年代末に、商業活動を規制する行政機関として、州際通商委員会を設立した。これらの行政機関は、議会から委任された権限を適用して、規則や規制を公表し、法律・規則・規制が特定のケースで破られたか否かを判断して、違反者に罰金などの制裁を科した。こうした機能を果たすために、議会は行政機関に準立法権と準司法権の両方を付与した。ライセンスの発行、料金の設定、商慣行の形成、さらには商慣行を違法とすることさえできた。

一部の機関は、運輸省や農務省などのように連邦政府の執行部門である。他の機関は執行部門の外に存在する。後者は、立法部門と執行部門の両方に報告し、大統領による長官や委員を解任する権限が限られているため、独立行政機関と呼ばれる。この独立した体制は、ワシントンに吹き荒れる政治的な風から同機関を隔離している。最もよく知られている独立行政機関は、おそらく連邦準備制度理事会、連邦通信委員会、連邦取引委員会、商品先物取引委員会（CFTC）の姉妹機関である証券取引委員会であろう。

CFTCも、独立行政機関である。上記の各機関と比べると知名度は劣るが、グローバルな金融市場の安定と繁栄にとってきわめて重要な機関だ。CFTCは、シカゴの商品先物取引所の開明的なリーダーたちが主導して1974年に設立された。新たに設立されたCFTCは1920年代（注1）から、

CFTC設立時まで農務省が担っていた商品先物市場の規制を担当することになった。CFTCは、1936年に可決され、その後何度も改正された商品取引所法（CEA）(注2)の法的枠組みのもとで運営されている。

CFTCは5人の委員で構成され、委員の任期は5年である（各々の任期はずれている）。委員は大統領によって選ばれ、上院によって承認される。5人の委員のうち、3人超が同じ政党に属することはできない。同委員会は議会が創設したもので、議会が権限を委譲している。そうした委譲が必要なのは、デリバティブ市場が非常に大きく、広範囲に及び、絶えず変化しており、綿密な監視が求められるためである。議会にはそれらを日常的に監視する時間も専門知識もない。それゆえ、CFTCに権限を委譲し、CFTCはその権限を近視眼的な政治のご都合主義から遮蔽されたかたちで行使する。

CFTCによって規制されるアメリカのデリバティブ市場は、世界で最も大きく、最も発展しており、最も影響力がある。その深さと広さにおいて比類するものがない。低い取引コストと最小限の煩雑性でトレーディングに深い流動性プールを提供し、世界中の膨大かつ多様なカウンターパーティーの参加を促進する。また、世界で最も急速に成長している市場の一つであり、あらゆる面でテクノロジーの革新に熱心な市場でもある。

価格発見

アメリカのデリバティブ市場は、効率的かつゆがみのない価格発見機能を提供する点できわめて優れている。農家は、農業先物の取引所で設定される価格から地元の穀物倉庫に販売している作物に対して妥当な価格を得ているか判断する。同時に、穀物倉庫側は、収穫時に地元農家に示す評価額の基準として先物市場の価格を利用する。米国農務省は同じ情報を使って価格を予測し、価格変動への対応策を決定し、作物保険の支払を行う。

世界で最も重要な農業、鉱物、エネルギー商品の多くの価格は、アメリカの先物市場に依拠して測定することができる。重要なのは、これらの価格が米ドルで設定されていることだ。世界のコモディティがドル建てで価格設定されていることは、グローバル貿易におけるアメリカの生産者に多大な、比類ない優位性をもたらしている。ドル建ての価格設定のおかげで、アメリカの生産者も消費者も、コモディティ・ヘッジに加えて為替ヘッジをする必要がない。

アメリカのデリバティブ市場は、世界で最もしっかり規制されている市場の一つとも考えられている。アメリカは、経済協力開発機構に加盟する主要国で唯一、デリバティブ市場規制に特化した規制機関をもつ。すなわち、CFTCだ。専門の連邦規制体制と、世界で最も競争力のあるデリバティブ市場との間には相関がある。40年以上にわたり、CFTCはプリンシプル・ベースの規制枠組みと計量経済学に基づいた分析で評価されてきた。CFTCはその専門性の深さと機能の広範さで世界的に評価されている。頻繁に資金が不足し、時には過小評価され、間違いなく存在感は薄いが、アルファベットの略語で表される政府機関が無数あるワシントンにおいて、CFTCは間違いなく、最もイノベーションに寛容な市場規制当局である。そして、そう、特筆すべきは、他のほぼすべての連邦金融規制当局と異なり、CFTCが監督する市場や機関は、2008年の金融危機のなかにあって破綻しなかった。

CFTCに来たとき、私の関心はまだ、最近起きた2008年の金融危機とそれに関する規制対応に集中していた。私はデリバティブ改革を完遂する決意を固めていたが、市場の効率性と経済成長を促進する方法でそうしようとも決めていた。特に注目していたのは、ドッド・フランク法に基づく規則策定のうち残りの二つ、すなわちスワップ執行ファシリティとポジション・リミットだった。

就任の宣誓から3カ月もたたないうちに、CFTCの構成に重大な変化が起きた。スコット・オマリア委員長が、国際スワップ・デリバティブ協会（ISDA）に入るために辞任した。5年になろうとしていた在任期間中、スコット・オマリアは少数派の委員であったため、彼の党派は5人の委員から成るCFTCのうち2議席までしか獲得していなかった。CFTC設置法のもと、最低3議席と過半数の議決権は、もう一方の党派、大統領であるバラク・オバマの側にあった。その構成のもとで、スコット・オマリアは少数派委員長としての役割をよく心得ており、可能な時は規則の改善に向けた交渉を行い、それが不可能な時は精緻につくりこまれた反対意見を声高に発出していた。彼が反対票を投じたCFTC規則案についてでさえ、スコット・オマリアは最後まで詳細な交渉をしているようにみえた。

スコット・オマリアの指導が受けられないのは寂しい限りだった。彼の予期せぬ辞任で、私は民主党委員3人に対する唯一の共和党委員となった。ウォール街の厳格な弁護士、ティム・マサドが新委員長となり、CFTCのすべての職員とアジェンダを彼が統べることになった。真面目で親しみやすい元上院ベテラン議員スタッフのマーク・ウェッチェンが最もシニアな委員だった。上院の承認公聴会で私と一緒だったシャロン・ボーエンは、信念をもった弁護士で消費者の代弁者だった。

アメリカンフットボールでいえば、私はディフェンダーのフリーセイフティとして、有能なクォーターバックと腕の良いレシーバー二人を相手にするようなものだった。その役割では、プレーを指示する権限も、職員にルール策定や適用を指示する権限もない。彼らの注意を引くチャンスはごくわずかしかなかった。そうするには、他の手段を用いるしかない。私は、筆の力を選んだ。スコット・オマリアの顧問を務めていた私の優秀なスタッフ、アミール・ザイディの助けを借りて、約束の白書に取り掛かった。その執筆に、休暇を含む秋と冬の大部分をかけた。

白書

2015年1月29日、80ページの白書を公表した。CFTCの歴史のなかで、委員がこのような長編の論文を執筆したのは初めてのことだった。白書では、スワップ取引の仕組みを解説し、その社会的・経済的な効用を検証した。また、グローバルなスワップ市場の構造も明らかにした。株式や先物のように取引所取引ではなく、社債のように店頭市場で取引される理由を説明した。加えて、スワップ・ディーラーをはじめとした市場参加者の役割についても説明した。

そのうえで、議会はCFTCに対して、スワップ取引ファシリティの市場構造や適切なビジネス・モデルを決める権限を与えていないと主張した。続けて、あるべき規制は、CFTCがスワップ取引ファシリティの登録・監督を担うものの、その運営方法については、規則で縛るのではなく、広範なプリンシプルに従って業務を遂行するよう任せるものだと述べた。ドッド・フランク法にあるとされる電子執行モデルや取引所取引の「義務化」が頻繁に議論されているが、ドッド・フランク法にはそのような要件はない。かわりに同法は、スワップ執行ファシリティ（SEF）が「州際通商のあらゆる手段を通じて」運営されることを明示的に認めている。つまり、SEFは取引方法の選択において経済的自由を行使することが認められている、と白書は結論づけた。

白書の最も重要な想定読者は、CFTC職員自身であった。CFTCに対して、十分に考えられていない規則を厳格かつ制約的な方法で適用することを思いとどまらせたいと考えた。一方で、白書が議会の政策担当者や金融メディアの注目を集めることも理解していた。市場改革には賛成しながらも、その改革の誤った適用には反対する、という点が伝わってほしかった。

白書の影響は大きかった。取引所で取引される先物やオプションに携わる人々で構成され、影響力のある米国先物業協会（ＦＩＡ）のメンバーからも、非常に高い評価を受けた。国際スワップ・デリバティブ協会（取引所で取引されないデリバティブを扱う業界団体）とＦＩＡの2団体は、世界中の政府関係者と投資家にとって、同市場に関する最も重要な情報源となっていた。

親しみやすい好人物のＦＩＡ会長ウォルト・ルッケンとは、旧知の仲だった。金融危機の後、私たちはマンハッタン南部の同じビルで勤務していた。ウォルト・ルッケンと私は、Ｒ＆Ｂの趣味をはじめ、多くのことで意見が一致する。私が関心をもつ問題について、ウォルト・ルッケンほど実績があり、発信をしてきた人を知らない。

ウォルト・ルッケンによると、白書は記述内容の質の高さ、さまざまな問題に関する包括的な分析、実行可能な提案の策定について、称賛されていた。多くの市場参加者は、ＳＥＦに関する規則が提案された際に提起したものの対応されなかった懸念に、白書が対応していると評した。ルッケンは、ＦＩＡのグループに対し、ＣＦＴＣに提出する具体的な規則変更案を起草するよう指示した。

より重要なのは、この白書がＣＦＴＣ職員に与えた影響だ。彼らとの会話のなかで、職員が長年の専門知識をもつ取引所先物市場とは異なる店頭スワップ市場の特徴に、より精通し始めていることがわかった。市場参加者からは、ＣＦＴＣ職員とのやりとりがより内容を伴うものになり、情報も充実してきたとの声が寄せられた。長年にわたりＣＦＴＣをみてきた人物は、私に対して、この白書はＣＦＴＣ職員に対して、予断をもたずにドッド・フランク法の適用に取り組むことを促していると言った。

この変化は、部分的にはティム・マサドの新たな合議制アプローチによるものであることは間違いなかった。それでも、この白書は、スワップ取引ファシリティに関する気づきにおいて重要な役割を果たした。

弁護士のスティーブン・ロフキエは彼のブログ「カドワラダー・キャビネット」で次のように述べている。

「現行のCFTCのSEF取引規則は、バイサイドからもセルサイドからも多くの支持を得られなかった。ジャンカルロ委員の具体的な提案に同意するか否かにかかわらず、少数の市場参加者しか支持せず、市場の安定になんら寄与しない市場構造と取引規則を継続的に擁護するCFTCの論理を理解することは困難だ。このような欠陥のある規則を再検討するよう、CFTCに粘り強く働きかけたことは、ジャンカルロの大きな功績だ」(注3)

2015年8月に、最初の大きな変化が現れた。ロイターのマイク・ケンツなどが報じたように、CFTC職員はスワップ取引の追加的な手法をCFTC規則のもとで容認することを認めた。

「CFTC職員は、スワップ執行ファシリティにおけるデリバティブ取引について、店頭スワップのオークション形式の執行プロトコルがドッド・フランク法のもとで許容されると判断し、1年以上にわたり水面下で繰り広げられていた論争に終止符を打った……」

「今回の決定は、新たな執行方法を利用できるようにしたものだ。既存の気配値要求方式や中央指値注文板では、2年前に始まったばかりの取引プラットフォームの活性化には十分ではなかった……」

「CFTCは、ドッド・フランク法の重要な理念である店頭スワップにおける取引前の透明性向上への取組みの妨げになることを懸念し、昨年からオークションの承認に反対してきた」

「SEFは『州際通商のあらゆる手段を通じて』取引を執行できるとする文言により、ドッド・フランク法が執行方法の柔軟性を明確に規定しているという主張は、現委員であるクリストファー・ジャンカルロが5年前、インターー・ディーラー・ブローカーのGFIグループのエグゼクティブ・ヴァイス・プレジデントだった時に、規則策定プロセスの最初の段階で説明していたものだ。クリストファー・ジャンカルロは自分の主張を貫いているが、CFTCがこの変更をより詳細かつ公的に成文化する必要があると考えている」(注4)

オークション形式の承認決定は、ドッド・フランク法が許容するスワップ取引の柔軟性をある程度認めるうえで、不可欠なステップであった。

不作為による行為

さらに大きな突破口が訪れたのは、白書の公表から約1年後の2016年1月だった。クリスマス休暇を取得しニュージャージーの自宅で過ごした後、ワシントンに戻った最初の日だった。オフィスで職員に会い、最初に申請された18社のSEFの個々の本登録案に関する分析を聞いた。私たちはそれぞれの申請書に目を通した。厳格な弁護士で、ニューヨーク連邦準備銀行のアナリスト出身の法律顧問、アミール・ザイディは、各社が異なるビジネス・モデルを提示していることに気づいた。

各社の申請書が広範なビジネス・モデルの存在を示していることが、すぐに明らかになった。たとえば、電子と音声を組み合わせたシステム、「気配値要求（RFQ）」や「中央指値注文板（CLOB）」と呼ばれる仕組み、そして完全に電子化されたオークション・システムがあった。申請者のなかには、主にホールセール、すなわち「セルサイド」市場参加者を対象とするSEFもあれば、「セルサイド」と「バイサイド」の両方のプレーヤーを対象とするSEFもあった。スワップの種類を限定したSEFもあれば、幅広く取り扱うSEFもあった。議会がドッド・フランク法で約束した「州際通商のあらゆる手段」によるSEFの運営を認めるために、職員が全力を尽くしたのは明らかだった。

その成果は喜ばしかったが、そこに至るまでの複雑かつお役所的なプロセスには失望した。その成果を得るために、出来の悪いSEF規則を迂回する大変な取組みがなされていた。これらの奇妙な規則は、文言上、SEFがそのビジネス・モデルを州際取引の二つの手段、「RFQ」および「CLOB」に限定することを要求していた。しかし、CFTCの職員はその時点で、広範な取引方法を認めるSEF登録の承認を推奨していた。私からすると、それは完璧に正しい結論だった。議会が一貫して想定し、法の文言で規定したものだったからだ。しかし、正しいことをするために、なんと馬鹿げた遠回りをしたことだろう。

この迂回策のキモは、申請者が「ノーアクションレター」と呼ばれる5通のスタッフレターを遵守することをSEFによる承認の条件とすることだった。いずれのレターも、白書で指摘したスワップ取引規則の欠陥を事実上免除するものであった。

これは、いくつかのレベルにおいて悪しき行政法だった。第一に、CFTCは、SEFのビジネス・モデルに関する不適切な制限を解除するのではなく、制限を無視していた。第二に、承認の判断に不透明な過程があるため、他の市場参加者には、CFTCが本当に認めているスワップ執行の手法は何なのか、理解することが非常に困難になっていた。外部からみる人たちは、承認されたSEF登録の文書を一つひとつ熟読し、人知れず適用された暗黙の法則を推定しなければならなかった。第三に、規則性のない「ノー・アクション」レターに頼ることで、市場参加者に無意味な、仕事のための仕事を強いることになっていた。

私はスタッフに、厳しいコメントを公表するつもりだと伝えた。すべてがごまかしであり、「裸の王様」だと宣言すると。

アミール・ザイディの顔が下を向いた。理由を尋ねた。市場参加者は、私がそう発言することをひどくおそれていると言った。だれもが、実際にはSEFは競争的に活動することが認められているのに、SEFのビジネス・モデルが制限されているかのように見せかけることが茶番だと知っていた。しかし、業界は、ドッド・フランク法の支持者たちが、ウォール街を「弾圧している」という印象を維持する必要があることも理解していた。職員が行ったことについて私が率直に発言すれば、ドッド・フランク法の支持者たちはショックを受けたと公言し、SEF規制を強化しなければならなくなるかもしれなかった。要するに、だれもが私が黙っていることを望んでいた。言いたいことはよくわかった。

かくして、最初は派手に始まったものも、地味に終わろうとしていた。CFTCの職員は、欠陥のあるSEF規則対策の店じまいをした。私の白書は目的を果たした。しかし、だれもが起きてしまったことを認めたくない良い結果について、自分の手柄にすることはできなかった。私たちは正しい結果に到達したが、その経路は間違っていた。本来は、議会で制約されることのなかった経済的自由を、CFTCのような選挙で選ばれていない規制機関が制約することはできないと、CFTCが公に認めることが正しい方法のはずだった。

この状況は、長期的にみると満足できるものではなかった。今日、職員が許可したことは、明日は許可されないかもしれなかった。唯一の正しい方法は、CFTC規則を変更することだった。いまのところは口を閉ざしておこう。でも、可能性は低いだろうが、機会が訪れたら、CFTC規則の改正を試みようと決心した。

ポジション・リミット

白書の成功に触発され、私はもう一つの論点となっているポジション・リミットに戻った。ポジション・リミットとは、投資家が保有することのできる先物契約の金額に、あらかじめ制限を設定することを指す。それは、数十年にわたり、取引所とCFTCにより設定・管理されてきた。ポジション・リミットの目的は、市場参加者、特に大口の投資家または投資家のグループが、大口の持ち高を悪用して、市場価格に不当な影響を与えたり、市場を支配したりすることを防ぐことにある。

ポジション・リミットに関する新たな議論は、私がCFTCに参加する前に始まった。そして、結果的には、私が去った後も続くことになった。ドッド・フランク法はCFTCに対し、「過度な投機による価格の急激ないし不合理な変動に伴う負担」を防ぐために、必要に応じて、広範なポジション・リミットを新たに設定することを求めた。私が着任する際に、CFTCがまだ規則策定をできていなかった数少ないドッド・フランク法の要求事項の一つだった。

CFTCは、さかのぼること2011年に、包括的なポジション・リミット規則を採択したが、その舞台裏では多大な乱闘が繰り広げられていた。しかし1年後、連邦裁判所はこれを無効と判示した。CFTCの課そうとしている制限が、ドッド・フランク法の文言で要求されているように、州際通商への負担を防ぐために必要であるということを証明するにあたり、CFTCが公式な事実認定を行っていないというのがその理由だった。

2013年12月、CFTCはポジション・リミットに関する修正案を発表し、ポジション・リミットは「必要」であるという事実認定を明確にした。しかし、特に農業者とエネルギー生産者をはじめとする市場参加者は、この提案が過度に制限的であると、強く批判した。そしてそれは正しかった。

2015年の時点で、CFTCは2013年の提案を修正する準備をしていた。私は、正しいものが仕上がるようにしたかった。

何年も前、弁護士業に従事していた頃、私はいつも、新しい顧客を訪問し、彼らが何をどのようにして営んでいるかを学ぶことにしていた。顧客がどのように生計を立てているのかを理解するまでは、彼らを本当に助けることはできないと感じていた。

CFTCに参加したとき、ウォール街の銀行がスワップをはじめとしたデリバティブをどのように活用して生計を立てているか、ワシントンのだれよりも熟知していた。それでも、アメリカの農家、牧場経営者、石油業者、製造業者がデリバティブをどのように活用して生活しているかは、ほとんど知らなかった。CFTC委員となったいま、私はそれを調査することにした。現場を訪ねようと思った。

CFTCに在籍した5年間、私は国の半分以上をめぐって、生計を立てるためにCFTCが規制するデリバティブを利用する、何千人ものアメリカ人に話を聞くことになった。最終的には、彼らが生産する農産物、鉱物、エネルギーの価格をヘッジするために、CFTCが規制する商品に依拠する22州を訪問した。そうした旅の一環で、ケンタッキー州の炭鉱の地下900フィートまで降り、ノース・ダコタ州の天然ガス掘削装置で上空90フィートまで昇り、アーカンソー州の農薬散布機に乗ってさらに上空まで昇った。イリノイ州の工場現場、テキサス州の石油精製所、インディアナ州の穀物倉庫、オハイオ州の発電所をめぐった。ミネソタ州メルローズでは、家族経営の農家の人たちと一緒に乳牛の搾乳をした。ニューヨーク州、モンタナ州、アイオワ州、ルイジアナ州の穀物・家畜生産者に会った。カンザス州では、ローレンスの飼養場でメアリーとパット・ロス夫妻に会い、ホワイト・クラウドのケン・マッコーリーのトウモロコシ農場を訪問し、ペリーにあるパット・オトリンブルの大豆畑を訪れた。ミシガン州では、フォード・ルージュの自動車製造工場を見学し、フランケンマスの穀物工場を訪問し、ヘンダーソンの肥料工場で農家や農産物供給業者と会った。

ＣＦＴＣ初の超党派による農業視察で、ウェッチェン委員と私はアイオワ州に飛び、モリーンにあるジョンディア・コンバイン工場、デモインにある世界食糧賞財団、クリアレークのすぐ北にあるトウモロコシと大豆畑を訪問した（そこでは、トウモロコシ畑を進み、ロックのパイオニアであるバディ・ホリー、リッチー・ヴァレンス、「ビッグ・ボッパー」の名で知られるジルス・ペリー・リチャードソンが亡くなった飛行機事故の現場に向かい、慰霊をした）（注5）。

これらの視察自体、楽しいものであったが、米国商品先物市場の監督者として、より事情に詳しくなることにもつながった。トウモロコシ畑や納屋では、ＣＦＴＣの規制下にある市場の参加者と直接意見交換を行った。これらの意見交換は、生産リスクをヘッジするために先物市場に依拠する一般の人々にＣＦＴＣ規則が与える影響について、私がワシントンで主張する際に、不可欠な信頼性を付与してくれた。トウモロコシ、大豆、豚肉、乳製品の生産者が最も懸念しているのは、収穫時に支払われる価格の公平性であることを教わった。それは、彼らにとって死活問題だった。

私は、特に大手金融業者による過剰な投機を抑制するポジション・リミット規則には反対していなかった。同時に、ポジション・リミットが固定的・硬直的になりすぎて、市場をゆがめたり、アメリカの農業者やエネルギー生産者に損害を与えたりするような事態にならないことが必要だった。それは、ポジション・リミット規則により、生産者が商品価格の将来的な（かつ当時すでに生じていた）急落から身を守ることが妨げられた場合、実際に起こりうることだった。長期にわたる商品価格の暴落が続き、ポジション・リミット規則が正しい設計になっていなければ、私たちはまさに最悪のタイミングでヘッジ取引に負担をかけることになると予想された。

以前のポジション・リミット規則案に対する私の最大の懸念は、まさにそれであった。真正なヘッジ取引を制限したり、アメリカの農家やエネルギー生産者に損害を及ぼしたりするのではないかと懸念した。農家もエネルギー生産者も、商品価格の急落とサービス・プロバイダーの統合により、深刻な影響を受けていた。私は、ノーアクションレターその他のアドホックに発出される解釈通知や勧告などによって絶えず微調整されなければならないような、拙い設計の規則を支持するつもりはなかった。そうしたアプローチは、ここ数年のＣＦＴＣであまりにも一般化しすぎていた。新たな規則案が、アメリカの約９０００棟の穀物倉庫、２００万の家族経営農場、１億４７００万の電力利用者に与える影響を慎重に検討する必要があった（注６）。

私が少数派委員だったときに審議したポジション・リミット案は、非常に詳細かつ複雑で、何百ページもあり、何千もの脚注があった。多くの場合、これらの提案は、追加的な事務作業やコンプライアンス・コスト等の負担を課すだけで、過剰な投機を抑制することにはほとんど役立たなかった。私は、それらの提案が、食料とエネルギーに係る消費者のコストを高める可能性があり、その負担を最も感じるのは低所得のアメリカ人だという懸念を表明した。

私はCFTCに対し、規則策定に際しては費用対便益をよく考慮するよう求めた。オバマ政権下の経済の低成長と、あらゆる問題にさらに多くの規制で立ち向かおうとする政府の哲学を考えると、対応は急を要した(注7)。アメリカ人の労働参加率(生産年齢人口に占める労働者・求職者の比率)は、過去35年で最低の数字となった(注8)。オバマ政権時代、18歳から31歳のアメリカ人の3人に一人は両親と同居していた(注9)。さらに、アメリカの家庭の五つに一つでは、家族のだれも職に就いていなかった(注10)。

過剰規制は事態を好転させていなかった。オバマ政権下では、事業に対する規制により、アメリカのGDPの12%以上、年間2兆ドルの損失が生じた(注11)。平均的な製造業者は、連邦規制の遵守のために従業員一人当り年間約2万ドルを費やしていた(注12)。従業員数50人未満の製造業者における同コストは、従業員一人当り約3万5000ドルに上昇した(注13)。多くの人々が失業し、雇用機会の減少に直面している経済の低迷のなかで、エネルギー、食料、その他の必需品の値上げという負担をアメリカの消費者に負わせるべきではなかった。

加えて、拡張的な規則策定が続いた後、CFTCとしては、信頼性の高いデータに基づく規則策定が不可欠だった。CFTCの規則作成は、個別のエピソードや推定に基づいていることがあまりにも多かった。CFTCの2013年のポジション・リミット案はデータに基づいていたが、そのデータは古く、信頼性にも乏しく、誤りだらけだった。私は、新たなポジション・リミット規則を正当化できるより適切なデータが欠如しているなか、当該規則を支持しなかった。

2015年春、テキサス州のエネルギー市場に関するコンファレンスが有名なヒューストン・クラブで開かれたとき、私は次のように述べた。

「自分の主張を裏付ける場合に限って、データを引用するのが好きな人がいます。そういう人は、データが自分の主張を裏付けない場合は、都合よく無視します。ポジション・リミットの場合、規則案にはデータに基づく定量的な根拠がまったくありません。この欠落は無視できないものです。これは、CFTCが提案したポジション・リミットの規制に係るすべての有効性・妥当性に疑問を投げかけています」

私が当時認識していなかったのは、データが貧弱なのは、それなりの理由があるかもしれないということだった。CFTCのチーフ・エコノミスト局は明らかに、あらゆる有意義な規制の草案に必要となる「データに基づく定量的な根拠」の作成を妨げられていた。このことは半年後に、CFTC監察官室の報告書で次のとおり明らかになった。

「CFTCのエコノミストたちは、もはや経済研究が許されないテーマの一例として、ポジション・リミットをあげた……他の何人ものエコノミストも、CFTCチーフ・エコノミスト局がCFTCの公式見解と対立する可能性のある研究テーマを検閲しているという印象をもったことを認めている。CFTC監察官室はこの懸念について、現在のチーフ・エコノミストと協議を重ねた。彼は、ポジション・リミットに関する研究案について、政治的に議論のあるところだとして、当初却下していたことを認めた」(注14)

私は公的にも私的にも、ポジション・リミット規則案の経済的根拠の弱さを非難した。私は同僚や職員に、明確な根拠のある、よく練られた規則には賛成するが、しっかりとしたデータに基づいていない、よく練られていない規則には強くかつ声高に反対すると明言した。

2016年夏、CFTCは2013年12月のポジション・リミット規則案の追補についてパブリック・コメントを募集した。同追補は、特定の真正なヘッジ戦略のために適用除外を求める人たちの手続を緩和するものだった。また、適用除外の対象となる取引戦略を判別する方式も定義した。

私はこの追補を支持し、その実現を促した。期待していたポジション・リミット案の抜本的な見直しではないが、正しい方向へと進む確実な一歩だった。ティム・マサド委員長の思慮深い配慮の表れだと信じている。

その後、年内にCFTC職員はさらに改善された提案を出してきた。最新のコモディティのデータと市場データに基づき、より現実に即して設計されており、遵守の費用も低下するものだった。私はそれを公表し、パブリック・コメントに付することを支持した。この改善された提案は、少なくとも部分的には、私の圧力に由来するものだと信じている。私の農場と石油地帯への視察は、アメリカの農家やエネルギー生産者をウォール街の抑制を目的とした改革の巻き添えにすることは許されないという主張に信頼性を付与してくれた。

数年後、私はポジション・リミット規則案に係るCFTCの作業を指揮することとなった。私たちは、当該規則をパブリック・コメントに対応したものにしようと決意していた。アメリカの農業従事者、牧場経営者、生産者、製造業者が長年活用してきたヘッジ取引に規制上の障壁を設けることはないようにしようと思っていた。私がCFTCを去る前に当該規則案を委員会の決議に付することはできなかったが、私のチームは、私が去った半年後に採択された出来の良い規則の基礎となる作業原案を残すことはできた。事態は前進したのだ。

こうしたデータ駆動型分析へのこだわりが、(後述する)ブロックチェーン技術に対する私の興味を駆り立て、やがて地平線にみえてくるビットコイン先物へのCFTCの対応を下支えすることになった。

第4章 地平線を見渡す

過去を振り返りすぎると、目の前の道に集中できなくなる。

――ブラッド・ペイズリー（シンガーソングライター、ギターの巨匠）、「Country AirCheck」2015年6月より

夜間運転

政府高官として経験した旅路について語るとき、私はよく2016年にダラスから南へ約1時間のテキサス州エリス郡へ行ったときのことを引合いに出す。人口649人の小さな鉄道倉庫の町、バードウェルで、1000エーカーの家族農場でトウモロコシ、綿花、ヒマワリ、冬小麦を育てる年配の農業従事者に出会った。小麦が収穫され、トウモロコシの茎とヒマワリが成長途中にある、ある穏やかに晴れた春の午後だった。私は、綿の生産を理解するために、そこに出向いた。綿の生産は、グローバルな価格を設定する、商品先物取引委員会（CFTC）が規制する重要な商品先物プロダクトの基礎だった。

私は彼のトラックに乗り込み、走行しつつ畑と農作業を見学した。彼は次のように説明した。何年も前に、彼は教会で妻に出会った。彼女の叔父の一人が、一族が保有する土地で農業を始めてみないかと彼を誘った。その後、彼は何十年もかけてその農地をつくりあげた。最初に始めたとき、それが自分のライフワークになるとは思ってもみなかった。しかし、結果的にはライフワークになったわけで、自分が築いてきたものを誇りに思っている。いまは徐々に息子に仕事を引き継いでいる。

彼は私を、郡の協同組合の綿繰り機の見学に連れて行ってくれた。それは2階建ての巨大な機械仕掛けで、郡道からはずれたところにある大きなブリキ張りの納屋を占拠していた。この綿繰り機は、毎年秋の綿の収穫期にのみ使用された。それでもなお、必要なときに即座に作業できるように、年間を通じて手入れされていた。収穫時期の4週間から6週間、綿繰り機はほとんどずっと稼働し続けた。

走行中、作物が刈り取られた畑を通り過ぎた。

「あの畑は何かを収穫したばかりのようですね」と私は言った。

「ああ、昨晩収穫したんだ」

「おそらく冬小麦でしょうね」

「そのとおり」

走行中、彼のいまの発言をあらためて考えた。「昨夜収穫したんですか？　どうやって？」と尋ねた。

「みせてやるよ」

彼は路肩に車を止めた。彼はアイフォーンを取り出し、数回画面をスライドして私に手渡し、動画をみせてくれた。スクリーンはほぼ真っ黒だったが、ヘッドライトのようなものが2組動いていた。

「何が映っているんですか？」と尋ねた。

この動画は昨夜に撮影されたものだという。二つのヘッドライトは、彼のコンバイン収穫機と収穫された小麦を投げ入れる穀物カートを引っ張る彼のトラクターのものだった。2台の車両は並んで走っていた。

彼はトラクターのなかに、彼の息子はコンバインのなかにいた。GPS衛星ナビゲーションがコンバインを夜通し誘導していた。車両の遠隔測定装置によりトラクターはコンバインと並走するよう固定されていた。彼のドローンがビデオを撮っていた。

私は驚いた。「精密農業」と呼ばれる技術と農業用トラクターのGPS衛星ナビゲーションについては、その前年にジョンディアのアイオワ州試験場を訪れた際に学んでいた。しかし、ここでは、普通のアメリカ人家族の農場でデジタル時代の農業が行われていた。それは現実だった。

その後、私は彼に別れを告げ、車でダラスに戻った。ワシントンへ向かう機中で、空中のドローンに間近に見守られながら夜中に麦畑の刈り取りをしている親子のようすを頭に描いた。人類の誕生以来、労働集約的で日中の作業であった農業を、いまでは一握りの人たちが24時間体制で行えることに衝撃を受けた。デジタル技術がこの変革をもたらしたのだ。

精密農業

精密農業は、高度な技術を駆使して生産性を飛躍的に向上させ、最適化する。土地の生産性を向上させながら、消費と廃棄物を削減する。排気や土壌の圧縮を最小限に抑えつつ、水、肥料、除草剤の使用量を減らし、環境に配慮する。衛星、空中ドローン、地上センサーは、農地の状態を継続的に監視する。肥料や植物保護剤は、専用の機器を通じてきめ細かく投入される。精密な操縦システムとトラクター駆動システムは、農場の労働力と土壌の効率を大幅に向上させる。このような進歩のおかげで、社会は急成長する地球上の人口を養うためにより多くの土地を必要としなくなる。テクノロジーの継続的な改善のみが必要となる。

バックミラーをみながらの運転

デジタル革命が、人類最古の職業の一つである農業に大きな変革をもたらしていたのだとすれば、それが世界の資本市場やコモディティ市場、先物市場をもつくり変えていたことは驚くに値しない。市場の電子化、プログラム取引と人工知能の出現は、資本形成とリスク移転に広範な影響を与え、金融市場の全体像を根本的に変えた。

それにもかかわらず、私のみるところ、市場規制は一般的に、特にCFTCの分野では、デジタル革命に追いつけていなかった。CFTCは金融テクノロジー革命に無関心で、時間の狭間に落ち込み、20世紀から抜け出せていなかった。たとえば、先物取引に関するCFTC規則は、ミネアポリス、カンザスシティ、ニューヨーク、シカゴの取引所において、取引を成立させるためにトレーダーが下品な叫び声やハンドシグナルを使う「オープン・アウトクライ」の時代に書かれたものだった。こうした取引フロアは現在では休眠状態にあり、その大部分は、遠隔操作のソフトウェアのアルゴリズム、さらには人工知能によって駆動する電子取引執行システムに代替されるようになった。CFTCは、デジタル市場におけるアナログ当局のようであった。

また、金融市場における規制がいかに後ろ向きであるかにも愕然とした。当時、ドッド・フランク法が成立して5年がたっていた。ドッド・フランク法がいかに重要なものであっても（かつ実際に重要なのだが）、それはアナログで口座ベースの金融システムへの最後の大きな「ツギ当て」だともいえる。つまり、それは未来の問題ではなく、過去の問題への対応を図ったものだった。金融規制当局、報道機関、市場参加者は、2008年の金融危機の再発防止を目的とした無数の規制に、依然として多くの時間を費やしていた。

平時の将官は、先の戦争における戦いに夢中のままだといわれている。経済学者は先の恐慌を過剰に分析する。そして金融規制当局は、先の金融危機を引き起こした市場詐害的行為を禁止する措置を講じる。しかし、将来の危機が先の危機と似たものであることはないだろう。私たちは、次のショックにつながる可能性のある新たなトレンドにあまりにも注意を払ってこなかった。

まるで、規制当局が一斉に車に乗り込み、州間高速道路を高速で疾走しているかのようだった。ドッド・フランク法は、フロントガラスほぼ一面に広がる巨大なバックミラーだった。規制当局はその鏡を絶えずのぞき込み、時間をさかのぼっていた。一方、金融市場は急速に発展していた。後方ばかりを気にするドライバーにはみえないところで、新たな見慣れない車や問題が猛スピードで迫っていた。

2015年6月、証券監督者国際機構、つまりIOSCO（注1）の年次総会で、アメリカや海外の証券規制当局に向けて話をするため、私はロンドンにいた。400人の市場参加者と証券分野の専門家が、ウェストミンスター寺院の向かいにある会議場、クイーン・エリザベスⅡセンターに集っていた。セッションの間、定期的にビッグベンの重苦しい鐘の音が聞こえていた。

椅子を半円形に並べて着席し、私が登壇するパネルが始まった。他のパネリストには、欧州連合と香港の証券規制当局の幹部、国際通貨基金の幹部、JPモルガンその他のグローバルな銀行の幹部、そしてCFTCの元同僚で国際スワップ・デリバティブ協会（ISDA）代表となっていたスコット・オマリアがいた。私の隣に座っていたのは司会者で、威厳のある金融市場ジャーナリストだった。

ディスカッションでは、まず、各参加者が順番に、金融市場の規制当局が直面する最も重大な課題について意見を述べた。各パネリストは例外なく、2008年の金融危機の破壊的な影響、改革の妥当性、そして迅速な実施の重要性に言及した。しかし、その声の大きさも音色も、単調な、お役所的な言葉に終始した。皆、先の金融危機について話した。金融市場に対する新たな脅威や課題については、だれも言及しなかった。

ダッシュボード越しに未来をのぞき込む

結果的に、私は最後に発言することになった。私は、グローバルなスワップ取引プラットフォームを運営する民間企業でキャリアを積んだ、新人の規制当局者なので、私の視点は少し他とは異なるかもしれないと周知するところから始めた。ビジネスの経験に基づき、私は、現代の規制当局が直面する三つの重要な課題を述べた。いずれもドッド・フランク法では言及されていないものだった。

それは、サイバー攻撃、市場のデジタル化・自動化、取引流動性の低下だ。他のパネリストのだれも、これら三つのいずれにも言及しなかったとも付け加えた。

そのうえで私は、世界の金融市場が、国民国家・非国民国家を問わず、グローバルな交戦国により戦場として利用されていることを強調した。2001年9月11日、私はウォール街にいて、世界貿易センター・ビルの崩壊を目の当たりにしたことを話した。テロリストたちは、象徴的な建物であることだけを理由に、あのビルを標的にしたのではない、と続けた。あのビルで運営されるアメリカの金融市場を破壊したかったからだ。テロリストたちは、攻撃の数日前に、ビルとともに市場も崩壊すると予想し、株の空売りまでしていた(注2)。

私は、西側諸国の金融市場と経済を破壊する試みは続いており、規制当局は幻想を抱いてはならないと述べた。そうした試みは、よく統率され、豊富な資金力のある組織によって行われるようになっており、多くの場合、外国政府の支援を受けている。彼らは高度なシステム・ハッキングと金融ランサムウェア攻撃を可能にする最先端の技術を使用している。サイバー破壊が最大の脅威になっているにもかかわらず、ドッド・フランク法もグローバルな改革の取組みの多くもそれに対処していない、と付け加えた。

二つ目の課題は、取引市場におけるデジタル革命だった。自動化は多くの産業を変革した。金融サービスも、インターネットの進化と無縁ではいられないだろうと思われた。すでに先物や株式の市場ではコンピュータ化された取引が劇的に増加しており、アルゴリズムが取引の大部分を動かしている状況だった。近い将来、金融市場は人間ではなく、主にアルゴリズムを通じた取引が動かすようになることが予想された。

そのコンファレンスで、いくつかのパネルが、金融サービスにおける人間の行為を規定するための規制案について議論していることに言及した。しかし、人間でない、電子取引が主流となる世界で、人間の態度やトレーダーの行為がどれほど重要な意味をもつのだろうか、と私は問いかけた。アルゴリズム取引、いわゆる「アルゴ取引」は、重要な意味でまったく異なる市場をつくりだしていた。それは、ロボットの世界において「文化」とは何を意味するのか、という問いかけにもつながる。また、分散型台帳技術と呼ばれるものが、規制された仲介者なしに、直接の個人間でのP2Pによる市場取引を可能にしたとき、規制はどのように有効であり続けるのだろうか。

この時点で、聴衆の目が私に注がれていることがわかった。携帯電話をじろじろみるのをやめて、私をみていた。

そして、三つ目の大きな課題に踏み込んだ。規制そのものだ。「前回の金融危機から生まれたこれらの規制はすべて治療でしょうか、それとも新しい病気でしょうか？」と技巧的な質問を投げかけた。

他のパネリストたちの顔には、苦々しい表情が浮かんでいた。私はこう続けた。「過去7年間、中央銀行がかつてないほどグローバルな資本市場に関与し、5年間は容赦ない規制改革が行われてきました。ちなみに、私はスワップに関連した改革のほとんどを支持しています。それでも、私たちは正直にならなければなりません。結果として、個々では正当化できるものの、そのほとんどが相互に調整されておらず、大量の規則・規制が乱雑に散らかった状態に陥っています」

「このような連携の欠如は、ある集合的な影響をもたらしています。取引流動性の抑制です。ここにいるだれもが、取引流動性はご存じかと思います。価格に大きな変化をもたらすことなく、市場で売買できることを意味します。取引市場を運営する企業の幹部として、取引流動性の管理が複雑であることは認識しています。しかし、トレーダーや市場運営者との対話から、世界のホールセール市場の流動性の質が悪化していることも知っています。すべての市場ではありませんが、多くの重要な市場で、そうした傾向がみられます。米国債市場では2014年10月に取引流動性低下がみられましたが、いまや、ドイツ国債市場でも同様の現象がみられ、米国債レポ市場でも同様の現象が起きるおそれがあります（実際、数年後に起きたわけだが）。取引流動性の低下は、金融緩和策や量的緩和の影響に加え、銀行の自己資本に制約をかける雑多な規制の産物である可能性が高いとみています」

「流動性の低下を引き起こしている要因が何であれ、私たち監督当局はそれを理解し、対処しなければなりません。「これらの規則策定を早くすませて、その後で影響を把握しよう」と言い続けるだけでは不十分なのです。規制ごとにその影響を理解し、規制自体の微調整をもっとうまくやっていく必要があります。先の金融危機時に比べて銀行破綻のリスクを下げるかわり、将来の金融危機における市場の流動性不足のリスクを高めるようなことはやめましょう。「治療が病気の原因にならないようにしましょう」」

私の発言が終わると、会場は静まり返った。一拍おいて、他のパネリストたちが私の主張をふまえ、活発に議論を始めた。司会者は、論争が生じて自分の出番が増えたことを喜んでいた。私はただ座って、楽しんでいた。

この経験は、他の職業と同じように、政府にも群衆心理、「集団思考」があることを再確認させた(注3)。2015年、規制当局の群衆は、金融危機後の改革実施という見慣れた場所で一緒に放牧されていた。彼らのほとんどは、まだ過去をみて現在を定義していた。私は、彼らが草むらから頭を出して地平線をみるよう、群れをつついてやろうと決心した。

では、2015年の夏、私はその先に何をみていたのか。「高頻度取引(HFT)」と呼ばれる、1秒間に数百万件もの注文を執行するコンピュータ化された自動売買が、ますます支配的になっていくのをみていたのだった。HFTは、大きなプラスの可能性を秘めていた。トレーディングの流動性向上、市場アクセスの増加、取引コストの削減などだ。また、取引のスピードや精度、円滑性を高めることで、トレーダーの生産性を向上させることもできた。同時に、自動取引には新たな課題もいくつかあった。たとえば、人間の思考や熟考に取って代わりつつあるコンピュータ分析や数理モデルにおいて、アルゴリズムの欠陥やデータの誤認識が生じるリスクなどがあった。

高頻度取引（HFT）

2018年のCFTCの調査は、HFTの拡大がなんらかのかたちで市場の安定性を低下させたという説を否定している(注4)。この調査は、「急激な値動き」と呼ばれる日中の大きな価格変動に着目した。農産物、エネルギー、金融、金属製品という四大商品市場すべてから16種類の先物契約における22億件の市場取引を分析したものだ。オバマ政権からトランプ政権まで、2012年から2017年までの5年間を分析対象としている。とりわけ、この調査では、HFTが大幅に増加した5年間で、急激な値動きの頻度や幅が明白には増加していないことがわかった。むしろ、急激な値動きは、市場ファンダメンタルズと、新たに更新される市場情報への反応に相関していた。CFTCの調査によると、短期的な価格変動が頻繁になる傾向がみられなかったばかりか、大きな価格変動の多くは、HFTによるものではなく、より長期的な市場のボラティリティの高まり、情報やニュースが直接公開されることによって説明できることが判明した。これは、HFTに起因するボラティリティを低下させるために金融取引税が必要であるという、しばしば提起されてきた主張を論駁するものである。そもそもHFTは急激なボラティリティの原因ではないからである。むしろ、金融取引税は取引流動性を制限する。フラッシュクラッシュの原因としては、HFTより、銀行の自己資本規制の設計ミスによる主要市場における重要なタイミングでの流動性の減少のほうがはるかに大きい。

規制にとって機会と課題をもたらすデジタル技術の革新はほかにもあった。より高度なデータの確認と解釈を可能にする「ビッグデータ解析」、市場のシグナルを読み取り、取引戦略を調整する人工知能、リアルタイムで自らの価格評価と支払額の計算ができる「スマート」コントラクトなどである。また、ビットコインその他の暗号通貨を支える「ブロックチェーン」と呼ばれる技術をはじめとする分散型台帳技術もデジタル・イノベーションの一つであった。

ブロックチェーンの概要

分散型台帳技術、あるいはDLTをよく知らない人のために、ここでその基本的な考え方を説明する。簡単に言えば、取引を記録し、資産の移転を追跡し、信頼を構築するための、共有され、改ざんが防止された台帳である。仲介者を排除し、すべてのユーザーに公開され、匿名で運用される広大なコンピュータ・ネットワーク上の合意に基づくシステムに仲介者を置き換えるものである。

では、これを紐解いていこう。

私たちは、食料品のレシート、年金明細書、会社の決算報告書などのことはよく知っている。これらはすべて台帳の一種である。シュメールの楔形文字、中世のベラムの土地記録、紙の預金通帳、そしてコンピュータとインターネットの普及に伴う今日のオンライン銀行の取引明細書など、記録された歴史のなかで台帳の形態は進化してきた。

金融における台帳のセキュリティは、常に大変真剣に受け止められてきた。たとえば、1870年代のフィラデルフィア港にある貿易会社の海運事務所を思い浮かべてみよう。事務長は、彼と彼のスタッフが、到着するすべての荷物を記録し、署名する台帳をもっていた。当時は改ざんしにくい墨で記入していた。そして台帳は施錠された金庫に保管された。顧客から受け取り荷物に関する問合せがあれば、その台帳を頼りにした。台帳を改ざんするような悪質な船長は、刑罰を受けるかもしれなかった。

何世紀もの間、台帳がどのような形態であったにせよ、なんらかの仲介者や中央機関が台帳に記入された情報を確認する必要があった。たとえば、銀行、清算機関、トレーディング・カウンターパーティー、商人の記録係などだ。

しかし今日では、インターネットがそうした中央機関の必要性をなくし、合意に基づく認証プロトコルがそれに取って代わろうとしている。

合意に基づく認証プロトコルとは何か。その一例は、ウィキペディアの仕組みだ。では、ウィキペディアが何をしているのかを要約しよう。

少し前まで、たとえばエディンバラ城の歴史を知ろうと思えば、百科事典を調べていただろう。この百科事典の出版社は、さまざまなトピックに関して専門家に執筆を依頼し、その情報へのアクセスに対して課金していた。お抱えの歴史家なら、何世代にもわたる読者に対してエディンバラ城の説明を執筆するかもしれない。

ウィキペディアは、膨大なオンラインの参考図書を提供することで、自社作成の百科事典の多くに取って代わった。エディンバラ城の真実を検証する専門家も雇っていない。そのかわりに、世界中に散らばる膨大な人数の寄稿者がネット上で情報を共有し、寄稿者全員の合意によってエディンバラ城の真の歴史が決定される。もはや真実とは、一人の専門家が主張するものではなく、その結果について責任を引き受ける広範な人々の間の合意が決定するものとなっている。

同様に、ブロックチェーンのような分散型台帳では、特にお互いに信頼関係のない人々が、中立的な中央機関に依存することなく協力し合うことができる。エディンバラ城の歴史の真実が分権化された合意によってオンラインで確定できるのであれば、価値あるものの起源や所有権も同様に確定できるだろう。価値あるものとは、たとえば、船の貨物、農産物や鉱物、契約、株券、不動産の所有権、音楽などの文化財、選挙での投票権、さらには個人のアイデンティティなどだ。

実際、分散型台帳による金融取引の記録は、ウィキペディアによる歴史的情報の記録よりも、はるかに信頼性が高い。理由は技術的になるが、大まかには次のとおりである。

分散型台帳として最もよく知られているのが「ブロックチェーン」だ。2008年にビットコインの発明者がビットコイン取引を記録するために提案し、有名になった。ブロックチェーンは、その名前が示すように、概念的なブロックの連鎖を意味する。それぞれのブロックは、情報の入ったデジタルな金庫である。その情報とは、たとえば、一定額のお金とその所有者、自動報告システムの一部である「チェックマーク」付きの品質保証、フルトン魚市場に到着した新鮮なサケの積荷の領収書などである。

新しい取引を入力する際、ユーザーは、高度なアルゴリズムが入力内容を自動的に検証するのを待つ。そして、新しいブロックが作成され、そのなかに含まれるユニークな情報と関連づけられたハッシュタグ（デジタル指紋）でコーディングされる。また、重要なのは、連鎖上のすべてのブロックには、独自のハッシュタグだけでなく、直前のブロックのハッシュタグもついていることだ。

ブロックチェーンのセキュリティ

ブロックチェーンは、何重ものセキュリティによって保護されている。まず、各ブロックは暗号で保護される。しかし、万が一ハッカーが特定のブロックに侵入して改ざんしたら、そのブロックのハッシュタグが変更される。その異常は、チェーン上の後続のすべてのブロックにおいて検出されることになる。超高性能コンピュータを使用するハッカーたちが、最初のブロックをハッキングしたことを隠すために、それ以降のすべてのブロックをハッキングすることは理論的に可能だが、プルーフ・オブ・ワーク（訳者注：直訳すると「作業の証明」）と呼ばれる別のブロックチェーンの技術により、それはほとんど不可能となる。プルーフ・オブ・

ワークでは、チェーンにアクセスする新しいコンピュータに対して、時間のかかる計算問題の解決を要求し、事実上、「ボット」や自動化されたハッキング・ツールの速度を低下させ、その効力を無力化する。しかし、セキュリティの最上層は、ウィキペディアに類似した合意に基づく認証プロトコルの形態をとる。ブロックチェーンの分散型の性質により、参加するすべてのコンピュータがチェーン全体のコピーをもつ。そのため、チェーンを変更しようとすると、何千台ものコンピュータによってその正当性が評価される。改ざんされた異常チェーンは、ネットワークが合意したチェーンの姿と矛盾するため、拒否される。

デジタル台帳技術の潜在的な応用分野は無数にある。息をのむほどだ。DLTは、ホッケーのチケットから雑誌の定期購読、自動車修理の保証、航空会社のポイント・サービス、アパートの賃貸契約に至るまで、あらゆるものが仲介業者を通さずに発行者・所有者から正当な受取り手へ直接、移転することを可能にする。いつの日か、企業の委任状争奪戦、顧客満足度調査、大統領選挙などにおいて、より安全で検証可能な投票システムが実現するかもしれない。有権者は、自分の投票用紙が正しく集計され、他の有権者の投票も1票としてカウントされたことを、コンピュータで確実に知ることができるだろう。

金融業において、デジタル台帳は、第三者の仲介を必要としないため、より速く、より安く、より正確な取引を実現できる可能性を提供する。また、スマート証券やスマート・デリバティブと呼ばれる、リアルタイムで価格を評価し、金利を計算して支払い、さらには満期時に自動的に終了する金融商品の開発にも利用できる。現在では、デジタル台帳を利用した社債発行を試みる銀行が増えており、それはコスト、ミス、時間の大幅な削減につながっている(注5)。いま想定できるDLTの用途よりもさらに重要なのは、既成の組織、規制、精神の限界を超えた、いまはまだ十分に見通せていない利用法である(注6)。

第一に、危害を加えないこと

私は早くから、規制当局はDLTを含むイノベーションを促進すべきであり、阻害すべきではないと考えていた。この問題に関して行った講演の一つ、2016年3月にニューヨークで行ったデポジトリー・トラスト&クリアリング・コーポレーション(DTCC)での講演は、その翌日、ウォール・ストリート・ジャーナルに以下のとおり抜粋された。

「DLTの出現は……金融の世界に革命を起こすかもしれません。事実、イングランド銀行はDLTを「金融のインターネットの最初の試み」と呼んでいます。DLTは、インターネットが情報とデータのネットワークを接続したのと同じように、法的記録管理のネットワークをつなぐ可能性を秘めています。決済の効率とスピードの向上、記録管理ネットワークの連結、取引コストの削減、市場アクセスの拡大により、グローバルな金融市場に多大な影響を与えるでしょう。金融市場における決済、銀行業務、証券決済、権利記録、サイバーセキュリティ、取引の報告・分析などに広範な影響を与えます……」

「しかし……DLTへの投資は、規制が実際に到来した場合、さまざまな方向から異なる規制をかけられることになり、重要な技術開発が実現する前に阻害される危険性に直面しています……私は、イノベーターや投資家がDLTの開発に際して政府の許可を求める必要はなく、政府に対して自制することのみを求めることを通じて、彼らが現代の金融市場規制による実務の複雑化や所要自己資本の増加に対処するために必要な仕事ができるようにすべきだと考えます」

「規制当局にはここで選択肢があります。多数の煩雑な規制の枠組みによって業界に負担を与える規制の道をたどるか、DLTへの投資とイノベーションを促進するために、私たちが協力して統一的なプリンシプルを定めるか。私は後者を支持します」(注7)

世界は変わりつつあった。私たちの親世代の金融市場は消えつつあった。CFTCがブロックチェーンのような新技術を促進することで、21世紀のデジタル規制当局になるべき時が来た。

いつもの容疑者たちを逮捕しろ

ＣＦＴＣでの最初の2年間、それぞれ異なる主張をもっていたものの、同僚の委員であるシャロン・ボーエン、マーク・ウェッチェン、ティム・マサドとは心地よく生産的な仕事上の関係を築くことができた。ティム・マサドが委員長として、私としては反応することくらいしかできないとしても、新たな規制案を打ち出す権限を有することを尊重していた。唯一の共和党委員として、私は自分の役割がイギリス議会における「女王陛下の野党」に類似していると思っていた。私は自分の基本理念を裏切ることなく、建設的で責任ある意見を述べた。国際的な問題では、ティム・マサドがＣＦＴＣの相手方当局と折衝する際に、特に緊密なサポートを提供した。

2015年11月、ＣＦＴＣは自動取引規則、すなわち「レグＡＴ」についてパブリック・コメント募集を実施した。先物市場で起きているデジタル革命に追い付くことを企図した、ＣＦＴＣとして初めての本格的な試みだった。私は、レグＡＴが業界のベストプラクティスを取り入れ、柔軟なリスク管理指標を提供し、コンピュータ・アルゴリズムについて規制上の事前承認や事前テストを要求しない点で、それを支持した。私の初期の好意的な見解は、多くの市場参加者に共有された。

しかし、それほど肯定的ではなかった点として、レグＡＴの範囲が広く、目的が不明瞭で、対象となる活動に一貫性がないことがあった。これにより、多くの市場参加者がＣＦＴＣに初めて登録することを余儀なくされ、規則の遵守や報告義務、コスト負担などを強制された。これは、いわば規制の帝国をつくろうという事例のように思えた。より多くのビジネスを規制の枠組みに押し込むことを目的に、新しいイノベーションを認めるという、ワシントンの古典的な戦略だ。

私の見解では、レグATは知的な見地からしても疑わしかった。自動取引が市場に害を及ぼしたという定量的な証拠ではなく、悪質な行為に関する複数の個別事案を根拠としていた。その目的は市場主導というよりも政治的なものだった。次の市場危機が発生した際（このような悪い規制が導入されれば、それが起きると請け合いやすくなるが）、政府高官として準備をしてきたと主張できるよう、提案されたものだった。

しかしながら、登録義務だけでは、特に効果的な公共政策とはいえない。何千もの自動取引業者に登録を強いるという単純な施策は、現代の市場におけるデジタル革命から生じていた複雑な問題への対処のきっかけにはならなかった。

さらに悪いことに、レグATには知的財産権を弱体化させる悪評高い条項が盛り込まれていた。CFTCや米国司法省が求めれば、取引アルゴリズムの自社製ソースコードを、召喚状なしでいつでも提供しなければならないこととしていた。

これは非常に厄介だった。私たちの革新的な自由市場経済において、知的財産は「聖域」(注8)であり、簡単に譲れるものでない。予想どおり、レグATのソースコード提供の規定は、トレーディング会社からの激しい反発を招いた。彼らは、機密情報の保護に関しては控えめにいってもいろいろあったとしかいいようのない政府の役人に、自分たちのビジネスのクラウン・ジュエルともいえる貴重なトレーディングの秘密を渡すことを嫌がった。政府機関がハッキングされて機密性の高い知的財産が失われるという脅威は、アメリカにおける金融テクノロジーのイノベーションを委縮させる可能性があった。

私は、この懸念をティム・マサドに伝えた。原則の問題だと伝えた。特定のケースでは、事態が切迫していて、ソースコードを規制当局に引き渡すことを業者に求めることが必要になる場合もありうることは認識していた。しかし、そうした場合には、政府は少なくとも裁判所から召喚状を獲得しておく必要があると主張した。召喚手続を必要としておけば、財産所有者（この場合はトレーダー）に、少なくとも政府の照会の範囲、時期、必要性について異議を申し立て、利用できるかもしれない法的権利を主張する機会を与えることができると思われた。

召喚状

召喚手続は、政府の専制的・非道な権力行使から財産所有者を保護するものだ。権利章典に織り込まれた召喚手続は、共和国・アメリカの発足以前から存在した自由の防波堤であり、イギリスの慣習法にさかのぼるものである。市場参加者の適正手続と知的財産権を保護することは、弁護士として、規制当局として、そして何よりも市民としての私にとって、非常に重要だった。

「映画『カサブランカ』と同じようなことになります」と、レグAT案の影響について、聴衆の一人をみて説明した。「犯罪が起きたとき、ルノー署長が「いつもの容疑者たちを逮捕しろ！」と言った場面をご存じですか？　今度、市場が危機に陥ったとき、規制当局は、「新しく登録されたすべての自動取引業者を集め、ソースコードを確認して、だれかを犯罪者として逮捕しろ！」と言うでしょう」

路面の感触

2016年7月、私は農家の人たちに会うべく、ミシガン州に行った。ヘンダーソンという小さな町で、20人の地元の生産者や農業サービス提供者に会った。その多くは、電子取引が先物市場に与える影響を懸念していると言った。アルゴリズム取引業者に「轢かれる」のをおそれて、先物取引を始めること自体に消極的な人もいた。市場は非常に不安定になり、電光石火の速さで大量の取引が行われていたため、取引に関与することさえおそれていた。

私はこの話を聞いて、二つのことを感じていた。一方で、彼らは間違っていなかった。市場は変化していた。人間的ではなく、ロボット的な「感触」になっていた。

他方、ＣＦＴＣの関与を正当化する明確な根拠は見つからなかった。市場の変化そのものは、規制措置の根拠にはならない。現状を維持するために変化を遅らせるのは規制当局の役割ではない。

ポイントは、２０１６年当時、ＣＦＴＣが自動取引の市場への影響について十分に理解していなかったということだ。問題の所在を特定し、的を射た解決策を打ち出し、成果を測定することができていなかった。

問題は、ＣＦＴＣが市場に関する適切な情報を収集していなかったことではない。近年、ＣＦＴＣが定量的なデータ収集を改善してきたことは評価できる。スワップ市場については、ドッド・フランク法で義務づけられたスワップ・データ集積機関を設立していた。先物市場では、ＣＦＴＣは高品質な取引データおよびカウンターパーティー・データを監視していた。しかし、アルゴリズム取引が市場に与える影響を徹底的に分析するために必要な注文板（メッセージ）データへのアクセスは限定的だった。

真の問題は、優先順位だった。ＣＦＴＣは、変化する市場のダイナミクスを分析し、理解する体制を整えていなかった。主に詐欺や不正行為を訴追するためにデータを使用していた。むろん、それ自体は重要で価値ある任務だ。しかし、それでは、ミシガン州ヘンダーソンの農民が提起した重要な疑問に答えることはできなかった。加えて、ＣＦＴＣは、２００８年の市場暴落に引き続き焦点を当てていたため、詐欺や不正行為に対する強力な訴追は別として、急速に変化するアメリカの市場全体の状況には、少し注意を欠いていた。私からみると、ＣＦＴＣは、先物市場の進化を理解するための人的資源、テクノロジー、データ分析が不十分だった。ＣＦＴＣは、市場の「感触」の変化に対する自らの疑念に、もっとしっかり対処するべきだった。

そして、このおそろしいほど急速な変化を懸念していたのは農家だけではなかった。市場の専門家は、一部の巨大な市場参加者にトレーディングの影響力が集中していること、ボラティリティ急上昇の発生件数が増加していること、そして、取引流動性が低下していることに対する懸念を強めていた。

信号対雑音比の改善

2016年10月、大統領選挙を数週間後に控え、オバマ政権が最終コーナーを回った後、私はワシントンの権威あるアメリカン・エンタープライズ研究所（AEI）のデュポン・サークル本部に招かれ、米国市場規制当局が21世紀のデジタル市場に対応するための、将来を見据えたアプローチの概略について説明した（注9）。

当然のことながら、次期大統領がだれになって、どのようなタイプのCFTC指導者が任命されるのか、私には見当もつかなかったが、次期政権に対してなんらかの提言をしたかった。私は大勢のワシントンの政策立案者を前に、CFTCをはじめとする米国市場規制当局に対して、デジタル市場の規制において は五つの原則を守るよう促した。イノベーションの促進、知的財産権の保護、新興デジタル時代に向けた古い規則の修正、成長を目的とした経済への負担軽減、アメリカ市場の支援だ。

一つ目は、規制当局は技術的な変化を促進しなければならない、という点だ。これは特に、「フィンテック」と総称される、金融テクノロジーの革新の心強い波についていえることだ。このような新しいテクノロジーのおかげで、私たちはスマートフォンを使って、小切手を預金口座に入金したり、融資を申し込んだり、起業のための資金調達をしたり、「ロボ」アドバイザーの助けを借りながら資産運用を行ったりすることができるようになった。より革新的なレベルでは、フィンテックには、ビットコインのような暗号通貨の基盤であるブロックチェーン技術やＤＬＴも含まれる。

私は、規制当局の信条は、医師の信条である「第一に、危害を加えないこと」と同じであるべきだと主張した。このアプローチは、アメリカの金融市場だけでなく、規制当局も利することになる。取引データの分析、健全な市場の監視、財務およびオペレーショナル・リスクの軽減にあたって、ブロックチェーンがもつ多大な可能性に、規制当局として扉と心を開く時が来た。

規制当局は、イノベーターと真剣に対話し、自身が監督する市場に新たなテクノロジーが与える影響を理解する必要がある。現代市場のデジタル化に歩調をあわせるには、イノベーターと提携し、一緒に実験し、彼らから学び、ともにイノベーションを起こす必要がある。

次は、知的財産権を保護することの重要性だ。アメリカの金融市場が技術革新と資本投資において世界で最も魅力的な市場であり続けるには、知的財産権が法律によってしっかり保護される必要がある。レグＡＴを参照しつつ、私は、市場参加者のソースコードは非公開のままとし、召喚状によってのみＣＦＴＣがアクセスできるようにするべきだと強く主張した。それ以外のアプローチは、ＣＦＴＣの権威と市場参加者との友好的な協力関係の両方を損なうことになる。

さらに、規制当局が知的財産権を保護するためには、召喚手続の必要性をあらためて認めるだけでなく、追加の施策を講じる必要がある。市場参加者が召喚状その他の理由で規制当局に自社データや知的財産を提供する場合、当該財産がサイバー攻撃、侵入、不正流用から保護されることを保証する必要がある。サイバーリスクが21世紀の金融市場にとって主要な脅威であることは間違いない。これまで連邦政府は、そのようなリスクに対する個人情報・機密情報の保護が不十分であった。これは改善しなければならない。規制当局のシステム・セキュリティは、監督対象の事業者のセキュリティに劣らない堅牢性と有効性を備える必要がある。市場規制当局がデジタル市場を効果的に監督するためには、当局が金融システムへのサイバー攻撃からの防御の弱点となることは許されない。デジタル分野のイノベーターをアメリカに呼び込むためには、規制当局は競合する法域よりも強力な知的財産の保護を提供する必要がある。

そして、規制当局はデジタル・トランスフォーメーションに歩調をあわせるため、アナログな規制を見直す必要があると述べた。第一段階は、ほとんどの規制が前世代の市場を念頭に置いて書かれていることを認識することだ。規制当局はアナログな規則・規制をデジタル市場向けに再検討し、修正しなければならない。CFTCでは、これをCFTCの伝統的なアプローチに忠実に従って、遂行する必要があった。すなわち、プリンシプルに基づく規制だ。

デジタル時代向けに規則を修正することは、政府の時代遅れな「指揮統制」型の手法を過去のものにすることでもある。規制当局は、トレーディング業者、取引所、清算機関、自主規制機関と、より密に協力して働かなければならず、規制の帝国を建設することは避けなければならない。より多くの事業者に対してビジネスを始める前に認可取得を求めることは、規制当局が金融市場のデジタル・トランスフォーメーションに歩調をあわせるための役には立たなかった。さらに、規制当局は視野狭窄に陥ってはならない。アメリカのデリバティブ市場に関していえば、大規模な機関投資家や最新のアルゴリズムを活用する「プロップ・ショップ」（市場に係る知識と経験を活用して独自の戦略を立て、自己勘定でトレーディングをする業者）が、市場を混乱させずに営業できるか否かという点だけでは成功は測れない。私がミシガン州で出会った農家のようなエンドユーザーが生産コストを安全にヘッジできるか否か、という観点でも測らなければならない。

規制当局は、アメリカ経済の足かせを解く役割も果たす必要がある、と付け加えた。オバマ政権下のアメリカ人が、大恐慌以来、最も弱い景気回復を経験している（注10）。アメリカの国内総生産（ＧＤＰ）は過去６年間、２・５％以上成長した年がなく、これはアメリカが１世紀前に正確な統計を取り始めて以来、最も低い水準だ（注11）。

規制にはＧＤＰの11％、年間約２兆ドル近いコストがかかっている（注12）。１世帯当りに換算すると、年間１万５０００ドル近くに達する（注13）。その負担は、特に小規模な事業主に重くのしかかっている。過剰な規制は、本来であれば雇用創出や賃金上昇を促すはずの資本投資の妨げになっている。規制当局は、新たな規則一つひとつについて、それが経済の進歩を促進するのか、抑制するのか、費用対便益の分析をする必要がある。

最後に、アメリカの市場を支援しなければならないといった。ニューヨーク、ロンドン、香港などの主要な資本市場・リスク移転市場は、世界の投資とトレーディングを呼び込むために日々競争している。世界的な金融センターはいずれも、フィンテック・ビジネスを誘致し、それがもたらすであろう雇用と投資を獲得したいと考えている。アメリカは、この競争で後れをとっているようにみえる。2016年、イギリスのフィンテック部門はより多くの人を雇用していた(注14)。CFTCが所管する規制を含むアメリカの規制の枠組みは、複雑かつ保守的であり、ワシントンの高額な弁護士やロビイストを大量に雇わないと対応するのは困難な面があると広くみなされていた(注15)。

アメリカが頑健な金融市場を維持して、きわめて重要な国益を守りたいと考えるならば、規制当局は市場を総合的に監督しなければならない。流動性の低下、ボラティリティの急上昇、参加者の集中、市場の分断など、厄介な金融システム上の課題にもっと光を当てなければならない。不正行為に対する規則の執行にばかり注力するのではなく、アメリカ市場のニーズや課題に沿った規制文化が必要だ。講演当時、そして今日でもそうであるが、アメリカ発の金融イノベーションと価値創造を生み出し、積極的に促進する規制文化が必要とされていた。

この2016年の講演で、私は21世紀における金融市場規制の重要なステップと考えるものを提示した。講演はAEIの聴衆に好評のようだった。

この講演で提示したいくつかのステップが現実に検討されることになるのか否かを知るのは、そこから数カ月を経た後だった。

第5章

地元の人たちとの出会い

結局のところ、すべての道は同じ結末につながる。だから、どの道を行くかより、どのように行くかが重要なのだ。

——チャールズ・デ・リント（作家、詩人、音楽家）、

「Greenmantle」より

夏の風

例年、ワシントンの9月は、暖かい日差しと乾いた空気、そして、そよ風が特徴だ。うっとうしさも軽くなり、それが秋の訪れを告げる。

しかし、秋のポトマック川は4年ごとに、濃く熱狂的な政治の雲に覆われる。これから逃れることはできない。どこに行ってもである。アパートや空港のラウンジ、床屋で見聞きするラジオやテレビからは政治の話題が流され、高級レストランや騒々しいアイリッシュ・バーでの会話を政治が支配する。

2016年の秋を迎え、大統領選挙をめぐる政治情勢は特に熱気を帯びていた。憲法上の任期制限によりオバマ政権は終わることになっており、その後継を争う二人の候補のうちの一人、ドナルド・トランプは、まったくもって前代未聞の人物だった。

私は8月の大半、大統領選を横目でみているだけだった。農場視察の経験から、ドナルド・トランプが地方の有権者を獲得し、ヒラリー・クリントンが都市部の有権者を手中に収めていることを知っていた。この大統領選挙は郊外で勝敗が決まるだろうと思っていた。そこではトランプが後れをとっていた。しかし、私がみた限り、クリントンが言ったこと、やったことで、強い熱狂を呼び起こすようなものはなかった。まだ、勝負はこれからだった。

私は、政治や宗教は自分のなかにしまっておくのが一番だと教えられて育った。共和党員として登録し、小さな町の共和党クラブの会長を務めたこともあるが、共和党と民主党の両方を支持してきたし、いまも両方を支持している。多くのアメリカの企業も同じだった。私は政党よりも政策に興味があった。私にとって、政治は宗教ではなく、道徳を定義するものでもない。政党は、美徳を示すものでもなければ、候補者の思考や心理を明らかにするものでもない。

私は一般論として、個人と経済の自由を尊重する候補者と政策を支持する。私の技術革新や起業家精神への支持も、そこに由来する。イノベーションのゆりかごであり、アメリカの精神でもある自由企業なくして、私たちが愛するこの繁栄はありえない。独立宣言は、「生命、自由、幸福の追求」は「不可侵の権利」であることを宣言している。これは、アメリカ人には政治的自由だけでなく、経済的自由も享受する権利があるということを意味しているのだと確信している。「幸福」の追求は不可侵の権利であり、人は当然のように職業を選択し、その選んだ職業を好きなように遂行することができる。その選択が違法でない限り、自由な人々は、政治家の好みに左右されることなく、生計を立てる方法を選択する権利がある。

その秋、共産主義のハンガリーから移民してきたトーマス・ピーターフィーは、インタラクティブ・ブローカーズという証券会社を設立し、ウォール・ストリート・ジャーナルに毎週広告を出していた。この広告は、今回の選挙をはじめ、あらゆる選挙に対する私の見解をよく言い表していた。

「政治家は常にかわっていくが、彼らが任命する裁判官や彼らがつくった法令や規制は残る。今回の選挙は、個人の自由と成功する自由が、自由市場経済と政府が管理する経済のどちらでよりよく保護されるか問うものである」

その頃、私は8月にサラトガ・スプリングスの品揃えの良いノース・シャイア書店で手に入れた素晴らしい本を読んでいた。1938年のベルリンオリンピックのボート競技にアメリカ代表として出場し、イタリアとドイツを僅差で破り、金メダルを獲得したワシントン大学の男子8本オールのクルー・チームの話だ（注1）。それは、平凡な社会的境遇にあるクルーたちが、粘り強さとチームワークによって、最高レベルの業績と世界的な認知を獲得した物語だった。

この本を読んで、私は別の場所で競争したいという自分の願望について考えた。私は、経済的自由のために、金融市場と規制の近代化に向けたこの善き戦いを続けたいと思った。オバマ政権下では少数派の委員として、他のオールとぶつかることもあり、苦戦を強いられていた。チームとして力をあわせることができれば、どんなに素晴らしいことだろうと思った。

しかし、そのような世界は、私のコントロールの及ばない地殻変動によってのみもたらされるということもわかっていた。私がコントロールできるのは自分のオールだけだった。もし、そのオールを適切に一貫してコントロールしていれば、後はなるようになるだろう。もし私がアメリカ金融市場の近代化に貢献する運命にあるのならば、そうなるだろう。そういう運命にないならば、この数年間、すべてを捧げ、後に何も残さなかったとしても後悔することはないだろう。私は5年間の任期にサインした。多数派であろうとなかろうと、その任期を全うするつもりだった。

政治か政策か

ワシントンでは、政策の成功にはある程度の政治的手腕が必要であることをだれもが理解している。同時に、政治的な成功のためには公共政策にある程度精通している必要がある。私は、多くのトップクラスの政府高官と知り合うなかで、彼らが二つのカテゴリーに分類されると感じていた。政治的手腕に長けているか、政策に深く精通しているかのどちらかだ。両方に秀でた人はほとんどいなかった。

私が商品先物取引委員会（CFTC）に任命されたのは、政策に長けていたからだ。しかし、すぐにわかったことだが、政治は苦手だった。まったく無能だったわけではない。しかし今回は相手があまりにも手強かった。ワシントンの政治の世界にいる連中はプロだ。汗ひとつかかずにアマチュアを打ち負かすことができる本格派だ。経験豊かな連邦議会のベテランで、政治指南をしてくれた共和党のスコット・オマリアや民主党のマーク・ウェッチェンが、委員会で私の隣から居なくなってしまったのは痛かった。ウェッチェンは超党派の中西部農場視察の直後、2015年8月に退任していた。

2016年の初め、私は政治の世界でつまずいた。ドッド・フランク法におけるCFTCのエネルギー・環境市場諮問委員会の設立を規定する文言に、いくつかの欠陥があることに気づいた。私は愚かにも、CFTCのポジション・リミット案の根拠とされた薄弱な経済分析を批判する委員会報告書において、その欠陥を利用しようとした。これは、CFTCで私が政策というより政治的意図に基づいて行った数少ない作戦の一つだった。

それは間違いだった。報告書はすぐに手続上の理由で批判され、その批判はメディアによって増幅された。結果として生じた騒ぎは、政治的な露出を避けようとする民間の市民であるCFTC委員の頭を悩ませたに違いない。それよりも、私の戦略上の失敗が、規則案を改善するという目標を阻害してしまったことが懸念された。

政治では失敗したが、政策論争に負けるわけにはいかなかった。そのため、私は公式に報告書を取り下げた。私は、政治的な策略を弄しようなどと思い上がってはいけないという教訓を学んだ。そのような才能は自分にないのだ。

しかし、その8月には、私の得意とする政策の経験をうまく活用することができた。特定のスワップ取引において、証拠金の差入れを大手銀行に義務づけるグローバルな新しい規則が前年に採択されていた。CFTCと米国銀行規制当局がその実施を近々予定しており、私は注視していた。当該規則は、2016年9月1日に全世界で施行されることとなっていた。グローバルに合意されていたものだったが、すでに24の海外規制当局のうち21が、デリケートな金融情勢を認識して、自国企業への規則適用を一時停止することを表明していた。しかし、CFTCをはじめとする米国規制当局は突き進み、アメリカ企業に対して自主的に期限を守るよう、要求していた。

8月の数週間、私はCEOではなく現場のトレーダーやブローカーに電話をかけ、市場の混乱が起きる可能性がどの程度か、探っていた。大惨事が起きようとしていることは明らかだった。8月31日、私は公に声明を発出し、アメリカのディーラーが、新規則の適用を免除された国外カウンターパーティーと突然取引できなくなった場合、取引流動性の逼迫が生じると警告した(注2)。アメリカで新規則を適用するという決定により、商業的リスクを合理的にヘッジしようとするアメリカの製造業者その他の企業を、海外の同様な企業よりも不利な立場に置くことになると述べた。アメリカの企業は、コスト増に直面するか、リスクヘッジを行わないという選択をすることになり、システミック・リスクの低減というドッド・フランク法の重要な目的が丸ごと損なわれてしまうと。

案の定、声明を発表してからわずか24時間以内に、世界で取引が最初に開始するアジアのスワップ市場は、新たな証拠金規制の適用をめぐる混沌と混乱で凍りついた。アメリカの銀行はアメリカの銀行同士でしか取引できず、高い証拠金水準の適用を避けようとする海外の銀行から敬遠された。アメリカの大手銀行が市場全体を相手に大口の取引注文を引き受けるという従来の役割から身を引き、より小規模な海外の銀行はそれに対応できるだけのキャパシティをもたないなか、アジアの取引市場はほとんど停止状態に陥った。市場の均衡を取り戻すのに何日もかかり、数十億ドルもの犠牲を払った。

この混乱は、CFTCとその姉妹機関が、恣意的な期限に固執することよりも、不必要な市場のショックを引き起こすことに対してより注意を払っていれば、容易に避けられたはずだ。さらに悪いことに、一部の規制当局はアメリカ企業の健全性と繁栄に無関心であることが明らかになった。アメリカ企業を第一に置くのではなく、むしろ後回しにしていた。

そして、グローバルなスワップ市場に関していえば、私が正しいことも証明された。

お金か人生か

少数派の委員として、私が直面した難しい政策選択の一つは、ジョン・コーザイン前ニュージャージー州知事に関係していた。2016年9月下旬、私の首席補佐官、ジェイソン・ゴギンズは、ウォール・ストリート・ジャーナルの公正な記者、アンドルー・アッカーマンから電話を受けた。その内容は、CFTCのコーザインに対する執行措置を終了させるために当時検討されていた500万ドルの和解金についてだった。それは、商品先物を扱う仲介業者、MFグローバル・ホールディングスの2011年の倒産に関係していた。コーザインは、同社の破産時にCEOを務めていた。アッカーマンは、和解が保留されているのは、私がより高い金銭的ペナルティを要求しているところ、マサド委員長とボーエン委員が私の意見を取り入れることも、私が反対意見を出すことで恥をかくリスクをとることも、望んでいないことが理由かと確認してきた。

驚いた。アッカーマンの読みは惜しかったが、お金は関係がなかった。真実ははるかに興味深いものだった。

本執行措置は私がCFTCに来る前からの案件だった。コーザインはゴールドマン・サックスの元CEOで、同社が2000年に新規株式公開した時に4億ドルを稼いだ。翌年、そのうちの6200万ドルを費やして、コーザインは民主党からニュージャージー州の上院議員に立候補し、当選した。2005年、上院議員の任期を終える前に、コーザインは州知事に選ばれた。

クリス・クリスティに敗れて再選がならなかった後、コーザインは、18世紀の大西洋の砂糖貿易にまでさかのぼる由緒ある金融機関MFグローバルのCEO兼会長になった。コーザインが入った当時、MFグローバルはアメリカの農産物のヘッジ取引をする人やトレーダーの多くにとって不可欠な商品取引員だった。しかし、コーザインはすぐに、同社をヘッジファンド型の取引に方向転換させ、ヨーロッパの国債に多額の投資をするようになった。悪手だった。

2011年までに、MFグローバルは四半期ごとに巨額の損失を出し、その株価は下落し、信用格付は落ちていった。2011年10月31日、MFグローバルの株取引は停止され、その後すぐに同社は連邦破産法第11条の適用を宣言した。これはアメリカ史上10指に入る大型倒産だった。その後間もなくして、CFTCと司法省は数億ドルにのぼる顧客資金の行方について調査を開始した。コーザインはすぐにCEOを辞任した。

CFTCには刑事責任を問う法的権限はない。かわりに、犯罪の可能性がある場合は、起訴の可能性も含め、司法省に照会する。私が知らない理由により、オバマ政権下の司法省はコーザインの刑事告発を拒否した。2013年、CFTCはMFグローバルの顧客口座の資金を自己勘定で使用したとしてコーザインを民事提訴した。訴因の一つは「顧客資金の不正使用」であり、もう一つは「適切な監督義務の不行き届き」だった（注3）。訴状では、電子メールや録音された通話などが広範囲にわたって引用された。

2016年6月、私と私のチームは、本事案の状況について説明を受けた。CFTCの執行部門ディレクターで肝の据わったアイタン・ゴールマンと彼のベテラン補佐官、グレッチェン・ルーヴェが、コーザインに500万ドルの罰金を科す暫定的な和解案の詳細を説明してくれた。彼らは苦悶しつつ、その金額がCFTCによる同様の和解と同水準だということを示してくれた。3年間の訴訟を経て、コーザインは富裕層向けにアドバイスを提供する新たなビジネスを始めるため、できるだけ早く和解したいと思っているとのことだった。

和解案の最終的な詳細は、CFTCの全体委員会において承認を得なければならなかった。ゴールマンは、和解案で問題ないか、聞いてきた。私は、よく考えてみると言った。

一晩中考えた。

CFTCがなぜ、コーザインがMFグローバルを乗っ取り破壊することを見逃したのかを知りたがっていたアメリカの農家や牧場主のことを思い浮かべた。MFグローバルの破綻で何年も資金が動かせなくなっていたために、組合員に配当を支払えなかった地域の農業協同組合のことを思い浮かべた。金融危機の後、ウォール街の経営者が誰一人として刑務所に入らなかったことを嘆く複数の上院議員のことを思い浮かべた。しかし、これら上院議員は、オバマ政権下の司法省が元上院議員の仲間であるコーザインを刑事訴追しなかったことに疑問を投げかけることは一度たりともなかった。MFグローバルのCEOとしての高額な報酬のほんの一部にすぎないペナルティを支払った後、コーザインがCFTCの規制市場で自己勘定取引へ戻ることを容認したことについて、アメリカの納税者にどのように説明したものかと考えた。

翌朝、CFTCの幹部職員との水曜日の定例会議に出席した。その後、私はアイタン・ゴールマンを隅に連れて行き、提示された和解案には納得できないと告げた。CFTCの規制市場での取引を恒久的に禁止していない点が不満だと告げた。これをしないと、CFTCは嘲笑の的となるだろうと。私は、和解案で、どのような制限をさらに設けられるか聞いた。その後、私は和解案に対する懸念を執行部門に書面で伝えた。

ウォール・ストリート・ジャーナルの記者、アッカーマンが、この件を私が保留にしているのではないかと聞いてきた9月の電話まで、私のところに続報は来ていなかった。ジェイソンおよびマーシャと、どのように回答すべきか話し合った。アッカーマンの情報は不正確だった。お金の問題ではなく、制限が不足していたことが問題だった。私はジェイソンに、アッカーマンに対して、彼の情報を自分たちとして確証できないこと、CFTCの方針により係争中の訴訟についてはコメントできないことを伝えるよう指示した。その後すぐに、CFTCの執行部門ディレクターとあらためて真剣な話合いを行った。

2017年1月5日、コーザインとCFTCは、MFグローバルの破綻への関与について罰金500万ドルの支払を求める和解に達した(注4)。より重要な点は、CFTCがコーザインに対して、いかなる資格でもCFTCに登録すること、および、CFTC登録の商品取引員のために働くことを生涯禁止する処分を下したことだ（注5）。ようやく正しい結果にたどり着いたわけだ。

紹介する

2016年10月、レジーナと一緒にワシントンの自宅で小さな夕食会を開いた。私たちは、エレガントなウッドリー・ハイツ地区にある壮大で歴史的な建物であるケネディ・ウォーレン・アパートメントのスイートルームに住む栄誉に浴していた。ゲストのなかには、オバマ大統領が2016年3月にCFTC委員に任命したブライアン・クインテンズがいたが、彼はまだ正式には承認されていなかった（2017年に就任することになる）。私はクインテンズも、共同候補者だったジョージタウン大学ロースクールのダイナミックで先進的な教授、クリス・ブルマーも全面的に支持していた。

また、真に聡明なヘスター・ピアースもいた。彼女は上院銀行委員会委員長リチャード・シェルビー上院議員の元補佐官で、そのときはジョージ・メイソン大学ロースクールの非常勤教授を務めていた。私は最近、彼女が共同編集した金融規制に関する書籍に1章を寄稿したところだった（注6）。

上院多数派院内総務であるミッチ・マコーネルの目端の利く補佐官、ニール・チャタジーも参加してくれた。チャタジーは、他の多くの人にもそうしていたように、私の指名が上院で承認されるよう尽力してくれた。

そして最後は、私の古くからのワシントンにおける「シェルパ・ガイド」、マイク・ギルだった。彼は最近、私のスタッフとしてCFTCに加わっていた。この夜の彼の任務は、妻と私が食事と飲み物を出す間、会話を盛り上げ続けることだった。

私は、この夕食会を非常に楽しみにしていた。私たちのアパートは、かつてリンドン・ベインズ・ジョンソンが下院議員だった頃の住居だった。彼が当時の著名な政治指導者たちとの夕食会を主催したことは間違いない。80年後のいま、同じスイートルームで、新進気鋭の金融規制当局者が一堂に会した。クインテンズ、ピアーズ、チャタジーはそれぞれ、CFTC、証券取引委員会（SEC）、連邦エネルギー規制委員会において、卓越した役割を果たすことになった。

私たちは特に、金融市場規制における強力な民事法執行の重要性について議論した。共和党政権における規制の方向性は、頑健で断固としたものでなければならないと合意した。

私たちは、オバマ政権の時代、ワシントンの規制当局がウォール街の銀行との間で、激しい戦いを繰り広げていたことについて話した。政治家は、規制当局の力を強めることで、ウォール街の影響力を弱めると約束した。しかし実際には、ウォール街はその力を守るために、舞台裏で議会や規制当局に影響を与えていた。

その結果、政治の世界にいる人たち、一握りのウォール街の銀行と大手金融機関が勝者となった、というのが私たちの一致した見解だった。政治家は、２００８年の金融危機についてワシントンが負うべき責任をウォール街に転嫁することに成功し、生き残ったウォール街の銀行は、さらに大きく、強力になっただけだった。敗者となったのは、市井の中小企業、地方銀行、雇用創出者、イノベーターだった。彼らは、実体経済の原動力であるにもかかわらず、ワシントンに影響力のある支援者をもっていなかった。

その夜、私たちは、機会を与えられれば、ウォール街の問題よりも実体経済に焦点を絞ることに合意した。また、市場を熟知した、イノベーションを促進するアジェンダを追求することにも合意した。

フィンガーフード

選挙が行われたその年の初め、私はとても長いしんどい1日を過ごした。が、その日はワシントンD.C.にまつわるある啓示を受けて終わった。

その日の朝は、1日に暗い影を落とす、非常に不吉な出来事から始まった。きっかけは、父から受け継いだ長年の運転好きだった。私は13歳のとき、父が自動車オークションで手に入れた、三段速のノンシンクロ・マニュアル・トランスミッションを搭載した1929年製のA型フォードに乗って、イングルウッドの自宅敷地内にある長い私道を行き来するようになった。高校時代、週末には中古の1972年製シトロエン・DSを買うために働いていた。それ以来、シボレー・カマロ、サーブ・ターボ、メルセデス・コンプレッサーを所有し、フェラーリ、アルファロメオ、ジャガーに乗る機会もあった。運転免許は、ニュージャージー州、テネシー州、イギリスで取得した。これまでに、ニューヨーク市、ロンドン、マイアミ、ロサンゼルス、ローマ、パリ、香港、コロンビアのボゴタで、適宜、道路の左側と右側を運転してきた。サーブ900でスイスを横断し、借りたアストン・マーティンでロンドンのウエストエンドを、シボレー・タホでサウスダコタ州のアイアン・マウンテン・ロード(注7)を、そして、14席のメルセデス・ミニバンでソレントとアマルフィの間の海岸沿い通るイタリアのストラダ・スタターレ63を走った(注8)。

私はスピードも出しすぎる。その朝、私は早朝のスタッフ会議に参加するために急いでいた。地下駐車場に入り、曲がり角をぐるっと回って自分の駐車スペースに停めようとした時だ。「バン!」とボルボの右側リアフェンダーを支柱にぶつけてしまった。約2000ドルの損害を与えてしまった。

ぶつぶつ言いながらブリーフケースをつかみ、エレベーターで9階へ向かった。その日は大忙しだった。ぶつけたフェンダーを思い返しながら、次から次へと会議をこなした。

昼過ぎにサンドイッチを食べに行こうと思ったが、タイミングを逃してしまった。15時半には飢えそうになっていたが、すぐにカクテル・レセプションに出発しなければならないと秘書に言われた。

ジェイソン・ゴギンズをオフィスに呼んで断ろうとした。彼には考え直すように言われた。このレセプションは、トレーディングの市場情報を発信する大手多国籍企業が主催していた。私は何カ月も前に招待を受け、出席が想定されていた。さらに彼は、テネシー州のボブ・コーカー上院議員の首席補佐官と調整して、同議員と私がブロックチェーンのイノベーション促進について一緒に話すよう手配したという。私がまだ抵抗しているように感じて、ジェイソンは「それに、レセプションにはたくさん食べ物がありますよ」と言った。

軍配はジェイソンに上がった。私たちはＣＦＴＣの本部を出発し、待機していた大きな黒塗りの車に乗った。数ブロック進んだ後、私たちは渋滞で立ち往生した。車のラジオからは、その日の午前中に行われた議会の公聴会の模様が流れていた。そこでは、声の大きい政治家が何やら激高していた。彼女は、合法的とみられる戦略を用いて自社の所得税を減らそうとしていた民間企業のだれかをやり玉にあげていた。彼女は「この国の税制を決めるために人民が議員を選出しているのです。私たちが作成した法律の迂回手段を見つける企業にはうんざりしています！」といった趣旨の発言をしていた。

その怒号は、私の低血糖に伴う頭痛を悪化させた。運転手にラジオを消してもらった。やっと渋滞が解消され、私たちは議事堂近くの近代的な建物に着いた。指定されたエレベーターで11階まで行き、柘植の木が立ち並ぶ、板張りの屋根のテラスに出た。雲の切れ間から太陽が顔を出し、暖かい香りが漂っていた。

議事堂の眺めは感動的だった。その壮麗なドームは、何年も足場に覆われていて、つい最近姿を現したばかりだった。気持ちが昂った。

さて、食べ物を探そう。

テラスに集まっていたのは、クラシックなワシントン人だった。私の目の前には、市場規制当局の元幹部と彼が率いる賑やかなロビイストの一団がいた。その元幹部は、濃紺と白の服装で相変わらずこざっぱりとフォーマルにしていた。彼のビジネス・パートナーは、フレンチ・ブルーとモーブ色のコートとネクタイを身につけて粋に着飾っていた。ジュニア・パートナーは、大胆なピンクとミントグリーンの服装だった。この一行の若いアソシエイトは、つい最近政府からスカウトされたばかりで、オフホワイトのリネンのパンツに、青のブレザー、コーラルピンクのシルクのネクタイ、それに揃いのポケットチーフという冒険心をみせていた。私は、その新入社員の服装は、会社のドレスコードに合致しているのかと愛想よくからかった。

ワシントンでは、このような会社は木々の葉のごとく至るところに存在する。彼らは、政権を握る人々と、彼らに影響を与えようとする人々の両方から信頼される相談相手だ。十分に理解されておらず、軽視されることも多いが、彼らは政府の車輪を潤滑に動かす役割を果たす。彼らは、提案された、あるいは既存の法律や規則がもたらす影響（しばしば意図せざる影響）を政治の世界の人たちが理解するのを手助けしている。この点で、彼らは、言論の自由を行使し、政府への請願（redress）権の行使を手助けしているわけだ。いずれの権利も合衆国憲法修正第1条で保障されている。いずれにしても、彼らはこういう場面での服装（dress）は心得ていた。

そのベテランのロビイストは、私の空腹感を煽るように皿いっぱいの料理を楽しんでいた。ちょうど後ろにオードブルのテーブルがみえた時、主催企業のCEOがやってきた。そのベテラン・ロビイストは快く私たちを紹介してくれた。そのCEOは、自分たちとCFTCとのかかわりをよく知っていた。私たちは、S&P500株価指数のような金融ベンチマークやインデックスに係る規制について話した。そのベテランのロビイストは、現在検討されているEUのベンチマーク規制は、市場の安全性や健全性というより、グローバルな取引におけるヨーロッパの競争相手に対する産業保護主義によるものだと主張した。私は同意し、議会がEUのベンチマーク規制を模倣することはないだろうとの見解を伝えた。

会話が終わると、私は必死で栄養補給のために歩き始めた。人混みを押し分けて進んでいると、コーカー上院議員が到着し、悲しいかな、こちらに向かってきていることに気づいた。オードブルにありつく前に、彼に遮られてしまった。

軽快なロビイストの一人がどこからともなく奇跡的に現れ、私たちを紹介してくれたが、すぐに姿を消し、魅力的な前菜のトレイからすぐの場所で私たちは話すことになった。前菜の香りは私の空腹感をさらに刺激した。会話は短くしようと思った。

コーカーは私に、料理から離れた物陰までついてくるよう身振りで示してきた。食欲さえコントロールできれば、私にとってまたとない機会だということに気づいた。彼は上院銀行委員会の重要メンバーであり、成功した元ビジネスマンでもあった。私はブロックチェーンの大いなる商業的、経済的な可能性を売り込み始めた。私は、インターネットと同じように、アメリカがブロックチェーンの開発を主導するべきだと言った。金融サービスと経済成長を通じてリーダーシップを発揮する機会だった。

「ブロックチェーン」という言葉がコーカーの注意を引いたようだった。その後、少なくとも3分間は我慢し、彼のスタッフに説明することを約束した。

任務完了、ようやく食べられる。長いテーブルには、シャルキュトリ、グリル野菜、クスクス、アーティチョークのサラダ、チーズ、クラッカー、スライスしたピタが入ったバスケットが並んでいた。急いで皿に盛り、ナプキンをつかみ、フォークを探したが、見当たらなかった。テーブルを2周した。どこにもなかった。

「すみません」と私は通りすがりの給仕に尋ねた。「フォークはどこですか?」

「ああ、ありませんよ」と彼女は言った。「フォークはありません」

困惑した私は、スライスチーズと燻製の肉を丁寧に皿に乗せていた身なりの良い女性に同じ質問をした。

「こういったイベントにはフォークはありませんよ」と言われた。

そして、「ワシントンには来たばかりですか」と質問された。

「2年になります」

そして、彼女はこう謎を解き明かしてくれた。

「いいですか。フォークやナイフがテーブルの上にあれば、このイベントは「ディナー」になります。もしこれが「ディナー」だとしたら、上院議員や下院議員たちは自腹を切って参加しなければなりません。でも、フォークやナイフがない限り、つまり「カトラリー」がない限り、これは「レセプション」になるので、議会の倫理規則のもとで、無料で出席することができるのです」と彼女は説明した。

「では、クスクスとアーティチョークのサラダはどうやって食べるんでしょうか?」

「クラッカーと爪楊枝とピタを使って食べるのですよ」と彼女は答えた。「少し厄介ですが、政治家は自腹を切らなくてすみます」

私は彼女にお礼を言い、座る場所を見つけた。もはや飢えていたため、やや無作法に食べてしまった。やっと満腹になり、心のバランスを取り戻した。夕日が放つオレンジ色の光がたっぷりと注がれたテーブルには、たくさんの料理が常に補充されていた。混雑した三つのバーには高級銘柄のお酒が並んでいた。片隅ではピアノの演奏が流れていた。

多くの著名な上院議員や下院議員を見かけた。私は議員たちと招待された他のゲストのやりとりをみていたが、彼らは明らかに親しい間柄にみえた。ここに来る途中、車のラジオから聞こえてきた議会の公聴会における議員と実業家の間の敵対関係は、まったく感じられなかった。

突然気づいた。このレセプションで、議会がつくった法律を迂回していたのは、議員たち自身だった。カトラリーがないということは、この豪華な食事にも、寛大なバーにも、お金を払う必要がないということだ。

アメリカの政治家が、合法的な節税方法を見つけて非難されたあの不運な実業家と同じくらい、法の抜け穴を見つけるのに長けていることは明らかだった。実際には、政治家のほうが利口だった。議会は、自制と誠実を示すルールを作成したが、微妙だが大きな抜け道をつくり、そのルールを無力化していた。政治屋たちは背の高い馬に乗り、今夜ここでやってのけたのと同じことをやる民間企業の人たちを糾弾することができた。

そういうのは政治の世界の人たちに任せよう。彼らはプロなのだから。

そして彼らは、ご馳走を楽しむ術も知っている。

第2部

計器盤を読む

第6章

ハンドルをしっかり握る

車庫で車の面倒をみてやれば、路上では車が面倒をみてくれるだろう。
——アミット・カラントリ（作家、メンタリスト、マジシャン）、
「Wealth of Words」より

帰結

2016年11月8日火曜日──大統領選挙当日──私はいつもと同じくらい早く商品先物取引委員会（CFTC）本部に到着した。私は1階の受付で陽気な警備員のキケロに挨拶した。それから、朝のウォール・ストリート・ジャーナルとフィナンシャル・タイムズをもって、エレベーターに向かった。エレベーターのなかに入ると、私はすぐにウォール・ストリート・ジャーナルのメインの社説に目を向けた。それは、自動取引に関する規則案を公表・意見募集する議案を1対2で否決した前週金曜日のCFTCの決定に関するものだった（注1）。

「ほとんどのアメリカ人はおそらく、情報の提出を強制する召喚状の発出権は強大なものだと考えているだろう。特にCFTC委員にとっては、裁判所の承認を得たり、相当な理由を見つけたりすることなく、CFTCの採決のみで発出できるということは、いっそうすごいことだ。不正行為の疑いや、市場における不可解な行動があるだけで事足りるのだから。しかし、CFTCの民主党委員にとって、召喚状の発出権では不十分なようだ。

そこで彼らは、召喚状を必要とせずに、被規制機関が金融取引の自動化に使っているアルゴリズムを引き渡させる新たなルールを提案することについて採決した。電子取引業者がどうなろうと気にする人はほとんどいない。しかし、アメリカ人は、権力が一つの機関に移ろうとしていることを理解し、他の政府機関が同様の権力をどれだけ早くほしがるか、考えるべきだ」

「召喚状手続は、政府が資産を差し押さえる前に、当該資産の所有者に法の適正手続を提供するものだ」とCFTC委員のクリス・ジャンカルロは金曜日の反対意見で述べた。「それは法的原則として、権利章典に織り込まれている。近代市民社会の防波堤として、それは被統治者の自由を政府の暴政から守るものだ」と」

なんと。これはうれしかった。大統領選挙当日に、私の立場が強く支持されたわけだ。国内最大の発行部数を誇る金融紙に掲載されたこの記事は、私の反対意見を、連邦政府の熱狂的な拡張とアメリカ人の経済的自由の衰退という、その日の大統領選挙の争点だと私が感じていた、より広い文脈に位置づけてくれた。胸がいっぱいになった。

今夜は、おもしろくなること請け合いだ。私と私の家族の行く末に直接影響を与える最初で、願わくば唯一の大統領選挙になると思われた。そしてそれは、今後数年間の私の本業を決めることになるものと思われた。自分のキャリアがこれほど自分の手に負えない事象に依拠したことはなかった。

その夜、各州の投票が時間をずらして締め切られ、結果が出始めるにつれ——東部時間で午後7時、7時30分、8時、9時——トランプは勝利を予想されていた州では勝利を収め、激戦州ではわずかにリードしていたことが明らかになった。彼の驚異的な結果は続き、フロリダおよびノース・カロライナでは勝者と宣言され、ペンシルベニア、ウィスコンシン、ミシガン、アイオワでは優勢を維持していた。彼がリードし続けるなか、私は海外の株式・コモディティの先物市場に目を光らせた。彼らは急激に売りを浴びせていた。おそらく予想外の選挙結果とトランプの型破りな性格をめぐる不確実性によるもので、私の職業上の懸念を引き起こした。トランプがウィスコンシン州で勝利を収めた午後11時頃、テレビの出演者たちは、この傾向が続けばトランプが勝利することになると予想していた。素晴らしい4時間だった。

深夜零時を20分ほど過ぎた頃、再び海外市場を確認した後、もっと遅くまで起きていたいというレジーナに「おやすみ」と言った。ベッドにもぐりこんだのは、眠るためではなく、何が起きたのか、そして何をすべきなのかを考えるためだった。CFTCで唯一の共和党委員として、私は次期大統領との連絡係になるだろう。翌日の優先順位を頭のなかで考えた。

ちょうど午前3時30分に目が覚めた。ベッドから抜け出してテレビをつけた。トランプはたしかに勝利しており、アメリカの第45代大統領になることが見込まれた。アメリカはまたしても平和裏に政権交代を実現した。

翌朝、午前5時45分にはオフィスのデスクに向かっていた。アジア市場の状況を確認していたが、どうやら一段落したようだった。私はマサド委員長にメールを送り、早期のミーティングを要請した。午前8時、私はオフィスのスタッフに対して、その日の優先事項は、市場の急変をモニタリングし、CFTC職員の懸念に対応することだと説明した。

30分後、私と私のチームは幹部職員会議のためにCFTC9階の役員室に入った。部門の長、次席、その他上級管理職が出席していた。ニューヨーク、シカゴ、カンザスシティの幹部職員はビデオ会議で参加していた。張りつめた雰囲気だった。私はリラックスした態度を保とうと努力したが、多くの視線を感じた。穏やかな視線もあれば、厳しいものも、おそれを感じているものもあったが、ほとんどすべてが疲れきっていた。

遅れて到着したマサド委員長は、全員に向かって挨拶し、通常の議事に移る前にいくつかコメントすると述べた。彼はためらいがちに、選挙に失望した青年期の最初の記憶について語り始めた。それは、1968年のリチャード・ニクソンの選挙だった。ヒューバート・ハンフリーの敗北にもかかわらず、世界は終わらなかった、と言った。国家は前進し、次の日には太陽が昇った、と。

「私たちはアメリカ人として、国民の意思を受け入れ、国家を前進させるために必要なことをしなければなりません」とマサド委員長は続けた。いつもは落ち着いている彼の声が震えているのに気づいた。

私はマサド委員長の心揺さぶる言葉に感謝の意を表した。そのうえで私は、前夜の結果は、私を含め、共和党支持者・民主党支持者のいずれにとってもサプライズだったと述べた。その朝の状況は、そこにいた全員にとって新しいものだった。私は、行政府の変更は、彼らのキャリアや生計の一部に影響が及ぶ可能性があることを認識していると述べた。そのうえで、次期大統領がCFTCに係る方針を策定する数週間のうちに、彼らと個別に話すことを約束した。続けて、選挙が自分自身にとって何を意味するのかわからないものの、できるだけスムーズに移行を成功させるために自分の役割を果たすつもりだと述べた。私は皆の協力を求めた。そして最後に、私はCFTCとその優秀な職員を断固として支持し続ける、私が新政権でCFTCの委員長を務める栄誉にあずかることになろうが、将来の委員長に助言を与える役割にとどまろうが、CFTCとその使命が確実に維持され、支持されるよう、できる限りのことをすると言って締めくくった。

これで動揺がいくらか収まったようだった。通常の議事は、不安定な市場環境に関する報告など、いくつかの部門報告で始まった。監視チームは今後も市場をモニタリングし、見せ玉や不正操作が行われていないか、確認していくという。

優先順位のつけ方が間違っているのではないか、と思った。CFTCの最優先課題は、証拠金不足や金融システムの連鎖的な障害を引き起こしうる流動性その他の取引状況について市場をモニタリングすることのはずだ。不正操作の特定は重要だが、二次的な関心事であるべきだ。

しばらくして、私と私のスタッフに対する扱いが微妙にアップグレードされていることに気づき始めた。あまりにも微妙で、単なる偶然なのかどうか、わからなかったほどだ。まず、私のチームにいた弁護士であるアミールが、奇妙な体験の報告をしに私のオフィスにやってきた。あるオフィス施設の管理者が彼に電話をかけてきて、CFTCが閉鎖されている「退役軍人の日」の金曜日に、彼のオフィスに暖房を入れてほしいか、尋ねてきた。アミールは、それまでそんなことを聞かれたことがなかったため、驚いたという。実のところ、過去の休日出勤の際に彼が空調設定を要求したときには拒否されていたのだ。
私も、同じような体験をして驚いたことを話した。その日の朝、私が何カ月も苦情を言ってきた個室内の壊れたトイレの修理人がやってきた。まあ、よく言われることは本当だということだ。選挙には「帰結」がある。
数日後、私はケネディ・ウォーレン・アパートの11階でエレベーターを待っていた。専門職然とした服装の中年女性が、うつむいたままゆっくりと私のほうに歩いてきた。
エレベーターが到着し、お互いに挨拶した。私は外に立って、その女性が入っていく際にドアを押さえた。

女性：1日が過ぎても、まだ車にはねられたような気分です。これを乗り越えるには時間がかかりそうです。

私：まあ、これがアメリカのありようなんですよ。他の国では、権力の移動はまったくありません。銃口を人に向けない限りは。

女性：知っています。予期していなかっただけです。慣れるようにします。

私：実際のところ、かなりすごいことなんじゃないかと思います。私たちの国は8年前、奴隷制の歴史があるにもかかわらず、アフリカ系アメリカ人を大統領に選出しました。ほとんどの国ではありえないことです。私はそれを誇りに思っています。そして今回、プロの政治家と二つの政党による

30年間の統治の後、アメリカは政治家ではない者を選出したわけです。これもまた、他国ではめったに起こらないでしょう。

女性：それも、誇れることかもしれませんね。

私：そうなることを願いましょう。

重責を負う

それから数週間、私は各部門のトップと会い、だれが残りたく、だれが去りたいのかを聞いた。規制執行部門ディレクターのゴールマンと法律顧問のジョナサン・マーカスは、民間に行くとのことだった。二人の有能なCFTCのOB、ヴィンス・マクゴナグルとロブ・シュワルツが彼らの暫定代理として見事な働きをしてくれたおかげで、スムーズな移行を実現できた。

12月、トランプ次期大統領は国家経済会議（NEC）の委員長にゴールドマン・サックスのプレジデント、ゲーリー・コーンを抜擢した。コーンと私はすぐに話をした。彼は、証券取引委員会（SEC）とCFTCの新たなトップを推薦する責任を負っていると言った。コーンの説明によると、トランプはSECの委員長候補となる可能性のある人たちには直接インタビューしたがっていたが、CFTCの候補者は私になるとのことだった。彼は私に、就任式の日から全力で取りかかれるように準備してほしいと言った。また、新政権の優先課題は経済成長と雇用創出だと付け加えた。私がCFTCの新たな政策目標を設定する際に念頭に置いておくべき事項だった。

「全力で取りかかれるよう」というコーンの忠告を考えたとき、私はエイブラハム・リンカーン大統領が言ったような「のろま」の事例を避けようと決意した(注2)。新たな役割に向けて、実質的には30カ月の研修期間を終えたようなものだったので、実行に移さない言い訳はできなかった。CFTCの素晴らしい職員たちが私の本気度について確信を得ようと待ちわびていた。刺激的で高揚感のある方法でCFTCを運営しようと思った。さまざまな改革を行おうと決意した。

私の組織運営へのアプローチは、30年間の民間部門での経験で磨かれてきた。私は大型の法律事務所を運営し、上場企業の執行役員も務めた。私は、リーダーとは積極的であるべきだと考えていた。トップが設定した雰囲気は、徐々に組織全体に浸透していくものだ。

私のリーダーシップに係るアプローチには、三つの重要な要素があった。第一に、明確な精神と使命を詳述し、それをあらゆる機会、あらゆる場所、あらゆる人に伝達することだ。CFTCの精神とは、専門性、注意、マーケット・インテリジェンスとなるだろう。CFTCの使命は、21世紀の金融市場のためのきわめて高性能な21世紀の規制当局となることだ。

第二に、マイクロマネジメントは避けつつ、勤勉で有能な職員を認識し、昇進させ、育成することだ。そこでは、個人とグループ、両方の機会を利用する。まず、職場の片隅にある小さな会議用テーブルで、個別の幹部職員と定期的に、手弁当を食べながら面談することにした。彼らのチームが抱える問題、それらにどのように対応しているのか、チームで最も成果をあげているメンバーはだれか、そうしたメンバーの能力開発がどのように行われているのかについて尋ねる。そのうえで、私から提案をし、幹部職員がどれだけそれを進めたか、私がどの程度満足したかを記録する。進捗状況を把握するために、数週間後に当該幹部職員に確認するよう記憶しておく。こうした面談を利用して、指揮系統を通じたマネジメント・スキルとリーダーシップの育成を奨励する。

また、CFTC全体に係る問題の進捗状況を把握するために、月曜日と水曜日に設定されている幹部職員とのグループ・ミーティングを利用することにした。そこで、部門長と中間レベルの職員が、業務と政策の両方の状況を共有しながら、コミュニケーションをとっていることを確認する。CFTCは縦割りになっているところが多すぎた。また、他の行政機関との交流も円滑にしていなかった。そういったことは終わりにしたかった。

加えて、頻繁に開催される地域支局およびCFTC全体のタウンホール・ミーティングを利用して、自分たちの精神と使命を明確化するとともに、職員全体にとって何が懸念事項なのかを把握することにした。過去のCFTC委員長のなかには、こうしたイベントをおそれる者もいたという。私はそれらを楽しみにしていた。

私のマネジメント・スタイルの第三の要素は、私が「嫌な奴になるな」と呼ぶものだ。それは、私が子どもの頃、わがままを言ったり失礼なことをしたりすると、母が私に言ってくれた警句だった。謙虚であること、他人事に首をつっこまないこと、敬意をもって人に接することを意味していた。私自身がその規範にのっとるよう努力し、範を示すことによって、CFTCの全職員が、他のCFTC職員、請負業者、市場参加者、陳情者、他の行政機関の職員とのあらゆる交流において、同様の規範にのっとることが期待されていることを伝えようと考えた。目標は、職員がCFTCの人間であると名乗れば、相手の人々が直ちに、賢く、協力的で、有能だと認識してくれるようになることだった。

私が民間からCFTCに来たのは2014年のことだったが、当時の私には政府職員に対する民間特有の横柄な偏見があったことを認めざるをえない。私は彼らを「特権にあぐらをかいている」とみていた。しかし、それは間違いだった。政府に無駄があることに疑問の余地はない。80/20の法則（注3）が民間部門と同じように政府にも当てはまることにも疑問の余地はない。しかし、多くのアメリカ人は、自国の公務員のほとんどがいかに知的で、やる気があり、情報を有しているかを実に認識していない。彼らにふさわしい尊厳と敬意を示しながら、彼らを率いてきたことは、いまとなっては私の誇りだ。

だからといって、CFTCの規則や政策に強い異論がなかったわけではない。しかし、それは間違いなく人材についてではなかった。

ティム・マサドについても、そう感じていた。私たちは時に、政策について意見があわないこともあったが、一緒に仕事をすることについては決して嫌ではなかった。

就任式の1週間前、私はニューヨークのルーズベルト・ホテルでのコンファレンスで講演した。退任する委員長として、マサドは私の前に話をして、いくつか質問を受けた。CFTCでの過去数年間を「険しい道」と評するコメントもあった。演壇に立つ番がめぐってきたとき、私は言った。

「準備してきた原稿を読む前に、同僚のティム・マサドについて、いくつか言いたいことがあります。ＣＦＴＣの歴史には、たしかにさまざまな険しい道がありましたが、ここ数年はそうではありませんでした。マサド委員長はむしろ、金融危機後に議会が課した過密なドッド・フランク法の規則化スケジュールで喘いでいたＣＦＴＣに、徹底、思慮分別、適切なペースをもたらしてくれました。マサド委員長は、誠実、良心、知性の人で、ＣＦＴＣは、私もそうですが、彼の優れたリーダーシップの恩恵を受けてきたのです」

優先課題：リーダーたち

就任式のあった1月20日は混沌としていた。マイク・ギルは、私の暫定委員長としての宣誓に係る行政上の権限を与えられていた。暫定委員長への就任に上院の承認は不要で、大統領の指名のみ必要だった。計画では、トランプの宣誓から1時間以内に、ペンシルベニア通りの米海軍記念館の前で宣誓を暗唱することになっていた。残念なことに、大統領就任式のパレードのルート上にあったその場所は、大規模な警察の隊列を伴う激高した反トランプの抗議団体で混乱していた。そこで私たちは、近くの銀行の屋上に安全な場所を見つけた。国会議事堂を背景に、ウォルト・ルッケン前ＣＦＴＣ暫定委員長と母、妻、子どもたちの前で宣誓した。

次はチームの組成だ。30年のキャリアのなかで、私は人材の採用基準を三つに収れんさせた。「特定分野における専門性」「チームプレー」「リーダーシップ」だ。新たな部門長は各々、自分の分野の専門家として認められ、尊敬される者でなければならない。また、自らの部門を積極的に管理し、社内外で協調して物事を進めていくことにコミットすることも求められる。リーダーシップをとる準備ができていなければならなかった。

最初の、そして最も重要な選択は、私のスタッフを束ねる首席補佐官だった。その年の初秋、二人の幼い子どもがいて近々もう一人産まれる予定だったジェイソン・ゴギンズは、CFTCから民間企業へと移った。2年以上の間、ゴギンズは非常によく私に仕えてくれた。彼は私が感情的に動こうとするのを抑制し、多くの未熟な間違いを防いでくれた。彼なくして、あの数年間はやっていけなかっただろう。

幸いなことに、この重要なポストに、かつての参謀役であるマイク・ギルを採用することができた。ギルは、情報通で、穏やかで好感のもてる人物だ。しかし、機転の利くざっくばらんなアイルランド人らしい魅力の一方、抜け目のない怜悧なリーダーとしての顔ももつ。

私はマイクに、私がCFTCにおける少数派の委員だったときとは異なる役割を担ってもらうことになると説明した。私が委員長に就任するいま、私の首席補佐官は機構のCAO、最高総務責任者となる。彼は委員長室だけでなく、CFTC全体がよって立つすべての機能を監督することになる。それはきわめて重要な地位になる。喜ばしいことに、マイクはその仕事を引き受け、見事にやり遂げてくれた。

マイクの取組みの一つに、「プロジェクトK-SS」という印象的な名称のついたものがあった。K-SSは「シンプルにしておけ、馬鹿者（Keep It Simple, Stupid）」の略だ。これは、CFTCの法定の責務を果たしつつ、負担とコストを最小限に抑えることを目的とした、現行のCFTC規則の全般的な見直しだった（注4）。CFTCの40年の歴史のなかで、時代にそぐわなくなったり実態に見合わなくなったりした規則が一つもないなどということは考えられない。なかには、すでに存在しない市場のために設計された規則もあった。私の友人で元SECシニア・ディレクターのノーム・チャンプは、著書『ゴーイング・パブリック』（注5）において、時代遅れの規則や政策が船体に付着したフジツボのごとく、いかに常識的な行いを埋もれさせてしまうかを描いている。

ボーエン委員の支持を得て、超党派でプロジェクトK-SSは採択された。CFTCの職員は、見直すべき骨董品のような規則を数十個特定した。同時に、市場参加者にも、時代遅れの慣行を特定するよう呼びかけた。基本的には、私たちが定期的にクローゼットを掃除して、使わなくなったものを捨てるのと同じことをしたわけだ。

その夏、コモディティ・エネルギー分野のベテラン・ライターのジョン・ソダーグリーンは、彼が出版している業界誌「リスク・デスク」に以下のように書いた。

約8カ月間、ジャンカルロのチームは、二人の前任者が市場（とCFTC職員）に受け入れさせるのに苦労した多くの事柄を見直したり、K-SSしたりで大忙しだった……「計画があってリストがあってスケジュールがあるんだ」とはある関係者から聞いた言葉だ。最近のホワイトハウスで、そして時には議会で、日常的にみられるカオスの度合いから判断すると、CFTC等の行政機関は近々、長年享受してこなかった水準の独立性でもって業務遂行できるようになるものと考えられる（注6）。

この移行期間中に直面した一つの不幸な問題は、上級法律顧問として私に仕えてくれていたマルシア（マーシャ）・ブレイスの退職が間近に迫っていることだった。彼女はCFTCで最も博識であり、最も長く勤めた弁護士の一人で、多くの委員や委員長から信頼されたアドバイザーだった。2015年の後半、私は彼女にあと1年いるよう説得したが、結局彼女は引退を決意した。彼女は賢明にも、後任として彼女と同等な法的知識・判断力をもつ若手弁護士マギー・スクラーを推薦してくれた。私はマーシャの思慮深さと善良さを懐かしく思ったが、マギーが来てくれたおかげで、規制に必要な分析や一貫性の水準を低下させずにすんだ。

次に、私は新たな規制執行部門のディレクター探しを始めた。私はCFTCのアプローチを、厳しい制裁を科すことに注力する「強制的」な執行アプローチから、より計算された対応を通じてコンプライアンスを促すアプローチへと移行することを決意していた。就任式の直前、ジェイミー・マクドナルドの面接をして、私とギルは適任者を見つけたと思った。ハーバード大学を卒業し、ジョン・ロバーツ・ジュニア最高裁長官の事務員を務めたジェイミーは典型的なオクラホマ人で、有名なニューヨーク南部地区の連邦検事補としてニューヨークの悪玉政治家たちを訴追していた。ジェイミーは規制執行部門ディレクターのポストを受け入れてくれ、その後の数年間で、CFTCにおいて最も尊敬されるリーダーの一人となった。

次に、私は新たな法務を統括するジェネラル・カウンセルを採用した。私は、現在進行中の緊迫した労働争議を解決し、より良い労使関係を確立し、法務部門における士気を向上させられる人材を探していた。

そこで私は、労使交渉を含む政府機関における手続の専門知識をもった勤勉で誠実な弁護士、ダン・デイビスを雇った。ダンの才覚のおかげで、政治任用者以外の職員を代表する国家財務職員組合と継続していた紛争を解決できた。実際、委員長職に就いた後、私が最初にかけた電話は、私が知るなかで最も良心的な職員の一人である組合支部長のメアリー・コネリーへのものだった。それは、CFTCと組合の関係に変化をもたらそうという試みの第一歩だった。

国際部門のディレクターも選ぶ必要があった。私は、マサドがSECから採用した同部門ディレクターのエリック・パンの仕事ぶりについてあまり詳しく知らなかった。パンの経歴は目を見張るようなものだった——ハーバード大学で経済学の学士（A.B.）、エディンバラ大学でヨーロッパ・国際政治学の修士（M.Sc.）、ハーバード大学法科大学院の博士（J.D.）。パンは民主党員だったので、辞任するだろうと思っていた。共和党の支持者たちは、彼を正式な共和党員と交代させたがっていた。しかし当時は、彼の力が必要だった。

就任後の最初の月曜日の朝、私は重要なお祝いの電話を二つ受けた。一つはジェローム・パウエル前連邦準備制度理事会（FRB）の理事・現議長からで、もう一つはアンドリュー・ベイリー前英国金融行為監督機構（FCA）の最高経営責任者（CEO）・現イングランド銀行総裁からだった。二人は、スワップ取引業者が日次で証拠金の差入れを開始するための、グローバルに合意された次の期日（2017年3月1日）について相談するために電話してきた。90％もの市場参加者が準備できておらず、市場から締め出されることを示唆する信頼できる情報があった。この状況は、昨年9月、アジアにおいて短期的な流動性危機の引き金となった状況と似ていたが、それよりもさらに深刻であった。パウエルとベイリーは私がなんらかのアクションをとるか知りたがっていた。

実際、アメリカの生命保険会社や資産運用会社からは、期日が厳守されてしまうとリスクを予定どおりにヘッジできなくなるとして、免除措置の要請がすでに私のところに来ていた。私はベイリーに、期日を6カ月延期して、その間、コンプライアンスをフェーズインしていくことのできる広範なノーアクション・レターを発出する準備をしていると伝えた。

その後数週間にわたり、パンの戦術面での専門性の助けも借りつつ、主要な中央銀行や国際機関における組織的な抵抗を克服し、3月1日の期日を6カ月のフェーズインに変更する国際的な意思統一を実現した。パンは、東京から香港、シンガポール、ロンドン、パリ、ベルン、トロントまで、世界中の規制当局との深夜・早朝の電話会議を手配した。私たちは、連邦預金保険公社（FDIC）、通貨監督庁（OCC）、FRBでオバマ政権時からいた人たちにも協力を呼びかけた。私たちの取組みは、問題の大きさに関する国際スワップ・デリバティブ協会（ＩＳＤＡ）の説得力あるデータにも支えられた。

私たちの取組みは勢いづいていた。就任からわずか3週間後の2月中旬、パンと私は規制当局のトップたちとの直接会談のためにヨーロッパに向かった。私たちはロンドンからブリュッセル、そしてミラノに移動し、証券監督者国際機構（ＩＯＳＣＯ）の理事会に出席した。パンの如才ない提案を受けて、私は皆から尊敬されるＩＯＳＣＯ会長のアシュリー・アルダーと話した。私は彼を説得して、期日まで6カ月のフェーズイン期間を設けることを支持する声明を議題に載せてもらった。

イングランド銀行で月曜朝のミーティングを控えた日曜日の夕方、私が30年にわたってロンドンでの定宿としてきた有名なデュランツ・ホテルの、ローズウッドの壁に囲まれたダイニング・ルームでパンに会った(注7)。部屋は薄暗く、親密な雰囲気だった。食事は相変わらずおいしかった。上質なボルドーの赤ワインを飲みながら、私たちはおおいに話し、これからの4日間のスケジュールを見直した。

私はパンの諸々の協力に敬意を表した。そのうえで、もし私がＣＦＴＣのトップであり続けるのであれば、２００９年のピッツバーグ合意におけるスワップ改革へのアメリカのコミットメントを取り下げることはないし、G20の金融安定理事会（ＦＳＢ）やＩＯＳＣＯといった国際機関に対するアメリカの影響力を放棄することもない、と伝えた。そのかわりに私は、スワップ改革の不適切で過度に詳細な適用を覆すために行動する、アメリカの国際機関への参加を利用して、彼らを画一的な規制上の基準ではなく、プリンシプルの設定に向かわせると。

私はパンに、このアプローチを全面的に支持してくれるか尋ねた。彼は、自分の考えと一致するので支持すると答えてくれた。彼はまた、自分の役割は政策の設定ではなく、政策の実行だと認識していると付け加えた。委員長がだれであれ、政策が何であれ、CFTCを支えるとも。私は彼に、それが私の期待することであり、私が唯一望む忠誠心は、CFTCのミッションに対する忠誠心だと伝えた。私は、彼ができる限りの仕事をしてくれること、そしてそれができない場合は、マスコミや議会に行ったりせずに直接私のところに来ることを求めた。パンが同意してくれたので、私は彼に国際部門のディレクターの地位をオファーした。私たちは握手をし、私自身、後にそれを後悔することはなかった。

週の終わりには、ヨーロッパ、アジア、北米の各規制当局が、満場一致で私たちの提案を受け入れた。IOSCOは声明を発表し、3月1日の期日は、世界市場を混乱させることなくスワップ改革の目標を達成することができる6カ月間のフェーズイン期間の開始日となった。遂に目標を達成できたわけだ。

ブランドの構築

オフィスに戻ると、次に広報局のディレクターの空席を埋める必要があった。当時のディレクター、スティーブ・アダムスキは、ベテランの「政界とのパイプ役」で、その公平さには私は敬意を抱くようになっていたが、辞職することになっていた。しかし、私がかわりの人を見つけるまでとどまることに快く同意してくれた。ここで私が探していたのは、一人二役をこなせる人材、つまりCFTCの根底にある目的とミッションを伝えることができ、同時に、何年も続いてきたマスコミの執拗なバッシングからCFTCを守ってくれる人材だった。

要するに、CFTCのイメージについて責任をもち、それを改善して、すべての非難からそれを保護してくれる人材を求めていた。私が第一候補として考えていたのは、偉大な政治戦略家のトニー・サイエだったが、彼はスティーブン・ムニューシン財務長官の広報責任者としてすでに採用されていた。そこで私はサイグの助けも借りつつ、共和党下院院内総務の広報担当だったエリカ・エリオット・リチャードソンを採用した。リチャードソンは、私たちの広報チームを活性化しつつ、報道関係者に対しては、CFTCとつきあう方法は正直かつ公正に正面玄関から入ること以外にありえないと知らしめた。

リチャードソンの着任を待つ間、私はCFTCの広報局がなぜ、消費者広報局を監督していないのか尋ねた。消費者広報局は、啓発活動を指揮することを目的に2011年に設立された部門だが、他の部署との調整なく、独立して活動しているようにみえた。スティーブ・アダムスキは、歴代の委員長が、消費者向け部門の役割を変更するために必要な、官僚組織特有の惰性の打破をためらっていたからだと説明した。私はアダムスキにボーエン委員と本件について話し合うよう指示した。ボーエン委員の助けを借りて、アダムスキが広報局ディレクターの最後の仕事として、自ら歩き回ってサインを集め、必要な書類の準備ができた。エリカが着任する頃には、CFTCのミッション全体により貢献できるよう、消費者広報局の役割を変更するための措置が講じられていた。

リチャードソンは短期間のうちに、堅牢で正確な情報発信を通じて、市民や投資家に対するCFTCの透明性、応答性を高めた。エネルギー分野のライターであるソダーグリーンが同年、私たちの取組みを紹介してくれたときはうれしかった(注8)。

「CFTCを取材してきた過去15年間とは異なり、正確に状況を把握することができないCFTC関連の課題や規則を探し当てることは、難題となった。現在のCFTCの指導部は、監督する市場と十分にかかわり、しっかり情報を与えること、少なくとも過去10年間よりも高いレベルでそうすることが最優先事項だということを明確にした……オバマ政権下では、皮肉なことに、透明性は明らかに重視されてこなかった。クリス・ジャンカルロ委員長が、今年初めに委員長として承認される前に、市場への情報提供をしっかり行うというCFTCの新たな戦略の多くを予告していたことは特筆に値しよう」

「9カ月前に、彼は定期的なブログやポッドキャストを通じた発信について言及し、それらは8月から毎週、実行されている……議会のベテラン、エリカ・リチャードソンが新たな広報局のトップとして採用され、先週のように、正式な記者会見も開かれるようになった」

キャプテンの選出

ＣＦＴＣのスワップ・ディーラーおよび仲介業者監督部門（ＤＳＩＯ）は、ＣＦＴＣが所管する市場で取引するデリバティブ取引業者、コモディティ取引員、スワップ・ディーラーの監督を担当する。ＤＳＩＯのトップとして、ＣＦＴＣに参加する前に一緒に仕事をしていたステップトー＆ジョンソンの若きパートナー弁護士のマット・クルキンを雇った。フレッシュで前向きなカルキンは、ＤＳＩＯで切実に必要とされていた鋭敏な人事管理スキルをもっていた。

チーフ・エコノミスト局（ＯＣＥ）は、頭の切れる業界のベテランであるサイエ・スリニヴァサンが率いていた。サイエは、いくつかの重要プロジェクトに取り組むために委員長室に参加してほしいという私のリクエストを受け入れてくれた。重要プロジェクトのうちの一つは、ＦＲＢとＦＣＡとの協力のもと、アメリカの市場を不祥事まみれの金利指標ＬＩＢＯＲから移行させることだった。

チーフ・エコノミストには、ニューヨーク大学スターン・ビジネススクールのブルース・タックマン教授を迎えた。マサチューセッツ工科大学で博士号を取得したタックマンは、世界的に有名なスワップ市場の専門家だ。複雑なテーマを簡単な言葉で伝えることのできる稀有な能力をもつ真の博学者であるタックマンは、ＣＦＴＣのスワップに関する専門性を、同機関が長年培ってきた先物の専門知識のレベルまで高めることを期待された。タックマンのもと、ますます多くのＯＣＥのリサーチが学術誌に掲載されるようになり、それはさらに多くの著名な経済学者を招聘することにつながった。2018年には、一部のデリバティブ商品の利用を批判するバチカンのローマ教皇庁の現代金融に関する議論に対して、ブルース・タックマンと私で反論レターを執筆した(注9)。

立法・政府機関対応局のトップとしては、上院農業委員会の委員長であったカンザス州選出のパット・ロバーツ上院議員（共和党）のチームから、上品なルイジアナ人、N・チャールズ（チャーリー）・ソーントン3世を引き抜いた。安定感のあるアン・ライトを補佐として、チャーリーは連邦議会の議員や主要な行政機関とのリエゾン役を務めることになる。何年もの間、議会におけるCFTC予算の財布のひもを固く締めてきたゴルディアスの結び目を一刀両断できたのはチャーリーの功績だ。

CFTC幹部ポストで補充がむずかしかったのは、清算・リスク部門（DCR）だった。この部門は、グローバルなシステミック・リスクの管理においては決定的に重要な機能であるデリバティブ取引の清算に関与する業者を監督する。この部門には、CFTCに12年勤めたベテランとして尊敬されていた人物が2014年に退職して以来、常勤のディレクターがいなかった。3人の暫定ディレクターが後を継いだが、だれも同部門の縦割りの性質を変えることはできなかった。その間、同部門の士気も低下した。活性化しなければならなかった。

エリック・パンはSECのブライアン・バッシーを推薦した。私は一目で彼のことが気に入った。バッシーは、当該分野、官僚組織、仕事の進め方のいずれにも精通していた。ブライアンは2019年に政府を引退するまでの間、CFTCで素晴らしい仕事をしてくれた。

世故に長ける

最も複雑な人事は、市場監視部門（ＤＭＯ）に関するものだった。ＤＭＯは、先物取引所、スワップ執行ファシリティ、スワップ取引情報蓄積機関を監督する。私がＣＦＴＣの業務に見出していた、ある大きなギャップのため、この人事は困難なものとなった。

私はその１年ほど前から、このギャップを認識していた。２０１６年２月、ロンドンのある業界関係者から明け方に電話があった。ヨーロッパ銀行ＣＤＳ指数などと呼ばれるものに基づくプロの間で取引される商品のスプレッドが急速に「手に負えないほど拡大」しているという。これは、クレジット・デリバティブ市場を利用してヨーロッパの銀行のデフォルトに備えるための保険のコストが急速かつ非常に高くなっていたことを意味する。このコストの上昇は、広範なヨーロッパの銀行破綻の可能性に対する市場の懸念が高まっていることを示唆していた。それが、システミック・リスクを引き起こすかもしれないという懸念が高まっていた。より広範な経済の崩壊を引き起こしうる深刻な不安定性の可能性があるということだ。その業界関係者の警告は、その朝の報道でも確認された。リーマン・ブラザーズが破綻する前の２００８年９月に、まさに同じシナリオを経験した私は、大変な緊張を感じた。

ＣＦＴＣの市場監視部は、ＤＭＯに設置されていた。私は以下のメールを部長に送った。

「CDS指数、特にヨーロッパの銀行株式に関するそれの取引状況については注視していることと思います。過去18カ月間のシングルネーム銀行CDS市場における流動性の低下が、ヨーロッパ銀行CDS指数のスプレッド拡大に拍車をかけているのではないかと懸念しています。これは、ヨーロッパの銀行が足元の業務に必要な資金を調達することをむずかしくする可能性があります。その影響はかなり深刻かもしれません。その結果、アメリカの銀行やより広範なCDS指数の取引にかかる圧力が高まることを懸念しています。不測の事態が生じた場合は、直ちにご報告ください。よろしくお願いします」

ほどなく、首席補佐官だったゴギンズは、DMOの役割は市場における価格操作や不正行為を探知することであり、市場全体の健全性に影響を与えうるシステミックな問題を検知するために市場の状況を分析することではない、とシニアな職員に言われた。そして、DMOは私のリクエストをチーフ・エコノミスト局に回した。

やれやれだ。経済学的な研究が完了するまでの間に、危機が起こるかもしれない。こうした切迫した状況では、事後に行われる定量的な経済分析ではなく、即時のマーケット・インテリジェンスの収集と分析が必要とされる。ドッド・フランク法の目的は、金融危機を未然に防ぐことにあったのではなかったか。

この状況は、2008年9月を思い起こさせた。まだ民間にいた私は、ニューヨーク連邦準備銀行に、CDS市場で目にしていることの切迫した意味を理解してもらおうとしていた。そもそも私がCFTCに参加した理由の一つは、その経験を生かすことだった。CFTCは、市場データが発するシグナルを解釈し、次の危機が迫っているときに先手を打つことができる必要があった。手遅れになってからではなく、だ。

2016年2月の出来事は厄介なものだった。DMOは、規制執行部門に照会されうる規則違反やトレーダーの不正行為に起因する場合を除いて、市場モニタリングを所掌として考えていないことは明らかだった。CFTCは、具体的な不正行為がなくても、全般的なスワップ市場のダイナミクスが、広範な金融市場における危険な地殻変動を示唆する可能性があることを明らかに認識していなかった。

マサド委員長の退任が近づくなか、自分の懸念を相談するべくシャロン・ボーエン委員に会った。当時、CFTCが与えられていたミッションは、「オープンで、透明性があり、競争力があり、システミック・リスクの発生を防止できる健全な市場（傍点は筆者による）」（注10）を促進し、「詐欺、不正操作、不正行為」から市場参加者とその資金、消費者、一般市民を守ることであると指摘した。この文章構成によれば、「健全な市場」の促進が「詐欺」や「不正操作」の取締りより先に来る。それでも、市場の健全性についてモニタリングを行うCFTCの専門部署が設立されたことはなかった。完全にもれていた。

ボーエン委員の助けを借りて、私は、システミック・リスクの観点からデリバティブ市場をモニタリングする役割をDMOに負わせることで、そのギャップを埋めるつもりだった。当時聴衆の一人に言ったように、「CFTCは、市場参加者の行為だけでなく、足元の、そして新たな市場の構造とダイナミクスに注目することで、より賢くならなければなりません」(注11)。ドッド・フランク法が金融システムにおける暴風雨の接近を検知する政府の能力向上を目的としていたとしたら、CFTCの救命員は、粗暴な海水浴客を罰するだけでなく、はるか遠い沖合から迫り来る危険を水平線上で察知する必要があったのだ。

DMOのトップには、私の上級法律顧問だったアミール・ザイディを指名した。彼であれば、この重要な任務を遂行できると思った。市場監視部を、よりすわりの良い規制執行部門に移した。そして、DMOには新たな部としてマーケット・インテリジェンス部をつくった。この新しい部は、複数の情報源からのデータと情報を分析して、足元のデリバティブ市場の状況を評価し、新たな市場のダイナミクス、発展、トレンドを特定する。また、市場に関する重要な調査を実施し、CFTC、議会、他の行政機関、一般市民に対して、政策、リスク管理、監督に関する助言を提供する役割も担うこととした。

アミールの指揮のもと、新たなマーケット・インテリジェンス部はすぐに価値のある分析とインテリジェンスを生み出すようになった。彼を補佐するために、CFTC初のマーケット・インテリジェンス・オフィサーとして、切れ味良く歯に衣着せぬ市場経済の論客、アンドリュー・ブッシュを採用した。彼の職掌は、世の人たちにデリバティブ市場を理解してもらうことだった。18カ月もたたないうちに、アミールはメル・グネワルデナを新たな部長として採用することができた。グネワルデナは、ゴールドマン・サックスとドイツ銀行の元マネージング・ディレクターで、グローバルなデリバティブの市場と清算において数十年の経験をもっていた。アミールの後ろ盾を得て、メルは委員長である私だけでなく、すべてのCFTCの委員や上級幹部と直接対話することができた。これは、足元の市場ダイナミクスについて理解したい委員がいたら、何層もの官僚機構を経ずに、直接聞くことのできる担当幹部を置こうという趣旨だった。

私はオフィスに行く途中、よくメルに電話をして、私が読んだり朝のビジネス放送で聞いた市場動向について尋ねたものだった。彼は常に、答えをもっていたか、彼のチームや業界関係者からすぐに答えをもってきてくれた。時に、メルが足元の世界市場の動向について一通り説明してくれた直後に、米財務省や議会の委員会から同じ質問を受けることもあった。私は、メルから得たばかりの情報を基に状況を説明し、自分をまるで天才のように思わせたものだった。

市場分析をめぐるギャップが解消されたので、私はマーケット・インテリジェンス部のアウトプットを、それを最も必要としている人々、つまり委員とそのスタッフへ届けることに集中した。CFTCでは数十年にわたって、金曜朝の短い会議で市場監視部隊が委員にプレゼンを行ってきた。その会議の出席率は低く、私が2014年に着任する前には完全に打ち切られていた。

暫定委員長になった私は、金曜朝のミーティングを再開し、アンディ・ブッシュとマーケット・インテリジェンス部に運営を委ねた。同会議は、農業、金属、エネルギー、外国為替、金利の5分野におけるコモディティの足元の動きに着目する、15分間のタイトな市場レビューとして設計された。2017年には、毎週のレビューの対象となる6番目のアセットクラスとしてビットコインを追加した（ビットコインについてワシントンの官僚のほとんどが聞いたこともない時に、ＣＦＴＣ幹部に教え込んだ）。各プレゼンの後、職員と委員からの質問が続いた。ＣＦＴＣの四つの事務所（ワシントン、ニューヨーク、シカゴ、カンザスシティ）はすべて、電話会議システムか携帯電話を通して参加する。金曜日のミーティングで少なくとも月１回は、市場レビューを拡大して、特定の市場や取引環境をより深掘りするようにした(注12)（ある回ではダニエル・ゴルフィーンが、ＣＦＴＣ委員と上級幹部にビットコイン・マイニングがいかに複雑かということについて説明した）。マーケット・インテリジェンス部員のプレゼン・スキルを磨くと同時に、足元の市場環境に関するＣＦＴＣ全体の理解度を高めるために、このミーティングへの広範な参加を奨励した。

ザイディと協力してマーケット・インテリジェンス部を立ち上げたのは素晴らしい経験だった。同部の職員を募集する過程で、結果的に不採用となったある候補者は、私のアプローチがより「ビジネス・フレンドリー」になるのかと質問してきた。それに対して私は怒った。規制当局の役割は、ビジネスに友好的であったり敵対的であったりすることではない。どちらも良い規制にはつながらない。私たちの目標は、市場を重視し、市場について桁違いに詳しくなることだと伝えた。市場の規制当局は、市場の状況、構造、参加者、商品、取引活動、規制の影響について、十分な情報を得なければならない。それが、詐欺や価格操作のない、オープンで透明性があり、競争力があり、健全な市場を育成するという私たちの使命を果たすための正しい方法だ。

チームワーク

着任の翌週、私はワシントンでジェイ・クレイトンと昼食をとった。彼は前週、SECの委員長に指名されていた。私はこの機会を利用して、SECとCFTCの間にある多くの未解決の問題についてあれこれ議論するのではなく、彼のことをよく知りたかった。私と同じくクレイトンもニューヨークの企業法務の弁護士だった。私たちは、同じマンハッタンのビジネス界、法曹界を経てきた。

私たちは温かい前菜を食べながら、おしゃべりをした。クレイトンと一緒にいるのは居心地がよく、彼の良識と誠実さを感じた。彼は私と同じように、優秀な兄弟のいる家庭で育った。クレイトンは気さくだが、群れたがるわけではない。率直だが、思慮深い。

私たちは、委員長としての指名プロセス、面倒な身辺調査、おそろしい財務情報開示について話した。私たちは土足で踏み込んでくるようなマスコミからの注目についても話した。クレイトンによると、一部のSECウォッチャーが、クレイトン自身が何を求められているのかわかっていないと指摘したのだという。私はこう返した。

「いやぁ、自分に何が求められているかわかっている人なんていないない。でも、あなたも私もM&A弁護士だ。どうすれば物事を成し遂げられるか、知っている。良いディールというのはすべての人にとってウィン・ウィンでなければならないことを知っている。ここ数年、ＳＥＣは訴追屋が運営してきた。これではうまくいかない。彼らは、世界を二元論でしかみない。つまり、自分の主張が正しいことを証明して勝つか、証明できずに負けるかのどちらかだ。個々の利害が調整されて全体最適が図られるのとはかけ離れている。でも、私たちならそれができるだろう」

私たちはおおいに笑った。もしクレイトンと私がそれぞれにＳＥＣ、ＣＦＴＣを率いることになれば、素晴らしい仕事上の関係を築けると思った。

上院は5月にクレイトンを承認し、彼はその後すぐに着任した。彼と私は約6週間ごとに夕食をともにするようになった。時には双方の幹部連中も同席したが、ほとんどは二人で会った。ワシントンのダウンタウンの静かなクラブやレストランを使った。私たちはそれぞれ、いくつかの未解決の問題を裏に走り書きした封筒を持ち寄り、お互いのメモ書きを比較し、両当局間の協力関係を構築していた。私たちは仲良くやっていた。この友情は、後にやってくる暗号通貨旋風への対応で決定的に重要なものとなった。

初夏になる頃には、ＣＦＴＣにおける金曜日の市場レビューのミーティングも軌道に乗っていた。私たちはＮＥＣのスタッフを招待し、クレイトンとＳＥＣの職員にも参加してもらった。

数日後、クレイトンから電話があった。

「クリス、あなたが毎週の市場レビューでやっていることは良いと思う。SECでも同じようなことをやっている。金融市場の規制当局すべてを集めてこのブリーフィングをしてはどうだろうか」

良い考えだと思った。委員長を数カ月務めてきたなかで、アメリカの金融当局のトップ間で、足元の市場状況に関するデータや分析を共有するための定期的な対話の場が設けられていなかったことに愕然としていた。

かくして、クレイトンのアイデアは採用された。毎週金曜日の朝、CFTC、SEC、財務省、FRB、NECの幹部職員の間で短い電話会議を行った。しばしばトップも出席した。少なくとも月に一度は、各機関のトップ自身が市場の問題や懸念事項について発表し、議論した。こうしたブリーフィングは、市場のストレス時には不可欠なものとなった。皆が電話に出て、何が起きているのかを整理することができた。アメリカの金融市場当局において初となる定期的な会合を開始したことは、ジェイ・クレイトンの大いなる手柄だ。この毎週のブリーフィングがバイデン政権下でも続くことを期待している。

クレイトンとの仕事上の友好関係のおかげもあり、私はCFTCと関係のあるすべての機関、特にFRB、ニューヨークおよびシカゴの連邦準備銀行のトップと良好な関係を築き始めた。私は、OCCのジョー・オッティングとも、FDICのマーティー・グルエンバーグとその後継者である上品かつ生意気なヘレナ・マクウィリアムズとも、良好な協力関係を築いた。また、イングランド銀行、英国FCA、欧州証券市場監督機構、日本の金融庁、シンガポール金融管理局、香港証券先物委員会、カナダの各地方証券監督当局など、海外当局の幹部とも積極的にやりとりした。

味覚テスト

私は特に、新たな財務長官のスティーブ・ムニューシンと仕事をするのを楽しんだ。ムニューシンはカミソリのように切れる男で、政策目標を実現するために最も効率的な途を選ぶ。どんな問題でも、すぐに核心に迫る。物事のインプリケーションを熟考したい人にとっては、早すぎることも時にあるほどだ。彼は限りない自信と存在感をもち、本人の能力も高い。しかし、政治面では党派的な偏りがない。

彼はとてもフレンドリーで愛想もいい。ワシントンが党派的な憤怒で燃え上がっていた2017年の夏の午後、彼が個人的な手際の良さを展開するのを目の当たりにした。前夜の上院におけるオバマケア撤廃をめぐる激しい議論は、多くのワシントン住人(直接かかわりのない人たちでさえ)の神経を逆なでし、意気消沈させた。

その日の午後、金融安定監督評議会(FSOC)の会合に出席するべく、雷雨のなかを急いで財務省ビルに向かった。「エフソック」と呼ばれていた同会議は、金融システムへのリスクを特定し、対応策を講じることで、市場を規律づけるべく、ドッド・フランク法によって設立された。FSOCは、「金融システムへのリスクを特定・それに対応し、市場規律を促進する」ために、規制当局の縦割りを打破することを責務とする(注13)。FSOCは財務長官が議長を務め、FRB議長、OCC長官、連邦住宅金融庁長官と消費者金融保護局長、SEC委員長、CFTC委員長、FDIC総裁、全国協同組織金融機関監督庁長官、保険の専門知識をもつ独立委員の9人が議決権をもつ。FSOCは今日、アメリカの経済・金融規制当局のただ一つの法定の集会となっている。

FSOCの会合は、財務長官の会議室で開催された。この会議室は、アメリカ帝国様式の大規模な部屋で、20フィートのアーチ型の塗装が施された天井があり、中庭に面した、高くてカーテンで覆われた窓がある。向かいの壁には、ワシントンとリンカーンの油彩画がある。片方の端には、見事に彫られたオーク材の時計ケースがある。もう一方の端にはウェイターが飲み物を出したりするテーブルがある。トランプ大統領が任命したFSOC委員の第一陣の一人として、私は、ムニューシンがしばしば予想外の方法で議論を奨励するにつれ、会議の雰囲気が台本調からカジュアル調へと次第に変化していくのを目の当たりにした。

その日、夏の嵐雲は陰気な光を投げかけていた。会議室は徐々に行政機関トップと次席でいっぱいになった。会議テーブルには、スティーブ・ムニューシン、ジャネット・イエレン、マーティー・グルエンバーグ、ジェイ・パウエル、ロイ・ウッダール、リチャード・コードレイ、メル・ワット、キース・ノレイカ、マーク・ワッターズ、マイク・ピウォワール（利益相反のために忌避されたジェイ・クレイトンのかわりに出席）、そして私の名札が用意されていた。オバマ任命者とトランプ任命者が混在していた。各委員の次席は、私たちの後ろ、壁際の肘掛けのない椅子に座っていた。ニューヨーク連邦準備銀行のビル・ダドリーは、電話で参加していた。

ムニューシンは最後に入ってきて、いつものように素早く、愛想よく案件を処理していった。彼の陽気さにもかかわらず、会合の雰囲気はその日の天気のように冴えないものだった。ムニューシンはこの漂う不信感を察知して、議事をいったん中断し、自分の思うところを述べたいと言った。部屋に緊張が走った。

彼は真面目な声で、かすかな笑みを浮かべて、言った。

「私たちは皆、特に昨夜の上院での議論を受けて、ワシントンにおいて政治的な二極化が進行していることをわかっています。いまはむずかしい時期です。私たちのほとんどは間違いなく、その二極のどちらかの側にいます」

この発言を受けて、ムニューシンが次に何を言うのかと、部屋のなかの人々が感じる不安感が伝わってきた。

「テーブルを見回すと……（沈黙）……完璧ともいえる分断が観察されます……（沈黙）……水を飲んでいるメンバーと、ダイエットコーラを飲んでいるメンバーの間の分断です。どうやら私たちは、完璧にバランスがとれているようで、うれしいです！」

皆一瞬とまどったが、周りを見回して、そのとおりだと爆笑した。皆、数分間笑い続けた。アイスブレイクは成功し、会合は楽しい雰囲気で進むようになった。ムニューシンの個人的なリーダーシップの匠の技が冴えた瞬間だった。

戦いの準備

私はその日のことを昨日のことのように覚えている。マンハッタンの、明るく晴れた、夏の終わりの朝だった。2001年9月11日だった。ウォール街の100番地、GFIグループのオフィスで勤務中だった。振動を感じ、爆発音を聞き、それからオフィスの窓越しに世界貿易センタービルのノースタワーの横から煙が出ているのをみた。2機目の飛行機がサウスタワーに衝突するのを映した大型テレビの前にあるロビーで同僚たちと合流した。緊急の意思決定をした後、業務上不可欠な職員以外を帰宅させた。それから間もなく、イーストリバーのフェリーに乗り、満員の屋上デッキに向かった。フェリーはゆっくりとマンハッタンのバッテリー公園を回り、そこから燃え上がるタワーの全景がみえた。船長は、炎に包まれた世界金融センターの埠頭に集まっている人たちの救助を試みると拡声器で宣言した。フェリー船が狂乱状態の海岸線に近づくと、私は燃えさかる建物からいくつかの人体が飛び出すのを目撃した。それから、それぞれのタワーが順番に、揺れた後、煙と廃墟のなかへとゆっくりと階ごとに崩れ落ちていくのをみた。

私はその日もその後も、友人や近隣の人、金融業界の同僚の死をずっと悲しんできた。忘れてはいない。

また、それから数週間のうちに市場を正常な状態に戻すために、わが社とウォール街の同胞たちが並々ならぬ努力をしたことも覚えている。

私がCFTCに参加することに興味をもったのは、ある程度は9／11の経験があったからだ。さらなる破壊からアメリカの金融市場を守ることに貢献したいと思った。9／11の犠牲者は、人間の殺戮と西側金融市場のシンボルの破壊だけでなく、市場そのものの破壊、終わりのない戦いを固く決意した陰謀者の手によって殺されたのだ。2001年には株式市場の破壊に失敗したが、その攻撃は序章にすぎなかった。

CFTC委員長になって数週間もたたないうちに、私はトニー・トンプソンとデビッド・テイラーをオフィスに呼んだ。彼らはそれぞれ、市場監督部門のエグゼクティブ・ディレクターとアソシエイト・ディレクターだった。2年前にCFTCのラウンドテーブルで、彼らがサイバーセキュリティについて堂々と発言したのを聞いたことがあった。そこで、彼らに尋ねた。

私：CFTC全体で災害シミュレーションを実施したのは直近ではいつだっただろう。

トニーとデビッド：ありません。

私：なんだって？

トニーとデビッド：やったことがありません。一度も。

私：驚いたな。ニューヨークでは、9／11とハリケーン・サンディの後は定期的にやっていたものだが。

トニーとデビッド：連邦政府ではあまり一般的ではありません。

私：CFTCの災害復旧・業務継続プランでは何が求められているのだろう。

トニーとデビッド：CFTCのプランは完成されていません。現状、草案段階です。

私：わかった。これは問題だ。繰り返し実施される、CFTC全体のシミュレーションに基づく災害対応訓練に向けたプロセスを開始してほしい。直ちに開始して、少なくとも半年に1回、繰り返す。シナリオは毎回変える。サイバー攻撃、コンピュータ・システムの障害、金融危機など、考えられるものは何でもだ。また、プランの草案のコピーもほしい。訓練でテストして、何か悪いことが起こる前に完成させよう。ところで、物事は3を1単位として起こる。9／11とハリケーン・サンディを乗り越えてきた私は、三つ目がここワシントンまで私を追いかけてくると想定している。

その後2年半にわたり、私たちは5回、CFTC全体の災害復旧の訓練を実施した。これは、CFTCの歴史上初めてのことだ。全委員と上級幹部が参加した。何度かの訓練では、国土安全保障省から専門家を呼んで仕切ってもらった。また、財務省やFRBからもオブザーバーが参加した。うち1回は、シカゴ・マーカンタイル取引所を運営するCMEグループと共同で実施した。最初の4回は事前に通知した。最後の回は、クリスマス休暇の１週間前だったが、事前通知なしで実施した。よりリアリティを出すためだ。本当の緊急事態は事前通知なしでやってくる。

トンプソンによると、軍隊では「訓練しながら戦う」という言葉があるという。この新たな訓練プログラムを通じて、さまざまな危機に対応する私たちの能力について、テストにテストを重ねた。これにより、災害復旧・事業継続プランを見直して修正することができ、私がＣＦＴＣを去る直前に委員会の承認を得ることができた。

幸いにも、私が間違っていたことが判明した。危機はワシントンまで私を追いかけてこなかった。しかし、ある危機は私が去った後にやってきた。ＣＯＶＩＤ－19だ。私たちが行った定期的な災害訓練は、ＣＦＴＣがより自信と確実性をもってパンデミックの難題に対処することに寄与することとなった。

就任して最初の１週間、ＣＦＴＣの仕事熱心なチーフ情報セキュリティ・オフィサーであるナイーム・ムサの説明も受けた。彼はサイバー防衛のスコアカードを私にみせて、各カテゴリーを一緒に点検しながら、ＣＦＴＣは政府の基準を満たしているか、上回っていると言った。

数分たってから、私は説明のためのペーパーを押しのけて言った。

「ナイーム、君が幹部会議でこのプレゼンテーションをするのを何度か聞いたことがある。ＣＦＴＣがこれらのカテゴリーで政府の基準を満たすという言葉は信じている。しかし、おそれながら、私はその基準自体にあまり感心していない」

「君の役割は、私たちの脆弱性が何であり、それを修正するためには何をする必要があるかを私に伝えることだ。そして私の役割は、そのためのリソースを君に提供することだ」

「これからは、君と君のチームと毎月会うことにする。そして私たちでこの組織を防弾仕様にしよう」

イノベーションの促進

トランプの当選後、ティム・マサドが辞任したことで、CFTC委員はシャロン・ボーエンと私だけになった。ペンディングになっている指名もなかった。

仕事でボーエン委員のようなタイプの人物に出会うことはめったにない。楽しいことは好きだが、仕事熱心。愛嬌はあるが、厳密。ノリは軽いが信念をもっている。社会から置き去りにされ、恵まれない人々に対する彼女のコミットメントは揺るぎない。テクノロジーで人類の不平等を低減させることへの彼女の関心もまた、揺るぎない。

私はボーエン委員に、フィンテックと暗号通貨にフォーカスした新しい組織をCFTC内に設けるアイデアをもちかけた。私はこのプロジェクトを「LabCFTC」と名づけた。以前、私はマサド元委員長のスタッフだったジェフ・バンドマンに、アメリカにおけるフィンテックのイノベーションを促進しながら、CFTCを21世紀のデジタル市場に対応した、より効果的な規制機関にする最善の方法についてアドバイスを求めた。バンドマンの報告書は、私が採用したいくつかの素晴らしい提案を含むものだった。

LabCFTCは2017年5月17日に設立された。ニューヨーク証券取引所で開催されたニューヨーク・フィンテック・イノベーション・ラボ主催のイベントで、夜のセレモニーを行った。聴衆のなかには、その力がなければLabCFTCも存在しえなかったボーエン委員の姿もあった。

数カ月後、私はダニエル・ゴルフィーンをLabCFTCのヘッド兼CFTCの初代チーフ・イノベーション・オフィサーとして採用した。彼はまさに適任だった。賢く明るく知的好奇心旺盛な彼はブラウン大学の卒業生で、ジョージタウン大学ロースクールの非常勤教授だった。彼は実際、フィンテックおよび暗号通貨に係る政策の分析・開発、そしてイノベーターとの関係構築に関して、LabCFTCをCFTCの中核的な組織にしていくことになる。その後の2年間で、LabCFTCは、マンハッタン、シカゴ、サンフランシスコ、シリコンバレー、オースティン（テキサス州）、ロンドン、シンガポールなどで、250社以上のフィンテック企業や暗号通貨企業との「オフィスアワー」を開催した。暗号通貨とスマートコントラクト（注14）に関する手引をいくつか公開し、初のCFTCフィンテック会議を開催した（注15）。同会議は、フィンテックと暗号通貨関連の動向について、委員と職員に適切に情報を提供するCFTC全体のリソースとして機能した。対外的には、LabCFTCは、CFTCが他のアメリカおよび国際的な規制当局と協力し、ベスト・プラクティスの共有に利用できるハブとして機能した。また、

LabCFTCを通じてCFTCは、イギリス、シンガポール、オーストラリアの市場規制当局とフィンテックに関する協力協定を締結した(注16)。ゴルフィーンの指揮下で、LabCFTCは、フィンテックや暗号通貨に関する取組み、テスト、実験、教育、政策立案における連邦機関のベンチマークとなった。

幸運にも、後にみるように、2017年のLabCFTCの設立は、暗号資産（特にビットコイン）についてCFTCが情報を得る必要に迫られる時期にちょうど間に合った。

全会一致の承認

2017年3月、ホワイトハウスは私を委員長に指名した（すなわち、もう「暫定」ではなくなった）(注17)。私の希望により、この指名は、2019年4月に終了する当初の5年任期を延長しないこととされた。

6月の議会承認の聴聞会で、私はCFTCを監督する委員会である上院農業委員会で証言した(注18)。同委員会は、上院本会議へと私を推薦し、2017年8月3日、私は全会一致で承認された。

私にとって、この承認は二つのことを証明した。一つ目は、多くの上院議員はCFTCが何をしているのか知らなかったことであり、二つ目は、私の最初の2年半の職務で彼らの不興を買わなかったということだ。

私と並行して、二人のCFTC委員が承認された。共和党のブライアン・クインテンズと民主党のロスティン・ベナムだ。これで、委員会の5議席のうち4議席が埋まった。共和党が2議席、民主党が2議席だ。しかし、ボーエン委員は、できるだけ早く辞任する意向を表明していた。私の就任直後にマサドが去ってからというもの、ボーエン委員と私（それぞれ民主党と共和党）とで、マーケット・インテリジェンス部門、LabCFTC、プロジェクトKISS、CFTCの労使関係改善に向けたいくつもの雇用慣行の創設を承認してきた。その後、シャロンの賢さ、信念に基づいた姿勢、超党派の善意を懐かしく感じることになった。

私はブライアン・クインテンズとロスティン・ベナムが好きで、尊敬もしていた。見た目がハンサムで、情熱と知的な頑健性を備えたクインテンズは、信念をもった強力な人物であり、私の委員会内での協力的な同僚となった。ワシントンの慣行に熟知し、政治的に如才ないベナムは、私と同じニュージャージー出身であるだけではなく、私と同じ州北東部のバーゲン郡の出身だった。長いこと南部と中西部の農業地帯との近接性で知られていたCFTCは、一時的に4人の委員のうち二人がガーデンステート、ニュージャージー出身者で占められた。どうだ、カンザス！

CFTCエンブレム

上院に承認された週、私はマンハッタン南部にあるCFTC事務所にいた。上院の決議が行われた木曜日、ワシントンの立法・政府機関対応局のトップ、チャーリー・ソーントンから電話があった。大統領が私を指名する正式な書類に署名し、ホワイトハウスは直ちに私が委員長として就任することを求めていると伝えてきた。

私は、CFTCニューヨーク事務所のロビーにある台座に置かれた、ぼろぼろの大きな金属製のCFTCのエンブレムの前で宣誓することにした。約35人の職員の前で、米国商品先物取引委員会の第13代委員長に就任した。私は「国内外のすべての敵から合衆国憲法を守り、支持して」、CFTCの「職務をよく、忠実に遂行する」ことについて厳粛な誓いを立てた。

拍手喝采を受けた後、職員の日々の貢献に感謝の言葉を述べた。参加者は、私と握手し、心から私の健闘を祈るために、数分余分に滞在したようだった。

いまにして思えば、ワシントンではなくニューヨークで宣誓したことは、私にぴったりだった。というのも、民間での長いキャリアのなかで、私がCFTCを率いるために必要なスキルと経験を身につけたのは、ほとんどニューヨークだったからだ。

私が意識的にそのCFTCのエンブレムの前で宣誓することを選んだのは、実はもう一つの理由があった。それはかつて世界貿易センターの37階にあったCFTC事務所の入口に掲げられていたのだ。外国人テロリストが多数のアメリカ人を殺害し、自由市場を停止させ、経済を停滞させたあのおそろしい日、そのエンブレムは瓦礫のなかに落ちていった。しかし、彼らの勝利は一時的なものだった。私たちの市場は回復し、CFTCも復旧した。奇跡的に、その金属製のエンブレムはテロリストによる襲撃後の浄化作業中に発見された。かくして、今日のCFTCのニューヨーク事務所の入口には、そのエンブレムが再び掲げられている。ねじ曲がって、ぼろぼろになってはいるものの、アメリカの金融市場の回復力と、その監督におけるわがCFTCの不断の警戒を力強く象徴するものだ。私にとって、そのエンブレムは、私たちには国内外の敵が実際に存在することを思い起こさせてくれるものだった。その敵から私たちの市場を守らなければならないのだ。

平和の象徴

翌週ワシントンに戻った私は、CFTCのエンブレムについてもう一つのことを学んだ。私は、議事堂での会議を終え、マーケット・インテリジェンス部のアソシエイト・ディレクターと一緒に、ウーバーで呼んだタクシーでオフィスに戻るところだった。彼は私にCFTCのエンブレムにある絵の意味を知っているかと聞いてきた。そのエンブレムには、鍬と歯車の上でバランスをとりつつ、正義の天秤をもつアメリカのハクトウワシが描かれていることはよく知っていた。それらは、金融市場において農業と商業の利益のバランスをとるCFTCの責務を意味している、と付け加えた。

そのアソシエイト・ディレクターはさらに、ワシがどちらを向いているか気づいたか、聞いてきた。私は気づかなかったことを認めた。彼は、CFTCのワシは、その右側、つまり平和の側を向いている。それは、ワシが右を向いているアメリカ合衆国のエンブレムに似ている、と言った。アメリカ合衆国のエンブレムに描かれたワシは、矢の束をもちつつ、右のかぎ爪にはオリーブの枝をもち、アメリカが「平和を強く希求しつつも、戦争の準備は常にできている」ことを象徴しているのだという。

ベテランのCFTC職員である、そのアソシエイト・ディレクターによると、CFTCのワシントン事務所が10年近く前に拡張された際、ガラス細工のエンブレムがロビーを見渡せる場所に設置されたのだが、誤って向きを変えられたため、ワシはその左肩越し、つまり戦争の側を向いているようにみえたという。彼は、この設置の誤りがCFTCの風水（調和と幸福感を促進するために物体の置き場所のバランスをとる古代中国のシステム）を損なうと感じた。ガラス細工のワシは2014年に再配置され、再びCFTCの幸運の導管となった、と彼は続けた。私は彼の話に魅了された。

私は彼の説が正しいことを切実に願った。特に、ビットコイン先物がカーブの向こう側に迫っていたなかで。

第7章

ビットコイン、首都ワシントンにやってくる

彼女は車に乗っていて本当によかったと思った。
こんな嵐のなかでは、車に乗っていれば安全だと聞いていた。窓を閉めてアクセルを踏みながら、「とにかく運転し続けろ」と自分で自分を鼓舞した。彼女は両手でプラスチックのハンドルをつかみ、バックミラーをのぞき込んだ。車が近づいてくるのがみえ、後ろの空のほうが明るいことに気づいた。やれやれ、彼女は嵐から外に向かうのではなく、嵐に向かって車を走らせていたのだ。彼女は深呼吸をして、なんらかのニュース、あるいは天気予報でも聞くためにラジオをつけた。しかし、聞こえてくるのはゴニョゴニョした雑音だけだった。

——コンスタンス・オ・デイ・フラネリー（作家）、
「Heaven on Earth」より

ビットとバイト

私が委員長としての職務を始めたばかりの頃、ビットコインの初の本格的な市場高騰が始まりつつあった。私のデータ重視の分析へのコミットメントを受けて、設立されたばかりのLabCFTCの力も借りつつ、商品先物取引委員会（CFTC）はこの新しい資産クラスについて慎重に分析を始めた。私がCFTC委員長に就任して9カ月もたたないうちに、CFTCは「暗号通貨の手引」を出版した。主要な市場規制当局としては初めてのものだ（注1）。私たちは、このテーマをしっかり理解しようと決意していた。

では、暗号通貨とは何か。

一般的にいって、暗号通貨は、分散化されたコンピュータ・ネットワーク上でデジタルに表章された価値を指す。分散化されたコンピュータ・ネットワークでは、取引が検証され、改ざん防止のために暗号技術を使用して記録が保持され、中央集権的な当局にかかわる合意のメカニズムが存在する。第15章で説明するように、暗号通貨は既存の通貨における四つの欠点、すなわち、地域性、排他性、遅延性、コストの問題を解消する。かくして、暗号通貨は、通貨と金融を歴史的かつ革命的につくりかえるものといえるわけだ。

暗号通貨（ないし「クリプト」）は、通貨の三つの伝統的な機能のうち、少なくとも一つに利用できるデジタル資産だ。三つの機能とは、価値の貯蔵、価値の尺度、支払の手段だ。以下、順番にみていく。

価値の貯蔵とは、読んで字のごとくだ。私たちは、たとえば家や宝石などの有形資産については価値を保存することができるが、ほとんどの場合、私たちの富は、米ドル、英ポンド、ユーロなど主要な法定通貨建ての現金、銀行口座、年金制度において保存される。

また、通貨は、ものの価値を測定するという意味で、価値の尺度でもある。アメリカでは、食料品、ガソリン、新車の価格はドルで設定される。また、銀行口座と退職金口座の価値をドルで測定している。同様に、多くの企業収益やアメリカ国内総生産もドルで測定される。

最後に、通貨は支払の手段だ。たとえば、食料品、ガソリン、車の購入の支払に使うことができる。税金の支払にも使える。企業は配当金を支払うのに通貨を使う。

今日では、何千もの種類の暗号通貨があり、その総額は1兆5000億ドルを超えている(注2)。それぞれが、程度の差はあれ、こうした機能のうち少なくとも一つを遂行している。最も広く保有されている暗号通貨は、ビットコインだ。数量が限られていて、持ち運びができ、偽造がむずかしく、認証が容易であるため、(場合によっては金よりも)優れた価値の貯蔵手段だと考える人もいる。

他方、価値の尺度としては、ビットコインはまだ広く使用されていない。たとえば、ビットコイン建てのコモディティは少ない。ビットコインそのものでさえ、ほとんどがドルで計算されている。

支払の手段としてのビットコインは、徐々に一般化しつつあるが、どこでも使えるとは言いがたい。

オーバーストック・ドットコムのようなオンライン小売業者の一部は、ビットコインでの支払を認めている。エクスペディア・ドットコムのような一部のサービス業者も同様だ（注3）。

それぞれの暗号通貨は、なんらかの分散型台帳上に存在する。これらの台帳では、暗号技術（およびその他のテクノロジー）を利用して、取引のセキュリティ、供給の確実性、システムのその他の側面が確保される。そこから、「クリプト（訳者注：「暗号」の意味）」の名称が来る。

ドルやユーロやポンドと異なり、今日の暗号通貨のほとんどは、主権国家によって発行されているものではない。グローバルな銀行システムの外にある分散されたエコシステムのなかで流通している。また、暗号通貨は一般的に、デジタル・トークンの形態で存在する。これについては後ほど、中央銀行デジタル通貨と呼ばれる法定暗号通貨の形態について議論する際に説明する。

では、ビットコインとは何なのか。

ビットコインは、あらゆる暗号通貨の始祖だ。２００８年の後半に、正体不明の人物またはグループがサトシ・ナカモトという名前を使って発明した。そのアイデアは、オンラインで公開された論文「ビットコイン：P2P電子通貨システム」（注4）で提示された。

偶然かどうかは別として、この論文が発表されたタイミング、すなわち２００８年のリーマン・ブラザーズの破綻からわずか数週間後というのは、ビットコインの普及には好都合だった。金融システムおよびそれを運営・監督する機構に対する信頼は急激に低下していた。そうした機構をすべて回避・排除することを打ち出す通貨は魅力的だった。

その後、オープンソース形式のビットコインのシステムのソフトウェアが2009年1月にリリースされた。

ビットコインの取引は、その後の数年間で緩やかに成長した。しばらくの間、多くの人々、そしてもちろん（違反行為等に対する罰則を除いて）金融規制当局の関心の対象にはならなかった。少なくとも2017年までは。そこから急に最初のページのニュースで扱われるようなものになり、現在に至っている。

第4章で書いたように、ビットコインはデジタル台帳技術の一種であるブロックチェーントで取引される。基本的に、取引は銀行のような中央の仲介機関ではなく、システム参加者のコンセンサスによって認証される。

このような構造において、こうした重要な認証を行う参加者のインセンティブは、どのように与えられるのか。彼らにこうしたことをしてもらうには、対価を支払う必要があろう。その支払を法定通貨でするのであれば、その役割を担う中央の当局または機関が必要となる。しかし、参加コミュニティのメンバーに支払を行う中央機関を設置することは、分散型台帳（ブロックチェーン）の本質——全体を統括する（潜在的には脆弱な）仲介者への依存を回避し、かわりに、ネットワーク参加者全員のコンセンサスに基づいてシステムを運営する——を損なうことになる。

「サトシ・ナカモト」が思いついた解決策は、参加コミュニティのメンバーに価値あるビットコインそのものを受け取る機会を与えることだった。

ビットコイン・マイニング

具体的には「ビットコイン・マイニング」と呼ばれる方法がとられる。これは、ビットコイン特有のものだ（すべての暗号通貨にマイニングがあるわけではない）。マイニング（訳者注：直訳すると「採掘」）とは、取引を検証すると同時に、価値の単位である新たなビットコインを鋳造する方法だ。

そして、それこそがビットコインの目的となる。「マイナー」と呼ばれる者たちに、ネットワーク上で取引が生じるつど、既存のブロックチェーンに新たなブロックを追加するインセンティブを付与するわけだ。このシステムは、マイナーにビットコインを支払い、マイナーはそのビットコインを保存することもできるし、他の暗号通貨や伝統的通貨を含む商品やサービスと交換するために使うこともできる。もちろん、ビットコインのマイニングには、ピックやシャベルは使わない。使うのはコンピュータの力だ。前述のとおり、マイナーは新たな取引を検証することによって、延伸し続けるビットコインのブロックチェーンを更新していく。

新たなブロックを検証するには、マイナーはかなり複雑な数式を解く必要がある。別名、「プルーフ・オブ・ワーク（訳者注：直訳すると「作業の証明」）」と呼ばれるものだ。この方程式はコンピュータの力があれば容易に解けるが、それには時間がかかる。方程式を最初に解いた参加者には、新しく生成されたビットコインが与えられる。

ビットコインのプロトコルによれば、ブロックの追加への対価は約4年ごとに半減していく。2040年までに発行総額が上限である2100万ビットコインに達すると、マイナーは新たなビットコインではなく、他の支払手段で報酬を受け取ることになる。これは、ビットコインの世界的な供給量が数学的に限られていることを意味している。

多くの人が、トークンの総量に上限があるというビットコインの特性に魅力を感じている。対照的に、米国連邦準備制度理事会（FRB）は新たな米ドルを無限に流通させる権能をもっている。他の国家も自国通貨について同様のことができる。ビットコインでは、こうした希釈化はできない。

ビットコインの独特なプルーフ・オブ・ワークのメカニズムには、メリットとデメリットがある。第4章で説明したように、このメカニズムにより、ハッカーがビットコインのブロックチェーンを改ざんすることはほぼ不可能になる。実際、開始から10年以上たっても、大規模なハッキングが成功した事例は知られていない。

一方、プルーフ・オブ・ワークのシステムは、非常に多くの電力を消費する（高性能コンピュータをマイニングに使用するため）。こうしたエネルギー使用量の多さは、ある意味で、欠陥ではなく、ブロックチェーンという仕組みの特徴とみることもできるかもしれない。分散型台帳が「シビル」攻撃と呼ばれるハッキングに耐性をもつからだ（注5）。

それでもなお、ビットコインその他の暗号通貨で使われる、エネルギー集約型のプルーフ・オブ・ワークによるマイニングは、環境面での懸念を引き起こしている。ある試算によると、ビットコインのマイニングはノルウェー一国全体よりも多くの電力を消費する（注6）。他方、アメリカや中国といった国の全体的なエネルギー消費量と比較すると、ビットコインのエネルギー消費量は比較的少なく、現在の銀行の支店やATM（注7）を通じた現金の流通に利用されるエネルギーと同程度だ。また、硬貨をつくるために土類金属を物理的に採掘する際に使われるエネルギーとも同程度だ（注8）。さらに、ビットコインのプルーフ・オブ・ワークによるマイニングで消費されるエネルギーは、いわゆる「グリーン・エネルギー」源とカーボン・オフセットによって軽減される可能性もある（注9）。

他の暗号通貨は、同じような環境面での欠点を（少なくとも同程度には）有していない。なかには、エネルギー消費量がはるかに少ない「プルーフ・オブ・ステーク（訳者注：直訳すると「掛け金の証明」）」と呼ばれる分散型の取引認証プロトコルを使用するものもある（注10）。第4章で説明したブロックチェーンのような分散型台帳技術の基礎を思い出してほしい。だれもが同じお金を二度使わないよう、中央にある中立的な政府に頼らなくとも、特に互いに信頼していない人々が協力できるようにする方法について説明した。どの取引が正当かを判断するために、中央の当局にかわって「コンセンサスに基づく認証プロトコル」を採用したと述べた。

ほとんどの暗号通貨で使用される二つの主要なコンセンサス形成のメカニズムがある。まず、ビットコインなどで使用される「プルーフ・オブ・ワーク」のプロトコルがある。これは、イーサリアム一・0として知られるもう一つの暗号通貨イーサリアムの原型でも使用される。もう一つの主要なコンセンサス形成メカニズムとして、より新しく出てきた暗号通貨でよく使用される「プルーフ・オブ・ステーク」と呼ばれるものがある。２番目に広く利用されている暗号通貨であるイーサリアム（Ethereum）は、「プルーフ・オブ・ステーク」の検証プロセスに移行しているところだ（注11）。

「プルーフ・オブ・ステーク」のメカニズムは、「プルーフ・オブ・ワーク」が提供する機能と同様に、どのネットワーク参加者がブロックチェーンにおける次の取引の塊を完了させ、対価としての暗号通貨を取得するかを決定する。各々の暗号通貨プロトコルは異なっているものの、一般的に、「プルーフ・オブ・ステーク」プロトコルの参加者は、ネットワークのバリデーター（訳者注：直訳すると「検証者」）になるために、自身の保有する暗号通貨の量を申告、すなわち「掛け金を提供（ステーク）」する必要がある。一般的に、「プルーフ・オブ・ステーク」のアルゴリズムでは、ランダムかつ無記名で次のブロックを完成させるバリデーターが選択され、その作業は他のバリデーターによって認証される。最も多く、最も長く、暗号通貨をもつ者は、一般的にバリデーターとして選択される可能性が高い。認証が所定の数に達すると、ネットワークによってブロックチェーンが更新され、同じプロセスが再開する。

シルクロードからメインストリートへ

私が２０１４年にＣＦＴＣに着任したとき、ほとんどの政策担当者、当局、資産運用会社はビットコインや暗号資産に注意を払っていなかった。多くの若者は魅了されていたが、それらを耳にしたことのある数少ない年配者たちは、一時的な流行、あるいはもっと悪いものと片付けていた。

実際、ビットコインには間違いなく負の側面があった。そうした負の側面は、ビットコインの利用全体に占める割合こそ低いかもしれないが、その割合がいかほどであれ、実に深い闇だった。ビットコインは、無政府主義や闇サイト、さらにはテロリズムへの資金供給とも結びつけられた。2011年には、シルクロードと呼ばれる悪名高い闇市場が出現し、違法取引の支払にビットコインが使われていた。シルクロードが運営されていた2年半の間に、何千人もの違法な麻薬密売人、武器密売人、人身売買者、その他犯罪者が、シルクロードを使って違法な商品やサービスを10万人以上に対して販売し、数億ドル相当の資金洗浄をした(注12)。連邦捜査局（FBI）は2013年秋に同サイトを閉鎖した(注13)。

ビットコインの主流ユーザー、いわば善良な人たちは、暗号通貨が完全には禁止されなくて幸運だった。なんと、この本を執筆している間も、ニューヨーク南部地区連邦検事局はいまだにシルクロードのネットワーク内にいる人々を投獄しているのだ(注14)。

私がCFTCに参画した最初の数年間、ビットコインはあまり話題にならなかった。それでもなお、私は早くから興味をもっていた。2015年2月、さまざまな連邦および州の規制当局との対話を進めていた暗号通貨デベロッパーのグループと面談した。彼らの目的は、デジタル資産について、アメリカ国内でより予見可能性の高い規制環境を確立することだった。このグループを率いていたのは、前CFTC委員長のジム・ニューサムと、前年夏に設立されたデジタル商工会議所の代表ペリアン・ボアリングだった。

有名な双子の兄弟、キャメロンとタイラー・ウィンクルボスも加わっていた。身長6フィート半(約1メートル98センチ)、30代半ばでハンサムな彼らは、オリンピックのボート選手だったが、いまやビットコイン起業家だ(この本の序文も書いている)。

数年前、ウィンクルボス兄弟は、フェイスブックの創業を描いた映画『ソーシャル・ネットワーク』で否定的に描写されていた。彼らは2004年、コネクトユーのアイデアを盗んだとして、フェイスブックのマーク・ザッカーバーグCEOを訴えた。この訴訟は、2008年に約6500万ドルで和解に至っている。ウィンクルボス兄弟は、その金額のかなりの部分をビットコインに投資し、一時は全ビットコインの1%近くを保有していた。私が暗号通貨デベロッパーのグループとCFTCの重役会議室で面談したとき、ウィンクルボス兄弟はジェミニという、二人にぴったりな名称の暗号通貨取引所を立ち上げたところだった(注15)。

同グループのメンバーたちは、新興の暗号通貨業界の一部とは異なり、規制に賛成であることを強調した。彼らは私に、アメリカで、暗号通貨への投資とイノベーションを促進する、一貫性のある規制体系を確立するべく、リーダーシップを発揮したいと売り込んできた。

私は、彼らのいう目標に下心はないとみた。しかし、同時に、暗号資産の発展期であるこの初期段階で、規制当局や議会が洗練された統一性のある規制体系を考え出すことができるという考えはナイーブだとも思った。

私は彼らに注意するように言った。シルクロードの余波が残るなか、ビットコインを抑え込もうという声はまだ多かった。彼らとしても、アメリカの主要な規制当局が介入して非常に制限的または過度に複雑な規制体系が導入され、国内外の他の規制当局が追随するような事態を惹起することは望んでいなかった。

かわりに、適切な規制体系のための基本原則を策定することによって、ソートリーダーシップを示すべきだと私は彼らに提案した。この分野における法学者を探し、協力して暗号通貨規制の基本原則を策定するべきだ。そのうえで、私のような規制当局者の支持を得つつ、そうした原則に基づく規制を支持する同胞を連邦議会で見つけるべきだと伝えた。

当時の私の考えでは、ビットコインは暗号通貨1・0だった。暗号通貨市場が巨大になるまでに長くはかからないだろうと信じていた。彼らとの面談の後、私は日誌にこう書いた。

何十年もの間、アフリカの一部は通信インフラへの投資不足によって発展が停滞していた。その後、移動通信技術が登場し、地上電話のインフラの必要性をスルーすることができた。今日のアフリカでは、だれもが携帯電話で連絡をとりあっている。

通貨でも同じことがいえる。多くの発展途上の地域では、自国通貨が（各国の）外ではほぼ無価値であるため、国際的な支払手段に困っている。ビットコインは、この欠陥を飛び越えることを可能にする。

しかし、このテクノロジーは、単なる支払手段以上に、価値の貯蔵手段でもある。ソフトウェアのライセンスや音楽、車の所有権、土地、株式など、価値のあるもので物理的な保有が困難なものは、このテクノロジーによってアクセスしやすくなる。（暗号資産とデジタル台帳は）私たちがお金をプログラミングして、こうした価値のあるものにお金を結びつけることを可能にする。「チェーン」は、だれが何を保有し、だれが何にアクセス権をもっているかを記録する倉庫になる。この新たなテクノロジーは素晴らしいもので、私は理解を深める必要がある。

戦いの始まり

私は暗号通貨について書かれたもので、手に入るものは何でも読むようになった（注16）。2015年の晩夏、私はCFTC委員として初めて、ビットコインにかかわる難題に直面した。CFTCの規制執行部門は、2014年に運営開始したコインフリップというビットコインのオプション取引プラットフォームを調査していた。同部門は、このプラットフォームに対して民事訴訟を提起し、同時に和解するための委員会の承認を求めていた。和解の内容は、コインフリップがCFTCに登録しておらず、CFTC規則も遵守していなかったことを理由に、取引停止を命令するものだった。

私は他の委員と同様、和解案を承認した。マサド委員長の先見性のあるリーダーシップもあり、2015年9月17日、「CFTCは、ビットコインなどの暗号通貨は、商品取引所法の対象となるコモディティだと考える」との見解を表明した（注17）。この命令は、当時はほとんど注目されなかったが、画期的なものとなった。CFTCの規制権限が、アメリカにおけるビットコインのデリバティブ取引、場合によっては他の暗号通貨のデリバティブ取引にも及ぶことを示唆したからだ。また、ビットコインのデリバティブやビットコインの現物に関連する詐欺や不正操作へCFTCの規制執行権限を拡大するものにもなった。

CFTCには、コモディティの現物あるいは「スポット」取引を行う市場やプラットフォームに対する規制権限がないことを理解しておく必要がある。スポット市場は、当事者が対象コモディティについて、将来の引渡しではなく、即時の引渡しを受ける取引を含む。CFTCが現物取引に対して直接監督する権限をもっていれば、CFTCは、小麦、牛、灯油先物を監督するだけでなく、農家の穀物販売、牛の競売、家庭の暖房用燃料の販売も規制することになる。

暗号通貨についても同じだ。ビットコインをコモディティだと宣言することで、CFTCはビットコイン先物やその他デリバティブに対する完全な規制権限を主張したが、その一方で、ビットコインのスポット取引に対する規制執行権限は限定的だった。

スポット市場とは対照的に、CFTCはその根拠法のもと、アメリカで取引されるコモディティ型の暗号通貨のデリバティブについて、規制と執行の両方の権限をもっている。これは、アメリカの市場で取引されるコモディティ・ベースの暗号通貨のデリバティブ取引について、CFTCが包括的な規制監督を行っていることを意味している。これには、登録の義務づけや、取引慣行・市場監視・報告とモニタリング・行為規範・資本要件・プラットフォームとシステムの安全性基準に係るあらゆる規制の義務づけが含まれる。CFTCはさらに、コモディティ型の暗号通貨のデリバティブ市場およびその原資産たる暗号通貨のスポット市場における詐欺や価格操作に対して、召喚状その他の調査権限を通じて捜査し、必要に応じて、民事の制裁措置を講じる執行権を有する。

職業上、私の関心はますますビットコイン関連の出来事に向けられていった。2016年6月、DAO（分散型自律組織）と呼ばれる投資家主導の珍しいベンチャー・キャピタル・ファンドが、イーサリアムという暗号資産の基盤となる分散型台帳に書き込まれたソフトウェア・コードの脆弱性により、資金の3分の1をハッカーに奪われるという事案が生じた(注18)。同年11月、シカゴ・マーカンタイル取引所を運営するCMEグループは、他社との合弁会社を設立し、ビットコインのスポット価格を集計したビットコイン参照レート（BRR）を算出・公表することとした(注19)。

2016年6月、CFTCは別の暗号通貨取引所である香港のビットフィネックスにかかわる制裁措置案件に従事していた(注20)。委員会は和解を承認し、私もそれを支持した。CFTCの命令は、レバレッジもしくは証拠金に基づく取引、またはプラットフォームによってファイナンスされる取引を認める、ビットコインその他暗号通貨の取引プラットフォームに対するCFTCの監督権限を確認していた。こうした取引は、「ファイナンスされたリテール取引」と呼ばれていた(注21)。2010年のドッド・フランク法によってCFTCは、ファイナンスされたリテール取引に対する包括的な権限を与えられていたが、それを暗号通貨に適用したのは本件が初めてだった。

シルクロードの悪臭は、2016年に入ってもビットコイン上に漂っていた。アメリカの規制当局のほとんどは、ビットコインについて良いとも悪いとも言わなかった。ただ沈黙を貫いていた。ビットコインに対する懸念は、アメリカの外で、はるかに大きかった。ヨーロッパや一部のアジアの規制当局は非常に懐疑的だった。

ビットコインが無視できない規模にまで拡大すると、国際社会は関心を持ち始めた。2017年初頭、証券監督者国際機構の会議の参加者、特にヨーロッパからの参加者は、ビットコインを批判的に検証する国際的なタスクフォースの創設を求めた。概してヨーロッパの人たちは、新たなテクノロジーのライフサイクルのより早い段階で規制枠組みを確立しようとする。

ビットコインと暗号通貨へのアメリカの初期の対応は違っていた。これは、技術的イノベーションに対してアメリカが伝統的に、よりオープンなアプローチをとってきたことを反映している。アメリカのアプローチは一般的に、新たなイノベーションがさらに進展するのを容認し、既存の規制枠組みで対応できるか、あるいは新たな個別規制が必要かをみる。ヨーロッパとアメリカ、いずれのアプローチにも長所と短所があるが、私はヨーロッパのアプローチよりも、アメリカのアプローチを好む。ヨーロッパのアプローチは得てして、商業上の必要性よりも規制上の必要性に応じるイノベーションに帰結しがちだ。これとは対照的に、アメリカの規制アプローチは多くの場合、萌芽段階にあるイノベーションが提供する中核的な付加価値が明確になり、対応する公共政策が確定するまでの間、「第一に危害を加えないこと」とするヒポクラテスの誓いに従うというものだった。

「第一に危害を加えないこと」は、初期のインターネット関連のイノベーションに対してアメリカの規制当局が採用し、成功した戦略だった。このアプローチは、1990年代半ば、ニュート・ギングリッチ率いる共和党議会とビル・クリントン率いる民主党政権が、民間によるインターネット開発の主導を奨励したことに始まった(注22)。彼らは、不適切な制限を課さないよう、そして、予測可能性が高く、一貫した、シンプルな法的環境を支持し、テクノロジーの発生とその育成がもつ「ボトムアップ」の性質を尊重するよう、アメリカの規制当局を導いた(注23)。それは見事にうまくいった。

アメリカの規制当局のビットコインに対する初期のアプローチは、インターネットの第一波の経験に由来する。しかし、間もなく大きな違いが明確になってきた。インターネットの第一波は、「データと情報」をワールドワイドなコンピュータ・ネットワークで広く利用できるようにすることを目的としていたことが違いだ。歴史的に情報は、アメリカでも他の西側民主主義国家でも、言論と表現の自由という憲法上の保護を享受してきた。したがって、インターネットの第一波における情報の統制の非中央化は、規制の「軽い」エリアで生じた。データの交換を直接監督している連邦機関はなかったため、他機関との縄張り争いの必要もなかった。

今日の新たなインターネットの波は違う。情報ではなく、個人のアイデンティティ、不動産の所有権、金銭などの、価値あるものが対象になっている。個人情報とは異なり、政府は長い間、銀行、取引所、その他の価値あるものに係るサービスの提供者、ならびにその消費者とのやりとりに対する広範な監督権限を付与されてきた。価値あるものの非中央化は、規制の「重い」エリアで生じている。銀行や保険の規制当局から消費者保護機関、証券やデリバティブの規制当局に至るまで、アルファベットを数文字並べた連邦や州の規制当局が存在している。これらの規制当局がこの新たな波において自身の正当な権限を見出し、それを行使しようとするのは時間の問題だった。その時点で皆の注目は、この波の到来を早期から見越していたCFTCに注がれていた。

ビットコイン・ラリー1・0

ビットコインにとって2017年は転機となった。その年の初めには、ビットコインのトークン価格が初めて1000ドルを超えた。6月には3000ドルを超えた。ビットコインはバズり始めていた。

その頃、私はCFTC委員長に就任したばかりで、優先課題を整理していた。2017年7月、ダニエル・ゴルフィーンがCFTCの初代チーフ・イノベーション・オフィサーに就任すると同時に、CFTCは暗号通貨について詳細な検証を開始した。LabCFTCは、この台頭する現象へのCFTCの理解を深めるべく、研究および初期の分析を開始した。

ちょうど間に合った。その夏、シカゴ・オプション取引所（CBOE）(注24)は、新商品としてビットコイン先物を自己認証するつもりだとCFTCに通知してきた。

自己認証とは何かを理解するために、ここでいったん立ち止まるべきだろう。商品取引所法とCFTC規則は、自主規制機関としての先物取引所が、CFTCの基本原則に適合していることを認証することによって、新商品を迅速に市場に投入することを認めている。認可取引所は、取引の24時間前の通知でこれを行うことができる。議会は意図的に、先物取引所に革新的なデリバティブ商品を生み出す自由を与えるべく、自己認証プロセスを認めた。議会は、慎重な規制当局が、金融商品の失敗の責任を問われる政治的リスクを過度に懸念して、新たな金融市場の開拓を妨げることを嫌がった。かくして、CFTCは新たな金融商品を「承認」する必要はないわけだ。時間切れになる前に新たな商品を阻止しなかった場合、その商品がリリースされることになる、というだけだ。

自己認証の仕組みは長い間、うまく機能すると考えられてきた。それは、アメリカの上場先物市場を世界の羨望の的にした、市場主導型のイノベーションを奨励する公共政策の一環に位置づけられる。自己認証の仕組みが導入された2000年から2017年にかけて、1万2000以上の新たな先物商品が自己認証された(注25)。これは、世界のどの市場よりも多かった。

CBOEがCFTCにビットコイン先物商品の自己認証を計画していることを通知すると、市場監視部門(DMO)は調査を開始した。幸いなことに、LabCFTCの調査により、CFTC全体が最新の状況に精通するようになった。夏から9月にかけて毎週開催された会議で、DMO職員がCBOEの進捗状況について委員全員に報告していた。

一方、ビットコインの人気は指数関数的に伸び続けていた。価格は2017年9月に初めて5000ドルの大台を超えた。規制対象となるビットコイン先物のローンチが差し迫っているというニュースを受け、価格は上昇を続けた。インターネットのチャットルームやツイッター、フェイスブックでは、ビットコインの価格が月まで上昇するなかで（「月」と略される現象）、自分たちは機会を失うのではないか（FOMO（fear of missing out）と呼ばれる現象）が議論され、それが暗号通貨の価格をさらに上昇させた。

私はCFTCで新設のマーケット・インテリジェンス部に、毎週金曜日朝に行われる委員会への市場レビューのプレゼンテーションにおいて、追加のアセットクラスとしてビットコインをモニタリングし、報告するよう指示した。同部の職員は、CFTC委員への定期的なレクチャーも行ってくれた。私はまた、エリカ・リチャードソンに、現在彼女の配下にある消費者広報局のリソースを活用して、ビットコインその他の暗号通貨への投資に焦点を絞った教材とプログラムを作成するよう指示した。

同じ頃、CMEグループからサプライズがあった（注26）。その数カ月前、あるCME幹部がCFTCに対し、ビットコイン先物商品のローンチを当該時点では検討していないと述べていた。ところが10月31日、CMEは突然、年末までに現金決済のビットコイン先物商品をローンチすると発表したのだった（注27）。私は、CMEとCBOEによるビットコイン先物のローンチは、世界をリードする尊敬すべき商品イノベーションの伝統の延長線上にある最新の動きであるとみていた。また、金融商品としてのビットコインの重要性を示すものでもあった。

ローンチの準備

数日後の午後、マイク・ギルと私は、市場監視部門のトップであるザイディおよび彼の部下とともにCBOEの自己認証プロセスを検証し、CMEから何を受け取るかを議論した。ザイディは、これらの自己認証に基づく商品をつくっていくうえで、CFTCはただの承認役ではなく、もっと有意義な役割を果たす機会があると信じていた。

「考えてもみてください。CFTCは、2015年にまでさかのぼる法執行措置の実績により、他のどの機関よりも暗号通貨に関する専門知識をもっています。しかしこれは、トレーディングの対象資産としての暗号通貨デリバティブに関する初めての分析です。CFTCは、これらのサービスが安全で健全であることを確認しつつ、円滑にイノベーションを促進するために最適な立場にいます。これは私たちにとって、規制された安全な市場で起業家が行動できるようにするチャンスです」

なかでもザイディは、アノマリーや不均衡な動きをチェックするために、職員がビットコイン先物取引所から情報を収集する方法について説明した。先物取引所は、CFTCの市場監視担当者と緊密に連絡をとり、要求があれば取引データを提供する。彼は、そのような可視性を確保することで、CFTCがビットコインの消費者や他の市場参加者を保護することができると感じた。また、こうした可視性により、新たなビットコイン先物市場および（ある程度は）それが参照するビットコインのスポット市場の両方における、詐欺や不正操作を起訴するCFTCの能力も向上することになる。

ブライアン・バッシー（清算・リスク部門）とマット・カルキン（スワップ・ディーラーおよび仲介業者監視部門）も参加した。彼らは、ビットコイン先物が十分な証拠金を確保する必要があると主張していた。先物市場における当初証拠金とは、取引当事者が先物ポジションを開設する際に、ブローカーに差し入れて維持することが求められる資金を指す。当初証拠金は通常、先物契約の想定元本のごく小さな割合であり、定番の契約では通常3～12％程度だ。次に、維持証拠金がある。これは、損失をカバーするために、取引当事者が随時差し入れる必要のある資金だ。市場が急速に変化し、日々の価格が乱高下すると、増大する市場リスクをカバーするために要求される証拠金が増えることが多い。あるトレーダーの口座の資金が必要な証拠金レベルを下回った場合、当該トレーダーは、追加資金の差入れを求めるマージン・コールを受けるか、ポジションの削減、場合によってはポジションの解消を求められる可能性がある。CFTCの職員はすでに、新たなビットコイン先物商品に適切な証拠金の水準を検討していた。

私は、CFTCの職員が問題の所在を把握していることに満足し、会議を終えた。

海外対応

11月9日、私は、日本、シンガポール、香港の規制当局との個人的・組織的な関係を強化するため、ワシントンからアジアへの長期出張に出発した。マイク・ギルは、東京での会議に出席するべく先発し、シンガポールで合流した。私がアメリカを出発したとき、CMEからはまだ新たなビットコイン商品について直接的には何も聞いていなかった。私はザイディに、CMEに電話して直近の予定について尋ねるよう指示した。

シンガポールでの有意義な会議の後、11月15日の夜に香港に到着した。到着に際して、トーマス・ピーターフィーがウォール・ストリート・ジャーナルに全面広告を出したことを知った。ピーターフィーはハンガリー生まれで、インタラクティブ・ブローカーズの創業者だ。インタラクティブ・ブローカーズは、ブローカー向けの決済サービスを提供する最大手の一つだ。私はピーターフィーの起業家としての業績と、頑強な反共産主義に感心していた。大きな太字で書かれたピーターフィーの書簡は、私に宛てられていた。

「この書簡は、いかなる暗号通貨やデリバティブ商品の清算を行う清算機関に対しても、他の商品から隔離された別の清算システムで行うよう義務づけることを（CFTCに）請願するものです」

「このような商品について合理的な方法で証拠金を確保することは不可能です。暗号通貨の先物契約やコール・オプションの買い手（ロングサイド）は、保守的な観点から価値の100％の差入れを求められるかもしれませんが、売り手（ショートセラー）に必要な証拠金を決定することは不可能です」

ピーターフィーは、取引所が買い手の取引をプラットフォームに誘導するべく、低率の証拠金を設定することをおそれた。取引所がそうした場合、ビットコインの特性として知られる乱高下が、取引プラットフォームとトレーダーの両方を危険にさらす可能性があった。

ピーターフィーは、システミック・リスクを低減するべく、ビットコインの決済や取引について、暗号通貨のみを扱う取引所に隔離するべきだと主張した。彼は続けた。

「暗号通貨の清算リスクが隔離され、他の商品から分離されない限り、暗号通貨市場の大惨事は清算機関を不安定にし、同じ清算機関で清算される重要な株価指数やコモディティ市場に伝染するため、実体経済を不安定にするだろう」

ピーターフィーの書簡に対する私の最初の感想は、この偉人の懸念は見当違いだというものだった。

爆発的に成長していたものの、ビットコイン先物市場は従来からあった市場に比べて僅少といえる規模だった。彼がこの書簡を書いた時点では、世界のビットコインの総額は3000億ドル以下で、すべての暗号通貨の価値は総計6000億ドル程度だった。後者でさえも、バークシャー・ハサウェイのような大手上場企業一社の時価総額（約6500億ドル）にも及ばなかった。同社は高く評価されているが、アメリカ経済22兆ドルのごく一部を占めるにすぎなかった。別の観点からいえば、全世界の金の価値は約8兆ドルと推定され、当時の暗号通貨市場全体をはるかに上回っていた。

私はピーターフィーがビットコインそのものではなく、他のデリバティブ商品と同じ取引プラットフォーム上で、ビットコイン先物の取引や証拠金の授受が行われることに反対しているものと理解した。それでもなお、やはり全体像をみる必要があった。CFTC職員の推計によると、数字は増加しているものの、最初の数年間の任意の時点におけるすべての未決済ビットコイン先物契約（「建玉」と呼ばれる）の価値は2億ドル未満にとどまっていた。一方、CMEのWTI原油先物の建玉は、その1000倍以上の数千億ドルだった。同様に、COMEX金先物の建玉は約「750億」ドルだった。ビットコイン先物の証拠金不足が清算機関をダウンさせ、ピーターフィーの懸念する「実体経済を不安定にする」ことはほぼ不可能と推測された。

私は他方で、ピーターフィーの書簡を皮肉だとも感じた。彼は、ヨーロッパ的な社会主義の計画経済から逃れて無一文でアメリカにやってきた、私がおおいに尊敬する勇敢な起業家の鑑だった。彼は、伝統的な証券取引所のトレーディング・フロアに携帯端末を導入するなど、新たなイノベーションで旧来の金融システムに挑戦し、その自由市場経済で成功を収めた。それでもなお、彼は、新たな暗号通貨のイノベーションの波に抗っていた。暗号通貨は、大成功を収めた彼のトレーディング会社、インタラクティブ・ブローカーズで扱う伝統的な資産クラスからすると、あまりに異質にみえたのだろう。

しかし、私が心配したのは、ピーターフィーの書簡の内容でもなければ皮肉でもなかった。その書簡が世間に残すであろう印象だった。CFTCがビットコイン先物の自己認証をいかに扱うかは、突如として、世界中で繰り広げられている暗号通貨に関する広範な議論の一部になると予想された。この書簡は、暗号通貨に対するCFTCの関与の重要性を劇的に高めた。メディアは、ブロックチェーン的なもの、ビットコイン的なものに飢えていた。何かあれば、記者や編集者は飛びついた。ピーターフィーの書簡は、政治家、投資家、市民、自由市場の多大な利害が絡む世界的な論争の渦中にCFTCを置くことになった。

暗号通貨タスクフォース

香港では、証券先物委員会のアシュリー・アルダーや、香港財務省および金融管理局と呼ばれる中央銀行のトップに会った。アジアの当局トップとの多くの議論と同様、テーマは金融イノベーションだった。

香港でのある夜、私は「ザ・ピーク」として知られるアメリカ総領事館で、ビジネス・リーダーたちが開いてくれたレセプションに参加した。街を見下ろす高い峰というドラマチックなロケーションにある美しい邸宅だ。何人かのゲストと私は月明かりのなかでバルコニーに立ち、北は港まで、そして反対方向には南シナ海まで伸びる街の明かりを眺めた。香港はとても平和にみえた。中国による市民的自由の弾圧に伴う混乱の兆しはなかった。

私は週末にワシントンに戻ったが、ピーターフィーの書簡のことが頭に残っていた。ここまで、ビットコイン先物の分析は、清算・リスク部門も参加してさまざまな証拠金の分析をしていたものの、主にCFTCの市場監視部門が担っていた。私は、ビットコインの自己認証について、政策的観点からより広範な見方をするべき頃合いだと判断した。

月曜日の朝、オフィスに戻って、臨時的な暗号通貨タスクフォースを結成した。それは主要な政策部門の責任者で構成された。ジェイミー・マクドナルド（規制執行部門）、アミール・ザイディ（市場監視部門）、マット・カルキン（スワップ・ディーラーおよび仲介業者監視部門）、ブライアン・バッシー（清算・リスク部門）に入ってもらった。加えて、CFTCジェネラル・カウンセルのダン・デイビス、上級法律顧問のマギー・スクラー、ダニエル・ゴルフィーン（LabCFTCのヘッド）、エリカ・リチャードソン（広報局ディレクター）、議会への報告役としてチャーリー・ソーントン、その他およそすべてのことを頼むべく首席補佐官のマイク・ギルにも入ってもらった。あらゆる側面を考えたかった。私は各参加者に、ペンディングになっている自己認証が各自の担当分野に与える影響について検証し、市場その他のリスクについて評価するよう依頼した。また、皆が率直に話し合うことを求めた。ギルには、他の委員に適宜情報を入れて、彼らに懸念があれば、それを表明できるようにすることを依頼した。

タスクフォースは、自己認証プロセスについて、日中、そして夜遅くまで議論した。重大な市場リスクは確認されなかった。自己認証の草案に不備は認められなかった。CFTCがビットコイン先物のローンチを阻止するべき規制上の根拠は、自己認証において虚偽の記載が含まれること、商品取引所法に違反すること、(参照するスポット市場ではなく)商品自体が「詐欺や価格操作の対象となりやすい」とされることに限定されていた。

市場監視部門の職員は、彼らに対してCMEグループが最近、ビットコイン先物商品のプレゼンテーションを行ったと報告した。また、CMEグループとシカゴ・オプション取引所の両取引所は、適切な手順を踏んで職員からの照会に適正に対応したということだった。公平に分析すれば、どちらの自己認証も阻止する根拠はほとんどない、とザイディは言った。

私の観点からすると、自己認証を却下するために残る根拠は、主観的な価値判断、政治的な惰性、嘲笑へのおそれのみだった。しかし、それらでは却下するには十分な根拠たりえなかった。市場規制当局の役割は、ビットコインのような商品について価値判断をするのではなく、市場が公正に、健全に、透明に、効率的に、不正や価格操作なしに機能するようにすることだった。

さらに私は、ビットコイン先物を阻止して政治的リスクを回避するためにCFTC規則を捻じ曲げることは、過去15年の間に何百もの革新的な先物商品を市場に登場させることを可能にしたアプローチから乖離することになると思った。それは、市場のイノベーションを促進してきたCFTCの歴史を裏切り、将来に向けて厄介な先例をつくることになると思われた。

より深いところで、これらの新たな先物商品を阻止したところで、どのみち、ビットコインその他の暗号通貨の台頭を止めることにはならないと感じた。それは、イングランドの古代の王、クヌートⅠ世が海岸に王座を置き、潮に足を濡らさないように命じたのと似ている。暗号通貨の潮は今後も上昇し、規制当局の足首や脛を濡らすことになるだろう。

私たちが直面していたのは、奇妙な難題だった。自己認証を阻止する方法をでっちあげた場合、ビットコインその他の暗号通貨の取引は続くが、その取引は、ＣＦＴＣが監督する、適切に規制された市場から遠く離れたところで行われるようになるだろう。ビットコイン取引は、野放しの、規制されていないところに置き去りにされるだろう。しかし、新商品を阻止しないことで、私たちはほぼ確実に、合法的かつ体系的なビットコイン先物市場の成長を促進することになる。それは、ＣＦＴＣが効果的に監視する必要のある市場となる。

その決定は、実に重大だった。

第8章

いざ出発

何ごとも、そのままということはない。

毎日が白紙だ。新しくつくらなければならない。

真新しい道だ。別の道具を探そう。

あるいは、別の乗り物でそこに行く。多くの道が待ち受けている。それを限定するのは想像力のみだ。

そして決意も。動きを止めるな。そうすれば別の道が見つかる。

——キャロリン・ブルネル（詩人、画家）、「Shifting Gears」より

行動に移す

私の敬愛するメンター、スキッドモア・カレッジ政治学教授のヘンリー・ギャラントは「統治とは選択することだ」という格言を好んだ。それはギャラント自身のメンター、ピエール・マンデス＝フランスの格言だった(注1)。良い政府とは、それがむずかしいものであっても、決定をするものだということを意味する。

商品先物取引委員会（CFTC）の委員長として、私はビットコイン先物の自己認証に対する職員の対応を監督する権限と義務をもっていた。私は、ビットコイン先物を阻止する方途を求めないという考えに次第に傾いていた。かわりに、ビットコイン先物を前に進め、それによって、投資家が暗号通貨の価格発見を行い、透明で秩序立った市場で取引し、適正市場価値を確立することができる世界初の規制された市場をつくりたいと考えた。

それでもなお、新たに設立された暗号通貨タスクフォースの力を借りつつ、アミール・ザイディと市場監視部門の彼のチームは、両先物取引所の自己認証を、彼が「より厳格な審査」と呼んだ前例のない精査プロセスにかけていた。両先物取引所は概して協力的であり、私たちは貴重な譲歩を引き出していた。CFTCは継続的に取引データを入手することになった。それにより、消費者とビットコイン市場参加者の保護を手厚くし、詐欺や価格操作をより検出しやすくなると予想された。また、ビットコインの潜在的なボラティリティを考慮して、適切な担保を確保するべく、取引証拠金の水準を高めるよう交渉した。

しかし、私は自己認証プロセスについて、一つのアノマリーに気がついた。総じて、イノベーションを促進する賢い公共政策だと思っていたものの、ある欠陥を認識した。規制対象の取引所が新商品を自己認証することとなった場合、CFTCは当該商品を調査し、詐欺や価格操作の対象となりやすいかを審査することを義務づけられた。実際、ある商品がCFTCの審査を経たという事実は、当該商品がローンチされたときに世間の信頼感を高め、その結果、取引所にとって商品の価値が高まることが多かった。しかし、商品ローンチの成功の果実はすべて取引所に行く一方で、それを調査し、審査するためのCFTCのコストは、完全にアメリカの納税者にかかる。これは「フリーライダー」問題と呼ばれるものだ。台所をリフォームするとき、町の建物検査官が、リフォームの計画と実施を調査するための料金を、家主に請求するのはこのためだ。こうしないと、家主が家屋の価値増加の果実を享受する一方、その費用は、税の査定のかたちでご近所の人たちが事実上負担することになる。

CFTCは、新規の自己認証商品の審査にかかる合理的な費用について、登録取引所に適切な手数料を請求することを認められるべきであり、議会は、CFTCが当該手数料を新商品の審査の費用として使用することを認めるべきだ。通常の自己認証であれば、ほとんどの場合、この料金は僅少なものとなるはずだ。

万全の準備をする

ワシントンに戻って最初の1日を終えたとき、まだ前週のアジア歴訪で生じた時差ぼけと格闘していたが、マイク・ギルと私はタクシーでジョージタウンのポトマック川沿いにあるエレガントなイタリアン・レストラン、フィオラ・メアに行った。そこで私たちは、国家経済会議（NEC）の委員長ゲーリー・コーン、彼の不動の右腕、アンドリュー・オルメム、ジェイ・クレイトン、その次席、アラン・コーエンと同席した。私たちは部屋の静かな片隅にいたが、マンハッタンでの生活や昔の仕事の話で盛り上がり、ワイワイと楽しく話していた。

もちろん、政治についても議論した。私たちは、コーンの票読みによると議会通過が見込まれる税制改革の進展状況について話した。NECの目標は、3％を超える経済成長と、その結果もたらされる雇用創出のために、アメリカ経済を加速させることだと彼は言った。また、コーンは、クレイトンと私が早くもスピード感をもって物事を進めていることや、二人で協業していることを評価してくれた。彼によれば、証券取引委員会（SEC）とCFTCの委員長が対立するのではなく連携すること自体、「ワシントンの奇跡」だった。彼は、クレイトンと私に、ニューヨークのビジネス・メディアや議会の公聴会に、もっと一緒に登場するよう勧めてくれた。

私はコーンに、ほかに何ができるか聞いた。

「賢い、影響力のある規制を行うだけだ」と彼は言った。「ラディカルなものではなく、経済を成長させ、雇用を創出する賢い規制だ」

私は言い返した。「よいでしょう。あなたが「ラディカル」という言葉に言及したので、ビットコイン先物について一言申し上げます。ピーターフィーの書簡をみましたか？ ウォール・ストリート・ジャーナルに載っていた」

「ああ、みたけど、あれは何のことだ？」とコーンは答えた。

私はそこで、ＣＦＴＣに提出された二つの自己認証と、それに対するＣＦＴＣの対応について説明した。そして、ＣＦＴＣとしては前に進めようと思っていることを伝え、彼の感想を聞きたいと言った。

コーンは、私たちのアプローチに同意した。彼は、ビットコイン先物のより良い取引データと、その価格の前提となるスポット市場のデータを取得するために、前に進めるという私たちの戦略を好感してくれた。

コーンは元コモディティ・トレーダーとして、プロのトレーダーであれば、規制されていないスポットの暗号通貨プラットフォームで取引することは嫌がるが、ビットコイン先物がローンチされれば、ビットコイン価格が上昇するにしても下落するにしても、ＣＦＴＣが規制する先物市場でならば活発に取引するであろうことを理解していた。

ジェイ・クレイトンは、この会話を注意深く聞いていた。彼は、ＣＦＴＣの自己認証プロセスがどのように機能しているかについて、いくつか探りを入れるような質問をした。クレイトン自身も、ＩＣＯ、もしくはイニシャル・コイン・オファリングの急拡大を問題だと感じていた。ＩＣＯは、新たな事業や商品を立ち上げようとする企業が暗号通貨の「トークン」を販売することで、一般大衆から資金を調達する手法の一種だ。私はクレイトンの慎重なスタンスを理解できた。彼は、90年間にわたるアメリカ証券法と慣行の一貫性を守らなければならなかった。それでも、彼がビットコイン先物の阻止を提案しなかったことをうれしく思った。彼がそうしていたら、事態はいささか厄介なことになっていただろう。かわりに彼は、技術革新のメリットを議論し、暗号通貨投資の危険性について市場参加者に警告する論説を一緒に寄稿しないかと誘ってきた。私は即受諾した。しかし、最終的な文言で合意するには、そこから6週間かかることになった。

翌日の朝、私は、ゴールドマン・サックス、ＪＰモルガン、モルガン・スタンレーの上級幹部を含む、先物清算の主要参加者に電話をかけた。また、業界の自主規制団体である全米先物協会（ＮＦＡ）の代表トム・セックストン、業界団体である先物業協会（ＦＩＡ）のウォルト・ルッケンとも話した。ウォルトは、一部のＦＩＡ会員からはいくつかの懸念を聞いたが、重大なものはなかったと述べた。

これらの会話から、いくつかの重要な問題に気づいた。一つは、新商品の取引に必要な当初証拠金の水準だ。シカゴ・オプション取引所（ＣＢＯＥ）は、逃げ足の速い個人投資家の取引参加を抑制するべく、40％の当初証拠金を提案していた。対照的に、シカゴ・マーカンタイル取引所（ＣＭＥ）は当初、20％の証拠金を使いたいとしていたが、自己認証の審査プロセス中に、それを27％に引き上げていた。

結果、一部の清算参加者は証拠金アービトラージを懸念した。

両者とも、主に機関投資家のみに参加資格が与えられる、十分に規制された市場であった。私は、だれかのおばあちゃんが老後の蓄えをビットコイン先物に賭けることを心配していたわけではなかった。そういうおばあちゃんは、当該先物商品を取引する法的資格を満たしていなかっただろう。しかし、変動が非常に激しい市場だったので、ベテランのトレーダーであっても、清算機関の準備金を吹き飛ばすことがないよう、適切な証拠金の水準を設定する必要があった。そのため、CMEには証拠金の水準をさらに引き上げてほしいと考えていた。

インタラクティブ・ブローカーズのトーマス・ピーターフィーにも話を聞いた。私は彼に、ビットコイン先物全体の建玉は、従来からあった先物商品の建玉に比べて僅少だろうと言った。CFTC職員は、ビットコイン先物の証拠金の失敗が清算機関をダウンさせ、実体経済を損なうことは不可能だと感じていると伝えた。ピーターフィーはこの点を認めつつも、ビットコイン先物の清算証拠金を他の商品の清算証拠金から隔離するようCMEに要求することを強く求めた。それに対して私は、CFTCの専門家が、そのような分離はそれ自体が清算機関を不安定にし、すべての証拠金をプールするほうがよいと言っていると反論した。彼は丁重に異を唱えた。私は、CFTCによる商品の自己認証プロセスでは、清算機関の証拠金の隔離を指示する裁量権がCFTCに与えられていないことを説明した。そのため、私は手が縛られているのだと。

火曜日の夜には、保留中のビットコイン先物の自己認証について、何をどうするべきか、私にとって、かなりはっきりしてきた。アジア出張に伴う時差ぼけも治っていた。私は午後5時にCFTCを出て、アパートに帰り、眠りについた。4時間後に目を覚まし、そこからニュージャージーまで車で行った。

感謝祭前の水曜日、私はCMEの強力な会長、テリー・ダフィーと長話をした。彼は、チャーミングで、怜悧で、ぶっきらぼうという個性的な人物だ。私は彼と、認識を共有しておきたかった。私はいくつかの懸念を簡単に説明した。同時に、それらの懸念に対するCMEの対応についてCFTC職員が納得できれば、自己認証を阻止しようとは思っていないとも伝えた。

ダフィーは、私たちと協力して証拠金を必要な水準に引き上げることに前向きだった。しかし、新たなビットコイン先物の価格を提供するスポット先物取引所から取引データを取得しようという私たちの意向には抵抗を示した。ダフィーによれば、CMEの弁護士は、自己認証をCFTCに一方的に押し付けることができると主張しているという。それに対して私は、そんなことをすれば、CFTCは、懸念事項が解消されていないことを公にせざるをえないと答えた。場は急に緊迫したが、お互いに公の場での喧嘩は望まないということに同意して笑いあい、空気は和らいだ。CFTC職員の懸念に対処するべく、彼の忍耐と協力を促した。彼は同意してくれた。

私は時間稼ぎをしていた。

物理的な引渡し

その間、奇妙な新しい問題が生じていた。私たちは、暗号通貨の文脈において、何が「物理的な引渡し」を構成するのかという概念的な問題に取り組んでいた。これは、CFTCの管轄範囲を規定する法的基準だが、皮肉なことに、「価値のインターネット」という仮想世界ではほとんど意味を成さない。

ここでいったん、暗号通貨から離れて、従来型のコモディティについて話そう。まず、総論として、CFTCはコモディティの「スポット」市場は管轄していない。スポット市場とは、将来の引渡しではなく、即時の引渡しを行う市場だという点に留意する必要がある。前述のとおり、CFTCがスポット市場に対する直接的な権限をもっていれば、牛市場における牛肉、穀物市場における穀物、ガソリンスタンドにおける石油、宝石店における金などの日々の売買を規制することになるが、それは議会が意図したところではない。デリバティブ取引に影響を与えるスポット市場での詐欺や価格操作がない限り、CFTCはスポット市場に関与しない。

かわりに、CFTCが主に規制するのは、そうしたスポット市場の現物コモディティに基づく先物やスワップなどのデリバティブ市場となる。議会が法律に定めたところによれば、コモディティが現金を対価に売られる場合、売り手が28日以内に買い手に当該コモディティを引き渡すと、それはスポット市場となり、CFTCは主たる管轄権をもたない。それ以上の時間を引渡しに要すると、CFTCが管轄することになる（なぜ28日なのか。それをめぐっては実にさまざまな言い伝えがあるが、28日というのは、外貨を除くすべてのコモディティについて議会が法律に書き込んだ引渡期間だという説明で十分だ）。

さて、話を暗号通貨市場に戻そう。前述のとおり、CFTCは2016年に、香港の暗号通貨プラットフォームであるビットフィネックスに対して法執行措置をとり、和解している。CFTCは、ビットフィネックスがCFTC登録を必要とする特定の業務に従事しており、そのために必要な規則を遵守していなかったと認定した。しかし、そこで発生した副次的な問題で、CFTCの命令では明確に対処されなかったのは、ビットフィネックスがそのプラットフォームで販売されている暗号通貨について、28日以内の引渡ルールにも抵触していたか否かということだった。それ以来、同様の問題を提起する事例をほかにも目にするようになった。暗号通貨の市場参加者は、法律を遵守したいと思ってはいたものの、その法律が何なのか、わかっていなかったわけだ。

問題は、こういうことだった。多くのスポット・プラットフォームは、購入者に暗号通貨を販売する際、その売上げを該当する通貨のデジタル台帳に登録していなかった。これは、「オフ・チェーン」（すなわち、ブロックチェーン外）取引と呼ばれていた。市場参加者がオフ・チェーン取引を好んだのは、取引をブロックチェーンに記録するためのマイニング手数料がかからなかったからだ。しかし、こうした暗号通貨の販売は、デジタル資産自体の健全性を損なうようにもみえた。公開されたデジタル台帳の最終的な目的は、信頼できる仲介者の介入なしに取引の安全性を確保することだった。しかし、こうしたオフ・チェーン取引のために、公開された台帳はすべての取引に関する変更不可の記録を提供しなくなっていた。

私たちの知る限り、捜査対象となったプラットフォームは、いずれも不正行為は行っていなかった。たとえば、彼らは販売することのできる数量以上の暗号通貨を売ることはしなかった。しかし、オフ・チェーンでの販売は、販売時点では決済が最終化されないため、スポット取引にはまったく該当しないとすることもできた。結果、スワップ取引になる可能性があった。そうすると、そうしたプラットフォームはCFTC登録が求められることになる。

私はこの問題について明確にしておきたかった。私はまた、CFTCがその明確性を直ちに提供するべきだと考えた。市場参加者が、膨大な量の裁判所の命令を調べることで、法律が何であるかを推測しなければならないようなことは望ましくないと思った。そうした場合、彼らの推測が正しければ、支障なく進むことができる。しかし間違っていれば、CFTCによる執行措置の対象となる。それは、いわば法的なロシアン・ルーレットだった。私が民間にいた頃、このような「執行措置による政策遂行」には気が狂いそうになったものだ。

私は市場監視部門、具体的にはチーフ・カウンセル補佐のフィル・レイモンディに、ガイドラインの草案作成を開始するよう指示した。その後、規制執行部門トップのジェイミー・マクドナルドに、ガイドラインが市場に公表されるまで、28日以内の引渡ルールに起因する執行措置を一時停止するよう指示した。

話を先に進めると、2017年12月、CFTCは遂に暗号通貨に係る「実際の引渡し」の解釈案を公表し、パブリック・コメントを求めた（注2）。ガイドラインの最終版が公表されたのは、私がCFTCを辞めた後の2020年3月だった（注3）。これは、暗号通貨コミュニティ全体から歓迎されはしなかった。それでもなお、私は、多数の不透明な執行措置からルールを推測するよう市場参加者に求めるよりも、透明性のある政策立案のほうが望ましいと考えている。

チェックイン

2017年の感謝祭後の小雨の降る火曜日、私は午前7時少し前にニュージャージーの自宅を出発し、ウィーホーケンまで車を運転し、ハドソン川を渡るフェリーに乗ってウォール街に行った。メイデン・レーンをニューヨーク連邦準備銀行まで歩き、第3回の年次国債市場流動性会議に出席するべく会議場に向かった。正午には、アメリカの金融市場においては取引量が大きくても価格を変動させずに取引できることとの重要性について基調講演を行った（注4）。CFTCチーフ・エコノミスト局による素晴らしい最新の調査を引用した。私はまた、この機会を使って、公務から引退するニューヨーク連邦準備銀行総裁のビル・ダドリーをたたえた。

それから私は、ニューヨーク連邦準備銀行の総裁室と、ダドリーが厚意により準備してくれた快適なプライベート会議用の部屋に向かった。しばらくして、私はスティーブ・ムニューシン財務長官と彼の首席補佐官、エリ・ミラーと合流した。私は、ビットコイン先物の自己認証に関する問題を概説するために、この会議を依頼した。

ムニューシンは私を温かく迎え、私は彼が時間をとってくれたことを感謝した。私は、ビットコイン先物のローンチについて、三つの注目すべき論点があり、それらについて議論したいと伝えた。第一の論点は、保証基金における顧客担保の隔離に関するピーターフィーの異議だ。第二の論点は、当初証拠金の適切な水準を設定することだ。第三の論点は、ビットコイン先物の価格が不正操作の対象となりやすいか否かだ。

私はムニューシンに、こう伝えた。ピーターフィーの懸念は他の清算参加者やCFTCの専門職員の間で広い合意を得ているわけではないようにみえる。清算機関の保証基金全体と比較して、ビットコイン先物の建玉が小さいことから、システミック・リスクは事実上存在しない。実際、主要な清算参加者はピーターフィーの見解に反対のようだ。彼らは、清算機関にある余剰担保をビットコイン先物取引の証拠金として使うことで、資本を効率的に利用したいからだ。これは、証拠金が隔離されていたらできない。そもそも、自己認証プロセスでは、CFTCに証拠金の隔離を求める特定の権限が与えられていなかった。

しかし、第二、第三の論点は、さらに重要だと私は言った。第二の論点は、小規模な市場参加者の保護を目的とするもので、第三の論点は、CFTCにより良いデータを提供して、ビットコインの先物やスポット市場における詐欺や価格操作を監視しやすくすることを目的とするものだった。

ムニューシンは良い質問をしてきた。彼は特に自己認証プロセスに関心をもった。私は、取引所としては新商品を自己認証し、規制市場を運営していることを宣伝できる一方、CFTCは納税者負担で申請の審査費用を支払わなければならないという、フリーライダーの側面について説明した。

ムニューシンはこの懸念に興味を示した。最終的に、彼は、第二と第三の論点に集中するという私のアプローチに同意すると述べた。彼は、進捗状況を報告するよう私に依頼した。

これで私は、金融市場のトップ3のカウンターパートに、ビットコイン先物のローンチについて説明したことになった。財務長官のムニューシン、NECのコーン、SEC委員長のクレイトンだ。これまでのところ、反対にはあっていないし、暗黙の支持さえ見出すこともできた。その後の数週間のうちに、連邦準備制度理事会（FRB）のカウンターパートにも報告することになった。それでもなお、独立機関として、責任はCFTCのみにあった。それ以外はすべて儀礼的なものだった。

カウントダウン

11月29日の水曜日、ワシントンのオフィスに戻った私は、終日ビットコイン先物に追われた。まず、現状を確認した。CFTC職員は、過去4カ月の間にCBOEと、過去6週間でCMEと、そして過去数日間では新規参入者のカンター取引所と、緊迫した議論を行っていた。カンター取引所はビットコインのバイナリー・オプションに係る自己認証の準備をしていた。これら三つの取引所は、決済や契約の設計について大幅に改善することについて合意していた。

私はバッシーに、CMEに当初証拠金の必要水準を35％以上に引き上げることを要求するよう指示した。彼は１時間後に戻ってきて、CMEが同意したことを報告してくれた。

次にザイディに対し、ビットコインのスポット市場運営者（指数の価格の提供者）との契約を修正し、参照対象である取引の市場データとトレーディング・ポジションにアクセスできるよう、CMEに要求するよう指示した。CMEは強硬に反対してきた。予定されている商品のローンチに間に合わせるのがむずかしくなるとのことだった。双方の職員間で緊迫した電話が何度かあった。ある時点では、CMEの清算機関の幹部が、ビットコイン先物商品の自己認証を強行すると脅してきた。私たちはその挑発を無視した。

CFTC職員の暗号通貨チームとのミーティングは夜遅くまで続いた。同チームは、CME、CBOE、カンターが十分な監視を行うことができるよう、参照する現物ビットコイン取引所との情報共有を強化するために、何が必要かを考え出した。ザイディは、私たちの要求を先方にメールした。

木曜日の朝、私がCME会長のテリー・ダフィーと再び電話で話す予定になっていた時間の直前、ザイディは三つの取引所から私たちの要求に対して満足のいく回答を受け取った。電話で私はダフィーに、CMEの協力に感謝すると述べた。全般的にみて、CME、CBOE、カンターは、先物取引所に法律上与えられている裁量の幅を考慮すると、私たちの前例のない要求に対して非常に協力的であったといえる（注5）。

ＳＥＣのクレイトンにも電話して、私たちの決定について第一報を伝えた。彼は、ＣＦＴＣの自己認証がもつ特有の性質をすでに理解しており、懸念はないと述べた。

また、海外の規制当局に敬意を表して、英国金融行為監督機構（ＦＣＡ）トップのアンドリュー・ベイリー、欧州証券市場監督機構（ＥＳＭＡ）長官のスティーブン・マイヨール、その他欧州連合（ＥＵ）の金融規制当局に電話をかけた。大陸ヨーロッパの規制当局のいくつかは、ＣＦＴＣがビットコインを「合法化」していると難色を示したが、だれも止めてほしいとは言わなかった。

当時香港にいたエリック・パンは、それぞれ香港、日本、シンガポール、オーストラリアの市場規制当局トップあるいは上級幹部である、アシュリー・アルダー、水口純、リー・ブン・ニャップ、オリバー・ハービーに説明した。パンは、彼らがＣＦＴＣの自己認証プロセスについて学ぶことに非常に高い関心を示していると報告してきた。特にアルダーは、ＣＦＴＣの自己認証プロセスを理解し、私たちが交渉で獲得した条件を評価していたということだった。

準備完了

12月1日、ＣＦＴＣは、ＣＭＥとＣＢＯＥの新たなビットコイン先物商品のローンチを阻止しようとはしないことを公表した。プレスリリースで、私はこう言った。

「ビットコイン、暗号通貨は、ＣＦＴＣが過去に扱ってきたものとは異なるコモディティです。そのため、私たちは提案された契約について取引所と大がかりな議論を行い、ＣＭＥ、ＣＦＥ（ＣＢＯＥ先物取引所）、カンターは、顧客保護と秩序ある市場の維持に向けた大幅な改善に合意しました。ＣＦＴＣとの協力のもと、ＣＭＥ、ＣＦＥ、カンターは、ビットコインの現物市場の監督に係るＣＦＴＣの限られた法律上の権限に鑑みて、これらのビットコイン契約を監督するための適切な基準を設定しました……」

「市場参加者は、ビットコイン先物が参照する現物市場とその取引所は比較的初期段階にあり、ＣＦＴＣが限定的な法的権限しかもっていない、基本的には非規制市場であることに注意する必要があります。こうした市場の参加者の取引慣行や価格変動については懸念されているところです。私たちは、先物取引所が情報共有に係る合意を通じて、関連する現物プラットフォームにおける取引活動をモニタリングすることを期待します。そこには、先物契約の価格発見プロセスに潜在的な影響を及ぼしうる、フラッシュ・ラリーやフラッシュ・クラッシュ、取引停止による不正操作や市場の混乱の可能性も含まれます。それでもなお、投資家は、こうした契約のトレーディングでは潜在的に高水準のボラティリティとリスクがあることを認識する必要があります……」

「ＣＦＴＣが規制する取引所を通じて提供され、ＣＦＴＣが規制する清算機関を通じて清算されるすべての契約と同様に、上記のプロセスの完了はＣＦＴＣの承認ではありません。暗号通貨に係る商品またはデリバティブの利用または価値に対するＣＦＴＣの後押しを意味するものではありません。時に極度のボラティリティと固有のリスクを示してきたこれらの商品について、個々のケースにおける適切性を判断するために相応なデュー・ディリジェンスを行う義務は投資家にあります」(注6)

ウォール・ストリート・ジャーナルの記者、アレクサンダー・オシポヴィチは、このニュースの報道で、次のように指摘している。

トレーダーは、ビットコイン先物を利用すれば、石油やトウモロコシ、金などのコモディティと同じように、当該デジタル通貨の価格の上昇もしくは下落に賭けることができる。市場メカニズムを支持する人々の主張によると、こうしてビットコインを「空売り」する、つまり価格の下落に賭ける簡単な方法を提供することで、参照する現物市場のボラティリティを低減することができる。先物取引はまた、ウォール街の銀行その他の大手金融機関が価格暴落に対してヘッジをすることを可能にする。

発明されてからまだ10年もたっていないビットコインは今年、主に異常な価格急騰のため、投資家の熱い関心を集めている。

コインデスクによると、ビットコインは今年、968・23ドルでスタートし、火曜日には1万ドルの大台を突破した。

しかし、懐疑的な人々はこれをバブルと呼ぶ。ビットコインの印象は、マネー・ローンダリングその他の違法行為との長年の関連性によって損なわれたままだ(注7)。

バンド・オン・ザ・ラン

その夜、私はミネソタ州選出の下院議員コリン・ピーターソンとミネアポリス行きのフライトに同乗した。彼は、ぶっきらぼうだが人のいい、中道寄りの「ブルードッグ」民主党議員で、CFTCを所管する下院農業委員会における民主党のリーダー(後に委員長)だった。私たちは、ミネアポリス連邦準備銀行のニール・カシュカリ総裁を訪問し、ビットコイン先物を最優先に議論した。

そして遂に、リラックスして楽しむ時間が来た。ピーターソンと私は、ミネソタ州ブルーミントンのダブルツリー・ホテルまで車で行った。そこで、ミネソタ州牧場主協会の年次舞踏会で演奏するべく、ピーターソンの音楽グループ、セカンド・アメンドメンツに合流する予定となっていた。そのバンドは、ピーターソンの前のバンド、アメンドメンツから派生したもので、MSNBCの「モーニング・ジョー」の共同MCだったジョー・スカボロ元議員もメンバーだった。

会場は、大規模なコンベンション・ホテル内の、アメフトのフィールドの半分ほどある巨大な屋内空間だった。会場の一角には屋内プールがあり、バーや座席がそこかしこに配置されていた。バンドはほかより一段高くなっている別の一角に配置された。

私たちは位置についた。私のデュアリング・バンジョーと借りたグレッチ・ギターが私を待っていた。冷たい缶ビールも待っていた。キーボードは、ミズーリ州の元下院議員で州知事候補のケニー・ハルショフが担当した。前面にはハルショフの元議員首席補佐官でリード・ギタリストのマニング・ファラチがいた。私たちの後ろにはピーターソン議員の補佐官でドラマーのザック・マーティンが、横には議会図書館の研究員でベーシストのダン・ウルフがいた。

ピーターソンが歌い、私がギターとバンジョーを弾き、バンドは、カントリー、ブルース、そして私としては珍しいポルカ音楽をミックスして演奏した。私は、ジーンズとカウボーイブーツを履いた数百組のカップルから成る聴衆を見渡した。多くの人が立ち上がって踊り出した。一方、子どもたちはプールから出て濡れた水着で走り回り、両親とワイルドに踊ってから、再びプールに飛び込むべく走っていくという具合だった。私は笑い、その瞬間にわれを忘れ、数日、もしかしたら数週間ぶりに、初めてリラックスした。

ある若いカップルは、バンドの近くで踊っていた。演奏の合間の短い休憩時間に、その妻のほうが私たちの演奏に謝意を表した。牧場を経営する彼女の家族にとって、年に一度の牧場主協会の集まりは唯一のバケーションであり、それを最大限に楽しもうとしているのだと説明してくれた。彼女は私たちにゆっくりしたバラードを演奏するよう頼んだ。再開してエリック・クラプトンの「ワンダフル・トゥナイト」を演奏した。そのカップルは、お互いをもう少し近くに寄せ合って、ゆっくりと踊りながら群衆のなかに戻っていった。

土曜日にミズーリ州中部へ飛び、そこから州都のジェファーソン・シティまでウーバーで行った。午後6時を過ぎた頃、ケニー・ハルショフが運転する白のミニバンでバンドが到着した。ミニバンは、Uホールの2輪トレーラーを引いていた。私はそれに飛び乗り、私たちはレストランやバーが並ぶダウンタウンのファンキーな地区に向かった。通り沿いのブルース・ラウンジ、「ミッション」の前で車を止めた。私たちは楽器を設定し、夕食にフライドチキン、米、かぶの葉を生ビールで流し込んだ後、かなりの人数の前で夜遅くまでパフォーマンスを披露した。

翌朝のかなり早い時間に、私たちはホテルの駐車場で会った。それから数時間、車を南に走らせ、オザーク湖を目指した。ミズーリ州の中央南部にあるこの大きな貯水池は、1920年代にオーセージ川をせき止めてできたものだ。この地域はネットフリックスのヒット・シリーズである「オザーク」で知られている。

1960年代からある古い会議場、タン・タル・Aリゾートの前で車を止めた。ミズーリ州の農家でいっぱいだった。私たちはロビーでミズーリ州農業局の代表者たちに迎えられ、客室を改装した1階の録音スタジオに案内された。そこで私は、ミズーリの農家向けラジオ局のインタビュー録音に参加した。その夜、コリン・ピーターソンがリードボーカルとテレキャスターを担当し、私たちは約800組の農家のカップルの前で演奏した。彼らは午前2時まで踊り、私たちは思う存分演奏した。素晴らしかった。

同士討ち

月曜日、スーツを着るワシントンでの生活に戻り、FRBの銀行監督担当副議長に就任したランディ・クオールズと面談した。私は彼が、ジョージ・W・ブッシュ政権で役職に就いていた時代、そしてカーライル・グループとサイノシュア・グループでプライベート・エクイティ業務に従事していた時代から彼のことを知っていた。スチールウールのようなまだら模様の髪と目鼻立ちのはっきりした顔のクオールズは、典型的なウォール街の銀行家だ。真面目で思慮深くもある。私たちは、とりわけビットコイン先物について議論した。

「先日発表をみたよ」とクオールズは言った。「『おお、これは危険そうだ。ジャンカルロが自分のやっていることを理解していてよかった！』と思ったよ」

マイク・ギルと私がクオールズのオフィスを出ると、マイクは「あなたは多くの人から好意を得てきました。他の委員長だったら、この決定に対して後出しの批判が多発していたでしょう。あなたはそうならず、NECや財務省だけでなくクオールズからも、『疑わしきは被告人の利益に』の判決を得ています」と言った。

「そうだな、私たちが下手を打たない限り、疑わしくとも有利に判断してもらえる。下手を打ってしまったら、有利な判断はなくなって疑いだけが残るだろうよ！」

私たちは笑ったが、ポイントははっきりしていた。準備ができていようがいまいが、私たちはビットコイン先物に係る決定について責任があり、必然的に、暗号通貨についても責任を負うこととなったわけだ。引き返すことはできなかった。

他方で、批判も受けた。12月6日、FIAのトップ、ウォルト・ルッケンが私に電話をかけてきて、FIAがビットコイン先物のローンチに関するさまざまな苦情を概説した公開書簡を刊行すると警告してきた。この書簡は、CFTCが商品のローンチを遅らせ、一般からの意見を募るために、もっとやれることがあったはずだと示唆していた。言葉の上では、その議論にも幾分か理があった。しかし、実際問題としては現実的ではなかった。法律も規則も、公聴会が開催されるまでCMEやCBOEの商品ローンチを阻止する権限をCFTCに与えていない。また、CFTCが公聴会の開催を急ぎ、ほかの外部意見を求めることができたとしても、結果が変わることはなかっただろう。CFTC職員は、ビットコイン先物の申請が関連する法律・規則に準拠しているという決定をすでに下していた。より重要なことは、取引所が法律上、この問題について、強行する権限をもっていたということだ。

この書簡は、取引所の主要な清算参加者であったいくつかの大手銀行が促したものではないかと踏んでいる。彼らはビットコイン先物そのものにはそれほど反対していなかったが、CMEグループが新商品をローンチした方法に腹を立てていた。彼らは、十分な相談を受けていないと主張していた。CMEの自己認証プロセスが早く進みすぎたため、顧客にサービスを提供して収益をあげる準備ができなかったと感じていた。

この騒動は、大規模な公開企業である銀行と大規模な公開企業である先物取引所との間の商業上の問題であり、ＣＦＴＣ委員長の裁量で対処することができる類いのものではなかった。議会は自己認証プロセスについて、取引所会員ではなく取引所自身にとって迅速なものになるよう、意図的に設計した。取引所とその会員との間の協議は、商業上の論理によって十分に行われることが期待されるにすぎない。この個別事案では、協議が十分ではなかったのだろう。

それでも、私はＣＦＴＣの検査部隊に、両取引所が新商品を導入するプロセスに、清算参加者をいかに関与させていたかを調査するよう指示した。いずれにせよ、私が予想していたように、ＦＩＡの書簡は、ワシントンにおける一部の政治報道関係者の関心を引いた。

「前方異常なし」の声

数日後、12月の寒い朝、ニューヨークのペン・ステーション行きの特急アセラに乗った。

よく眠れなかった。ＣＢＯＥのビットコイン先物商品は数日後にローンチされる。ＣＭＥの商品はその1週間後にローンチされる。前日、ビットコインの価格が40%上昇して約1万６０００ドルになっていた。それは、新たな先物商品が参照する現物市場のボラティリティをはっきりと思い起こさせた。両取引所は準備しておいたほうがよい。

アセラが飛ばしていくなか、私はＣＦＴＣが両取引所から引き出した譲歩を思い返した。必要証拠金の水準引上げや、CFTCが市場をより効果的に監督できるようにするための新たなデータへのアクセスなどだ。それでも、私はCFTCの信頼性が危機に瀕していることを知っていた。

私はCBOEの真面目なCEO、エド・ティリーに電話した。そして、新たなビットコイン先物商品のローンチの準備ができているか尋ね、CFTC職員が同商品のスタートを注意深くモニタリングすると伝えた。私は彼に、市場の混乱その他の問題を重く受け止めるよう、また、取引所が取引データを通じてつかんだことをなるべく早く知らせるように頼んだ。早く知れば知るほど、CFTCとしてできることが増えるだろう。彼は、連絡を密にすることに同意してくれた。

しかし、私のビットコインをめぐるストレスは、その日、緩和されることはなかった。ニューヨークのペン・ステーションに着いた後、42丁目行きの2番列車に乗った。42丁目に着くと、プラットフォームを横切り、50丁目行きの各駅停車を待った。メールを確認したところ、ムニューシン財務長官から30分以内に電話で話したいという連絡があった。「うーん、彼の要件はわかるような気がするな」と思った。

50丁目と7丁目の交差点で降りて、法律事務所ウィルキー・ファー・アンド・ギャラガーのパートナーで友人のジェフ・ポスに電話した。近場にあるウィルキーのオフィスの会議室を借りて電話ができるか尋ねた。30分後、セントラルパークを見下ろすウィルキーの48階の会議室に一人でいたところ、携帯電話が鳴った。財務長官は「調子はどうだい？」と明るいノリで挨拶してきた。

私は「このようなビットコインの状況のなかでも、うまくやっています！」と軽口をたたいた。「それについて話したかったんだ」と彼は言った。

私の予想は正しかった。ムニューシンにはムニューシンなりのビットコインをめぐる予感があったのだ。

彼は前週の彼との会話に言及して言った。

「ビットコインの価値がわずか数日で2倍になるとは思ってもみなかったよ」

彼は聞かなかったが、二つのビットコイン先物のローンチに対する備えをしっかりしているという確証を求めているのではないかと推測した。市場監視部門とマーケット・インテリジェンス部が行うこととなっていたモニタリングを含め、準備状況について一通り説明した。また、CMEおよびCBOEの最高経営責任者との最近の会話についても説明した。

ムニューシンは、証拠金の水準について十分だと感じているかと聞いてきた。私は、CFTCが取引所に必要証拠金の水準を引き上げさせ、必要であればさらなる引上げを要求する用意があることを説明した。また、CFTCは自己認証プロセスを義務づけられているが、それを利用して、取引所からさまざまな譲歩を引き出してきたことを繰り返し述べた。

ムニューシンも、その点は認識していた。そして、予定されていた金融安定監督評議会（FSOC）会合の翌週に、銀行と市場規制当局で構成された暗号通貨ワーキング・グループを立ち上げることになっていると教えてくれた。私は、CFTCの暗号通貨チームが、ビットコイン先物取引の最初の数日間についてプレゼンテーションをすることを申し出た。彼は快く承諾した。

電話の最後に、私は意を決してムニューシンに「で、あなたとしては万事OKということでよいでしょうか？」と尋ねてみた。独立機関の長として、私は財務省からの承認を必要としなかった。しかし、良いチームプレーヤーとして、組織としての反対があるか否か知りたかった。

「ああ、何か困っていることはないか、前方異常なしか確認したかったんだ」とムニューシン。

「はい、困っていることはなく、前方異常なしです」

それからもう一度、「で、何も問題なし、ということでよいですよね？」と言ってみた。

彼は「ああ、問題ない」と半分笑いながら言った。

私は直ちに「ありがとうございます、財務長官殿」と返した。

その夜、ワシントンに戻った私は、週末のCBOEによるビットコイン先物取引のローンチへの備えはできていると確信していた。私たちは、トップギアに移行していた。議員や他の規制当局に説明しに行った。来る新商品に精通していた他の二人のCFTC委員、ベナムとクインテンズにも説明した。加えて、広報局ディレクターのエリカ・リチャードソンが、記者団に対するバックグラウンド情報の説明会を手配した。彼女は、CFTCが自己認証を阻止しなかったことは、米国政府がビットコインに太鼓判を押すのと同義ではないことをメディアに理解してもらおうとした。

また、消費者教育の取組みを強化した。ビットコイン投資とビットコイン先物に関するポッドキャスト、暗号通貨投資に関する消費者向けアドバイス、ビットコインの基礎に関するパンフレットをリリースした。ＣＦＴＣのビットコイン専用のウェブサイトまでつくった。また、アメリカ退職者協会や消費者金融保護局との共同の消費者教育活動にも積極的に取り組んだ。アメリカでも海外でも、ＣＦＴＣほどビットコインに関する消費者教育を行った規制機関はなかった。

ＣＢＯＥによる商品のローンチは滞りなく行われた。市場監視および規制執行の両部門の職員は、日曜日の夜には徹夜で、ＣＢＯＥの専門家チームと常に連絡を取り合っていた。すべて計画どおりに進んだ。

月曜日は丸一日かけて状況を把握し、取引データを検証した。翌火曜日の早朝、私は退任が予定されていたニューヨーク連邦準備銀行のビル・ダドリー総裁と面談するべく、オフィスにいた。

ダドリーと私は、良好な仕事上の関係をもっていた。私は、私の前任者のときは存在しなかったさまざまなスワップ取引に係るＣＦＴＣのデータセットをニューヨーク連邦準備銀行に提供するよう手配していた。こうした役所間の協力は、アメリカ国民が公務員に期待していることだと思う。ダドリーの非常に優れた後継者、ジョン・Ｃ・ウィリアムズとも、それを続けるつもりだった。

その朝、ダドリーはビットコイン先物を阻止しないという私たちの決定について話したがった。私はそれを予期して、暗号通貨チームの総員、ゴルフィーン、ザイディ、マクドナルド、バッシー、カルキンを呼んでいた。私たちは、取引の最初の数日に観察された事象について概説した。ダドリーは当初、懐疑的な見方をしていた。私たちは収集していたデータを注意深く検証した。当該商品の立上げは順調であり、担保証拠金も適切に積まれていることを説明した。彼は、私たちがこの問題について注意深く考え抜いたことをわかってくれた。面談を終えてお別れの挨拶をする段になって、ダドリーが「正しい決断だった」と言った。尊敬している規制関係者からこのような言葉をもらい、とてもうれしかった。

余談だが、非常に興味深い話がある。その数日前、財務省高官がマイク・ギルに自己認証について電話してきた。後にマイクが以下のように説明してくれた。

「彼は私に電話で、ビットコインの先物取引を許可することで、CFTCがスタンドプレーをしていると言ってきました。さらに、私たちが「ビットコインを主流に押し上げた」のではないかと心配していました」

「彼は明らかに私の反応をみるために、こんな変化球を投げてきたのです。どこかで使おうととっておいた、小ネタを使うときが来たと思いました。シルクロードの逮捕後、連邦捜査局（FBI）は5200万ドルのビットコインを含む関連資産を押収しました。その後、連邦政府はこのビットコインを、通常の「合法的資産」と同じように競売にかけました」

「そこで私は、その財務省高官に、米国政府はすでにビットコインを「主流に押し上げて」いると伝えました。つまり、オークションを開催し、一般の人々にビットコインを売却することで、そうしていると。連邦政府はヘロインを競売にかけたりはしないでしょう？ オークションは、この商品が合法的に所有されており、所有者が価格変動にさらされていることを認める公的な行動でした。先物取引所は、そういうエクスポージャーをヘッジする最も安全で透明性のある方法なんです」

「この小ネタで、彼を黙らせました」

その日の朝、ダドリーとの面談後、私はミシガン州選出の民主党上院議員、デビー・スタベナウに会うために連邦議会に出向いた。上院議員と私は、CFTCの予算、サイバー防衛、ビットコイン先物について話し合った。彼女は何の懸念も示さなかった。彼女は、私のCFTCの運営や、彼女の元シニア・スタッフのロスティン・ベナムとの仕事について褒めてくれた。私は、CFTCに対する彼女の一貫した支援と、私への継続的な厚意に感謝を述べた。とても心温まる対談だった。そう、共和党のCFTC委員長と民主党の上院議員が非常に仲良くやっていたわけだ。これは驚くべきことではない、ここはアメリカなのだから。人間関係を深め、約束を守り、戦うべきところを慎重に選び、そしておそらく最も重要なこととして、辞任するタイミングを厳守するべく計画を立てれば、それは実現可能となるのだ。

評議会の前に

12月中旬、私は幹部一同を半日仕事から外し、業務効率化に向けた組織再編について議論した。

ＣＦＴＣのすべての部局の責任者、企画チームのメンバーが出席した。各ディレクターが再編計画を提示した。私たちは素晴らしいやりとりを楽しんだ。全員、自分の分野の観点だけではなく、ＣＦＴＣ全体の戦略的観点から議論した。こうした協力の精神こそ、私が植えつけたかったものだった。

それから私は大型の黒いフォード・エクスペディションに乗り込み、マイク・ギル、ダン・ゴルフィーン、私のＦＳＯＣ関連の仕事を調整してくれた頭の切れる側近のリッチ・ダンカーとともに、財務省ビルに向かった。今日のＦＳＯＣの議題には、ＣＦＴＣのビットコイン先物の自己認証に関する議論が含まれていた。

財務省ビルのセキュリティを通過したところで、たまたまジェイ・クレイトンに会った。彼は私を脇に連れて行き、ビットコインを議論するために一緒にテレビ出演しないかと尋ねてきた。私は同意した。私たちは、ざわついている財務省の会議室に一緒に入った。私はリラックスして、ＦＲＢのジャネット・イエレン議長、ランディ・クオールズ副議長、連邦住宅金融庁のメル・ワット、連邦預金保険公社のマーティー・グルエンバーグ、財務省のメンバーなどに挨拶した。

私は指定された席に座り、書類を並べ、私のプレゼンテーションのスライドにざっと目を通した。いくつかメモをして、出番に備えた。

ムニューシン長官が到着し、私の向かいに座り、開会を宣言した。彼はまず、皆の念頭にあった重要な判決について話した。メットライフは、ＦＳＯＣがドッド・フランク法のもとで同社を「システム上重要な金融機関」に指定したことを否定する連邦地方裁判所の判決を勝ち取っていた。ムニューシンは、FSOCは同判決を不服として控訴するか否か検討すると述べた。

議題の二つ目は、そう、ビットコイン先物だ。ムニューシンは、いくつかの即興と思しき発言から入った。彼は、不正な金融取引や脱税におけるビットコインの利用について語った。彼は、多くの懸念があり、特に一般消費者によるビットコインの利用に懸念を抱いていると述べた(注8)。かなり否定的な口調だった。それから彼は、私にプレゼンテーションをするよう指示した。

私は、最近のCBOEおよびCMEの商品に係る自己認証プロセスについて説明した。私は用意した資料を深く掘り下げ、CFTCの裁量が法令上制限されていることを説明し、私たちが採用した「より厳格な審査」プロセスについて説明した。また、必要証拠金の水準引上げやスポット市場の取引をモニタリングするためのデータ提供など、取引所から引き出すことのできた譲歩について詳しく説明した。ムニューシンに急かされなくてよかった。

その後、特に消費者金融保護局のミック・マルバニー暫定局長から、ストレートな質問を受けた。有意義な対話で、私は喜んで受けて立った。最後のほうでは、ジェイ・クレイトンも、違法な支払を行う手段として、また、投機的な資産として、ビットコインの深刻な危険性に関する彼の見解を表明したが、CFTCの行動に対する異議は表明しなかった。最後にムニューシン長官は、財務省でビットコイン・タスクフォースを立ち上げ、CFTC、SEC、FRB、通貨監督庁にも参加を呼びかけると言って会議を締めくくった。

その後、散会となり、2階の歴史的なキャッシュ・ルームへと降りていった。19世紀には、財務省が一時期、この部屋で地域の商業銀行に銀行サービスを提供し、政府の金庫から硬貨や通貨の払出しなどを行っていた。大理石張りで2階分の高さのあるこの部屋では、数多くの記者会見やレセプション、法案署名式が行われてきた。1869年には、グラント大統領の就任レセプションまで催された。今日そこに集まったのは、私たちのほかに、何人かの報道関係者と一般市民だった。その場面は、政治専門のケーブルチャンネルであるCスパンで生放送されていた。FSOCの2017年年次報告書についてスタッフからのプレゼンテーションが行われた後、ムニューシンはプロジェクトKISSについて話すよう私に求めた。私はプログラムを要約し、その成果をいくつかあげた。とても快活なプレゼンテーションができたと思う。ミック・マルバニーとジャネット・イエレンは終始、うなずいて同意を示してくれた。

オフィスに戻る途中、同僚の一人が、ムニューシンが冒頭発言で、私のビットコイン先物に関するプレゼンテーションを微妙に「袋叩き」にしたとコメントした。私は、財務長官は最近の電話で広範な支持を請け合ってくれたので、あまり気にしていないと答えた。それでも、私のプレゼンテーションの前の、ムニューシンのやや後ろ向きな発言について、他の人たちがどのように解釈したのかが気になった。

一方、ビットコインの価格は急騰し続けた。12月初めの7500ドルから数日で1万ドルに上昇した。

12月10日のCBOEビットコイン先物のローンチは、この価格高騰に明確な影響を及ぼさなかった。

12月17日には、ビットコインの価格は過去最高の1万9783・21ドルに達した。その夜、CMEはビットコイン先物商品の取引を開始した。万事順調だった。CBOEのローンチと同様に、CFTC職員は取引活動をモニタリングし、取引所と密に連絡を取り合った。予期せざる急変は起こらず、取引は活発化した。しかし、数日のうちにビットコインの「スポット」価格が30％下落し、過去最大級のビットコイン市場における調整となった。価格は翌週、1万6000ドルに戻った。12月28日の取引開始時にはまだ1万5000ドルを超えていたが、同日の取引終了時には1万3000ドル台半ばまで下落した。

澄んだ山の空気

2017年も終わりに近づくと、私の3人の兄弟と家族、友人、いとこたちが、クリスマス後の楽しい1週間をコロラドで過ごした。私たちは、兄チャーリーの60歳の誕生日を祝うために集まったのだ。一緒にいたのは、私の子ども、姪、甥で、全員がミレニアル世代とZ世代だった。私たちがスキーを終えてディナーに集まった夜、彼らは何度も、CFTCがビットコインの世界へ参入したことについて尋ねてきた。

彼らの関心の深さと知識には驚かされた。姪の一人は数年前にビットコインを購入しており、特に知識が豊富だった。彼女と話し、いとこ同士の会話を聞いているうちに、暗号通貨を突き動かすエネルギーとモメンタムは、技術的な効率性や利益だけではないことに気づいた。何か別のことが起きていた。世代的で文化的なことだ。

私たちは、10代の頃、夏休みや放課後のアルバイトの最初の給料を預金することで銀行の支店サービスに慣れ親しんだ世代だ。今日、ほとんどの子どもたちは14歳までに、携帯電話会社、ビデオゲーム、ソーシャルメディア・プラットフォーム、オンライン小売業者と正式な関係を築いている。しかし、16歳になっても、今日の子どものほとんどは、銀行口座をまだもっていない。彼らの世代が、オンラインやモバイルのサービス・プロバイダーに対してもっているロイヤルティを伝統的な銀行業務に対してもつことはないだろう。ビットコインや暗号通貨は危険だが、伝統的な銀行との取引は楽しくて安全だと彼らを説得することは、マニュアル車の運転を習うことを命じるようなものだ。彼らがそもそも自動車運転に興味があればの話だが。

ビットコインへの関心が急激に高まった背景には、より根本的な何かがあったことは明らかだった。それは、テクノロジーを社会変化の仲介者と考えるコミュニティの存在だ。私の子どもや姪、甥など、そうしたコミュニティのメンバーの多くは、ビットコイン台頭の要因となった2008年の金融危機後に成年に達した(注9)。彼らは、弱体化した金融システムや、その混乱を収める立場にあった指導者や機関への信頼を失っていた。彼らは、指導者たちの見方を風刺するばかりで理解しようとしない従来の金融ニュース・メディアへの信頼を失っていた。50年前にベビーブーマー世代が公民権運動とベトナム戦争の時代に親の権威への信頼を失ったのと同じように、彼らは親の経済的な管理責任に対する信頼を失っていた。

新鮮な山の空気のなかで毎日スキーをしながら、私は数奇なビットコインの世界へ入っていった数カ月間を振り返った。ビットコイン先物の潜在的な影響と、参照する実物資産であるビットコイン自体について考えた。単なる新しいトレーディング対象のコモディティにすぎないのか。あるいはそれ以上のものなのか。ビットコインがお金の本質を根本的に変えたのではないかとも考えた。人類史上初めて、お金が時間、空間、社会階級を超越できるようになるのではないかと。技術的なブレークスルーによってお金が変わったのか、それとも新たな世代のお金に対する期待によってお金が変わったのか。あるいはその両方か。これらの疑問は、その後何年も私の心を占め続けた。私はやがて、ビットコインが実に素晴らしいものであり、価値という概念の根本的なブレークスルーであると考えるようになった。この点については、後に詳述する。

東部へ戻るフライトのなかで、私が尊敬する元CFTC委員長シーラ・ベアーが書いた記事を読んだ。

価値とは、美と同じように、みる人の目のなかにあるものです。政府が最初にすべきことは、ビットコインの価値判断をするのではなく、私たちの政策が熱狂をあおっていないことを確認することです……政府はまた、市場の評価がどのようなものであろうと、ビットコインの価格が、詐欺や価格操作のないなかで投資家が情報に基づいて行った意思決定を反映したものとなるよう、措置を講じるべきです（注10）。

私はあらゆる側面から、自己認証プロセスを頭のなかで振り返ってみた。私たちのアプローチは、バランスのとれたものだった。何もしないのは無責任だっただろう。暗号通貨取引を無視しても、それが消えてなくなったりはしなかっただろう。思慮深い規制上の戦略にもならなかっただろう。

自己認証を阻止することも、間違いだったはずだ。それは、ビットコイン市場の詐欺や価格操作に対する連邦政府の規制監督が事実上存在しないことを意味した。そのままでは、ビットコインのスポット市場が個人投資家による一方通行の博打の場として機能し続けることは間違いなかった。すなわち、モメンタムが途絶えるまで常に価格が上昇し続けるということだ。先物市場は、他の投資対象の商品と同じようにビットコインでも、それを中和し、成熟化させる原動力として機能すると予想された。先物市場は、個人投資家とプロ投資家が、透明性が高く、しっかりと規制された市場で、効果的にビットコインのロング・ポジションもしくはショート・ポジションをとること、すなわち価格の上昇もしくは下落に賭けるための手段を提供する。そうした上昇に対する賭けと下落に対する賭けとの間で、ビットコインの真の市場価値が発見されると見込まれた。

私は、本来合法なトレーディング対象商品の良しあしについて価値判断を下す権限を市場規制当局に与えるべきではないという、シーラ・ベアーの意見に同意する。私たちの任務は、こうしたトレーディング対象商品に市場が与えた価格が、詐欺や価格操作の影響を受けない、投資家のセンチメントを正確に反映したものであることを保証することだった。空売りの場がないなかで、2017年にみられたビットコインのとめどない価格上昇はバブルを示唆していた。それが本当にバブルだったとすれば、バブルの必然としてそれが崩壊するとき、たとえば2万ドルといった水準ではなく、20万ドルで崩壊するリスクがあったということになる。このような壊滅的な崩壊は、生涯の貯蓄や生活費の損失を引き起こすだろう。さらに、同じくらいの高い確率で議会の過剰反応を招き、暗号通貨全体が違法とされる可能性もあった。

格言にあるように、「時を得た一針は九針を省く」。この場合の「一針」に該当するのは、商業的な推進力とCFTCの規制プロセスを「道徳的」な干渉なしに、設計どおり、かつ意図したとおりに進めることだった。

総じて、私たちは正しいことをした。

しかし、「善行は罰せられる」というもう一つの古い格言が正しいということが、その後すぐに証明されることとなった。

第3部

スリップストリーム

第9章

抵抗を受ける

評論家とは、道を知っていても車を運転できない人のことである。

——ケネス・ティナン（演劇評論家）、「New York Times」1966年より

物語との戦い

多くの現代人は、メディアとは特定の政党が反対派を陥れるための付属品だととらえている。そして、この解釈は実際に一部の記者には当てはまると思う。しかし、多くの記者は良心をもったプロフェッショナルだ。彼らは常に私が書いてほしい話を書いてくれるわけではないだろうが、注意深く正確だ。ドナルド・トランプが論争を巻き起こすことを好んでいたことは間違いない。他方で、メディアがこうした論争を報道するのは、記事が売れるからだ。つまり、トランプ政権とメディアの間で巻き起こった炎と怒りには、両者が関与していたといえる。

公平な報道を促すため、私たちは市場参加者、政策担当者、報道機関および一般市民に対して情報を公開し、こうした人々が重要な情報を入手できるよう努めた。商品先物取引委員会（CFTC）と、CFTCの新たなテクノロジーを歓迎する姿勢に関する報道の大半は公正かつ公平だった。これは、私たち自身がマスコミを公平に扱ったことも一因だったと思う。私は、民主主義の価値観が、政府機関や指導者に対して、透明性があり、オープンで、有益な情報を提供することを求めていると信じている。一部の指導者は、ニュースを厳しく管理することでメディアをコントロールしようとしている。歴史上、企業や指導者たちは重要な出来事について嘘をつき、幾度となく国民を欺いてきた。たとえば、第二次イラク戦争開戦前にイラクが保持していたとされる大量破壊兵器がそれだ。また、オバマ政権における「あなたがかかりつけ医を気に入っているのなら、そのまま同じ医者に診てもらうことができる」という宣伝文句もそれだ。フォルクスワーゲンのクリーンディーゼル・スキャンダルのように、排ガス技術をめぐる企業の不祥事もそれに当てはまる。

連邦政府機関のトップともなれば、ニュースメーカーだ。特定の編集者や記者が、事実や国民の理解を代償にして、クリック数の確保や論争を生むことに躍起になっているとすぐに知ることになる。そして、そうした編集者や記者がだれであるのかは、すぐにわかる。

他の一部の記者は、ニュースや出来事から、おなじみの悪役やヒーローたちが登場する、定型化かつ単純化された道徳的物語をつくりあげる。左派の読者向けに記事を書く記者にとって、悪役はウォール街の銀行、石油会社、製薬会社、CEO、銃所有者である。右派の読者向けに書く場合は、大学教授、ハリウッドの活動家、反ファシズムの暴徒、民主党の市長などが悪役となる。言うまでもなく、一方の物語におけるヒーローは、他方の物語の悪役であることが多い。

2018年1月、コロラドへの家族旅行を終えてオフィスに戻った私は、ビットコイン先物について予定されていた電話取材に応じた。終わってみると、私はまるで道端で待ち伏せにあったような気分になった。実際、私は財布があるかどうかを確かめるためにズボンのポケットをたたいたのだった。

私の職員は当初、若手記者との取材予定を組んでいた。しかし驚くべきことに、この取材にもう一人のベテラン記者が同席したのだ。そのベテラン記者は、公職者をターゲットとして、あいまいな疑惑を含む長文記事を書くことを得意としていた。それらの記事には、学者や政策専門家による辛辣なコメントが添えられていることが多かった。私はCFTC在籍中、このベテラン記者によって引用された政策専門家に対して、記事が掲載される前にこの記者が伝えていなかった情報を二度も提示することができた。いずれの場合も、専門家たちは私が提供した補足情報に基づき、記事中で述べた見解を修正する声明を発表するまでに至った。

このベテラン記者は、私が社内会議で話したことや、内部の情報筋から得た情報などを基に攻撃的な質問をして、私の気持ちをかき乱そうとした。しばらくすると、彼の嫌味な口調と見下した態度に腹が立ってきて、私は彼に反論し始めた。

二人の記者は、ビットコイン先物のローンチは誤りであり、それを許可した私は無責任だという見解をもっているようだった。私が他の規制当局者の懸念を無視し、当局の限られた資源を無謀にも酷使し、さらに悪いことにはアメリカ経済を危険にさらしたというのだ。彼らは、私がCFTCにビットコイン先物を取り扱わせるための準備を怠っていたとほのめかした。また、私がビットコイン先物の自己認証にCFTCの注意を集中させすぎたことで、CFTCは他の業務に支障をきたすようになったと指摘した。私は、CFTCは2014年から暗号通貨分野で活動していることから十分な準備を整えており、幅広い分野の活動を計画どおりに進めていると答えた。

次に彼らは、CFTCがビットコインに関して他の連邦規制当局より先行しすぎており、政府からのサポートもほとんど得ていなかったと非難した。連邦準備制度理事会（FRB）と証券取引委員会（SEC）の匿名の人物が、私の行動を批判していると言った。私は、匿名の情報源には回答しないと答えた。彼らは、最近の金融安定監視委員会（FSOC）でのビットコインに関する私の発言について尋ねてきた。

彼らは、新たに自己認証された先物商品を監視するためのリソースはあるのかと問いかけてきた。私は、CFTCのトップとして予算確保を図らなければならないと回答した。商品取引所法は、CFTCがリソース不足を理由にコモディティの自己認証を止めることを認めるような内容をいっさい含んでいないのだ。いずれにせよ私たちは、ビットコインやブロックチェーンに限らず、テクノロジーの不断の進化を想定していたため、最近の予算では追加の財源を要求していたのだった。

私が守りに入らなくなると、ベテラン記者の口調が変わった。彼は、CFTCのテクノロジーへの対応力を向上させるための私の努力を引合いに出して、お世辞を言おうとし始めたのだ。彼は、これまでのCFTCは退屈な規制当局だったが、現在ビットコインによって突如スポットライトを浴びており、私も同様にスポットライトを浴びていると述べた。しかし私は、CFTCはあくまで必要な仕事をしているだけであり、栄光を勝ち取るために行動しているわけではないと主張した。私たちには、どんな技術革新であれ、それに備える責任がある。ビットコインへの備えは、サイバー攻撃への備えとなんら変わりはない。私たちは先見の明をもち、何が起ころうと困らないように準備していなければならないと。

取材はここで終わった、かのように思えた。

S.P.E.C.T.R.E.

1月9日火曜日、エリック・パンと私は、ワシントンから夜行便でチューリッヒへ向かった。そこで私たちはバーゼル行きの列車に乗った。その日の朝、ツェントラルバーンプラッツ、すなわち中央駅広場にある絵画のように美しいホテル、ホテル・シュヴァイツァーホフにチェックインした。休息と昼食をとった後、少し歩いたところにある、不調和なほどに未来的な円形の塔へ向かった。そこは、国際決済銀行（BIS）の本部であった。BISは、世界の中央銀行にとっての中央銀行として知られている。

私たちは武装した警備員に身分を告げ、パスポートを提示し、防弾ガラス張りになっている厳重警備の回転ドアを通り抜けた。なかに入って1階上へ昇ると、白い椅子と白いソファーが並ぶ白いロビーに出た。そこにはポッド式のエスプレッソ・メーカーが数台備わっていた。

私たちは、金融安定理事会（FSB）運営委員会の定例会議に出席するためにそこにいた。FSBは、2008年の金融危機を受けて主要20カ国（G20）によって設立された国際機関であり、経済的に重要な19カ国（注1）および欧州連合（EU）の政府と中央銀行が参加している。FSBはBIS、つまりは世界の中央銀行の出資を受けており、BIS本部内で運営されている。

金融安定理事会

ＦＳＢは、グローバルな金融システムにおけるリスクを監視し、それを軽減するための施策を勧告するという重要な役割を担っている。ＦＳＢは、グローバルな金融システムの脆弱性を評価し、その強じん性と耐久力を高めることを目的に、各国の銀行規制当局に代表される金融規制機関や、証券監督者国際機構に代表される国際標準設定機関との協調を図っている。また、ＦＳＢは各国政府に対してとるべき施策を提言し、これらの採択と実施を促している。２００８年の金融危機以降、ＦＳＢはグローバルな市場改革を推奨し、実施に向けた調整を行ううえで重要な役割を果たした。

ＦＳＢは、ＦＳＯＣがアメリカ経済に提供している監視・調整機能とほぼ同じ役割を国際レベルで果たしている。しかし、両機関には重要な違いがある。ＦＳＯＣが生命保険から住宅金融、証券発行に至るまで、アメリカの経済活動を幅広くカバーする規制当局で構成されているのに対し、ＦＳＢは各国の中央銀行と財務省（米国財務省の海外における交渉相手）が中心となっている。このようなメンバー構成は、証券市場やデリバティブ市場に基づく市場型の金融よりも、伝統的な銀行融資を主体とする経済システムを重視する組織的バイアスをもたらすことになる。このバイアスは、主に大手銀行による融資を中心に経済が動いているヨーロッパ大陸や日本には適している。しかし、銀行融資と市場型の金融の両者がよりダイナミックにバランスしているアメリカ、イギリス、一部のアジア先進国にとって、こうしたバイアスは問題含みだ。

さらに注目すべきことに、CFTCと連邦預金保険公社（FDIC）のいずれも、FSBの投票権をもつメンバーではない。これらの機関はそれぞれ、世界有数の金融取引市場とグローバルなデリバティブ取引の清算機関を擁する国の市場規制当局と破綻処理当局であるにもかかわらず、である。私の理解では、（G20ではなく）オバマ政権がFSBにおけるアメリカの機関の影響力を制限したのであり、これはFSBにおけるアメリカの市場規制当局の存在感を矮小化する奇妙な決定といわざるをえない。その結果、FSBは、グローバルなスワップ市場やデリバティブ取引の清算機関をめぐる政策について、リーダーシップと専門性を欠くことになった。また、アメリカの市場規制当局が除外されていることは、EUを通じて共通の規制上の観点を共有している多くのヨーロッパ諸国と比較して、アメリカのFSBにおける発言権が弱いことを意味する。

2016年、この不均衡の一部を是正するため、エリック・パンは当時のマサドCFTC委員長がFSBの会合にゲストとして参加するよう手配した。そして、私がCFTC委員長に就任した際、マーク・カーニーFSB議長は、私の要請に応じてこの慣習の継続を受け入れた。投票権こそ認められないものの、私がFSBの議論に参加することを認めてくれたのだ。

エリックと私が2階のロビーでネスプレッソのデミタスコーヒーを飲んでいると、大きな扉が開き、会議出席者は大きな白い会議室に案内された。部屋の中央には土星の輪のような大きな円形のテーブルがあり、その上にはビデオ・スクリーンやオーディオ機器が並んでいた。会議出席者たちはテーブルの周りを歩きながら、大きく印刷された席札が示す自分の席を探しつつ、互いに挨拶を交わした。私はカーニー議長のゲストとして、彼の隣に座った。

テーブルには、財務長官、財務大臣、会計基準設定主体のトップ、中央銀行総裁など約30人が座っていた。これらの人々は、有権者のみならず、多くの場合は各国の議会に対しても説明責任を負わない、グローバルなテクノクラート・エリート中の最高権力者たちだ。私は多くの場面で、すでに彼ら・彼女らに会ったことがあった。一人ひとりが素晴らしい資質をもち、非常に博識で、冷静沈着だった。

アメリカからは、デイビッド・マルパス財務次官（国際問題担当）、ラエル・ブレイナードFRB理事、クレイトンSEC委員長らが参加した。その後ろには、政府用語で「プラスワン」と呼ばれる、出席者の次席高官の人々が座るテーブルがあった。私は正式なメンバーではないため、プラスワンの同席は許可されなかった。つまり、エリックはロビーに残らなければならなかった。プラスワンの背後には黒く塗られたガラスの壁があり、その奥には赤や青の光を放つオーディオ機器や、翻訳・録音している幽霊のような人影がみえた。

カーニーは、会議の開会を宣言すると、手際よく議題をこなしていった。私が関心をもったのは、主に二つの項目だった。一つは、FSBの「デリバティブ評価チーム」によるグローバルなデリバティブ取引データの分析であり、その取引データの大部分はCFTCが集めたものであった。もう一つは、暗号通貨だ。カーニーからの紹介を受けて、私は先日ローンチされたビットコイン先物について丹念に説明した。CFTCの自己認証手続によって、世界で唯一、規制された透明性のあるビットコイン先物市場が立ち上がり、この新しいデジタル資産に穏健化と成熟化の力をもたらしたことについて説明したのだ。

その後の会話は予想どおりだった。主要大陸諸国の中央銀行関係者や財務相の反応は、不快感を示すものから敵対的なものまで、さまざまであった。一方、会場に数人しかいなかった金融市場の規制当局者は、より前向きだった。アシュリー・アルダーはグローバルなデリバティブ市場の規制当局を代表して、12月に彼が十分なブリーフィングを受けていたCFTCの措置について、肯定的に語った。

ここまでは、私の想定どおりの展開だった。ところが、ジェイ・クレイトンの口から、いささか切実な警告が飛び出したのには驚かされた。彼は、もしなんらかの危機が起こり、個人投資家や貯蓄者に被害が及んだ場合、有権者や政治家は規制当局の責任を追及するだろうと述べた。クレイトンの発言は、会場を沸かせた。複数の中央銀行関係者も、同様の警告を口にした。EUにおける大陸の二大加盟国の中央銀行総裁は、他の発言者を無視して、ビットコインをめぐる恐怖についての活発な内輪のやりとりにふけっていた。議論はやがて、FSBが暗号通貨のリスクを研究し、勧告を行うという提案に移った。マルパス財務次官は私に対して、また新たなFSBプロジェクトか、という顔をした。それは、彼が心から望まないものだった。

議論が終わりに近づくと、カーニー議長は、快く私に締めの発言を許してくれた。そこで私は、この場にいる出席者は物事を大局的にとらえる必要があるとまず主張した。世界中のビットコインの時価総額は、一つの民間銀行のそれに満たない。つまり、世界経済に対する脅威に発展する類いのものではないのだ。私はさらに続けた。

「考えてもみてください。暗号通貨は急に消えたりしません。無視することも、抑圧を図ることもできません。ならば、暗号通貨を効果的な規制の枠内に取り込み、透明性を高め、市場機能によってその真価を引き出すべきではないでしょうか。それこそが、CFTCが行ったことです。暗号通貨のようなテクノロジーは、荒れ狂う風のようなものです。避難することも、吹き飛ばされることも、帆を張って乗りこなすこともできます。アメリカでは、新たなテクノロジーから隠れるよりも、それを活用することが好まれます。ここにいる皆さんも、同様の選択をしなければならないのです」

私は見て取れるほどに興奮しており、リラックスするのに少し時間がかかった。議論は、デリバティブ市場の監督にはほとんど関係のない他の項目へと移っていた。私は、心ここにあらずといった状態だった。私の目は、この特別な部屋に釘付けになっていた。部屋は、全体が白色で統一されていた。その間取りは、対数螺旋形、あるいはオウムガイの貝殻のかたちというべきか。そして天井には、ジェームズ・ボンドの映画のオープニングシーンで、007が左から右に歩きながらピストルを撃つシーンに登場するライフル銃の銃身の型が、石膏により精密に再現されていた。黒いガラスの背後に点滅する光と人影がみえるこの部屋は、『007スペクター』に登場する犯罪組織の会合シーンの映画セットとして使えたかもしれない、と私は思った。

FSBの参加者の一人が淡々と専門的な話を続けるさまをみて、私は彼をエルンスト・ブロフェルドの手下に見立てた。私は傍らの白猫を撫でながら、椅子の横のレバーを引いてトラップを作動させ、飢えたサメが泳ぐプールに彼を飛び込ませることを想像した。

二人でお酒を

会議が終わると、私たちはBISタワーの最上階で夕食をとった。FSBからの参加者に加え、銀行の健全性規制の主要な国際基準設定主体であるバーゼル銀行監督委員会における、中央銀行総裁および銀行監督当局長官グループ（通称GHOS）の面々が含まれていた。主賓として、退任を控えたジャネット・イエレンFRB議長が招かれていた。当時のBIS議長だったドイツ連邦銀行総裁イェンス・ワイトマンは彼自身のスピーチにおいて、彼女を絶賛した。その間、欧州中央銀行の元総裁かつFSBの前議長だったマリオ・ドラギイタリア首相（訳者注：当時）は、携帯電話でひっきりなしにメッセージを送っていた。イエレンは、バーゼル委員会の優れた仕事とチームワークについて温和に語り、彼女が間もなく辞任すればそれらが恋しくなるだろうと述べた。私は、彼女の素朴な優しさに心打たれた。

その夜、私はクレイトンとホテルのバーで落ち合った。彼はビールを注文し、私はスコッチを頼んだ。クレイトンとは、この数カ月で真の同志になった。私たちはワシントンのアウトサイダーであり、ただ一つの仕事、つまりそれぞれの機関の運営にベストを尽くすためにここにいた。私たちはその仕事が終わったら、ワシントンで別の仕事を求めるのではなく、それぞれ元の仕事に戻るつもりだった。このために、私たちは自分たちが正しいと思ったことを自由に実行することができた。

私はクレイトンの政策目標を知っていたし、彼もまた私の政策目標を知っていた。私たちは、お互いをサポートするために、できる限りのことをするつもりだった。私たちは、お互いが所属する機関の間に、長らく有害な対立の歴史があったことを知っていた。そのうえで、私たち自身や私たちの所属する機関が、アメリカ内外の報道機関、政治家、その他規制当局によって互いにいがみ合っているとみなされないように努めることに合意していた。

飲み物が運ばれてきた。クレイトンは、私のビットコイン先物に関するFSBでのプレゼンテーションに乾杯した。クレイトンは、私が彼の会議での発言に腹を立てているのではないかと心配しているようだった。仮にそうだとしたら、それはおおむね時差ぼけのせいだった。

クレイトンは私に尋ねた。「明日の新聞一面に、ボコ・ハラムが子どもを撃つ武器を買うためにビットコインを使っている、と書かれたらどうする？」

「ジェイ、もしそれが心配なら、まずはドルを規制したほうがいい。違法ドラッグや武器は人抵、ブリーフケースに詰められた100ドル札で支払われるのだから。報酬がダイヤモンドであれ、ドルであれ、暗号通貨であれ、犯罪は犯罪だ。ボコ・ハラムが武器を購入するためにドルを使用したら、それはFRBの責任なのだろうか？　ダイヤモンドが使われたら、ティファニーが責められるべきなのだろうか？　同様に、ビットコインが使われたら、それはCFTCの責任なのだろうか？　暗号通貨のようなイノベーションが犯罪に利用されることをおそれるなら、すべての新たなテクノロジーを制限したほうがよいということになる。規制当局としての私たちの目標は、イノベーションを良い方向に導き、悪い方向に向かわないようにすることではないかな」

私がそう答えると、クレイトンは引き下がった。世間一般の認識についていえば、彼の指摘はそのとおりだと思った。シルクロード、サイバー犯罪、ビットコイン・ランサムウェアは、ビットコインのイメージやCFTCによるビットコイン先物の容認にとっては害でしかなかった。しかし、私はビットコイン先物の自己認証を認める決断について、気後れしている場合ではなかった。この件についてくどくどと考えるのはやめたのだ。それは正しい決断だったのだから。

クレイトンは、彼の見解が、非登録のイニシャル・コイン・オファリング（ICO）に対するSECの壮大な戦いによって形成されたことを認めた。前年の春にSEC委員長に就任したクレイトンは、私募の証券市場を開放し、個人投資家の参加を増やすという前向きな計画に着手していた。しかしその後、新規株式公開（IPO）の一種であるICOの爆発的な増加に悩まされることになった。多くの企業や個人が、新しい暗号通貨を紹介するホワイトペーパーを公開し、その仕組みを説明するウェブサイトやアプリを作成し、広告宣伝を通じて数百万ドルの資金を調達するさまを、彼は目の当たりにしてきた。問題は、ICOの多くが、本来ならば重要情報の十分な開示とSECへの登録を必要とする、有価証券の募集に相当するものであることだった。

有価証券の募集

アメリカの法律下において証券を発行する際には、SECへの登録に加えて証券法が求める開示、手続、投資家保護措置のすべてが必要となる。大恐慌後、フランクリン・D・ルーズベルト大統領および議会によって設立されたSECは、かなり基本的な二つの概念を基盤としている。第一に、株式や債券など事業に係る権利を売り出す際には、投資家の意思決定にとって重要な情報をすべて開示しなければならない。第二に、募集する有価証券をSECに登録し、SECが発行体の説明責任を追及できるようにしなければならない。設立から90年がたった現在においても、この二つの柱がSECの業務の中核を成している。

クレイトンの考えでは、企業が中央の台帳に記録された株券で持分を売り出すことと、分散台帳のブロックチェーンに記録された暗号通貨に関連した事業体の持分を売り出すことの間に、大きな違いはない。両者を区別しようとすれば、それは実態よりも形式を尊ぶ試みといわざるをえない。いずれの場合も証券が募集されているのだから、証券法に従う必要がある。

クレイトンは正しくも、SECの規制の枠組みを守る決意を固めていた。彼は非登録のICOを放置すれば、自らが守ると誓った制度が弱体化すると考えた。彼の目が届くところで、そんなことは起こさせないということだ。ICOという列車を証券法のレールに載せておくため、彼は公権力の行使を含むあらゆる手段を駆使していたのだった。

私は、友人として、また規制当局者の仲間として、彼に共感した。一見、クレイトンがビットコインを否定し、私がビットコインを奨励するという対照性があるようにみえるが、実際には、私たちは同じ衝動に駆られていたのだ。私は、ビットコイン先物の自己認証を阻止しないことによって、私が所属する機関における規制および手続上の一貫性を維持しようと努めてきた。仮に私がビットコイン先物の自己認証を阻止する方法を思いついたならば、これまで自己認証されてきた多くの新しいタイプの先物商品に対しても、同様の対応をしてしかるべきだろう。つまり、商品の背後にあるテクノロジーへの理解が不十分という理由だけで、取引所で取引される先物の自己認証が阻止されるという前例がつくられることになる。私の目が届くところで、そんなことは起こさせない。

私はクレイトンに対して、「素晴らしい。君は非登録の暗号通貨ICOの大群を撃墜して、SECの使命を守らなければならない。私は、ビットコイン先物の自己認証撤回を求める新聞の全面広告を無視して、ＣＦＴＣの使命を守らなければならない。君と私は暗号通貨に関して、それぞれの当局の法的枠組みを守るために戦っているのだ。君はそれを否定によって、私は肯定によって遂行するということだ。良いニュースとしては、私たちはみる人の視点によって、悪人にも間抜けにもなりうるということだろうか」と言った。

私たちは笑いあった。私はバーテンダーにスコッチと、ジェイのためのビールをもう1杯ずつ頼んだ。

「マスコミは私たちを対立させようとするだろう」と私は続けた。「一部の政治家やテクノクラートも同様だ。そんなことにはならないようにしよう」

「もちろん」とジェイは答えた。

そして、彼は関連した話題に移った。

「暗号通貨に関する共同論説の君の草稿だけど、もっと強く言ってよいと思う」と彼は言った。「書き直したいんだ。いいかい？」

私たちは、11月に行われたゲーリー・コーンとの夕食会で、この論説を発表することに合意していた。私たちの協働を示すことで、強力な印象を与えることができると考えたのだ。私の草稿は、技術革新にオープンであることを強調する一方で、暗号通貨による詐欺や不正操作に対する警戒感を示す内容だった。私はクレイトンが、投資家保護により重点を置いて、この草稿を修正するのではないかと予想した。私はジェイに、申出どおりに原稿を書き直してもよいと言った。

それから私は、私たちが2月初旬に証言することになっていた、上院銀行委員会の公聴会の話題を持ち出した。私は、彼がそこで何を達成したいのかを尋ねた。

「私たちが仕事に集中し、行動を起こしていることを確実に伝えよう」とジェイは答えた。まったく同感だ。

2週間後、ウォール・ストリート・ジャーナルは、私たちの共同論説を掲載した。

分散型台帳技術、あるいはDLTは、暗号通貨やデジタル決済サービスなど、さまざまな新しい金融商品の基盤となる技術だ。多くの人々が、DLTは経済効率を高める次の大きな原動力になると考えている。DLTを、蒸気機関やパソコンのような生産性向上をもたらすイノベーションと比較する人さえいる。

私たち市場規制当局の任務は、市場の健全性と信頼を促進しながらイノベーションをも促進するルールを設定し、それを執行することである。ここ数カ月間、個人投資家を含むさまざまな市場参加者が、暗号通貨やいわゆるICO、イニシャル・コイン・オファリングなどを通じて、DLT関連の取組みへの投資機会をうかがっている。過去の経験則に基づけば、一部の市場参加者が大儲けをする可能性がある一方で、すべての投資家にとってリスクは高い。注意が必要だ。

市場規制当局にとって重要な問題は、これまで私たちがとってきた通貨取引に対する規制のアプローチが、暗号通貨市場に対しても適しているか否かという点だ。アメリカで運営されている小切手の換金や送金のサービスは、主に州の規制に服している。他方で、インターネット上の暗号通貨取引プラットフォームの多くは決済サービス業者として登録されているものの、SECやCFTCによる直接的な監督対象にはなっていない。私たちは、こうした枠組みを再検討し、このデジタル時代において効果的かつ効率的なものであると保証できるようにするための政策的努力を支持する。

CFTCおよびSECは、他の連邦・州規制当局や刑事当局とともに、これらの市場に透明性と健全性をもたらし、また重要なこととして、不正行為や悪用を抑止し起訴するため、引き続き協力する所存である。これらの市場は新しく、進化しており、国際的なものだ。したがって、私たちは機敏で先見性をもち、州・連邦および海外の同胞と連携し、議会を含む重要なステークホルダーと積極的にかかわっていくことを求められる（注2）。

激怒する

翌日、エリック・パンと私は、ロンドン経由でワシントンに戻った。ダラス空港で荷物を待っている間、私はメールに返信し始めた。私はエリカ・リチャードソンに電話し、彼女が送ってきた公式声明に署名するよう指示した。

「いまのうちにお伝えしておきたいことが。先日、あなたに取材した二人の記者のうち一人が、SEC

と話をしたと言ってきました。」彼は、クレイトン委員長とムニューシン財務長官があなたにビットコイン先物の自己認証を思いとどまるように助言したものの、あなたはそれにかまわず自己認証に踏み切った、と報道するとのことです」とエリカは言った。

私は激怒して、「馬鹿げている！　私はムニューシンとコーンに会って、議論してから決めたのだ。二人とも反対はしなかった。ムニューシンも、このやり方でよいと言っていた。決定にクレイトンの承認は必要なかったが、私は他の多くの当局者と同様に、彼に対しても事前に自己認証について知らせていた。だれ一人、止めてくれとは言わなかった」と言った。

私はエリカに、11月のコーンとの夕食会、12月ニューヨーク連銀でのムニューシンとの会合およびその1週間後の彼からの電話、それらのすべてが自己認証についてポジティブな内容だったことを話した。そして彼女に、記者の情報が誤りであり、私たちは抗議する構えであることを記者に伝えるよう指示した。

タクシーがワシントンのロック・クリーク・パークウェイを進んでいる時、私はこのミスリーディングな話の出元について考えた。そして、前週の電話取材で、記者が12月のＦＳＯＣ会議に言及していたことに思い当たった。私は、その会議でムニューシンとクレイトンがビットコインに関して慎重な発言をしていたことを思い出した。

私はエリカに電話をかけ直した。「事の発端がわかった気がする。12月のＦＳＯＣ会合に同席していた「政府関係者」が、会議におけるムニューシンとクレイトンの発言は私の立場に対する非難だったと言っているに違いない。それはでたらめだ。ムニューシンとクレイトンは、ビットコインに対する一般的な懸念を表明しただけだ。彼らは、私にビットコイン先物の自己認証を止めるべきだとは言っていない。その場にいた他の全員も同じだ。関係者のだれかが、問題を起こそうと情報をリークしているのだと思う。財務省に電話して、彼らに状況を伝えてくれないか」

数時間後、エリカからメールが来た。「いま、SECおよび財務省とやりとりをしました。両機関は記者の主張を否定しています。これであの記者は不利な立場に追い込まれたでしょう。否定された話は、彼の記事の要だったように思われます」

翌朝、エリカとマイクは若手記者と電話で話をした。彼は、自分の情報の真偽を確認できなかったことを認めた。それにもかかわらず、彼はムニューシンとクレイトンの二人が、私の行動に不満があると周囲にもらしているとの報道内容は維持するという。マイクは、二人がだれに不満を打ち明けたのかを尋ねた。若手記者は、名前を明かさなかった。さらに彼によれば、私の行動が誤りであると公言した元規制当局者が一人いるという。

その後、若手記者は下院農業委員会の委員長に電話した。彼の首席補佐官は、委員長がCFTCの取組みに完全に満足しているという書面を記者に提供した。農業委員会は、CFTCを監督している、きわめて重要な委員会だ。しかしどういうわけか、CFTCの行動を支持するという重要な委員会の委員長による声明は、その記者の記事には掲載されなかった。

最終的に記事が掲載されたとき、内容を訂正するための私たちの努力は多少の影響を及ぼしたことがわかった。

スワップ仲介会社の元幹部で、2014年にCFTC委員に、昨年には同委員長に就任したジャンカルロは、CFTCを「21世紀の規制当局」と呼ぶことを好んでいる。12月には、二つの取引所におけるビットコインの先物契約を承認したことで、CFTCは暗号通貨をめぐる騒動に正面を切って乗り出した。投資家は暗号通貨そのものを購入することなく、価格の上昇や下落に賭けることができるようになる。これにより、新たな投資商品開発への道が開かれるとともに、大規模な機関投資家の参入が容易になる可能性がある。「ビットコインの取引を無視しても、ビットコインがどこかへ消えることはありません」と、ジャンカルロは語る。「テクノロジーは所与のものであり、規制当局は歩調を合わせる必要があるのです」

ビットコイン先物の迅速な承認は、取引の決済を担う大手銀行や、一部の民主党議員などによる批判の嵐を巻き起こした。関係筋によると、ムニューシンとSECのクレイトン委員長はともに、なぜ承認プロセスがこれほど迅速に進んでいるのかについて、非公式に疑問を呈したという（注3）。

そして、記事は次のように事実を認めた。

SECの広報担当者、ジョン・ネスターは「その描写は不正確」だと述べた。また、財務省の広報担当者は匿名を条件に、ムニューシンが先物自己認証のスピードに疑問を呈したとの見方を否定した（注4）。

批判的な発言を引用する一方で、この記事は次のようにも述べている。

一部の議員や元CFTC委員は、CFTC委員長が新たなテクノロジーを受け入れていることを、必要かつ先進的な動きだとして支持している。民主党の元委員で、自身、デジタル通貨に利害関係をもつバート・チルトンは「CFTCとして、この問題でこれだけ声高に主張するとは、かなり元気の良いことだ」と語った。チルトンは現在、石油備蓄の価値を裏付けとするデジタル通貨の立上げを支援している（注5）。

この記事は、ムニューシンによる過去の否定的なコメントを引用する一方で、彼が最近スタンスを軟化させたことを認めているのだ。記者たちは、ムニューシンとクレイトンの慎重論に関する彼らの報道が、公式な情報と食い違っていることに、さぞかしいら立ったことだろう。

インフルエンザにかかったような気分だったので、私は午後4時発のアムトラックの特急アセラでニューアークへ向かい、タクシーで帰宅した。その夜は心身ともに疲れ果て、私は早々に眠りについた。

鐘の音のようにはっきりと

1月16日火曜日の午後、私は財務省ビルに戻り、大統領金融市場ワーキンググループの金融・銀行情報インフラ委員会の会合に参加した。この委員会のメンバーは、連邦および州の規制当局である18団体で構成されている。委員長は、財務省の金融機関担当の次官補が務める。

今回、私はジャネット・イエレンの左隣に座った。ムニューシンの到着を待つ間、私は彼女と陽気に談笑した。私は、バーゼルで彼女が受けた手厚い歓迎ぶりを称賛した。彼女は、長年参加してきたBIS の会合がいかに楽しく、心地よいものであったのかについて話した。そして、彼女は2月初旬にFRB議長を辞任することを認め、CFTCでの私の仕事がうまくいくことを願ってくれた。私は彼女のこれまでの功績をたたえ、引退後の生活を楽しんでほしいと述べた。彼女は「どこへ行くわけでもありませんよ」(後に、そのとおりだということがわかることになる)と答えた。

ムニューシンの到着後、会議はアメリカの金融システムに対するサイバー攻撃の脅威をめぐる連邦捜査局(FBI)と財務省のプレゼンテーションで始まった。そして、ムニューシンは各機関のサイバー攻撃への準備状況に議論を転じた。彼はFRBを皮切りに、会場にいる参加者からのコメントを求めた。クオールズ副議長は、FRBのサイバー対策について簡潔に説明した。次に発言したのは私だった。

想定しておくべきことではあったが、ムニューシンは今回もアドリブで「コメントの前に、ビットコイン先物の現状について説明してください」と言った。

ムニューシンの顔には、読み取りにくい薄笑いが浮かんでいた。それが嘲笑だったのか、はたまた同情だったのか、私にはわからなかったが、私は堂々と話すことを決心していた。この場には会議内容をリークする参加者がいて、会議が終わったら報道関係者に電話をするかもしれないと思ったからだ。

私は、先物のローンチは想定どおり順調だったと発言した。私たちが主張した高水準の証拠金は、適切だったように見受けられた。ビットコインの価格は、活発な売り・買い双方向の動きによって元の水準に戻っていた。具体的には、12月時点に1万9000ドル近辺の価格であったものが、直近では1万2000ドル近辺のレンジで取引されていた。CFTC職員は限られた取引データを集め、その分析を始めていた。

続いては、サイバー対策についてだ。私は、CFTCの二つの焦点、すなわちCFTC内部と外部の対策について触れたうえで、私たちが両面において定期的に行っている災害復旧および事業継続のための演習・訓練などについて話した。

その後、会場の参加者によるコメントが続いた。クレイトンは彼のコメントにおいて、ICOに対する断固たる姿勢を表明せずにはいられないようだった。それでも彼は、私たちの機関の間の緊密な協力関係と、それぞれの法的枠組みに対する私たちのコミットメントをあらためて強調した。彼のメッセージは、それを聞くすべての人にはっきりと伝わった。

事態を収拾する

数日後、1月に開催されるアメリカ法曹協会（ABA）のデリバティブ分科会の年次総会に出席するため、私はフロリダ州ネイプルズへ飛んだ。私はこの会議を、デリバティブ専門の弁護士向けに開催されるFRBのジャクソンホール会議になぞらえていた。私の委員長講演は、最近のビットコイン先物自己認証についての包括的な説明だった。

この講演は、先日の先物自己認証をふまえて、ビットコインおよびブロックチェーンに対するCFTCの短期・中期・長期のアプローチについて、詳細なロードマップを提供するものだった（講演の全文は付録に所収）。私は、以下の見解をもって講演を締めくくった。

「歴史は私たちをいまこの瞬間に導いているのです。通信と商取引のデジタル化は、私たちの視野を広げ、新しい考え方、新しい誘惑、新しいリスク、そして新しい機会をもたらします」

「しかし、すべての新しいアイデアがそうであるように、行く手には驚きや挑戦が立ちはだかるかもしれません。いや、実際に立ちはだかるのでしょう」

「私たちは未知の未来へと突き進んでいるのです。その未来は、私たちがより専門的で、より思慮深く、より創造的で、より献身的であることを必要としています」（注6）

金曜日の夜、マイク・ギルと私は、クインテンズ委員と、彼の有能な首席補佐官であるケビン・ウェブとともにワシントンに戻った。私たちは、シャーロット空港での待ち時間の間に一緒に夕食をとった。ＡＢＡの講演はうまくいったのだが、講演前のドタバタとストレスで私は疲れ果ててしまっていた。

その夜、ケネディ・ウォーレンの自宅に戻り、レジーナと私はソファーに座り、彼女から家族や友人についての近況報告を聞いた。そして私は彼女に、今日の講演とその反応に加えて、ビットコイン先物の自己認証を阻止しなかった決断については、ふっきれたと伝えた。

私はさらに、一部のジャーナリストが、この複雑な自己認証をめぐる物語を、単純化した道徳的な物語に仕立て上げようとしていることも話した。もちろん彼らには、ＣＦＴＣがビットコイン先物を認めたのは無責任だと報道する権利があるのだが、それはニュース記事としてではなく、論説として掲載されるべきだった。

真実が白黒のはっきりした道徳物語であることはまれだ。リスクと安全性、真実と嘘、科学と無知、善人と悪人、あるいは私たちと彼らといった対比よりも、事実ははるかに複雑だ。道徳的な物語は、裏付けのために事実をスクリーニングした報道記事になっている場合があまりにも多い。

エッセイストであり哲学者のアラン・ド・ボトンは、正しくも次のように解説している。

「ニュースは、それ自身の仕組みをほとんどみえなくする方法を知っており、それゆえ疑義を呈することがむずかしい。ニュースは、思い込みに満ちた自らの視点に言及することなく、アクセントのない自然な声で私たちに語りかけてくる。それは、世界の出来事について報道しているだけではなく、しばしば非常に特異な優先順位に従って、私たちの心のなかに新たな惑星をつくりあげるために、たえず働いていることを明らかにしないのである」(注7)

しかし、公僕にとって、真実の複雑さは道徳的な物語にはそぐわない。ビットコイン先物の自己認証をめぐる「思い込みに満ちた視点」が喧伝されるなか、私は明日から、クレイトンとともに臨む、注目度の高い上院銀行委員会での公聴会の準備に取りかかることになっていた。この公聴会は、暗号通貨に対する両機関のアプローチを確認するためのものだった。その緊張感ある政治の舞台で、どのような単純化された物語が語られるのか、私は想像するしかなかった。

第10章

「クリプト父さん」

時として、最良の旅とは、私たちが計画していないときに始まり、私たちが予期していないかたちで続き、私たちが知らない場所に連れて行ってくれるものである。

——アイシャ・ミルザ（ライター、DJ、危機カウンセラー）、
チンガエメズ・モリソン著「More Wisdom in Failure」にて引用

コッパーケトル

2018年2月6日火曜日は、米国上院銀行住宅都市委員会の公聴会が予定されていた日だった。タイトルは「暗号通貨：証券取引委員会（SEC）および商品先物取引委員会（CFTC）の監督上の役割」とされた。SECのクレイトン委員長と私の2名のみが証人だった。

上院銀行と呼ばれていた同委員会は、銀行、物価統制、預金保険、輸出の促進・統制、金融政策、商工業への金融支援、通貨および硬貨の発行などを幅広く所管する。委員には、アラバマ州のリチャード・シェルビー、マサチューセッツ州のエリザベス・ウォーレンといった有名な上院議員が含まれていた。

同委員会の委員長は共和党・アイダホ州選出のマイク・クラポで、民主党側のトップはオハイオ州選出のシェロッド・ブラウンだった。ブラウンは、上院におけるCFTCの監督機関である農業委員会の委員も務めていた。上院農業委員会が、牧場主の家屋の台所にあるような、長い水平のテーブルを囲んで公聴会を開いたのとは違い、上院銀行委員会は、2階建ての高さがある木目調の部屋に高くそびえ立つ演壇で議事進行がとり行われる。その部屋は、権力者である上院議員たちが、自分たちを見上げる憐れな証人を見下ろすことができるように設計されていた。私は、農業委員会の会場のほうが好きだ。

1週間かけて原稿の内容を推敲した後、2月2日金曜日の夕方、私は委員会に正式な証言書を提出した。その夜、私はレジーナや友人たちと、私の自宅のあるケネディ・ウォーレンのカクテル・ラウンジで会った。金曜夜のレギュラーであるデレクがピアノのソフトジャズを奏でるなか、私は最近のお気に入りのコッパーケトル・ヴァージニア・ウイスキーを楽しんだ。私は、このウイスキーが私を安らかに眠りに誘ってくれることを願っていた。

しかし、それはかなわなかった。午前3時、レジーナが横で眠るなか、私は寝室の暗い天井を見つめながら、これから行われる上院銀行委員会の公聴会には危険しかないことを悟っていた。暗号通貨に対する考え方が一見異なるために、クレイトンと私を対立させようとする委員が出る可能性は十分にあった。しかし、私たち二人は、ともに所属する機関の中核となる規制の枠組みを守るために戦っていたのだ。クレイトンにとって、それは非登録のイニシャル・コイン・オファリング（ICO）を取り締まることを意味していた。私にとってそれは、ビットコイン先物の自己認証を阻止しないことを意味していた。私たちの目標は似ていたが、その結果はそれぞれSECによる不承認・CFTCによる承認（より技術的には、否認しなかったこと）であり、異なっていた。この状況は、私たちが無知で連携がとれていないように描かれるには理想的な構図だった。

私には、こんな声が聞こえるようだった。

「ジャンカルロさん、あなたはCFTC委員長として、なぜビットコイン先物を認めたのですか？無責任なウォール街の銀行が、このように怪しげな金融商品に401（k）の資金を投資することによって、罪のないアメリカ人の老後が台無しになることを心配しなくていいのですか？」

私は、銀行委員会のメンバーが自己認証プロセスに切り込んできて、自己認証を阻止しないという

ＣＦＴＣの決定に異議を唱えるのではないかと心配した。

私は、ビットコインに関する消費者教育への取組み、積極的な取締り、「より厳格な審査」により可能となったアクセスを通じた、先物の参照対象である現物の暗号通貨市場の監視強化など、事実と反論によって攻撃の矛先をそらすことを望んでいた。

私の不安は、前の週から大きくなっていた。クレイトンと私は、ＳＥＣのオフィスで職員と想定問答のセッションを行い、そこでシニア職員から公聴会の準備を目的とした厳しい質問を受けた。うまくいかなかった。私たちの回答のなかには、とんちんかんで矛盾しているものもあった。もっと努力しなければならなかった。

土曜日、私は早めに出勤して再び机に向かい、公聴会での口頭陳述の準備に取りかかっていた。私は、前夜提出した40ページに及ぶ証言書を取り出して、目を通した。正直言って、退屈なものだった。それは、いかにも規制当局者が語りそうな内容だったのだ。上院議員たちの関心を引き、この新しいイノベーションを理解してもらうための何かがほしかった。

私は、正月のスキー休暇中に、子どもたちや、姪・甥たち（皆がミレニアル世代、もしくはＺ世代だ）とビットコインについて話したことを思い出した。LabCFTCと面会した暗号通貨開発者たちの熱意、そして彼らがどれほど世間から真剣に受け止めてもらいたがっていたかを思い出した。暗号通貨に関する多くのブログや動画が、この新たなテクノロジーを一生懸命に解説していたことを思い出した。

そして、私はこのイノベーションの原動力となっているエネルギーとモメンタムに思いを馳せたのだった。単なるテクノロジーにとどまらない何かが起こっていた。それは社会的であり、文化的であり、人間らしいものだった。

たしかに、暗号通貨の世界には、一攫千金をねらう者や、いかがわしい起業家、さらには犯罪者までもが含まれていることは間違いなかった。しかし同時に、専門知識をもった組織のユーザーや、真の暗号通貨信奉者も増えていた。こうした人々には、貧困層や銀行口座をもたない人の支援者、自由主義者、平和主義者、「ウォール街を占拠せよ」(注1)の参加者、熱心なテクノロジーオタク、数学者、サウンドマネー(訳者注:特定の権力者の意思などにより、供給量が変更されることがない貨幣の総称)愛好家、長期投資家、多くの理想主義的な若者などが含まれる(注2)。彼らの関心が何であれ、彼らは真剣に受け止められるべきであり、馬鹿者や愚か者として退けられたり、けなされたりするべきではなかった。

暗号通貨に興味をもつ新たな世代について考えたとき、私は公聴会にどのように取り組めばよいのか、自分なりにわかったような気がした。私は紙を取り出し、まったく新しい口頭陳述の冒頭部分を書いた。

「この世代のために」

公聴会当日の朝、私は戦々恐々としながらダークセン上院議員会館の5階へ向かった。クレイトンと私は、小さな待合室で会って話をした。私たちは、自分たちの機関を対立させるようなことはしないと心に決めていた。

私は空き部屋を見つけ、そこで目を閉じて祈りを捧げ、リラックスした。午前10時前、クレイトンと私は、厳かな雰囲気の会場に入り、自分たちの席に着いた。会場は傍聴人、記者、政府関係者でごった返していた。座席はすべて埋まっており、会場の後部と側面の壁際には立ち見も出ていた。私は携帯電話をミュートにした。

クラポ上院議員が木槌を打ち、開会を宣言した。彼は冒頭の言葉を述べ、ブラウン上院議員がそれに続いた。彼らはそれぞれ、暗号通貨とドットコムバブルの類似性について懸念を表明した。また、違法行為への資金提供の可能性についても言及した。ブラウン議員は、ウォール街を非難した。

まずクレイトンが声明を発表した。彼は、ICOが証券法上の有価証券募集に該当するものであり、SECは引き続き司法省などとともに法執行を継続すると強調した。

そして出番が回ってきたとき、私は自分の証言書を脇に押しやるような仕草をして、集まった上院議員たちを直視した。

「少し変わった視点、父親としての視点から簡潔に始めさせていただくことをお許しください。私は、大学4年生、大学3年生、大学1年生の3人の子どもの父親です。子どもたちが高校生だったとき、子どもたちに金融市場に興味をもたせようとしました。妻と私は、数百ドルの少額証券口座を開設して、子どもたちが株式を買えるようにしたのです。しかし、末っ子がゲーム会社の株式をもっていることを除けば、子どもたちに株式市場への興味をもたせることはできませんでした。私は同じ年頃のほかの子どもたちも、大差はないのではと感じています」

「ところが、この1年で何かが変わりました。突然、子どもたちがビットコインについて話すようになったのです。私がどう思うか、それを買うべきなのかと聞いてくる。ビットコインを保有している年長のいとこがそのことについて話したとき、子どもたちは大盛り上がりでした。この委員会のメンバーの皆さまも、最近ご家庭で同じような会話をされたことがあるのではないでしょうか」（注3）

数名の議員がうなずき、私は彼らの注意を引いたと感じた。そこで、私は主旋律を奏でた。

「私たちはこの新しい世代のために、暗号通貨に対する彼らの熱意を尊重し、拒絶するのではなく、思慮深くバランスのとれたやり方で対応する義務があると考えます。そして私たちは、その熱意を悪用して詐欺や不正を働こうとする者たちを厳しく取り締まらなければなりません」（注4）

私は、そのためには暗号通貨についてできる限りのことを学ぶ必要があると説明を続けた。暗号通貨市場の規模が比較的小さいことを念頭に置き、筋道を立てて物事をみる必要がある。また、根拠のない恐怖や不安、疑念（Fear・Uncertainty・Doubtの頭文字から「FUD」として知られている）をあおる声にも注意が必要だ。消費者を教育し、規制上の対応を調整する必要もある。いずれの規制当局も独占的な権限をもっていないため、連携が求められる。CFTCは国内外に存在する多数の取引プラットフォームを規制する機関ではないが、SECの管轄外である暗号通貨のデリバティブ市場は完全に管轄の範囲内にある。また、CFTCは、暗号通貨のスポット市場についても、詐欺や不正防止のために取り締まる権限を限定的ながらもっている。私たちは、詐欺師や不正行為者を取り締まる最近の民事訴訟を含め、強力な法執行を継続する。同様の訴訟は、今後さらに増えるだろう。

最後に、ウォール・ストリート・ジャーナルに寄稿したクレイトンとの共同論説から「これらの市場は新しく、進化しており、国際的なものだ。したがって、私たちは機敏で先見性をもち、州・連邦および海外の同胞と連携し、議会を含む重要なステークホルダーと積極的にかかわっていくことを求められる」(注5)との部分を抜粋し、締めくくった。

そのときから、私はリラックスして、会話の流れに身を任せた。自制と自信を感じた。私は、この時間を使って、FUDを解消することを試みた。

何人もの議員から良い質問を受けた。クラポ委員長は、私たちに十分な権限があることを確認したいと述べた。これに対しクレイトンは、銀行規制当局、SEC、CFTC、連邦取引委員会（FTC）の各機関の間における規制上の調整を求めた。彼は、暗号通貨取引市場に対処するにあたって、協調して計画を立てることの重要性をあらためて訴えた。消費者は、暗号通貨の市場が証券取引所のように規制されていると思い込んでいたが、それは正しくない。私たちはこの混乱を解消する必要があり、そのためには追加の法律上の権限が必要かもしれない、と。

私は、いくつかの点を補足した。まずは、どのようなギャップが存在するのかを認識するところから始めるべきだ。暗号通貨のスポット市場は、規制されていない。そもそもCFTCはデリバティブ取引のあらゆる原資産のスポット市場に対して直接的な監督を行っていない、と私は説明した。たとえば、CFTCはガソリンスタンドや食料品店を規制しないが、石油、小麦、トウモロコシの先物は規制している。つまり、CFTCは原資産市場における不正行為に対して執行措置をとることはできても、それらの市場の運営方法について規則や規制を定めることはできないのだ。私は、他の機関が果たすべき役割もあるかもしれないと述べた。この分野で、州規制はツギハギだらけだ。ある州は規制に積極的であっても、他の州ではさほどでもないということが起こっている。私は委員会に、これは政策的な検討事項だと伝えた。

続いて、ジョージア州選出のデイビッド・パーデュー上院議員は、ビットコインその他の暗号通貨取引における風説の流布に対処するよう、私たちに求めた。風説の流布とは、事業主が株式（この場合は暗号通貨）について、人為的につり上げられた価格で自身の保有分を売却するために、虚偽の声明を出すことを指している。

私は、ＣＦＴＣが暗号通貨執行タスクフォースを立ち上げたこと、今後さらなる執行措置が準備されていることをあらためて説明した。私たちは懸命に取り組んでいたのだ。

その後、楽しいやりとりがいくつも続いた。サウスダコタ州選出のラウンズ上院議員は、ビットコインがＳＥＣ管轄の証券なのか、ＣＦＴＣ管轄のコモディティなのか、聞いてきた。私はこう答えた。

「ビットコインのむずかしいところは、複数の異なる特性をもっていることです。よく使われる表現の一つに、ビットコインは交換手段、価値貯蔵手段、あるいは価値尺度であるというものがあります。まぁ、この三つにはそれぞれ異なる含意があるわけです……ビットコインが交換手段であるならば……それは通貨のようなものといえるでしょう。しかし、これまでみてきたように……ビットコインは通貨のような有用な交換手段にはなっていません」

「私たちがよく耳にするのは、人々が買い持ちをしているということです。たとえばツイッターの世界に行くと、ＨＯＤＬというフレーズを目にします。後生大事に保有し続けろ（訳者注：Hold On for Dear Life の頭文字をとったもの）、の意です……実際、私は冒頭の発言で、30歳の姪が数年前にビットコインを購入したことについて触れましたが、彼女はＨＯＤＬです」

「彼女は、ビットコインに何が起こるかはわからないが、それを所有したい、買い持ちしたいと言ったのです。彼女は、詐欺師でも不正行為者でもありません……ただそれを信じているのです……そして私は彼女が、ビットコインには何かがある、だからこれを買い持ちしたい、と考える多

くの人々の一人だと考えています」（注6）

アーカンソー州選出のトム・コットン上院議員は、ビットコインの基盤となる分散型台帳技術（DLT）が企業、消費者、あるいは政府機関にもたらす可能性について質問した。

私は、ブロックチェーンがなければビットコインは存在しない、なぜならそれらは同じ技術的な取組みの一部だからである、と指摘した。そして、ブロックチェーンの応用は、金融サービスや銀行業界だけでなく、たとえば世界中の寄付金の使途や難民の人数を記録するなど、大きな可能性を秘めていることを説明した。ちょうどその日の朝、DLTを使って、銀行サービスにアクセスできない世界中の何十億人もの人々にサービスを提供するという内容の新聞記事があったことにも言及した。私はさらに、CFTCが所管する農業先物取引の分野において、最近6600万トンのアメリカ産大豆が、ブロックチェーン取引によって中国に販売された事例にも触れた。この取引では、船荷証券から荷物の受領に至る契約上のすべての事項が、だれにもアクセス可能な単一の台帳上で行われた（注7）。これは、分散型台帳とブロックチェーン技術の適用によって、グローバルな実務や資本に劇的な効率化がもたらされうることを示唆している。

DLTは、規制当局が非常に高度な市場監視を行うのに役立ちうるという点でも大きな可能性を秘めている、と私は続けた。もしこの技術が2008年当時に普及していれば、ウォール街の銀行が互いにどのような信用エクスポージャーを抱えているのかをリアルタイムで把握できたかもしれない、と私は述べた。そうであれば、金融危機に対する政策対応も、当時のそれよりもはるかに的確なものとなる余地があったのではないか。

公聴会は2時間続いた。終了した時には、くたくただった。クレイトンと私は、温かい握手を交わし、微笑んだ。公聴会の間中、私たちはお互いのリーダーシップと、私たちの機関の協調について言及し続けた。私たちの間には、何の隔たりもなかった。私たちがお互いに、相手とその機関の役割に対して敬意を払っていたことは明らかだった。

浮足立つような気分だった。私は手ごたえを確認するため、私のスタッフの表情をうかがった。私は彼らには、特にアドホックな暗号通貨ワーキンググループのメンバーには、感謝してもしきれなかった。私が公聴会で説明した内容は、彼らの仕事の成果だった。彼らの仕事は公聴会で検証され、満足できる内容であることが証明されたのだ。

エリカ・リチャードソンは、真っ先に私を祝福してくれた。「大成功でしたね」と彼女はささやいた。その後、彼女は私に次のようなメールを送ってきた。

素晴らしい、素晴らしい仕事でした。時間ができたら、ご自身に関するツイッターの反応をご覧になってください。あなたはヒーローです。あなたのＨＯＤＬに関するコメントは、インターネット上の暗号通貨コミュニティで大ブレークしており、みんなとても興奮していました。そこであなたは、「クリプト父さん」「バットマン」「クリプトＯＧ（筋金入りのギャングの意）」と呼ばれていますよ。

実際、私のツイッター・アカウントは文字どおり爆発しており、分刻みで何千人ものフォロワーを獲得していた。私の発言は、世界中の暗号通貨ファンたちに称賛され、私の写真は彼らによってフォトショップで加工され、多数の画像やビデオになっていた。

ビットコイン専門誌の「トラストノーズ・ドットコム」は、うれしいサプライズを以下のように報じた。

この記事をみている多くの人にとって、上院の公聴会を完全に聴いたのは今回が初めてだろう。その重々しい雰囲気のなか、ジャンカルロは何か勇敢なことをしようとしているかのように、緊張しながら話しているようにみえた。

ある意味、そうだった。政治家や規制当局が物事のマイナス面ばかりに目を向けるという、ある種の定石に逆らう彼のリーダーシップには、勇気が必要だったのだ。彼はその定石のかわりに、合理的なバランスをとった。犯罪者には立ち向かうが、普通で、勤勉で、正直な人々、そしてそうした人々の熱意には、敬意を表したのだ(注8)。

ジューン・イアン・ウォンは、「クォーツ・ドットコム」でとんでもなくおもしろい記事を書いた。

「暗号通貨ツイッター」にゴシップ、ミーム、金融投機を無尽蔵に流す熱狂的ファンにとって、新たなヒーローが現れた。アメリカのコモディティ規制当局のトップ、J．クリストファー・ジャンカルロだ。

CFTC委員長であるジャンカルロは2月6日、上院銀行委員会で証言し、スター街道をひた走ることになった。彼は上院議員に暗号通貨のスラングを伝授し、暗号通貨の将来性についておおむね肯定的な見解を示した。彼のツイッター・アカウントのフォロワーは公聴会前にわずか1500人だったが、翌日には3万人近く、現在では約5万人にまで急増した。

ジャンカルロは「キャプテン・クリプト」「FUDの殺し屋」「#クリプト父さん」などと呼ばれている。公聴会での彼の姿は、ミームと化している(注9)。

私の新しいツイッターのファン層は、独創的なミームや絵文字で楽しんでいた。

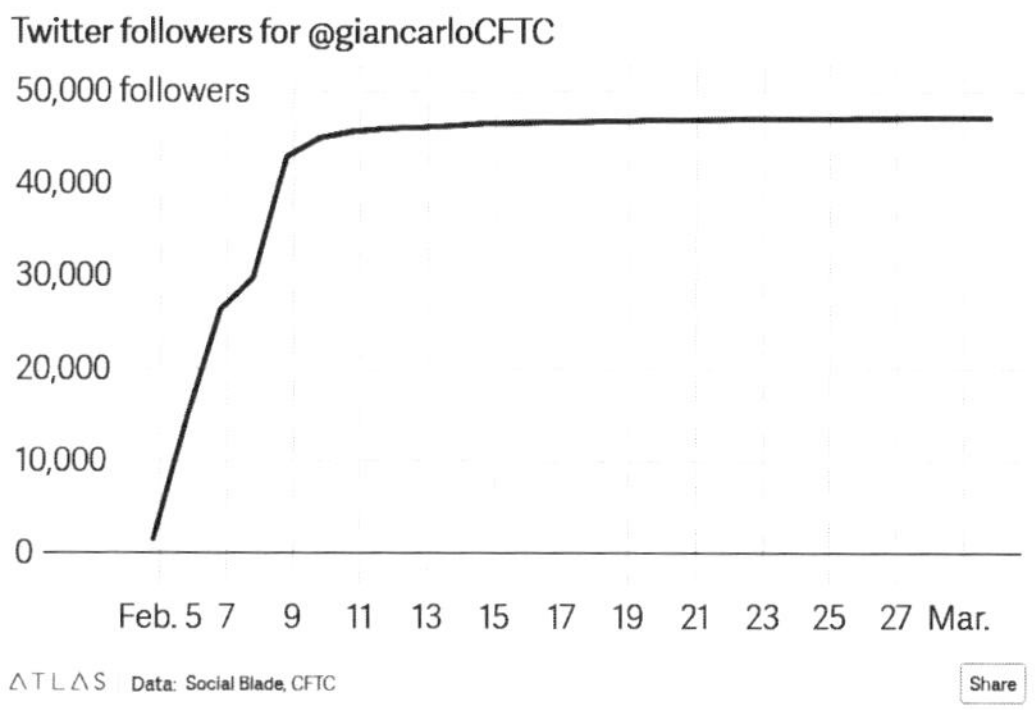

Twitter followers for @giancarloCFTC
50,000 followers
40,000
30,000
20,000
10,000
0
Feb. 5 7 9 11 13 15 17 19 21 23 25 27 Mar.
ATLAS Data: Social Blade, CFTC
Share

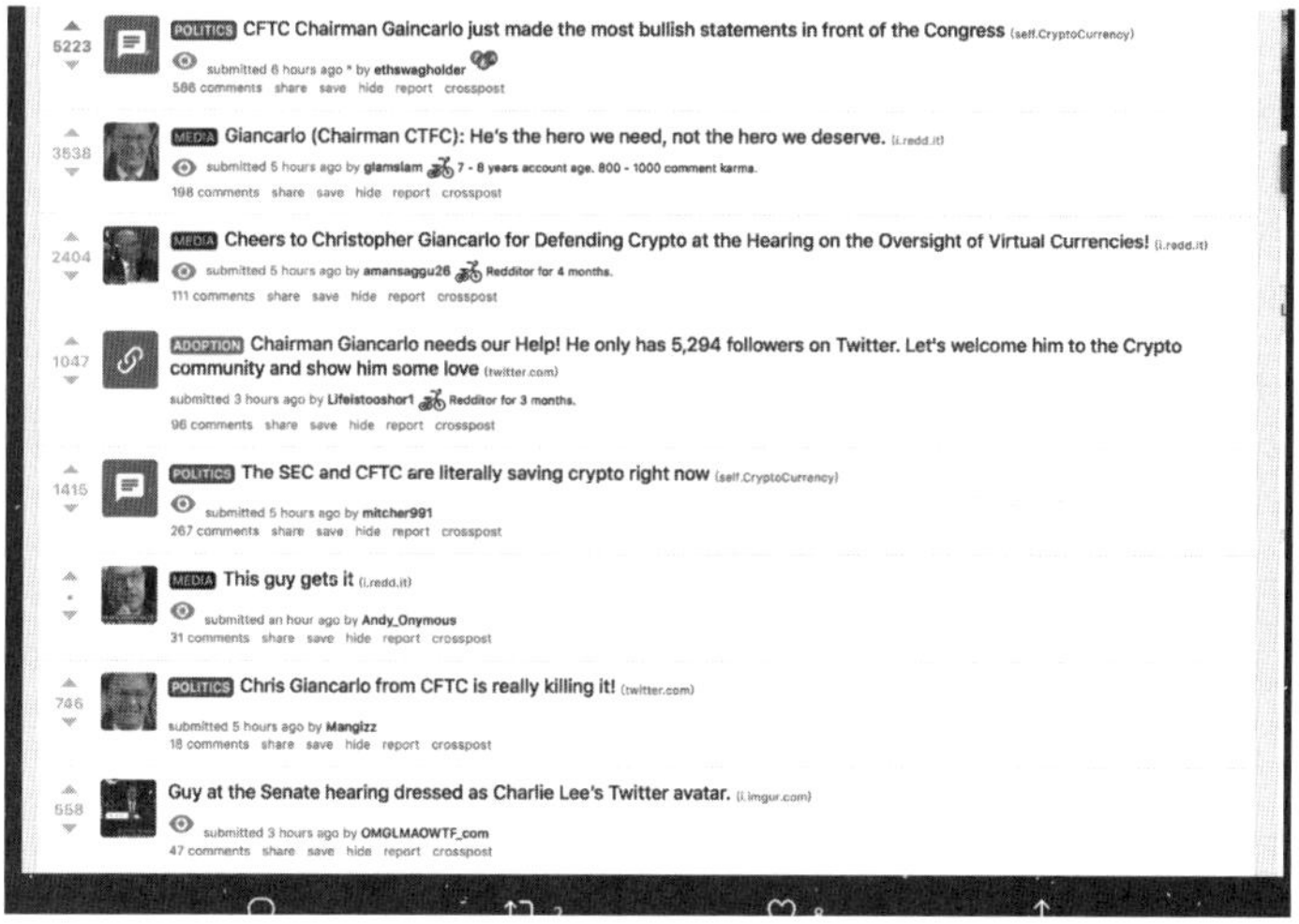

5223
POLITICS CFTC Chairman Gaincarlo just made the most bullish statements in front of the Congress (self.CryptoCurrency)
3538
MEDIA Giancarlo (Chairman CTFC): He's the hero we need, not the hero we deserve. (i.redd.it)
2404
MEDIA Cheers to Christopher Giancarlo for Defending Crypto at the Hearing on the Oversight of Virtual Currencies! (i.redd.it)
1047
ADOPTION Chairman Giancarlo needs our Help! He only has 5,294 followers on Twitter. Let's welcome him to the Crypto community and show him some love (twitter.com)
1415
POLITICS The SEC and CFTC are literally saving crypto right now (self.CryptoCurrency)
MEDIA This guy gets it (i.redd.it)
746
POLITICS Chris Giancarlo from CFTC is really killing it! (twitter.com)
558
Guy at the Senate hearing dressed as Charlie Lee's Twitter avatar. (i.imgur.com)

Arianna Simpson
@AriannaSimpson

I present to you the Chairman of the CFTC. This is really happening, people.

> **Chris Giancarlo** @giancarloMKTS · Mar 2, 2018
> Is #crypto #FOMO your #FridayFeeling? #DYOR at cftc.gov/Bitcoin/index....
> #CryptoDad

2:26 PM · Mar 2, 2018 · Twitter for iPhone

48 Retweets **239** Likes

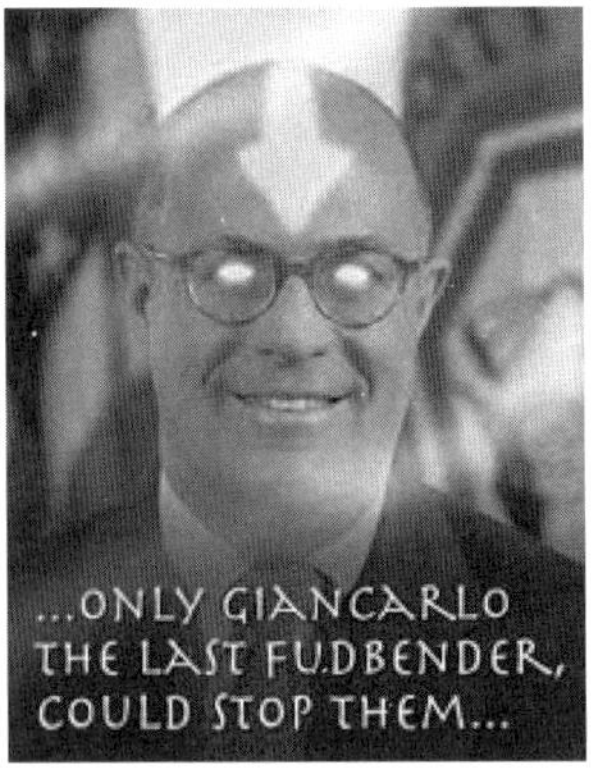
...ONLY GIANCARLO
THE LAST FUDBENDER,
COULD STOP THEM...

Pomp 🏆 ✔ @APompliano · Mar 2, 2018
You worried the regulators are going to stop crypto in its tracks?

The Chairman of the CFTC (@giancarloCFTC) has "**#cryptodad**" in his Twitter bio.

The regulators are onboard.

Current status: 🚀

28 159 523

Sergio Rodriguera Jr @SergioRJr · Feb 12, 2018
CFTC Chairman **Giancarlo** becoming a rock star in **crypto** community bloomberg.com/news/articles/... **@business** #cryptodad #cryptocurrency #cftc

CryptoBit @bitcoin_whales · Feb 6, 2018
SEC Chairman used #HODL in his explanation to Senate. He's onboard! J. Christopher **Giancarlo** describes #HODL in the U.S. Senate Committee on

youtu.be/HSPywOS9DWU - Watch video

#Bitcoin #cryptonews #Retweet #followME #Cryptocurrency #news #media #CNN **#Bloomberg #Crypto**

1 3

Bloomberg @business · Feb 9, 2018
Crypto fanboys celebrate a surprising new hero: a D.C. regulator
bloom.bg/2EuKqsr

6 16 21

Giuseppe Stuto
@gstuto

Ok, that's it, the Chairman of the US Commodity Futures Trading Commission just described "HODL" and how it fascinates him. If that isn't an indicator that crypto is here to stay, then I don't know what is. youtube.com/watch?v=HSPywO...

2:17 PM - Feb 6, 2018

♡ 35 ◯ 24 people are talking about this

Tommaso pellizzari
@Tommypellizzari

Quote my words: this will be remembered as an historical speech. Mr. Giancarlo touched the real point of #cryptocurrencies i.e. economy, technology and self sovereignty that so much are catching our imagination youtu.be/aD8YJ7Nm3Cc via @YouTube

3:49 PM - Feb 6, 2018

♡ 5 See Tommaso pellizzari's other Tweets

48時間後、私は次のようにツイートした。

コインファンへ：私の上院での発言に対する多大なるレスポンスをありがとう（笑）。投資を行うにあたっては、注意、バランス、そしてDYORを忘れないでください。

ツイッターにおいてDYORとは「自分自身で調べる（Do Your Own Research）」という意味だった。このツイートは、2万1000回以上「いいね」された。

上院公聴会への反応で最も驚いたのは、いかに私がこの結果を予想していなかったかということだ。私は、完全に守りの姿勢で公聴会に臨んでいた。想定される結果は、生き延びるか、評判が地に落ちるかの二者択一だと思っていた。まさか、暗号通貨のヒーローになるとは思ってもみなかった。

あるコラムニストは、私が委員会での発言を再構成するきっかけとなったポイント、つまり暗号通貨に対する熱狂を後押しする文化的・世代的要因について取り上げている。

暗号通貨の世代間ファクターへの気づき：CFTC委員長が本日、ビットコインについて意外なほど思慮深いコメントをした。

私が米国政府の規制当局について肯定的なことを言うのはめったにないことだが、今日の公聴会でCFTC委員長のジャンカルロの発言を聞いて、私は椅子から転げ落ちそうになった……

私たちが規制当局から得られるものとして、それ以上は望みようがないものだ。彼が完全に合理的なアプローチを提唱するだけでなく、ビットコインと暗号資産全体を支えている、最も重要かつ見過ごされがちな側面の一つである世代間ファクターをつかんでいることを知り、私は衝撃を受けた。

私はアメリカの規制当局が世代間ファクターを理解しているとは思っていなかった。それに対して謝意を表したいと思う。

ジャンカルロさん、心を開いて子どもたちの声に耳を傾けてくれてありがとう。結局のところ、彼らは私たちよりもずっと長くこの地球で生きなければならない人たちなのだから(注10)。

世界中のガレージや地下室にいる若い暗号通貨イノベーターの関心と努力を理解し、その尊厳を認めることで、私のメイン・メッセージは彼らの琴線に触れたのだ。ポップ・アーティストのデッサが「Who's Yellen Now?」をリリースしたときにイエレン財務長官が気づいたように、認知されることはツイッター上のミームとしてのステータスに直結する(注11)。私はいまや「クリプト父さん」になったのだ。

さて、次の問題は、それを何かしら良いことをするために、どう活用するのかということだった。すぐにでも試してみたいアイデアがいくつかあった。

第11章

大統領執務室

「運転しているときは、気を散らすものが少ないほど、手にしている仕事に集中できる」

——ルイス・ハミルトン（グランプリ・レーサー）、

BBCのインタビューより

こちらへどうぞ

２０１８年１月、私はホワイトハウスのゲーリー・コーンに電話をかけていた。私は、欧州委員会が、商品先物取引委員会（ＣＦＴＣ）の監督下にあるアメリカの大手デリバティブ清算機関に対して、規制監督権を主張する法案を提出していることを伝えた。私は、この動きがブレグジットに対する欧州連合（ＥＵ）の戦略的対応であると同時に、５年前のＣＦＴＣによる域外適用に対する報復でもあると説明した（注１）。もしＥＵの法案が採択されれば、アメリカの事業者は二つのまったく異なる規制の枠組みに従わなければならなくなる。重複し、協調がとれていない規制監督は、破壊的で、費用がかかり、アメリカ経済に悪影響を及ぼす。当然のことながら、このＥＵの試みに対しては、ＣＦＴＣの全委員に加え、議会でも共和・民主党のいずれもが反発した。

私は、このＥＵの法案について、欧州議会で証言するよう招待されたことを説明した。私は、アメリカのデリバティブ清算機関に対する規制監督権を主張することは、ＣＦＴＣとして容認できないと言うつもりだった。

コーンは協力的で、どうすればいいかと聞いてきた。私は、私が権限をもっていたＣＦＴＣだけでなく、アメリカ合衆国の代表として発言することができれば、私の主張はかなり強化されるだろうと述べた。コーンは、また連絡すると言った。彼は数日後に電話をかけてきて、ホワイトハウスに来てアメリ力合衆国大統領（POTUS）と話をしてもらえないかと言った。

上院銀行委員会の「暗号通貨公聴会」で私が証言した翌日の2018年2月7日水曜日、マイク・ギルと私はアメリカ合衆国大統領に会うために、ホワイトハウスへ向かった。

海兵隊の警備員がドアを開けてくれた。ウエストウイングの応接室は、いつになく静かで、だれもいないようにみえた。ゲーリー・コーンが降りてきて私たちを温かく迎え、彼のオフィスに通してくれた。若いアシスタントが数名座っていた。コーンは会議用テーブルに腰を落ち着けると、大統領に何を伝えたいのかと私に尋ねた。

「アメリカの金融先物取引所と清算機関が、なぜ重要な国益なのかを説明したい」と私は答えた。

コーンは私に、強いドルの重要性を強調するよう求めた。また、ひとたび中国の話をすれば、トランプ大統領は10分間、暴言を吐き続けるだろうと警告した。了解だ。

私は、その日の予算案件だった税制法案をうまく目立たないようにしたことについて、コーンを称賛した。

「ツイートをはじめとする狂気を抜きにすれば、非常に強力な政権だ」と彼は答えた。そして、彼はこの仕事を楽しんでおり、「仕事を片付ける」ためにできるだけ長くとどまるつもりだ、と付け加えた。

コーンはまた、つい先日の大統領との昼食の席で、金融危機が起こったらどうするのかと尋ねられたと話した。「君とクレイトンとランディ（クオールズ）を部屋に集め、このメンバーでどうするか考えて、問題に対処すると言ったよ」

ゲーリーに、ワシントンの社交界を楽しんでいるかと聞くと、妻はワシントンが好きだが、彼女の家がニューヨークとワシントンD.C.のどちらにあるかわからなくなるという不満については別問題なようだ、と言った。

身につまされる話だった。

それから、私たちは直近48時間の荒れ模様の市場について話した。私は、CFTCのマーケット・インテリジェンスによれば、急速に変化する市場の状況を受けて、一部の市場参加者が、将来の市場のボラティリティに対する一般的な予想を表すVIXと呼ばれる指数に基づき、ポジションを迅速に解消せざるをえなかったようだと述べた。コーンも同意した。

私は「クレイトンや連邦準備制度理事会(FRB)と慎重に連携し、市場の動向を注視している」と続け、彼を安心させた。

「それをPOTUSにも伝えてくれ」と彼は答えた。

その後、私たちは大統領執務室に入るよう指示された。途中、ジム・マティス国防長官に会い、少し話をした。彼は国防予算の必要性を議論するために、記者会見場へ向かうところだった。コーンと私が大統領執務室の入口まで来ると、二人の男性が話している場面に出くわした。コーンはそのうちの一人を、アメリカ通商代表のライトハイザーだと紹介した。もう一人は、ホワイトハウスのドン・マクガーン法律顧問で、私の知り合いだった。私たちは、少し話をした。イヴァンカ・トランプが通り過ぎ、何も言わずに秘書室に入っていった。テレビでしかみたことがない彼女は、思っていたよりも背が高かった。

私たちは大統領執務室に呼ばれた。コーンの指示どおり、私が先に入って、堂々と歩いた。大統領はデスクの前に座っていた。その横には大統領首席補佐官のジョン・ケリー将軍がおり、彼は数歩下がった後、退室した。大統領は立ち上がり、私を温かく迎え入れてくれた。

「お目にかかれて大変光栄です、大統領!」私はそう言って、固い握手をした。

「やっと会えてうれしいよ」と彼は答えた。「写真を撮ろう! カメラマンはどこだ」

大統領がそう言った瞬間にカメラマンが現れ、大統領と私が笑顔で並んでいるようすを撮影してくれた。大統領は私を真正面の椅子に座らせ、私の左隣にコーン、右隣にマクガーンが座った。大統領と私の間には、19世紀に7人の大統領が使用したことで有名な、大きなレゾリュート・デスクがあった。それは、思っていたよりも小さかった。

トランプ大統領は、穏やかな声で話し始めた。彼は、私が会いに来てくれたことに感謝し、私が良い仕事をしていると聞いている、と言った。

私はお褒めの言葉に感謝して、この訪問は私にとって名誉であると伝えた。

彼は「悪くないだろう?」と言いながら、私たちを取り囲む部屋の壮麗さを、そしておそらく、ここまでたどり着いたという彼の成果を、軽快な身振りで示した。

「信じられません」と私は答えた。「そして、私がここにいることも信じられません。ありがとうございます、大統領。この政権は素晴らしい仕事をしています。市場は活況を呈しており、雇用は回復しています。私は、経済を成長させていることについてあなたを支持します」

彼はにっこり笑って、私の出身地を尋ねた。

「ニュージャージーです」私はマクガーンに向かってうなずいた。「ドンと私は、同じ州の出身です」

「私は選挙期間中に、クリスに出会いました」とマクガーンは言った。「彼はすでにCFTCにいたので、選挙の支援をすることはできなかったのですが、彼は最初から大統領を支持していましたよ」

トランプ氏は、「私は、私を最初から支持してくれたやつらが大好きだ」と言って笑った。それからいわくありげに身を乗り出し、小さなささやき声で続けた。「スティーブ・ウィンを知っているか？彼は私を支持したと言っているが、選挙前夜、テレビで「トランプは好きだが、ヒラリーを否定しない」と言っていたよ。だれが勝つかと聞かれて、「うーん、ヒラリー」と答えたのさ。スティーブは、最初から私の味方だったと言うが、本当は違ったんだ」

それから、大統領は話題を変えた。「ニュージャージーのどこだ？」

「バーゲン郡ですが、私がキャリアを積んだのはニューヨークでした。ウォール街で、スワップとデリバティブの最初の電子取引プラットフォームを立ち上げた会社の創業に参画しました」

コーンが言葉を添えた。「ジャンカルロ委員長は、市場を知っています。彼とは昔からの友人で、一緒に仕事をした仲です。彼は素晴らしい会社をつくりあげ、いまも素晴らしい仕事をしています」

マクガーンとコーンによって私の信頼性が補強されたところで、私は本題に入った。

「大統領、私はアメリカの利益を第一に考えるというあなたの方針を支持します。そして、あなたの優先事項が経済成長と雇用創出であることを理解しています。だからこそ私は、アメリカの先物取引所と清算機関についてお話ししたいのです」

私は、ＥＵがアメリカのデリバティブ清算機関に対する規制監督権を主張しようとする動きについて説明した。私が、これはアメリカの主権の根本に挑戦するものだと主張したとき、ＰＯＴＵＳは力強くうなずいた。そして私は、アメリカの主要な金融機関が国内の顧客にサービスを提供する際にも、ヨーロッパの法律や規制の特異性の影響を受けることになると説明した。危機が起きれば、これは大きな混乱や障害を招きかねない。それが特に顕著なのは、清算機関が取引に対して求める担保をどう評価するのかという点である。ＥＵ規制当局は、ヨーロッパ国債の割引（いわゆる「ヘアカット」）を防ぐことによってユーロを下支えする必要があると判断した場合、清算機関による担保管理をめぐる決定に介入しようとしていた。そうなれば大混乱だ。

私は、ＰＯＴＵＳが関心を失うことをおそれて、最後にこう締めくくった。「二人のドライバーがハンドルを握ることはできません。ＥＵは自分たちの車を運転して彼らの清算機関を規制すべきであり、私たちも自分たちの車を運転し、私たちの清算機関を規制すべきということです。この問題はシンプルです」

大統領は椅子にもたれて、「まったくそのとおりだ」と言った。

そして、彼は尋ねてきたのだった。「中国はどうだ？」

私は、一般論でこの質問をかわそうとして、次のように答えた。「そうですね、ドルの強みの一つは、小麦、トウモロコシ、大豆、綿花などの世界の農産物、金や鉄のような主要な貴金属や工業用金属、石油や天然ガスといったエネルギー商品、そして外国為替などの主な契約が、ドルによって値付けされていることです。他の国々は、重要な食料、エネルギー、工業製品の価格が自国通貨建てであれば、どれだけいいだろうと思っていることでしょう。これは、私たちがアメリカの取引所を自国の規制下で維持し、政治的なマイクロマネジメントを避けなければならない理由の一つです。きわめて重要な国益の問題なのです」

「しかし、中国はどうなんだ?」と大統領は粘った。彼は、その難題を俎上に載せることを決意していた。「中国の鉄鋼に関税をかけるべきだと思うか?」

私は、冷蔵庫に関税をかけることで、すでに中国にはメッセージを送っているのだから、その反応を待つべきだと答えた。そして私は、「あなたは、強さを示しました。今度は、彼らがどう反応するかをみてみましょう」と言った。

POTUSは、「ゲーリーは鉄鋼関税について、私に同意しないのだ」と言った。

ゲーリーは座ったまま、「はい、同意しません」と答えた。

そして、POTUSは私に北米自由貿易協定(NAFTA)について質問した。

「彼らに18カ月の猶予を与えましょう」と私は答えた。「そして、その時までに解決策が出なければ、NAFTAを離脱すると言うのです」

「いい考えだ」と彼は満足げに言った。「私たちの意見は一致しているようだ」

次のクイズは、ヨーロッパだった。「彼らは小ずるいと思うが、どうだ」と彼は尋ねた。

「中国は自国市場をもってアメリカの市場に取って代わろうとしています。それに対して、ヨーロッパはアメリカの市場を間接的に規制しようとしています。EUの仕組みを研究しているニューヨークのある教授は、「ブリュッセル効果」と呼んでいますが(注2)、それはカリフォルニア州がやっていることに似ています。EUは、域内の人々を顧客とする多国籍企業に対して、非常に厳格でコストの高い規制を課す法案を可決しています。これらの規制は非常に広範囲に及ぶため、大企業としてはヨーロッパだけでなく、世界の事業全体にこうした規制を適応させるほうが簡単だと考えます。このようにして、EUは世界中に規制を輸出することになります。しかし、ここがミソです。EUはしばしば、EUの中小企業に対しては規制を適用しなかったり、規制を免脱しても追及しなかったりしています。つまり簡単に言えば、これはヨーロッパの小規模な国内産業を保護しつつ、より成功しているグローバルな競合他社、多くの場合はアメリカ企業にコストや出費を強いる方法なのです」

「君ならどうする?」とPOTUSが尋ねた。

「そうですね、もしあなたの支持があることがわかれば、アメリカの清算機関に対する監督権をEUから守るための私の力は、強化されることと思います」と私は答えた。

「君には私の支持がある」と彼は言った。

「欧州議会に対して、私がアメリカを代表して発言していると言うほうが、CFTCを代表して発言していると言うよりもずっと強力です」

「そのように言えばいい」

「大統領、ありがとうございます」

私は続けた。「より大局的に申し上げれば、国際的な基準設定の機構から脱退することがアメリカにとって正しい道だとは思いません。国際的な委員会にしっかりと身を置き、他の経済大国と同様にリーダーシップを発揮していく必要があります」

ここで私は、G20金融安定理事会の話題を取り上げた。金融安定理事会の運営委員会にいる40人ほどのメンバーのうち、アメリカのメンバーはわずか4人だけだと説明した。そのため、アメリカと比べると小規模で、世界的にみれば重要度の低い金融市場をもつヨーロッパ諸国、ならびにEUや欧州中央銀行（ECB）のメンバーが多くなっていたのだった。

「君はその委員会に入るべきだ」とPOTUSは言い放った。そしてコーンのほうに向き直り「ゲーリー、彼をその委員会に入れてくれ」と言った。

「マーク・カーニーのことはよく知っている」と、POTUSは続けた。「クリスをその委員会のメンバーにするよう、マークに伝えてくれ」

次の質問は、私が「ランダル」と「スティーブン」についてどう思うかというものだった。私は二人を称賛し、政権は素晴らしい金融サービス・チームを編成したと伝えた。

「クレイトンはどうだ?」と彼は尋ねた。「もし彼が政権にいなければ、今頃サリヴァン&クロムウェルのマネージング・パートナーだったのだろうがね」

私は、クレイトンと私はとてもよく協力して仕事をすることができていると言った。私たちは、両機関の規制をより調和させるために力を尽くしていた。これにより、滞留していた資本が解放され、より経済成長に資するよう投資されるだろうと。

ＰＯＴＵＳはこう述べた。「３％以上の経済成長、それが目標だ！　実現できないと言う人もいる。いや、できるんだ！　それに集中して、やり遂げよう。３％を上回る経済成長と、大規模な雇用創出。それが君の仕事であり、私たちがやろうとしていることだ。これは、アメリカにとって素晴らしいことだ」

「承知致しました」と私は言った。

私たちは市場の状況について、また最近の資産価格の高騰が前回のような危機をもたらす危険性があるかどうかについて話し合った。私は、ＣＦＴＣが市場の構造、ダイナミクス、取引状況をよりよく理解するために、マーケット・インテリジェンスを新たに重視していることを伝えた。これこそが、ＣＦＴＣが進むべき方向性なのだ。私は最近のＣＦＴＣの予算要求を念頭に置きながら、ＣＦＴＣとしては市場アナリスト、エコノミスト、人工知能に投資を行うことで、問題が起こる前に市場の動向をより的確に捕捉していくつもりだと述べた。

ＰＯＴＵＳの質問に対して、私は「現在の私の見立てでは、アメリカの金融市場はあるべき姿で機能しています」と答えた。

そしてＰＯＴＵＳは、彼のお気に入りの話題の一つである中国の鉄鋼に対する関税に話を戻した。私は、数カ月前にノースダコタ州のウィリストン盆地を訪れたときのことを話した。民主党のハイディ・ハイトカンプ上院議員と私は、バッケンの石油掘削施設で中国製のドリルシャフトを使っている掘削作業員と話をした。彼によると、中国製のドリルシャフトはアメリカ製の3倍の頻度で壊れるが、それらを地中から引き抜いて交換する時間と労力を勘案しても、より安価だった。

「そのほうがビジネスとしては理にかなっているのだろう」とPOTUSは述べた。

「彼らが不当な労働慣行を通じて、私たちの労働者に害をなしているのなら話は別です」と私は答えた。

「そのとおりだ。私たちの意見は一致しているようだ」とPOTUSは再び言った。

ケリー将軍がドアから入ってきた。「大統領、終了2分前です」。彼は、上院財政委員会のメンバー数名が外で待機していることをPOTUSに知らせた。

「わかった」とPOTUSが言った。「だが、まだ数分必要だ」。ケリーは退室した。

「貿易相手国から搾取されないようにするには、どうしたらいい？」と彼は尋ねた。「私は、対米貿易黒字をもつ国への訪問をやめたんだ」

再び、私は率直な意見を述べた。「私たちは強くあり続ける必要があります」と言った。「政府機関や各部門の責任者も、あなたに倣ってタフになるべきです。彼らが状況の変化を理解するには少し時間がかかるでしょうが、彼らは理解するでしょう。私たちは、ためらわずにノーという決意を変わらず持ち続けるのです。それこそが、来週ブリュッセルで私がしようとしていることです」と、私は付け加えた。

「君の考え方、気に入ったよ」というのがPOTUSの返答だった。「君と私は、毎月会う必要があるな」そして、コーンに向き直り、「私はこの男と月に一度、会いたい」と言った。

再び、ケリーの姿が部屋の入口に現れた。時間切れだとわかっていたので、私は椅子を後ろに引き、POTUSに感謝の言葉を述べた。コーンとマクガーンは立ち上がって、退室した。

「素晴らしいお部屋ですね」。私は立ち上がりながら、そう付け加え、この部屋を一度も訪れたことがないことを明かした。

「では、案内しよう」と大統領は言った。

「あれはトーマス・ジェファーソンだ」。彼はアメリカの画家ギルバート・スチュワートによる油絵の肖像画を指して言った。

「あれがエイブラハム・リンカーンだ」と彼はジェファーソンの肖像画の下にあるテーブルに置かれたブロンズの胸像を指して言った。「ニューヨークの男が彫ったんだ。ダブルイーグルの金貨をデザインしたのと同じ男が」

ケリーは、再び切迫したようすで割って入った。「大統領、上院議員が待っています」

大統領は「わかった、行くよ」と言って私のほうを向き、「もう1枚写真を撮ろう」と言った。面談の冒頭で撮った写真はどうなったのだろうと思っていると、彼はカメラマンを呼んだ。今度はPOTUSがレゾリュート・デスクに着席し、「ブルドッグ」の顔をして、私をそばに立たせた。パチリ、パチ

リ、パチリ。

握手をして別れるとき、大統領が私の肩をつかみ、温かくこう付け加えた。「君に会えてよかった。この調子でがんばってくれ」

ケリー将軍は、私を大統領執務室から連れ出した。

部屋の外のドアの前で手を私のほうに差し伸べて立っていたのは、見覚えのある人物だった。

「こんにちは、委員長」と彼は言った。「ジャレッド・クシュナーです」。温かい笑顔で握手をしてきた。そのすぐ後ろには、彼の妻のイヴァンカが立っていた。

「初めまして」と私は答えた。

「『クリプト父さん』だと伺いましたが」

「まぁ、それが何を意味するのかよくわかりませんが、いままで呼ばれてきた他の肩書よりは気に入っています」。彼とイヴァンカは微笑んだ。

「またお会いしましょう」とクシュナーは言った。「ビットコインを理解したいのです」

私は「喜んで」と言った。

マクガーンは私をウエストウイングの応接室まで案内してくれた。彼は「面談はとてもうまくいった。大統領は君を気に入ったようだ」とコメントした。

「大統領は、本当に毎月面談をしたがっていると思うかい?」と私は尋ねた。

彼は確信をもてないようすで、「そのうちわかるだろう」と言った。

任務完了

振り返ると、これ以上ないほど有意義な面談であったと思う。私が大統領執務室に赴いた目的はただ一つ。EUがCFTCの監督権を侵害しようとしていることに対して、米国政府を代表して反論する許可を得ることだった。そして、私はそれを勝ち取った。CFTC委員長としての残りの任期中、私はこの問題をめぐってEUと戦い続けることになった。アメリカ大統領の明確な支持を得たことで、私とCFTCはこの問題について毅然とした態度をとることができた。私たちの超党派の決意（私の後任のもとでも続いた）、規制の尊重を求める声を頻繁にあげたこと（注3）、そしておそらく最も重要なこととして、CFTCが2013年に主張した域外適用を後に撤回したことにより（注4）、私の離職後間もなく、EUはこの問題の大部分について不本意ながら譲歩することになった。

トランプ大統領は、私が相談しに来た論点について、丁寧に対応してくれた。また、これ以上ないほど気さくに、時間を惜しまずに対応をしてくれた。私は、学生インターンとしてマーガレット・サッチャーに会ったときのように、「スターに衝撃」を受けたような状態にはならなかった。トランプ大統領は、10年前に会ったバラク・オバマのようなクールな落ち着きを持ち合わせていなかった。しかし、トランプはその1回の面談において、非常にユニークな彼独自の大統領像を示した。

その1カ月後、コーンが政権を辞職した。どうやら、トランプ大統領が鉄鋼関税の賦課についてコーンの忠誠を求め、彼がそれを拒否したようだった。私は、トランプ大統領が「ゲーリーは鉄鋼関税について私に同意しない」と言ったときの会話を思い出した。ゲーリーは「はい、同意しません」と言うことを躊躇しなかった。

コーンの辞任後にトランプが発した、コーンの後任などいくらでもいる、という趣旨の軽率なツイートは、見苦しいものだった。たしかに、政府高官の職は簡単に埋まるかもしれない。しかし、経済界や金融界に、コーンのように信頼できる候補者は多くない。むしろ、トランプ政権は連邦政府機関に優秀な人材を引き付け、候補者に過酷な承認プロセスを乗り越えさせることに苦労している、というほうが真相に近かった。勤勉で優秀なプロフェッショナルが、大統領との主義主張の相違や、より些末な理由であっけなく辞職に追い込まれるとすれば、人材確保はことさらに容易ではなかった。

私は決心した。翌年の任期が終わったらワシントンを去るという当初の計画を、維持することにしたのだ。たとえ、次のオファーがあったとしても、それを受けるつもりはなかった。

私が大統領執務室に再び呼ばれることはなかった。トランプ大統領と再び会うことも、話すこともなかった。CFTCがG20金融安定理事会の議決権をもつメンバーになることもなかった。しかし、そのいずれも今回の面談の目的ではなかった。

私は目的としていたもの、私が守ることを誓ったCFTCの使命と権限を支えるために助けになるものを手に入れたのだ。

そして、大統領執務室で撮影した写真も、同時に手に入れた。

第12章

道は続く

スピードが人を殺したことはなかった。
突然停止してしまうからこそ、殺されるのだ。

——ジェレミー・クラークソン（自動車ライター、放送作家)、
「Top Gear」より

次は何？

2018年2月に行われた上院銀行委員会の公聴会の数日後、私は暗号通貨タスクフォースの会議を招集した。私は上院の公聴会で提起された問題をおさらいし、彼らの仕事ぶりを称賛した。ビットコイン先物のローンチを受けて、私は三つの進行中の作業、すなわち、暗号通貨に関する私たち自身の知識向上、消費者教育、法執行の強化について、進捗状況を知っておきたかった。

これら三つのいずれも、順調に進んでいた。LabCFTCは外部との接触を続けており、シリコンバレーへの訪問や、暗号通貨取引プラットフォームとの数多くの会合を予定していた。商品先物取引委員会（CFTC）の消費者教育広報局は、勧告やパンフレットを作成し、消費者金融保護局や全米退職者協会と協力して、さまざまな教育的取組みを進めていた。最後に、規制執行部門の市場監視部は、新たなビットコイン取引データの分析を行っていた。1月だけで、暗号通貨詐欺師を相手取って3件もの訴追を行った。

その晩、私はオフィスを抜け出し、路地裏を抜け、二十番街を南下してアイ・ストリートの角まで行った。そこで私はアペルトというレストランに入り、奥のテーブル席に座った。数分後、クレイトンが入ってきた。私たちは温かな挨拶を交わした。彼は、公聴会における私のパフォーマンスを称賛してくれた。それは、最近の上院での出来事のうち、最も注目されるものとなっていた。私も彼に同様の賛

辞を送った。私が彼を「バットマン」と呼んだとき、クレイトンは「いや、君がバットマンだろう。私はロビンだ」と言った。私たちは笑った。彼は、最近のツイッター上のミームに気づいていたのだ。

私たちは、クレイトンの提案で始めた週次のマーケット・インテリジェンスに関する電話会議の動向など、多くの話題について話した。クレイトンは、トランプ指名の証券取引委員会（SEC）委員となったヘスター・ピアースと、CFTC委員のクインテンズを引き合わせ、両機関の規則を調和させるためのいくつかの取組みの再開を提案した。彼ら二人が18カ月前に私のワシントンのアパートで顔を合わせていたことを知っていた私は、これは素晴らしいアイデアだと思った。私たちはそれを実現することに合意した。私たちの夕食会は、いつもながら充実した楽しい時間だった。

イーサのなかで

その後の数カ月間で、私はCFTCの暗号通貨チームに、SECの同胞とともにデジタル資産の問題に集中的に取り組むよう指示した。CFTCのマイク・ギル、ダニエル・ゴルフィーン、アミール・ザイディ、ジェイミー・マクドナルドの4人は、SEC企業金融部門ディレクターのビル・ヒンマンや、同デジタル資産担当の敏腕シニア・アドバイザー、バレリー・シェパニクらと隔月の非公式ミーティングを始めた。

現在、文字どおり何千もの暗号通貨が流通しているが、そのなかでも二つの重要な暗号通貨がコモディティである公算が大きいことが明らかになりつつあった。ビットコインとイーサだ。ビットコインは2015年にはすでにCFTCによりコモディティとして公式に認められていたが、イーサはまだだった。

イーサは、「イーサリアム」と呼ばれる、いわゆるスマートコントラクトのプラットフォーム上に構築されたデジタル通貨だ（注1）。イーサリアムは、暗号通貨のためのコンピュータ・オペレーティング・システムのようなものであり、第15章で論じる「DeFi」として知られる金融サービスのための分散型コンピュータ・システムである。イーサリアムは、デベロッパーが分散型アプリケーションやスマートコントラクトをブロックチェーン上で構築することを可能としている。スマートコントラクトは、特定の条件が満たされたときに自動的に実行される、自動操縦のコンピュータ・プログラムのように振る舞う。イーサリアムでは、スマートコントラクトのコードを、ダウンタイム、検閲、詐欺、第三者の干渉などに影響されることなく、プログラムされたとおりに実行することができる。ビットコイン同様、イーサは分散型であり、イーサの価値を生み出すための特定の管理機関は存在しない。

ビットコイン先物の成功に続くため、CFTCの規制下にある取引所は、イーサ先物の提供を検討し始めていた。イーサ先物の自己認証のタイミングを自分でコントロールすることはできないが、準備はしておきたかった。

2018年の最初の数カ月間、私たちCFTCチームは、イーサがビットコインと同様に「コモディティ」であり、SECが所管する「証券」の特性を欠いているというSECの見解について、彼らと議論した。SECの権限は、1946年の最高裁判決にちなんで名づけられた「ハウイ・テスト」によって規定されている。この判決は、ある取引が「投資契約」に該当し、それゆえにSECに権限を付与する1933年証券法および1934年証券取引所法に基づいて開示および登録義務の対象となる「証券」とみなされるか否かを判断したものだ。

CFTCとSECの職員は、両機関を代表して発言することはできず、それぞれの機関の委員会で決議された事項のみが公式な見解となる。しかし、CFTCの事務局は、委員会の公式な決議なしに、「ノーアクション」レターや「スタッフ・ガイダンス」を発出することができる。したがって、部門ディレクターの意見は、たとえ当局を代表していなくとも、強制力をもちうる。

2018年6月14日、SECの企業財務部門のヘッドとして尊敬されるビル・ヒンマンは、そうした権限を行使した。彼はファイナンスのカンファレンスにおいて「イーサ、イーサリアム・ネットワークおよびその分散型構造の現状に関する私の理解に基づけば、現時点でのイーサの発行および売出しは、証券取引には該当しないと考える」と述べたのだ(注2)。

ヒンマンの発言は、ビットコインと並んでイーサがCFTCの管轄下にある二つの重要な暗号資産であることを確認したという点で、暗号通貨の進化における重要な節目となった。薄商いのスポット市場など、イーサがもついくつかの特異な側面にCFTCの職員が慣れるにはしばらく時間がかかるだろうが、イーサ先物の登場はますます明白になっているようだった。成長する暗号通貨業界は、ヒンマンの発言、そしてCFTCにおける私の後任者による同様の発言に依拠する構図となり始めていた。

大行脚

暗号通貨に関する上院公聴会から1週間もしないうちに、私はロンドンのメリルボーン界隈のデュランツ・ホテルに戻ってきた。朝6時45分に起床し、ダイニング・ルームでマイク・ギル、エリック・パンと朝食をとった。CFTCのアソシエイト・ディレクターで、国際関係に情熱と経験を持ち合わせるトレーシー・ウィンゲートも一緒だった。

その後、イギリスにおけるSECとCFTCを組み合わせたような組織である金融行為監督機構

（ＦＣＡ）のカナリー・ワーフにあるオフィスにタクシーで向かった。そこで、当時のＣＥＯであったアンドリュー・ベイリーとコーヒーを飲んだ。知的で真面目なベイリーは、まさに金融市場のマエストロだ。イングランド銀行で30年間要職を務めた後、ＦＣＡのトップに就任した彼は、多大な権威と、ロンドンの金融市場の仕組みとそれが世界経済において果たしているかけがえのない役割についての知識をもつようになっていた。２０１６年に行われたイギリスのＥＵ離脱を問う国民投票に際して、ベイリーは、ヨーロッパ随一の金融サービス・ハブとしてのロンドンの地位を維持することがイギリスの存続にかかわる重要な問題となったことに、他の多くのイギリス政府高官よりも早く気づいていた。

ベイリーと私は、グローバルな金融デリバティブ市場における数々の重要な問題の解決に向けて、この１年間でかなりの成果をあげてきた。なかでもアメリカの住宅ローンの半分以上の金利計算に使われるベンチマークとして数十年の歴史をもつ、ロンドン銀行間取引金利（ＬＩＢＯＲ）からの移行に関する取組みをあげることができる。ＬＩＢＯＲとは、定められた複数の期間（翌日物から１年まで）および10種類の通貨ごとに、ロンドンの銀行間で行われる無担保融資の金利の平均値をとったものだ。しかし、ＬＩＢＯＲは、多くの市場ベンチマークのように活発な市場活動から導出されておらず、少数の銀行による日々の世論調査のようになっていた。その結果、ＬＩＢＯＲは、取引量が少ないことによる流動性の低さと、ごく少数のプライマリーディーラーに依存していることによる流動性の狭さという二つの問題を抱えていた（注３）。不正操作の可能性という点で、第二の欠点は第一の欠点よりも深刻かもしれない。

ベイリーも私も、LIBORはベンチマークとしての経済的妥当性を失ったと考えていた。また、私は、連邦準備制度理事会（FRB）パウエル議長と何度も話をするなかで、彼も同様の見解だと知っていた。低金利環境が長期化するなかで、一部の銀行が融資業務で満足のいく収益率を得られなかったことが、LIBORをめぐる問題のきっかけだった。こうした銀行は、収益率を引き上げるべく、自身の貸出および債券のポートフォリオに便益をもたらすことができるように、LIBORを大幅に操作した（注4）。CFTCは、イギリス当局とともにこれらの事案の多くを積極的に追及し、起訴した。このスキャンダルは、国際的な金融メディアの見出しを飾り、イギリスの重要な金融サービス産業「シティ」にとっては、世界的に恥ずべき事態に発展した。LIBORの評判の失墜は、取り返しがつかないものであった。

ベイリーはますます声高に、LIBORがもつ根本的な弱点は是正が望めず、廃止は差し迫っており、市場参加者は相応の準備をする必要があると発言するようになっていた。私たちは、今後数週間のうちに、一連の補足的な声明を出すことに合意した。ベイリーは、私が全面的に協力し支援していることを理解していた。

私たちは、アメリカに所在する重要なデリバティブ清算機関を監督する法的権限を主張する、欧州連合（EU）の動きについても議論した。私は、そのような主張はアメリカにとって容認できないものであることを明確にした。

その後、私たちは、それぞれのフィンテック関連の取組み、すなわち、FCAのプロジェクト・イノベートおよびCFTCのLabCFTCを通じて、両機関が金融テクノロジーのイノベーションとその規制について協働することを内容とする協定を締結した。これは、アメリカの規制当局と海外規制当局との間で行われた、史上初の公式なフィンテックをめぐるコラボレーションだった。数週間後には、プロジェクト・イノベートとLabCFTCが、ロンドンにてフィンテック業界向けの共同プログラムを開催することになっていた。この企画は、躍進しているLabCFTCと、そのリーダーであるダニエル・ゴルフィーンにとって非常に大きな成果だった。

ギル、パンと私は、タクシーでシティにあるイングランド銀行に戻った。そこで私は、サーモン色の制服に身を包んだフレンドリーな案内係に付き添われ、マーク・カーニー総裁（当時）と非公式に会った。彼の前には、上院銀行委員会での私の証言書のコピーが置かれていた。

「これは素晴らしい」とカーニーは言った。「暗号通貨の世代的な側面に着目したのはとても良いと思います」。私たちは、後に予定されていた暗号通貨をめぐる金融安定理事会（FSB）の電話会議について議論した。彼は自分自身を「暗号通貨に中立的」であると表現した。私は、トランプ政権内では、暗号通貨への抑圧は良くないというコンセンサスが生まれつつあり、厳格な法執行と技術進化への寛容さとのバランスが支持されている、と彼に話した。そしてこのアプローチは、アメリカの伝統的な技術進歩を重視する姿勢と一致していると伝えた。

私は、暗号通貨の出現は、インターネットが価値あるもの、特にお金の分散型移転メカニズムへと進化を続けていることによってもたらされたという自説をカーニーに開陳した。私はカーニーに、（後述するように）「価値のインターネット」によって、現金の地域性や銀行預金の排他性、遅延、コストといった、既存のお金がもつ主な欠点を解決することが可能になると説明した。価値の移転は、いまや空間と時間の制約を受けず、第三者の仲介による摩擦にさらされることもない。

カーニーは、この見解に興味をもっているようだったが、彼がそれを受け入れているかどうかはわからなかった。カーニーは一見、落ち着いていて、愛想がよく、洗練されているが、その内面には、非常に強い意志と覚悟を秘めている。彼は愚かな意見を黙認することはしないし、平凡でありふれた意見に対しても容赦ないように見受けられた。しかし、私が述べたような新しい意見は、すぐに吸収するのだった。

ギル、パン、私の3人は再びタクシーを拾ってパディントン駅へ向かい、EU議会での証言のためにブリュッセル行きのユーロスターに乗り込んだ。翌朝早く、私たちは在EUアメリカ大使館でさまざまなヨーロッパ諸国の財務アタッシェたちと朝食をとり、アメリカ大使館の公館長とコーヒーを飲んだ。

信じられないことに、タクシーの運転手が「暗号通貨」で支払うかどうか尋ねてきた。私は「どの暗号通貨ですか？」と聞いた。彼は「イーサリアムかXRPが好ましいです」としたうえで、ビットコインも可能だが、「手数料がやや高すぎます」と答えた。

「ユーロはどうですか？」と私は尋ねた。

「いいえ、ドルのほうが好ましいです」

取引成立だ。

その後、私たちは欧州議会が入居している、エスパース・レオポルドというビル群へ行った。私たちが入ったアルティエロ・スピネッリ・ビルは狭く、内装は殺風景で、カーニーが適切に形容したように「非永続的」な印象を受けた。

私たちは、欧州議会の経済金融（ECON）委員会の公聴会会場にたどり着いた。委員の到着が遅れたため、会議は予定よりも遅く始まった。アメリカ議会では慣例となっている冒頭の言葉は、欧州議会では議長以下、だれからもなかった。私は証言のなかで、EUがアメリカのデリバティブ清算機関への規制監督権限を主張することに対しては、CFTCだけでなく、米国政府全体が断固として反対すると強調した。私の発言は簡潔であったが、要点を押さえていた。アメリカの清算機関を監督するためのハンドルに置かれるのは一組の手のみであり、それはアメリカの手ということだ。

翌日、私たちはフランクフルトに移動し、欧州中央銀行（ECB）、ドイツの複数の商業銀行、株式・デリバティブを取り扱うドイツの大手取引所であるドイツ取引所と面談した。その日の夜遅くには、安全な電話回線を使い、金融安定監督評議会（FSOC）の会合に参加した。私は、CFTCに新設されたマーケット・インテリジェンス部が行っている調査に基づいて、最新情報を伝えた。それは、シカゴ・オプション取引所（CBOE）のボラティリティ・インデックス（VIXと呼ばれており、S&P500指数のオプション取引の値動きに基づき、株式市場の予想ボラティリティを数値化した取引可能な商品）の最近の急激な動きに関する分析だった。ムニューシンは、再び私にビットコイン先物に関する状況を報告するよう求めた。私は、ビットコイン先物の取引はいまやかなりルーティン化されてきており、不都合な事象もみられず、必要証拠金も適切な水準に設定されており、証拠金不足も認められないことを淡々と述べた。

次に私たちは、世界の市場規制当局から成る機関、証券監督者国際機構（ＩＯＳＣＯ）が2日間にわたって開催する理事会に出席するため、スペインへ飛んだ。マドリードにあるＩＯＳＣＯ本部の巨大なボードルームで、巨大な長方形のテーブル上にあしらわれたリボンの周りに、国名のアルファベット順に出席者が着席した。つまり、アメリカとイギリスの席は隣り合っており、私は再びベイリーの隣に座った。しばしばそうであったように、私たちは40個近い議題のほとんどについて、共通認識をもっていることがわかった。

アシュリー・アルダー議長の求めに応じて、私は出席者にとって大きな関心事であったと思われる、ビットコイン先物のローンチについて説明した。私は、サンフランシスコ連邦準備銀行が行った、ビットコイン先物の市場への影響に関する初期段階の分析結果について話した(注5)。その分析によると、ビットコイン先物導入後のスポット価格の急騰とその後の下落は、原資産の先物が導入される際に通常みられる取引行動と一致していた。

テーブルを囲んでいた40人近い市場規制当局者は、良い質問をしてきた。より先進的な国際市場（シンガポール、香港、イギリス、オーストラリア）を監督する当局者は、そうでない当局者よりもはるかにオープンであるようにみえた。

FUD（恐怖・不安・疑念）

一週間後にワシントンに戻った私は、暗号通貨に関するFSBの電話会議に参加した。具体的な議題は、3月にアルゼンチンで開催されるG20会議で発表予定の委員会報告書（カーニーがロンドンで議論していたもの）であった。アメリカからは、クレイトン、FRB副議長のクオールズ、財務次官のマルパス、私が、この電話会議に参加していた。

電話回線を通じて、暗号通貨に対するかなりの嫌悪感が伝わってきた。参加者の大半（主に世界の中央銀行関係者）が、恐怖・不安・疑念を強く表明した。多くの中央銀行関係者が、暗号通貨を自国通貨に対する脅威とみていることは明らかだった。今回のFSBの会合と、それに先立つマドリードでのIOSCOの会合は、私が「公正性（Fair）、ファンド（Fund）、FUD（恐怖・不安・疑念）」と名づけた持論を裏付けるものだった。第一に、オープンで十分に発展している金融市場の市場規制当局は、市場のファンダメンタルズが暗号通貨の価格を公正な水準に設定する能力に信頼を置いているため、暗号通貨取引の監督に不安を感じることはない。

第二に、投資ファンドを受け入れ、洗練されたオフショア顧客の資産を預かっている島国やオフショア経済圏の中央銀行は、暗号通貨を価値ある新たな資産の一つとして保有することに抵抗はないだろう。

第三に、大規模な国内経済があり、国家が発行する準備通貨の防衛に腐心するオンショア経済圏の中央銀行は、暗号通貨をFUDの目で見ることがほとんどである。諺にあるように、「どこに身を置くかで、立場が決まる」ということだ。

その後、同じ年の春、ムニューシン財務長官は、彼がかねてより発足を約束していたFSOC暗号通貨ワーキング・グループを立ち上げた。CFTC、SEC、FRB、通貨監督庁（OCC）、連邦預金保険公社（FDIC）、消費者金融保護局（CFPB）の高官が勢揃いした。初回の会合では、財務省のブレーンであり、テロ・金融インテリジェンス担当次官のシガル・マンデルカーが、財務省と司法省および金融犯罪取締ネットワーク（通称FinCEN）との協働について説明した。

ムニューシンは、金融イノベーションに対する政権の支持を明確にすると同時に、テロリスト集団やそれを支援する国々による暗号通貨の不正利用を容認しないとの決意も明らかにした。彼は賢明にも、ランサムウェアやダークネット、薬物や武器の不正取引に関連する暗号通貨の使用を厳重に取り締まると誓ったのだ。

ムニューシンは、絶妙なバランスをとっていた。

平和な水域

ジェローム・パウエルとは、この数年で親交を深めてきた。家族や友人から「ジェイ」と呼ばれる彼とは、私たちそれぞれが、所属する機関唯一の共和党の高官であったオバマ政権時代に、肩肘張らない交友関係を築いた。私たちはすぐに、お互いが熱心なギタリストであることを知り、練習中の演奏スタイルや愛用している楽器について、楽しく語り合った。

パウエルはFRB議長に就任する前、システム上重要なデリバティブ清算機関の監督に関するCFTCとの連携を統括していた。ドッド・フランク法によって設けられたこの両機関のパートナーシップは、パウエルと私が、それぞれの機関の職員が協力して、それぞれが進めていることをよりしっかり調整する必要性を主張するまでは、非常に不安定なものだった。この取組みは、私たち両機関の関係におけるブレークスルーであった。そして、この組織的なつながりが、時に昼食やワインを楽しみながら、より積極的に個人的な関係をパウエルとの間に築くことにつながったのだった。

パウエルが2018年に議長就任の宣誓を行ってから数カ月後のある晩春の朝、マイク・ギルと私とCFTCのもう一人の同僚の3人はオフィスを出て、二十一番街の通りを南に向かい、ペンシルベニア通りを越えてモールへ向かった。コンスティテューション通りを東に曲がり、セキュリティを通過して、FRBの本部があるエクルズ・ビル内に入った。

エクルズ・ビルは、20世紀半ばにアメリカのニューディーラーやヨーロッパの独裁者たちが政府庁舎に採用していた「簡約古典主義」と呼ばれる建築様式で設計されており、装飾的なディテールが排除されていることがその特徴である（注6）。建物の名前は、フランクリン・ルーズベルト大統領時代にFRB議長を務め、現在のクオールズFRB副議長の妻の大叔父に当たるマリナー・S・エクルズにちなんで名づけられた。

私たちは、ビルの中央にある2層吹き抜けのアトリウムを進んだ。大広間の壁と床は、クリーム色のトラバーチン大理石でできている。私たちは、長方形の部屋のそれぞれの長辺に沿って並ぶ左右対称の二つの階段のうち一つをのぼり、広いギャラリーの外縁にたどり着いた。私は、ワシの紋章が刻まれた中央の天窓を見上げた。

私たちはまず、ラエル・ブレイナード理事を訪問した。彼女は、パウエルの業務の一部を引き継ぎ、その一環として、CFTCによるシステム上重要なデリバティブ清算機関の監督を支援する役割も担っていた。

ブレイナードは、重要人物だ。鋭い知性と決意をもち、世界で最も重要な中央銀行のレンズを通して世界をみている。それでも、彼女は人の話をよく聞き、思慮深く反応する。愛嬌があり、すぐに打ち解けられるような笑顔も持ち合わせている。ブレイナードとは一緒に仕事をしやすいと思った。

私は、パウエルと私が、特に清算機関の監督の分野で、両機関が強く協力・連携するという約束をしたことをブレイナードに強調した。私は、この状況を子育てにたとえた。監督する子どもたちが私たちに別々のことを言ってだますようなことがないように、私たちは夫婦として強く団結しなければならない。彼女は快く承諾してくれた。私たちはその後、両機関による監督をさらに調和させるためのアドホックな会合を設定することを約束した。

次に、私たちはパウエル議長に会いに行った。秘書が彼のオフィスに入り、私たちの到着を伝えると、彼はすぐに出てきて応接間で私たちを出迎えてくれた。そして、温かい握手と明るい笑顔で、私たちをオフィスへ案内した。私たちは、小さな丸い会議用テーブルを囲む、シンプルな布張りの椅子に腰を下ろした。パウエルは両手を広げて「ようこそ、拙宅へ」と言った。

私はその風景を吟味した。FRB議長の執務室はたしかに質素で、CFTC委員長の広々とした執務室と比べると、いささか恥ずかしいほどだった。パウエルのオフィスは縦長の長方形だが、幅は16フィート（5メートル弱）もなかった。私たちが入ってきたドアの反対側には、磨かれた茶色のドアがあった。それは、連邦公開市場委員会（FOMC）が開かれる、より大きく、はるかに威厳のある会議室につながっていた(注7)。オフィスの片側には、作り付けのキャビネットと棚、そしてパウエルのコンピュータ・モニターとキーボードが置かれたカウンターが並んでいた。反対側の壁には大きな窓があり、モールとその向こうのワシントン・モニュメント、ジェファーソン記念館、リンカーン記念館が見渡せた。

茶色のドアを除けば、部屋のほとんどはコロニアル調の白色で統一され、ペンキが塗られたばかりのようだった。窓から差し込む明るい日差しに照らされて温かみのある色合いが生まれ、この部屋に心地よい柔らかさを与えていた。

「私は素晴らしいエリアに小さな家をもっているのだ」とパウエルは冗談を言った。「立地、立地、立地がすべてだ！」。私たちは笑った。私は「そう、立地と無尽蔵の予算！」と言った。私たちはまた笑った。

私はパウエルに、春になってヨットに乗る時間はあるのかと尋ねた。彼はノーと言い、地元のバンドで演奏しているかと私に尋ねた。私は、12月にコリン・ピーターソン率いるバンド、セカンド・アメンドメンツとともにミネソタ州とミズーリ州を回り、楽しんだことを話した。彼は興奮気味に聞き入り、「うらやましい!」と言った。彼は本気で、今後の公演に招待してほしいと頼んできた。私は、もし彼がギターで出演してくれるなら、と約束した。

私たちは、CFTCの予算、CFTCとFRBの協力、LIBORの終焉が迫っていることなど、多くのことを議論した。

また、現在の経済情勢とFRBの最近の利上げに関する彼の見解についても話し合った。「経済はいま、良い状態にある」と彼は言った。「失業率は低く、インフレ率は適正水準にあり、企業収益は堅調で、経済成長率は3%を超えている。私のハネムーンだ!」

私たちは、お互いの今後の成功を願い、変わらぬ温かさと好意をもって会議を終えた。

同僚二人と私は、ビルを出てタクシーを拾いながら、FRB議長の仕事について話し合った。私は、景気がいいときは最高の仕事だが、悪いときには最悪の仕事だ、と冗談を飛ばした。

その週末、私はパウエルとの面談を日誌でこう振り返った。

ジェイ・パウエルと前任のジャネット・イエレンを比較するのはおもしろい。どちらも、優れた対人能力をもっている。イエレンは、賢明で礼儀正しい崇高な政治家のようだが、不遜なまでの孤高も垣間みえる。ジェイも同様に威厳がありマナーも良いが、より気さくで、時々悪態をつくなど少し世俗的なところもある。イエレンは、美味しい食事とワインが好きで、パウエルは熟練した船乗りかつ熱心な音楽家だ。

イエレンは学術機関でキャリアを積んだ一方で、パウエルには法律事務所、銀行、投資会社での業務経験がある。イエレンは学者と一緒に過ごすことを、パウエルはビジネスのプロフェッショナルと一緒に過ごすことを最も好む。

イエレンは学者、そしてエコノミストとして、経済事象を取り込み、起こりうる事態を予測するべく、知的な世界経済モデルを構築した人物のように見受けられる。そして、彼女はそのモデルに自信をもっている。まるで整備士がエンジンを調整するように、彼女は予測しうる経済変数を取り込むため、モデルを直ちに調整する。

一方、パウエルは、イエレンと比べると、あまり形式化されていない知的枠組みをもっているように見受けられる。そのかわり、予期せぬ市場のイベントが必然であることに対して、より大きな心の余裕をもっている。ビジネスマンのように、勇気と慎重に計算されたリスク許容度を持ち合わせている。パウエルは、すべての答えを事前に知ることができると思うのではなく、答えを導き出すための道具と知性をもっていることを信じたうえで、予期せぬ市場イベントのリスクを常に考慮に入れている。

パウエルの技術は、まさに船乗りのものだ。いつ、どのように風が吹き、どのように潮が流れ、海が荒れるのか、知る由もないことを前提としているのではないか。それでも彼は、彼方にある岸辺に進路を定め、帆を動かして船を渡らせるのだ。パウエルの特徴は、経済の変動性に備え、それに対応しながら安定した進路をとる勇気であると思う。

私がこの文章を書いていたときには、あの平和で素敵なオフィスに移ってから2年もたたないうちに、パウエルの荒波を乗りこなす能力がどれほど厳しく試されることになるのか、想像もしていなかった。

新たな尺度

2008年の金融危機はひどいものだったが、リスク、価値、市場に関するより明確で正確な尺度がなかったことが、その影響をさらに悪化させた。特に店頭デリバティブ市場では、そうだった。市場規模を「想定元本残高」と呼ばれるもので測定していたのだ。

この従来の尺度によれば、世界のデリバティブ市場の規模は数百兆ドルであり、地球上のどの市場よりもはるかに大きかった。この尺度の問題点は、相殺されたポジションを考慮に入れていないことだ。たとえば、銀行の取引明細書に預金残高だけが記載され、小切手の振出しや現金の引出しについてはまったく記載されていなかったらどうだろう。預金者は大金をもっていると錯覚するだろうが、実際には大きな借入超過に陥ってしまっているかもしれない。

金融危機から10年がたった後でも、金融サービス業界と規制当局は、スワップ市場についてこのミスリーディングな尺度を用いていた。その結果、何の意味もなさない天文学的な数字が生み出された。そしてそれは、メディアの報道、議会での政策議論、規制当局の規則作成において、皆の目を曇らせていた。冷静な分析と健全な政策立案が妨げられていたのである。恩恵を受けたのは、デリバティブ市場の危険性を喧伝したい政治家か、デリバティブ市場を監督するために多額の予算を確保したい者だけだった。

2012年、当時下院歳出委員会のメンバーだったジャック・キングストン議員は、CFTCに対する書簡において、「想定元本」はシステミック・リスクの正確な尺度ではないと主張し、このようなミスリーディングな数値に基づく予算計上は、「無垢な農民、牧場主、生産者」に「代償を払わせる」ことになると警告した(注8)。そして彼は、彼自身の言葉を借りれば、「記録を正す」ための新たな尺度を求めた。しかし、何も行われなかった。

私は委員長として、何かしようと決心していた。チーフ・エコノミストに任命されたブルース・タックマン博士に、スワップ市場のリスク・プロファイルをより正確に測定する方法を開発するよう依頼した。彼は彼のスタッフとともに、2018年初頭に発表された論文でそれを実現した。その論文は、スワップ市場におけるリスク移転の正確な尺度として、エンティティ・ネッテッド・ノーショナルズ(ENN)という概念を導入した。ENNは、小切手帳に借方と貸方が記録されるのと同様、基本的には関連する売りと買いのポジションを相殺（ネット）するものだ。その結果、市場におけるリスク削減の規模を、より正確かつ現実的に評価することができるようになった（注9）。

タックマンの分析によれば、179兆ドルあったアメリカの金利スワップの想定元本残高は、ネットで15兆ドルにまで減少した。この規模であれば、金利スワップ市場は、16兆ドルの米国債市場や、15兆ドルのアメリカのモーゲージ債市場など、他の債務市場と同程度となる。CFTCの規制下にある金利スワップ市場は突如、標準的でわかりやすい、世界経済の一部とみなすことができるようになったのだ。

ENNの手法は今日、グローバルなスワップ市場のリスク削減能力を測る、はるかに正確な尺度を提供している。今度、何百兆ドルもの大金が投じられている店頭スワップ市場に関するおそろしげな話を耳にしたら、だまされてはいけない。「気をつけろ、政治家の仕業だ!」と考えてほしい。

数理を駆使する組織へ

委員長就任後1年もたたないうちに、私たちのチームは三つのアプローチで現代金融市場のデジタル化を推進することになった。一つ目は、CFTCのテクノロジー諮問委員会（TAC）によるもので、スコット・オマリアの退任後は活動が停滞していたが、ブライアン・クインテンズが再び活性化させた。TACは、デジタル台帳技術と暗号通貨に関する小委員会を設置し、暗号通貨、分散型台帳技術

（ＤＬＴ）市場インフラ、デジタル資産のカストディなどを検討するべく、定期的に会合を開くようになった。そして再び、ＣＦＴＣのＴＡＣは、素晴らしく先進的な成果をいくつかあげることとなった。

第二に、新設のマーケット・インテリジェンス部は、委員や職員、他の連邦機関のためだけでなく、金融市場に対しても優れた市場データ分析を提供した。同部はほかにも、アメリカの先物市場における取引注文入力をめぐるテクノロジー変化の影響に関する研究をはじめとする、優れた業績を残した（注10）。

第三は、LabCFTCによるものだ。LabCFTCは最初の2年間で、国内外でのＣＦＴＣオフィスアワーの開催、暗号通貨とスマートコントラクトに関する手引の発行、暗号資産市場とその仕組みに関する分析および意見募集、ＣＦＴＣ初のフィンテック・コンファレンスの開催、規制改革のためのテクノロジー・アクセラレーター・コンペの企画など、新境地を切り開いてきた。

ＣＦＴＣは、先物・デリバティブ市場のデジタル化を真正面から模索していた。しかし同時に、ＣＦＴＣ内部においても、多くの古い規制インフラを新たなデジタル・アーキテクチャーに置き換える必要があった。これは特に、急速に発展しているビッグデータ解析の分野で顕著であり、ここでは、テクノロジーの習熟がＣＦＴＣの中心的な課題だった。

実際、経営コンサルタントで作家のラム・チャランは述べるように、「現在、数理を駆使できない、あるいはすぐにそうなれない組織は、すでにレガシー組織である」（注11）。この真理は、明らかに市場規制当局にも当てはまっていた。ＣＦＴＣは、最新のビッグデータ定量分析能力を取り入れる必要があった。そして、機械学習と人工知能（AI）を活用した規制関連のデータ収集および自動分析という、次の段階に進む必要があった。私たちは、私が「クオンツレグ」と名づけた、定量的な規制の新たなフロンティアを開拓しなければならなかったのだ。

ただし、ここには重要な注意点が二つあった。一つは、規制当局は秘密を守る権利を尊重しなければならないということだ。市場参加者が機密データの取扱いについて懸念をもつのは当然だ。だからこそ、規制当局は一般に、分析に必要なデータのみを収集すべきだ。データの重要性は、規制当局による目的のないデータ漁りを正当化するものではない。規制当局は、法律が要求する範囲を超えた行き過ぎに注意すべきだ。さらに、規制当局はすべての市場データを最高レベルのセキュリティと保護をもって機密として扱い、あらゆるデータ収集の方法とその活用法について率直かつ明瞭でなくてはならない。

二つ目の注意点は、規制当局は、規制の根本的な性質である人間的な側面を常に保たなければならないということである。データと機械による市場規制について考えるとき、これが規制当局の職員にとって何を意味するのかが心配になるのは当然だ。実際、従来人間が行っていたプロセスを自動化することは、現実的に困難な課題を提示する。しかし、定量的な規制当局になるということは、人間の判断が取って代わられることではなく、人間の判断を強化することを意味している。実際、クオンツレグの目的は、市場監視、法執行、規制遵守と規則の審査、マーケット・インテリジェンス、政策立案、市場改革などに関して、CFTCの継続的な活動を遂行する有能なチームを、より強固にサポートすることである。つまり、当局の職員を反復的で価値の低い業務から解放し、専門家の判断や専門知識を必要とする、付加価値の高い業務に集中させるということだ。ここで重要なのは、質の高いデータを集め、それを効率的に、おそらくはアルゴリズムを用いて分析することで、人間の判断をより適切な情報に基づくものにし、それをより適切に用いることだ。定量的な規制とは、機械と人間を分離するのではなく、融合させることを意味するのだ。

人間と定量的な規制の共存に対する私の信念は、ある平日の夜、ワシントンでさらに深まった。午後8時頃、CFTCの地下駐車場で車に乗り込もうとしたとき、CFTCのベテランのコモディティ・アナリストの一人に出くわした。私は挨拶をして、彼女がなぜこんなに遅くまで働いていたのか尋ねた。彼女は、「実は、ある新しいAIツールを牛肉の先物市場の取引データに使い始めたのですが、これまで認識できなかった取引パターンを大量にみせてくれます。素晴らしいです！」と言った。

お互いに挨拶をして別れた後、コネチカット通りを運転して帰路につきながら、私は思った。「なんと興味深いことだろう。AIが人々から仕事を奪うと心配されているが、聡明で才能のある人は、仕事を減らすどころか、AIテクノロジーによって明らかに仕事を増やしており（彼女は夜8時まで働いていた）、さらにはこれまで以上に洞察に満ちた仕事をしているのだ」

最終的に、私たちのデジタル・テクノロジーへの傾斜は、CFTC、ひいてはすべての市場規制当局が、今後10年間、現代のデジタル市場とともに進化していく以外に道はないということを、私にはっきりと認識させることになった。規制当局は、堅牢なデータ収集、自動化されたデータ分析、最先端のAIによる定量分析を駆使する組織になる必要がある。世界最高峰のデリバティブ市場には、世界最高水準の規制およびテクノロジーに係る能力が必要なのだ。CFTCは、拡充されていたマーケット・インテリジェンスの能力に、自動化されたデータ分析能力を掛け合わせる時期に来ていた。私たちは「定量的規制」のリーダーとなる必要があった。これは、暗号通貨という新しい資産クラスにおいては特にそうだった。

定着する

2018年10月、私はCNBCの番組『ファスト・マネー』で、ボブ・ピサニからインタビューを受けた。ピサニは、個人投資家を保護するためにCFTCは何をしたのかと聞いてきた。私はこう答えた。

「私たちは現在、暗号通貨市場の詐欺と価格操作の側面にフォーカスしています。実際、私たちは先週、ボストン連邦裁判所で大きな勝利を収め、暗号通貨における詐欺や価格操作を起訴する権限を認定されたばかりであり、非常に積極的に活動しています」(注12)

ピサニは、アメリカが強権的な規制を行うことで、アメリカのスタートアップ企業の海外流出を招くのではないか、と質問してきた。私は、アメリカはすでに規制されたビットコイン・デリバティブの取引と清算を提供しているという点において、実際には他国より先行していると指摘した。これは、彼を驚かせたと思う。

するとピサニは、私が食いつくことを拒否した釣り針に餌をつけて垂らしてきた。彼は、SECが暗号通貨業界の発展を妨げていると批判するよう私を誘導した。そのかわりに私は、「私たちは長い歴史をもつ機関です。私たちが依拠している法律は1930年代に書かれたものです。いわば90年前の「ソフトウェア」を使って活動しているのです。私たちはそのソフトウェアを、以前には存在しなかった新しいイノベーションのために再利用しようとしています」と言った。

将来予測を促すという『ファスト・マネー』の伝統的なやり方に沿って、ピサニはビットコイン市場が今後2年間でどこへ向かうのかを聞いてきた。私は言った。

「暗号通貨は定着してきています。また、暗号通貨には未来があると思います。世界には、正常に機能する通貨をもたない地域があります。世界には140の国があり、それぞれが通貨をもっています。そのうち、おそらく3分の2は、お金を刷るために使った紙やポリマーに見合うだけの価値をもたないでしょう。そのような地域では、大きな取引をする際に他国の安定した通貨に頼っているのです。ビットコインは、こうした問題の一部を解決できるかもしれません」(注13)

後日、私は自分の最後の発言を振り返ってみた。世界における通貨の数について、私は実際の数であるおよそ180種類よりも20％少なく見積もっていた。しかし、それ以上に心配だったのは、それらの3分の2は印刷された紙ほどの価値もないという私の発言だった。私はマイク・ギルに頼んで、私の発言がアメリカの貿易相手国への侮辱に当たり、正式に撤回を発表すべきと考えるか否かを、国務省に問い合わせてもらった。国務省からの返事はなかったものの、今後はもっと慎重に発言し、このような十把一絡げの非難は控えようと心に誓った。

記録を塗り替える

2017年8月の上院承認の数日後、ウォール・ストリート・ジャーナルに残念な特集記事が掲載された。それは「規制当局のウォール街に対する罰金額は2017年に激減」と題されていた(注14)。その記事は、トランプ政権下の最初の半年間にCFTCとSECが科した制裁金は、オバマ政権下の2016年上半期よりもはるかに少なかったと主張していた(注15)。そして、「トランプ政権における規制当局のビジネス寄りのスタンスも、いくつかある理由のうちの一つだ」という趣旨の、匿名の「金融事件で被告側につく弁護士」による発言を引用した(注16)。この記事は、主にSECによる規制執行の取組みについて論じていた。

この記事の最後のほうで、「CFTCの半年間の罰金額が6億3000万ドルから1億5400万ドルに減少した主な原因は、2016年5月に解決した二つの大規模なベンチマーク不正操作事件が影響している」ことは認めた（注17）。

この記事は完全に的外れだった。記事の導入部分では、「ビジネス寄り」な規制執行の減少について、記者たちが訴えたい物語が描かれていた。残りの大部分は、トランプのビジネス寄りの政策（それは仮説にすぎなかったが）が規制執行を減らすという意見を主張する、ランダムに選ばれた学者や匿名の弁護士の発言の引用で占められていた。いずれの人物も、私と話をしたこともなければ、私の規制執行方針や優先事項について具体的に知っているわけでもなかった。執筆者が引用した統計についていえば、記者は2016年を比較対象として恣意的に選んでいた。2016年は、CFTCとSECの双方で特定の大型案件が解決され、規制執行措置による罰金が急増した年だった。オバマ大統領の1期目の最初の年（2009年）のかわりに、2期目の最後の年（2016年）を基準にするという、リンゴとオレンジの比較のようなことをしたのだ。

私は翌日に予定されているCNBCのテレビ・インタビューでこの話題が出てくるかもしれないと思い、心づもりをしておこうと思った。

翌朝5時15分、ニュージャージー州の自宅の目覚まし時計が鳴った。私はほどなくして玄関を出て、黒いSUVに乗り、朝日が鉄橋に反射するジョージ・ワシントン・ブリッジを渡って、マンハッタンに到着した。40分後、私はタイムズスクエアのナスダック・メディア・タワーにあるCNBCのスタジオの外で、屋台のコーヒーをすすっていた。地面に落ちたゴミ、ビルの出入口に寝そべる人など、前夜のいつもの群衆が残した物的、人的な痕跡があった。私がニューヨークで仕事をしていた最後の20年間では、こうした光景は比較的珍しいものだったが、悲しいかな、いまではデブラシオ市長の施政のトレードマークになっている。私は、多数のペテン師や詐欺師、体にペンキを塗ったヌーディスト、そしてだまされやすい観光客を追い回して「自撮り」の見返りに現金を奪う漫画のキャラクターたちがひしめく朝を迎える前に、タイムズスクエアから十分に離れられることをうれしく思った。

スタジオの入口へ行くと、名前を呼ばれ、メイクアップスタジオへと案内された。その後、2階に上がってインタビューを待つことになった。その緑色の部屋は、ナスダックに上場している有名企業の打鐘セレモニーの、大きなカラー写真で飾られていた。私は、シスコシステムズの打鐘セレモニーの写真が吊るされた場所の下にあるソファーに、ブリーフケースを置いた。その写真の中央には、私の兄のチャーリーとほかのシスコの幹部、そしてナスダック元CEOのボブ・グレイフェルドが写っていた。これから始まる生放送のインタビューに向けて、気持ちが高揚してきた。

私はもう一度、自分が話す予定の論旨を確認し、CFTCの朝のメディア・サマリーもチェックした。準備は万全だった。私はスタジオへ出て、出演者が番組のコーナーを締めくくるのをみていた。CMの間、私は『トゥー・ビッグ・トゥー・フェイル』の著者で、ニューヨーク・タイムズのディールブック・コラムの編集者でもあるアンドリュー・ロス・ソーキンの隣に座らされた。彼の右隣はベッキー・クイック、そのさらに右隣はケビン・オリアリーだった。私は彼らに挨拶して、退席するゲストがスワップ市場の透明性を高めることの重要性について語るのを聞いていた。15秒のカウントダウンが始まり、本番となった。

ソーキン：スクウォーク・ボックスへ、お帰りなさい。今日はＣＦＴＣから、新たに承認された委員長にお越しいただいています。クリス・ジャンカルロです。彼は上院において満場一致で承認されましたが、１月からすでに委員長代理として業務にあたっています。ようこそ。

私：光栄です。

ソーキン：あなたの最優先事項は何ですか？　いま、あなたは何をやり遂げようとしているのでしょう？

私：いま、私たちがしようとしているのは、マーケット・インテリジェンスにフォーカスすることです。市場は劇的に変化しており、もう以前のようなコモディティ市場ではなくなっています。映画『大逆転』でみたような、野次や歓声、叫び声に包まれた市場は、いまではもう存在しません。私たちの市場はアルゴリズムによって、バーチャルに取引されています。21世紀の新しいデジタル市場のために、私たちは21世紀の規制当局にならなければいけないのです。

クイック：委員長、ウォール・ストリート・ジャーナルに、トランプ政権発足後、半年間の規制執行が大幅に減少したという記事がありました。これを政権のビジネスに対する考えと結びつける人もいます。これに対して、ＣＦＴＣの広報担当者はかなり強く反発しましたが、どのようにお考えでしょうか？

私：そうですね、あの記事のロジックにはたしかに欠陥がありました。規制執行がどのように行われているのかを検証すれば、私たちの複雑な市場において、規制執行が何年もの時間をかけて進むことを理解するでしょう。私がCFTC委員長に着任して最初の6カ月で発表した措置は、前政権下で始まったものです。つまり、現政権の最初の6カ月間における規制執行措置を金額で比較しようとすれば、それはオバマ政権の最後の数年間の取組みを評価していることになるのです。もし、私の取組みを評価するのであれば、1年後にみる必要があります。

オリアリー：訴訟を起こしてから、罰金を徴収するまで2年もかかるのですか？

私：いいえ。ただし、訴訟を起こしてから判決が出るまで、あるいは和解が成立するまでには、少なくとも1年はかかるでしょうから、少なくとも6カ月以内というわけにはいきません。つまり、ウォール・ストリート・ジャーナルが行った新政権初期の6カ月間の分析は、実際には前政権時代に着手された案件を反映しているということです。

ソーキン：委員長、あなた個人もしくは現政権が、その気質として、産業界に対して、より友好的になるとお考えでしょうか？　たとえば、銀行が訴訟等のための準備金を減らしたりするであろうことに同意されますか？

私：私は、産業界寄りという概念に対して、強く反論したいと思います。私の目的は、いずれかの業界と友好的になることではありません。規制当局としての私の仕事は、市場についてインテリジェントであることです。もし私にバイアスがあるとすれば、それは市場に対するものです。もし私にフォーカスがあるとすれば、それは農家、牧場主、石油生産者、住宅所有者など、私たちが監督している市場の関係者のために、規制が賢明で、適切に形成されるようにすることです。

ソーキン：委員長、お越しいただきありがとうございました。

ディレクターがCM休憩のため放送を止める前に、ソーキンはカメラをみて次のコーナーを予告した。そして、彼は笑顔で私のほうを向き、「とても良かったです。ぜひまたいらしてください」と言った。

それから1年と少し後、私はミネソタに飛び、ミネアポリス経済クラブ(注18)で、私の指揮下で丸1年を迎えたCFTCの規制執行プログラムの有効性について講演を行った。私は、CFTCの規制執行措置の件数がオバマ政権最後の3年間の各年と比較して25％増加したことや、CFTCが科した民事制裁金の総額がおよそ9億ドルとなり、オバマ政権下の8年間のうち5年間におけるそれを上回ったことを発表した(注19)。ほぼすべての指標で、私が就任した最初の年は、CFTCの歴史のなかで最も規制執行が活発な年だった。規制執行件数、罰金額、大規模案件は増加し、説明責任も向上し、国内外の刑事法執行機関との提携も活発であり、内部告発者への報奨金額は過去最大だった(注20)。これらの指標の多くは、翌年さらに増加することになる。

私はミネアポリスの聴衆に「法を執行し、不正行為を罰するというCFTCの取組みに、休止や緩みはありえません。私たちは、消費者にとって安全で公正な市場を維持しなければならないのです」と言った。

しかし、私たちの強力な規制執行の拳は、協力の申出と透明性というベルベットの手袋に包まれてもいた。私たちは、違反行為を自己申告し、調査に協力した企業や個人に対して、罰則の軽減を提供した。これは、「コンプライアンス文化」を奨励することを意図していた。このプログラムは、他の法執行機関の取組みをモデルにしていた。

また、強力な規制執行プログラムが、強力な経済成長およびアメリカの繁栄といかに両立するかについても説明した。経済が成長するためには、企業や個人は公平な条件下で競争していることを認識する必要がある。違法な行為は、誠実な企業を不利な立場に追い込む。それは、自由で公正な競争を妨げ、経済成長を抑制する。そしてそれは、民主主義の価値、国家の説明責任、法の支配を損なうことにもつながる。だからこそ私は、すべての企業や個人がルールに従って行動するよう尽力していたのだった。

私たちの並外れた規制執行実績の発表は、ニュース報道では控えめな扱いしか受けなかった。それは、トランプ政権がウォール街に対する罰則を緩和しているという、一般的なメディアのシナリオと矛盾するものだった。それでも、ウォール街で仕事をした経験こそが、強力な規制執行への私のコミットメントを強化していた。私は、誠実さと正直さをもって日々行動している、アメリカの金融サービス業界の善良な人々に、多大な敬意を抱いている。ウォール街の内外を問わず、不正行為に手を染めるごく少数の人間に裏切られているのは、そうした善良な人々なのである。

また、私たちは、私たち自身の透明性の確保にも努めた。CFTCは規制執行部門の年次報告書（注21）を公表し、各審査部の優先課題を示した。その翌春には、CFTCの40年の歴史で初めて、規制執行マニュアル（注22）を公表した。このマニュアルは、調査、執行前手続、そして本格的な行政措置および訴訟の提起について、CFTCの規制執行手順をワンストップで市場参加者に提供するものである。

講演の後、ミネアポリス連邦準備銀行の思慮深い総裁であるニール・カシュカリと壇上で合流し、彼のインタビューを受けた。そのなかでカシュカリは、ビットコインをはじめとする暗号通貨の今後の展開について、私の意見を求めた。私は、ビットコインが国内でドルに取って代わるものだとは思わないが、社会の貨幣に対する概念が大きく変わる前触れだと考えている、と説明した。インターネットが進化を続けるなかで、情報、ソーシャルネットワーク、小売、交通、旅行、レジャー、写真、音楽、エンターテインメントなどの変革がもたらされたのに、貨幣には変革が起こらないと考えるのは馬鹿げていると思う、と述べた。そして、こうした変革は起こるとしたうえで、最初はアメリカのような先進国から遠く離れた国で起こるかもしれないと付け加えた。

私は、以前のCNBCの番組で、世界のソブリン通貨の「3分の2」を軽んじる発言をしたことを繰り返さないよう、慎重に実例をあげて説明した。私は、シエラレオネの通貨「レオン」は、フリータウン（訳者注：シエラレオネの首都）の市場で食料を買うには適しているが、ユーロやドルといった他国の安定した通貨での支払が求められるトヨタ車の購入には適さないと説明した。このような経済圏では、モバイル端末をもつ若者が多く、ビットコインをはじめとする暗号通貨が、有力な交換手段としてみられるようになるかもしれない。

数分後、カシュカリは聴衆からの質問を募集した。大柄な黒人男性が立ち上がり、訛りのある英語で

「私はシエラレオネ出身で、ただ一言言いたいだけです」と言った。この男性の出身国と通貨を侮辱し、また国際的ないざこざを招く危険を冒してしまったのだと思い、私の胃袋は少しばかり縮こまった。

しかし幸運なことに、その聴衆は続けてこう言った。「私はあなたに同意します。私の出身地を含むアフリカの一部では、暗号通貨が普及しつつあります」。私は、国務省に再び電話をしなくてもすむことに安堵した。

この出来事によって、政府高官としての発言・行動は、いかなるものであっても、だれにも気づかれずにいるのは不可能であるということをあらためて思い知らされた。たとえ、それが報道されていなくてもだ。

第4部

フィニッシュ・ライン

第13章

最終ラップ

彼がギアをサードに入れたとき、エンジンはけたたましく鳴った。
車の四輪が異常な速度でスライドしながらコーナーを曲がる間、彼は
右車輪を、寸分たがわず芝生から6インチの距離に保ち続けた。
彼は車をまっすぐに戻すと、前方の丘に向かって吠えた。

——ケン・W・パーディー「Change of Plan」。初版は The Atlantic Monthly（1952年7月）、再版は Ken Purdy's Book of Automobiles（1972年、カッセル＆カンパニー、ロンドン）

国内情勢

ＣＭＥのビットコイン先物は機関投資家から安定した支持を得た。ローンチから1周年を迎えるまでに、ビットコイン先物はメインストリームに乗った。ビットコインに割かれた新聞のコラムの行数は、それを裏付ける価格と、世界経済に脅威を与えないことが明白になったことと整合性がとれていた。取引は着実に増加し、自己認証を妨げないというわれわれの決定をめぐる論争もほとんどなくなった。ウォール・ストリート・ジャーナルに全文が掲載された手紙のなかで私を非難していたトーマス・ピータフィーが経営するインタラクティブ・ブローカーズでさえ、ビットコイン先物の最大のディーラーの一つになっていた。ビットコイン先物の成功は、省庁間の緊張や、その前年に私たちに向けられたすべてのマスコミの嘲笑を裏切るものだった。私は私たちがプレッシャーのなかで毅然としていたことを誇りに思った。

商品先物取引委員会（ＣＦＴＣ）はいまや、未来志向の暗号通貨イノベーションのための「頼りになる」連邦機関と考えられるようになった。そうした認識のおかげで、さまざまな暗号通貨デリバティブや、それに伴う新たな取引所や決済サービスなど、私たちの方向性と合致する多くの創造的な取組みが推進された。私たちは2018年5月、新たな暗号通貨デリバティブ商品をローンチする意向をもつ市場参加者に対して、ガイダンスを公表した。LabCFTC（注1）のメンバーは国内外で数百人にのぼる暗号通貨やフィンテックのイノベーターと会った。連邦議会やトランプ政権内の舞台裏で、私のチームはフィンテック全般、とりわけ暗号通貨に対する米国政府の協調的なアプローチの必要性を提唱し続けた。

CFTC内の暗号通貨タスクフォースは、証券取引委員会（SEC）と積極的に協力し、両機関の所管の問題に対処した。私たちは、イーサリアムの時のように、どの暗号通貨がCFTCの所管である「コモディティ」と適切にみなされうるかを予測するために、他の暗号通貨にも目を向け始めた。また、司法省やSECと暗号通貨にかかわる規制執行の問題についても協議した。これらの論点のいくつかは、暗号通貨に関するCFTCの法的な管轄と権限を確認する連邦裁判所の判決につながった。

2019年の春、下院金融サービス委員会の少数派・共和党のリーダーであったパトリック・マクヘンリー下院議員との会合で、私は暗号通貨への適切な規制を促進するために、議会にできることは何かと聞かれた。最初のステップは、クレイトンと私が立ち上げたアドホックな暗号通貨に関するCFTCとSECの合同タスクフォースを正式なものとし、その組織に予算をつけることだと返答した。そうすれば、同タスクフォースは、暗号通貨に関する規制上の課題について議会に定期的に通知するプロセスを開始することができ、暗号通貨・仮想資産の現実に適した法的枠組みを提案することができる。マクヘンリーはすぐにこのアイデアを受け入れ、進展させた。このアイデアが、その後18カ月の間に芽生え、2021年4月に下院で可決され、本書の出版時点で上院の通過を待っている「イノベーション障壁排除法案（HR1602）」の基礎となったことをうれしく思った。

一方、CFTCは、暗号通貨およびこのイノベーションの急速な成熟に対する規制上の対応をさらに進めた。これについては第15章で再び取り上げる。まずは、ビットコインやフィンテック、定量的な規制以外で、CFTC委員長を務めた2年半の間に私が時間を費やしたいくつかのことについて話したいと思う。

ハンドルを握る

2018年8月、上院は既存の3人に加え、新たに二人のCFTC委員を任命した。前にCFTCが全委員をそろえていたのは4年前だった。

賢明で冷静な共和党のドーン・スタンプは、数十年分の経験値をもたらしてくれた。彼女は、アメリカの輸出市場の発展のために穀物価格を分析するべく、生まれ故郷のテキサスからワシントンに初めてやってきた。ドーンは、農業委員会を含む上院の主要な委員会に長年関与してきた。私は農業委員会で初めて彼女に会ったわけだが、彼女は当時、ドッド・フランク法策定のキーパーソンだった。彼女はまた、ニューヨーク証券取引所と先物業協会（FIA）で上級の役職に就いていた。

民主党のダン・バーコヴィッツも非常に経験豊富だった。私が彼に初めて会ったのは、ドッド・フランク法の施行初期に彼がCFTCの法律顧問を務めていた時だった。それ以前は、上院の主要な委員会や、国内有数の法律事務所のパートナーを務めていた。理性的で高潔なダンは「実直な男」という言葉を体現している。

CFTC9階の幹部部屋はいまや委員とそのスタッフでいっぱいになり、私たちの活動は勢いを増した。いろいろなことがあった。

CFTC委員長という肩書は何かと誤解を招きやすい。進行中の規則や手続を採択するために、委員会の会議を主宰する人物のイメージを思い起こさせる。それは重要ではあるが、時たまある仕事にすぎない。CFTC委員長は、日常の業務とロジスティクスを監督する、機関としての主要な意思決定を行う最高経営責任者（CEO）としての役割を果たすことのほうがはるかに多い（注2）。

私は、CFTC委員長室に、どれだけ日常的な意思決定事項が流れ込んでくるか、まったく予想していなかった。CFTCの運営は、私の時間の3分の1以上を占めており、さらにそれ以上の時間がかかってもおかしくはなかった。それを避けるために、私はビジネスの経験を生かして、政策の方向性を明確に示し、仕事の優先順位を決め、決断力をもって行動した。しかし、私が下す必要のない決定は、その問題に最も近く、最も精通した幹部が担うべきだと主張した。私は、主に当該人物の効率性と決断力に基づいて、部門のディレクターと次席を指名した。

CFTCのダイバーシティ&インクルージョン局のディレクターに昇進させたサラ・サマーヴィルには、おおいに助けられた。彼女は、CFTCにおける市民権、雇用機会均等、多様性、包摂性に係るプログラムを監督した。サラはフランス語でいう「サヴォア・フェア（機転が利く）」の化身で、どんな状況でも優雅かつ思慮深く対処する術を知っていた。私たちはともに、複雑な世界経済のなかで働く市場規制当局としてより良い仕事をするために、多様性を生かした。私たちは、歴史的に黒人の多い大学など、マイノリティに対する教育機関に的を絞って働きかけ、インターンシップ・プログラムの候補となる学生を選定した。この時、初めてインターンシップ・プログラムを有給にした。また、幅広い学生にインターンシップの機会を提供するべく、連邦政府の認可を受けた聴覚障害者学校であるギャローデット大学と提携した。

私が委員長になった時、職員の士気は低かった。ＣＦＴＣは、連邦職員の労働問題を仲裁する委員会において、大量の苦情や要求をもつ労働組合との論争に巻き込まれていた。私は事態を好転させようと決心した。優良な労働環境に支えられたＣＦＴＣ職員の善意なしには、政策目標はほとんど達成できなかった。私はメアリー・コネリーと国家財務職員組合（ＮＴＥＵ）第３３７支部の彼女の同僚たち、また、いつでも落ち着いているＣＦＴＣの首席交渉官、シャノン・シュミットと彼女の同僚たちと話し合った。私は目先の労働争議の解決だけでなく、私が自由にできるすべてのリソースを投入してでも、長期的な団体交渉協定を妥結するつもりだった。

今回も、複雑な組織内人事や他の政府機関とのもめ事を解決する名人、マイク・ギルに、プロセス全体を管理し、私と他の委員に定期的に報告するように命じた。私たちは、数百時間の勤務時間外の活動をしてくれた職員主導の給与・福利厚生委員会を支援した。そして、健全な人材育成よりも経営陣のご都合主義が優先されていた数十年にわたるＣＦＴＣの報酬・昇進慣行に対処するための綿密な方策を次々と打ち出した。

仲裁委員会での紛争はすぐに解決し、労働交渉が始まった。双方は、苦情処理手続、テレワークと勤務スケジュール、能力に基づいた昇進、パフォーマンス管理など、50件以上の具体的な問題について厳しく交渉した。緊迫した場面もあったが、マイクと私は、CFTC幹部や対組合交渉担当者の善意に疑いの余地が残らないよう万全を期した。

2019年6月、NTEUのトニー・リアドン会長と私は、CFTCの公聴会室で行われた式典で、団体交渉基本協定に署名した。それはCFTC史上初めての、同組織全体に適用される団体交渉協定だった(注3)。それが民主党ではなく、共和党政権下で実現したのだ。私が就任式の日にメアリー・コネリーに電話して、それを成し遂げると誓ってから29カ月後に実現した。メアリー・コネリー、ダン・デイビス、シャノン・シュミット、その他多くの無私の政府職員がいなければ、実現しえなかった。

私は、ほかにも多くの厄介な組織運営上の課題に取り組まなければならなかった。その主なものは、CFTCの予算が恒常的に定額という問題の解決だった。この状況は、かつてCFTCが予算をごまかしたことに対する議会の不満が一因となっていた。監査人がCFTCの年次財務諸表に繰り返し異議を唱えたため、CFTCは議会からいささか信頼を欠いていた。

ビジネスマンとして、これは受け入れられないと思った。ワシントン、ニューヨーク、シカゴ、カンザスシティの四つのCFTC事務所について、前任者が誤って契約したリース債務を懸念する監査人がいた。その後2年間で、私たちは四つのCFTC事務所すべてにおいて、新たなリース契約を締結することに成功した。こうした努力とその他の取組みのおかげで、2018年にCFTCは何とか何年かぶりに留保条件なしの適正意見を得ることができた。

ＣＦＴＣの予算策定にあたり、私たちは、前年度の予算を基に何パーセント増加させるという通常の政府慣行を避けた。かわりに、ＣＦＴＣの財務チームと新たな書類を前にして、ゼロベースで新しい予算を作成し、要求する予算が間違いなく正当な目的を果たすようにした。私たちは税金を節約できる複数の分野を特定した。しかし、マーケット・インテリジェンス、清算機関の検査、サイバーセキュリティ、金融テクノロジーなど、より多くの投資が必要な分野も複数特定した。

トランプ政権が各省庁に予算を据え置くよう求めていたのに逆らって、私は連邦議会に対して、ＣＦＴＣ予算の小幅な増額を提案した（注４）。簡単な意思決定ではなかった。ＣＦＴＣは、民間企業のより高い賃金のために、能力の高い職員を失い続けてきたにもかかわらず、何年も予算を増加させていなかった。そのためＣＦＴＣは、任務を効果的に遂行するために必要な人材を採用できなかった。その後の2年間で、私は予算を通過させるために、説得力、商才、愚直な粘り強さを総動員する必要があった。私の相談相手であるチャーリー・ソーントンとともに、私たちは議会の予算策定という魔訶不思議な迷宮を通り抜けた。道中、私たちは多くの課題に直面し、大幅な後退を余儀なくされることもあった。そのなかには、ＣＦＴＣの予算要求を他の法案における譲歩を得るための交渉ツールとして利用しようとするウォール街の複数の銀行による二重交渉も含まれていた。こうした戦術を、私は容認できない。

遂に２０１９年2月、両院の歳出と農業分野にかかわる重要な委員会において、ＣＦＴＣの予算増額が投票により承認された。私は、予算には感謝したが、それ以上に私たちのミッションが支持されたことに喜びを感じた。

原点回帰

私が在籍していた5年間、CFTCはその伝統的な本丸の規制対象である農産物先物に再び焦点を絞った。美しいアメリカ中心部の農家や農産物供給業者への現場訪問についてはすでに述べた。カンザス州選出のパット・ロバーツ上院議員とジェリー・モラン上院議員の支援を得て、私たちはカンザス州のオーバーランドパークでCFTC初の年次農産物先物会議を計画・開催した（注5）。カンザス州立大学と提携して開催した2日間の会議では、マクロ経済動向、市場における投機、高頻度取引（HFT）、取引データの透明性、新たなヘッジ慣行、価格操作など、私たちが規制する市場に影響を与える問題について検討した。また、分散型台帳技術やアルゴリズム取引、精密農業など、台頭するデジタル・テクノロジーの進歩についても取り上げた。カンザス会議の参加券は、開催2週間前に完売した。

CFTC委員長に就任して間もない頃、私はCFTCのカンザスシティ事務所に、管理者のチャック・マーヴィンと一緒にいた。私は、チャックの首席訴訟担当官としての優れた仕事ぶりをすでによく知っていた。会話が終わると、チャックは私を事務所のロビーに案内した。私たちは農業用の鋤が描かれたCFTCのエンブレムの前で立ち止まった。

私は、カンザスシティにおけるCFTCのプレゼンスを維持したいと強く考えており、そのコミットメントの目に見える証拠が必要だと説明した。私はチャックに実物の鋤を入手して事務所のロビーに展示するように頼んだ。一瞬ためらった後、チャックはやっておきますと言った。

約4カ月後、チャックから、カンザスシティへの再訪の予定を立ててほしいとの依頼があった。事務所に着くと、ロビーにはCFTCエンブレムに似た本格的な鋤があった。しかし、それはただの鋤ではなかった。この鋤はカンザス州の古くからの家族経営の農場のものだった。チャックは、日曜日の農場オークションで個人的にその鋤を購入し、それを洗って磨いて、CFTCロビーの目立つところに飾った。

このカンザス州の農業用の鋤は、生産農家のためにその農産物の取引・値付市場を監督するという連邦政府の公約を表すものとして、今日もCFTCのロビーに置かれている。

的を外す

過度に制限的なCFTC規制は引き続き私の懸念事項だった。スワップ執行ファシリティ（SEF）に関するCFTC規制により、スワップ取引手法のイノベーションは、引き続き制約されていた。私の考えでは、その基本的な枠組みはドッド・フランク法と矛盾しており、過度に詳細であり、負担が大きく、先物市場を手本にしすぎていた。また、それは非常に主観的であり、その対応はノーアクション・

レター、スタッフの裁量や解釈、一時的な規制の謙抑性に過度に依存していた。これらはすべて、将来の体制のもとでいくらでも変更されるおそれがあった。

私の要請で、アミール・ザイディがSEFルールの包括的な見直しを主導した。彼が市場参加者と相談したところ、一部の業者は、包括的な書換えではなく、より限定的な見直しを求めていた。しかし私は、それを制度疲れのせいだとみなした。私は起草中にアミールと何度も話し、2018年11月の委員会投票に付されることとなる変更案のパッケージを個人的に承認した(注6)。その規則修正案は、私の同僚委員3名の慎重な支持を得た。しかし、私がそこで書き換えようとしていたSEF規則の作成にかつて参画したバーコヴィッツ委員は、本提案に激しく反対した。バーコヴィッツ委員の立場は尊重しつつ、他の3名の委員の支持には感謝した。

市場参加者の反応はまちまちだった。それから数カ月間、ニューヨークとワシントンで、私は何十という銀行、資産運用会社、トレーディング会社と個人的に話した。私は自分の提案が的外れだったことに気づいた。私たちは、既存の規則に起因するスワップ取引の分断に対処するべく、流動性の形成、価格発見、取引執行のプロセス全体がシームレスに行われる、透明性のあるプラットフォームが競争するという市場構造を促すことを意図していた。しかし、規則修正案がスワップ・ディーラーとその顧客との直接的な関係に悪影響を及ぼすとは予想していなかった。そのミスは完全に私のせいだった。

2019年の初め、政府閉鎖の最中、私は米国法曹協会（ABA）の会議で、ロジスティクスのむずかしいプレゼンテーションを行った。私はコネチカット通りにあるABAのワシントン事務所に行った。小さな会議室の演壇に立ち、数フィート前の段ボール箱の上に置かれたノートパソコンに話しかけた。私の姿は、ABAデリバティブ法部門の年次大会のために、フロリダ州ネイプルズのラ・プラヤ会議場のボールルームに集まった何百人もの参加者に向けて放送された。政府閉鎖がなければ、私は直接そこにいたはずだった。

私はとりわけ、SEFの規則修正案について話した（注7）。私はその目的について話し、その欠点についても正直に認めた。あらゆる犠牲を払い、いかなる日程でもその規則修正案を採択すること自体が目標ではなく、的を射たものにすることこそが目標だと私は言った。私はもっとやるべきことがあることを認めた。そして、彼らの思慮深い意見と懸念に感謝し、こう言った。

「では、本題に入りましょう……問違いなく皆さんの多くの念頭にある問題です。いまのSEF規則を遵守するためにすでに何十億ドルもの資金が投入されており、だれもがそれに慣れてしまっています。ほかにやるべきことがたくさんあるのに、なぜこんなことをするのでしょうか。なぜ現在のSEF規則を変更するのでしょうか」

「理由を説明しましょう。それはリスクと機会の問題なのです」

現行のSEF規則の枠組みが永続的でないことが、市場参加者にリスクをもたらす、と私は続けた。将来の体制下の職員は、おそらく自由市場にあまり好意的でない体制だったとしたら、自由市場を支えてきた解釈や指針、コンプライアンス上の期待を変更したり、撤回したりするだろう。さらに、現在の執行手法の制約は、それ自体が流動性危機の際のトレーディング・リスクの原因となる可能性がある。流動性危機の際には、画一的ではなく、より柔軟な執行手法によってスワップのカウンターパーティーを探す必要があるからだ。

SEF規則の改善はチャンスでもあると私は続けた。これは、スワップ取引に固有のトレーディングのダイナミクスと偶発的な流動性に規則を適合させ、価格発見とリスク軽減のメカニズムとしての市場を強化するチャンスだった。新規則はまた、現行の枠組みのもとで減退していた市場のイノベーションを追求するチャンスを既存および新規の市場参加者にもたらしうるものだった。

残念ながら、私の任期が終わるまでに、SEF規則案を修正し、私のせいで生じた欠陥を修正するには時間が足りなかった。今日存在するものよりも、経済活動、イノベーション、競争をより明確に促進するSEF規制の枠組みをつくれなかったことを残念に思う。

国際情勢

委員長としての最初から最後の日まで、私は特に国際問題に熱心に取り組んだ。私は、トランプ大統領にも言ったように、アメリカが経済面での競合国と同様に、国際的な基準設定団体により深く関与する必要があると考えていた。一方でそれは、党派的な政治的干渉のない、自由でしっかり規制された市場と民間企業というアメリカの価値観を広める手段となる。もう一方で、ますます相互連関性の高まった世界において国際的な規制に関与することは、他国から学ぶことでマーケット・インテリジェンスを高め、より協調することにつながる。

ホワイトハウスが私の指名を発表した翌日、私はＦＩＡのボカでの会議で、大勢の聴衆に、ＣＦＴＣの国際的な取組みのすべてにおいて、ＣＦＴＣは率直かつ公平な態度で行動し、適切な場合にはリーダーシップを発揮し、常に敬意と十分な配慮を表すと話した。ＣＦＴＣは、海外の規制当局から信頼され、価値あるカウンターパーティーとみなされるよう努力するということだ。

私の任期中、ＣＦＴＣは、これまでにないほど多くの国際的なワークストリームに参加した。トランプ政権が国際的な関与から手を引いているという評論家の警告を否定するようだが、ＣＦＴＣは、証券監督者国際機構（ＩＯＳＣＯ）、金融安定理事会（ＦＳＢ）、ＩＯＳＣＯと国際決済・市場インフラ委員会との共同作業、バーゼル銀行監督委員会（ＢＣＢＳ）により関与するようになった。さらに重要なこととして、ＣＦＴＣは、市場の分断、効率的かつ強靱な店頭デリバティブ改革、コモディティに係る原則、サイバーセキュリティ、金融市場インフラの規制、国際的なデータ基準、規制の実施状況のモニタリングと評価に関する国際的なワーキンググループの議長または共同議長を務めた。私は、ＣＦＴＣのリーダーシップにより、ＩＯＳＣＯ、ＦＳＢ、その他の団体が国際基準、ガイダンス、報告書を作成できたことを誇りに思う。これらは、頑健な市場を維持しつつ、グローバル金融システムを強靱にするという目標を大きく前進させた。

私自身、IOSCOの理事会にはできる限り出席した。世界中の優秀な規制関係の同胞と知り合いになった。彼らの仕事の質の高さと思慮深い献身に感心した。私は、アシュリー・アルダー議長とジャンポール・セルヴェ副議長によるIOSCOの卓越した運営に敬服するとともに、皆に尊敬される日本の氷見野良三金融庁長官とともに、二つのグローバルな規制ワーキンググループの共同議長を務めたことを喜びに感じた。

予想していたよりもはるかに多くの時間を国際問題に割いたが、驚きはしなかった。大手金融機関の市場での活動とホールセール取引に関して言えば、アメリカの市場と業者は、世界のどの経済圏よりも桁違いに大きい、グローバルな役割を果たしている。CFTCの監督下にあるアメリカの銀行やトレーディング会社は、世界のほとんどのデリバティブ取引所において、マーケットメイキングや流動性の供給で支配的な立場にある。これにはヨーロッパやアジアの取引所も含まれるが、これらの取引所はアメリカの業者によるマーケットメイキングがなければ、ほとんど機能しなくなる。CFTCは、グローバルな金利スワップ取引の大部分を清算するロンドン・クリアリング・ハウス（LCH）など、海外における多くの重要なデリバティブ清算機関の主要な規制当局である（注8）。同時に、世界の主要なコモディティやベンチマークの多くは、主にシカゴ・マーカンタイル取引所（CMEグループ傘下）とICE先物取引所（インターコンチネンタル取引所傘下）（注9）などのアメリカの市場で値付けされ、ヘッジされている。最後に、CFTCは、ワシントンで毎年開催される、デリバティブ規制に関する1週間にわたる研修プログラムを通じて、海外の多くの証券規制当局者を育成してきた。

ブレグジットに架ける橋

ロンドンはニューヨークに次ぐ世界的な金融センターであり、ヨーロッパにおいて突出した地位を築いている。欧州連合（EU）の都市のなかで、常に世界トップ20の国際金融センターに入っているのはロンドンだけだ。世界で最も経済的に発展した三つの地域（北米、ヨーロッパ、アジア太平洋地域）のなかで、一つの都市がかくも支配的な地位を占めていたのは、ヨーロッパだけだ（北米の六大金融センターはすべて世界のトップ20に入り、アジアの六大金融センターはトップ11に入っている）。

そのため、イギリスの有権者がEU離脱（ブレグジット）を2016年に決定すると、他のEUの都市がロンドンにおけるホールセール金融サービス産業の一部を飲み込もうと激しい争奪戦が勃発した。ヨーロッパの産業政策の衝突自体は、アメリカにとって問題ではなかった。しかし、イギリスとEUの両方で金融のインフラ、サービス、資本、取引の流動性のほとんどを提供してきたアメリカの業者にとって、EUとイギリスが互いに対して突発的ないし制裁的な措置を講じた場合、財務面や運営面で負担を強いられる可能性があった。そのリスクは必然的に、これら業者の規制当局たるCFTCを巻き込むこととなる。

2017年10月、ムニューシン財務長官は、国際通貨基金（IMF）のワシントン本部で開催されたアメリカの主要同盟国との会合で、ブレグジットに関するアメリカの懸念を各国の中央銀行総裁と市場規制当局者に説明するよう私に求めた。私は当意即妙に述べた。

「私たちヨーロッパ外の規制当局者は、ブレグジットをみて、両親が離婚した無垢な子どもの気持ちになります。私たちは、かかわりたくないような、痛ましい別離にいつも引きずり込まれるのです」

「痛ましい別離」は、とりわけ、ロンドンのシステム上重要かつ収益性の高い金利スワップの清算に関して、ブリュッセルとロンドンの間で現在も継続中の綱引きの引き金となった。私たちは、ヨーロッパのこの諍いが世界経済の脅威になることを容認することはできなかった。

私は、ブレグジットによる分裂においては一貫して、一方に加担することなく、アメリカの利益を守るために懸命に働いた。イギリスとEUが友好的な分離の交渉に失敗し、市場の不確実性が高まったため、それはますます困難な仕事になった。条件交渉なしにイギリスがEUを離脱する「ハード・ブレグジット」と呼ばれるものが、確立された貿易関係を築くアメリカとヨーロッパの間の金融取引に与える初期の影響は軽微なものとみられていた。しかし、アメリカとイギリスとの取引にとっては壊滅的な影響を与えかねなかった。なぜなら、ブレグジットが起こるまで、両国は二国間の貿易協定の交渉を開始できなかったからだ。ハード・ブレグジットが現実のものとなりつつあった2019年2月中旬に向けて、取引の不確実性が高まっていった。

私は市場の混乱を避けるために行動することを決意した。超党派のＣＦＴＣ委員の支持を得て、米財務省とホワイトハウスへの「告知」をすませて、英国財務省、イングランド銀行（ＢＯＥ）、英国金融行為監督機構（ＦＣＡ）に接触した。私は、ハード・ブレグジットが発生した際に、両国間のデリバティブの取引および清算業務の継続性を市場参加者に保証する、複数のバイラテラルの規制措置を提案した。この提案をきっかけに、４当局の間で数週間にわたり、24時間ぶっ通しの協議と草案作成が行われた。

私たちは、２０１９年２月25日にロンドンで合意を発表した。フィリップ・ハモンド英財務相、イングランド銀行マーク・カーニー総裁、ＦＣＡアンドリュー・ベイリー長官、ＣＦＴＣを代表して私、の４名が共同声明を発表した。私は海外メディアに対し、今回の合意を「ブレグジットに架ける橋」と呼んだ。

私と私のチームは、記者会見を終えるとすぐにユーロスターに乗り込み、数時間後にブリュッセルに到着した。そこで私たちは、ＥＵ当局者と今回の措置を説明し、また、ＥＵがアメリカのデリバティブ清算機関に対する監督権を主張していることから生じうる予期せぬ影響にも対処した。しかし、この一連の作戦遂行はそれ自身が一つの物語になるものであり、いつかそのテーマだけで本を書いたほうがよいだろう。

馬鹿歩き省

任期が終わりに近づくなかで、私は、自身の経歴のなかで最も喜ばしい栄誉の一つ、フリーダム・オブ・ザ・シティ・オブ・ロンドンを授かった。非常に伝統ある称号で、最初の授与は1237年にさかのぼるといわれている。シティ・オブ・ロンドンの中心にある12世紀に建立されたギルドホールでの素晴らしい式典で授与された。この名誉は、農奴のなかでふさわしい人物を隷属から解放するという中世の慣習から生じている（注10）。現在、この名誉に伴う特権のなかには、さやのない剣をシティ内で携行し、羊を引き連れてロンドン橋を渡る権利がある。第三の特権は、絞首台に上がることになった際、首に巻かれるのが快適なシルクの縄になるというものだ。この特権の行使は、できる限り先延ばしにしたいが。

その数日後、心和むイベントの余韻に浸りながら、ワシントンに戻る飛行機に搭乗するためにロンドン・ヒースロー空港に向かった。チェックイン手続を進めていくと、空港職員は、アメリカの空港よりもはるかにプロフェッショナルな感じがした。セキュリティでも同じようなプロ意識がみられるものと期待した。

しかし、プロ意識どころか、アメリカのほとんどの空港でよくある攻撃的な態度をみてがっかりした。ここでも、乗客に対する無礼な罵声が聞こえた。乗客は不躾な扱いに対して、アメリカでみられるような敵意に満ちた反応を示した。違いはアクセントだけだった。

すると、金属探知機への誘導係が、イギリス特有のユーモアで不快な空気を切り裂いた。「普通に進んでください」と彼女は言った。「ガチョウ歩きも、馬鹿歩きも禁止です。繰り返します。普通に進んでください。馬鹿歩きはしないでください」

モンティ・パイソンの「馬鹿歩き省」(注11)がまだ現役で、近代的な交通機関の不愉快さに耐えている女王陛下の臣民たちに、少しばかりの笑いをもたらしていることを知り、私はうれしくなった。

第14章

チェッカー・フラグ

人生は決して一直線ではない。終わりのない円だ。目的地にたどり着くには、別の曲がった道を行け。

——ロジャー・ターナー（詩人）、「Take Another Road」

チップを返す

私はカジノにはあまり行かない。行くときは「ダブル・オア・ナッシング」理論を使う。決められた金額、たとえば500ドルをもって店に入り、倍にするか全額失ったら店を出る。

公職も同じだ。そこに入って、挑戦したいと思うすべての戦いに勝つまでとどまるつもりなら、いつまでも抜け出せない。完全勝利を収められる政治闘争などほとんどないからだ。多くの戦いは、発展して別のレベルで戦われることになったり、他の問題に吸収されたり、世界が前進するにつれて忘れられたりするだけだ。

一方で、もし政治の世界に入り、一生懸命戦って何年か後に引退すると決めている場合は、いくつかの戦いには負けるが、適度に勝ちつつ、自分の意のままに去ることができる。このアプローチであれば、次に来る政治的な仕事を常に見張っていなくても、目先の任務に集中することができる。ワシントンの問題は、人々が去るのが早すぎることではなく、彼らがとどまる期間が長すぎることだ。

商品先物取引委員会（CFTC）で働き始めた頃から、私は5年間の任期が終わる2019年に、ワシントンを離れようと思っていた。私自身がそう思うだけでなく、私が配下に任用したすべての人たちにも、そのことを周知徹底した。そのおかげで、私たちは目の前の仕事に十分集中できた。

CFTCに不満だったわけではなかった。それどころか、一分一秒を楽しんだ。私は一般の職員を愛し、彼らの専心と献身に敬意を抱くようになった。私は彼らのキャプテンであることを誇りに思い、彼らの信頼を得たいと思った。ＣＦＴＣを運営することを楽しみ、その権威と使命を根気強く訴え続けた。また、グローバル市場や機関投資家のトレーディングについても深く理解した。これらの市場を健全な状態に戻すべく、私は知識を総動員した。私はまた、ＣＦＴＣでの仕事が、加速するアメリカ経済と雇用の増加に貢献したことを誇りに思った。さらに重要なこととして、私のチームがアメリカのデリバティブ市場規制というＣＦＴＣの仕事を着実に遂行し、マーケット・インテリジェンスに基づく監督を実現したことを誇りに思った。

一方で、ワシントンの政治や政治家にはうんざりした。いんちきな事柄やいんちきな大義についての果てしない無駄口には飽き飽きした。ワシントンは、陽気なユーモアのない大人のための高校のようで、とても幼稚にみえた。私はビジネスの正直さのほうが好きだった。

無邪気な幻想とは裏腹に、政治とは結局のところ、人々や社会に対する権力を獲得し、行使することである。政治では、権力が成功の指標だ。政治的成功はさらなる権力につながり、政治的失敗は権力の低下につながる。

さらに、権力を行使するためには、外見が欠かせない。政治的成功は、権力を維持するのに十分な票を獲得するために必要な美徳と人格を備えていそうな外見がもたらす。実質よりも形式だ。徳のある外見であることと、実際に徳があるかは別の話だ。徳は、ある人もいれば、ない人もいる。２年、４年、６年ごとに開催される定期的な選挙は、アメリカでは数少ない、外見と徳とのギャップを客観的に評価するための機会だ。

ビジネスは、政治とは異なる原則の上に成り立っている。すなわち、「形式よりも実質」だ。顧客の生活や投資口座に付加価値を提供するか、しないかだ。できる者もいれば、できない者もいる。できれば繁栄し、できなければ苦しむ。価値を生んだかどうかに関する客観的な指標がある。財務諸表という。財務諸表は、価値が付加されたかどうかを、比較的標準化された数学で示している。そして、最低でも90日に一度、定期的に提供される。

ハウス・オブ・カードに登場する架空の政治家、フランク・アンダーウッドは、ある元議会スタッフについて物思いにふけり、独り言をつぶやいた。

「才能の無駄遣いだ。彼は権力よりも金を選んだ。この町ではほとんどだれもが犯す間違いだ。金はフロリダ州サラソタのマクマンション（訳者注：大量生産の大型戸建て）だ。10年後に崩壊し始める。権力は何世紀にもわたり立ち続ける古い石づくりの建物だ。違いがわからない人は尊敬できない」（注1）

フランク・アンダーウッドは間違っていた。私はウォール街とワシントンの両方で上級の役職に就いていた。どちらも偽善と利権の要素をもっている。しかし、どちらも主に善良で高潔な人々によって占められている。悪人の手に渡れば、政治は不心得な証券会社と同じくらいマクマンションのようなものとなる。そして、真っ当な人の手にかかれば、ビジネスは、病人の世話をし、貧しい人々を保護し、疲れた人々をもてなし、豊かな老後を支える美しい石づくりの建物を築くことができる。政治もビジネスも公共に奉仕しなければならない。政治とビジネスに従事する者は、その職務を行ううえでもっと謙虚であるべきだ。

フランク・アンダーウッドのように、一部の政府高官は、自分たちの職業は民間部門よりも高貴だと考えるようになっている。しかし、ワシントンで出会った政治家はだれ一人として、アメリカのビジネス・パーソンを見下す理由など持ち合わせていなかった。逆もまたしかりだ。連邦政府と州政府の職員のほとんどは一生懸命働いており、腐敗はない。5年が経過し、政治に金融業界以上にモラルがあるわけではないことがわかった。結局のところ、アメリカの可能性は、主権を有する国民の善良さと価値観にかかっている。国民は、自身に奉仕するために存在する政治家や企業経営者の特権を監視し続けなければならない。

新しいボスを迎える

ワシントンで過ごす時間も終わりに近づいていた。カジノを出る準備をしなければならなかった。

2018年の夏、大統領人事局にて、来年が私の最後の年になることを確認した。私は任期が切れる2019年4月に辞任したかったが、後任への円滑な引継ぎを確保するよう大統領から要請された場合は、もう少し長くとどまるつもりだと伝えた。私の後任候補について話し合った。

私は11月に大統領人事局を再訪し、後任が決定したことを知った。ヒース・ターバートだ。ボルチモア出身でペンシルベニア大学卒の弁護士であるターバートは、最高裁判所のクラレンス・トーマス判事のもとで事務員を務め、ジョージ・W・ブッシュ政権でホワイトハウスのアソシエイト・カウンセルを務めた。私がターバートと知り合ったのは、オバマ政権の初期、彼がワシントンの有名な法律事務所にいた時だった。私は彼のやる気と決断力に感心した。2016年11月の大統領選挙の後、私はターバートにCFTCのジェネラル・カウンセルにならないかと打診した。しかし彼は、国際市場・開発担当の財務次官補として、デイビッド・マルパス財務次官を支える選択をした。マルパスが世界銀行の総裁に就任するのと同時に、ターバートは国際問題担当の暫定次官に昇格した。

2018年12月、ホワイトハウスはターバートをCFTC委員長に指名する意向を発表した。ターバートの国際的な経験は、CFTCにとっておおいに役立つと確信していた。私は声明で、「最高の選択」だと称賛し、ターバートが「CFTCを21世紀のデジタル規制当局に移行させる作業を継続し……力強い経済成長とアメリカの繁栄を支えるだろう」と言った。ターバート氏はそれだけでなく、それ以上のこともやってのけた。

ボカ

私の任期が切れるまで1カ月となった2019年3月、レジーナと私はウェスト・パーム・ビーチに飛び、有名なボカ・ラトン・リゾート&クラブに行くためウーバーを捕まえた。ヤシの木が並んだ入口を抜け、珊瑚色のゲートハウスを通過し、せわしない車寄せに停車すると、ベルボーイが荷物を運んでくれた。私たちは、1世紀前に建てられ、現在はウォルドルフ・アストリア系列となっているスペイン風のピンク色の重厚な建物に入った。それは「ボカ」として知られており、先物業協会（FIA）の年次会議が長年開催されてきた。この年は第44回に当たり、史上最多となる1000人を超える参加者を集めた。

私は2004年頃からこのイベントに来て、毎回楽しい時間を過ごした。素晴らしい場所と、幅広い業界関係者、そして1年のうちの適切な時期、これらが完璧に組み合わさったコンファレンスはめったにない。FIAのボカでのコンファレンスには、肩書に「チーフ」がつく役員、規制当局の幹部、報道機関、投資銀行家、ディーラーなど、デリバティブ業界で最も影響力のある人々が勢揃いする。GFIによる買収交渉からCFTC委員長としての海外規制当局との会合まで、ここでは多くの印象的な瞬間があったことを思い出す。

ひょっとすると、ボカで最も印象的だったのは、著名な法律事務所、カッテン・ムチンが2年前の

2017年に主催した夕食会での一コマかもしれない。CFTC暫定委員長として、私は同法律事務所の評判の良いシニアパートナー、アーサー・ハーンと、FIAの会長兼CEO、ウォルト・ルッケンとともに、主賓席に座っていた。また、親友で元CFTC委員長のジム・ニューサムも同席していた。前菜が出されると、ニューサムは私に、「正式な委員長への指名、おめでとう」と言った。私は「ありがとう、ジム、でもまだ何も発表されていない」と返した。すると彼は「発表されたんだよ。おめでとう!」と言った。

私は自分のメールを確認した。たしかに、ホワイトハウスからの発表があった。会場がざわついた。ハーンは立ち上がり、スプーンでグラスを鳴らし、私のCFTC委員長指名を告げた。会場から拍手がわき起こり、私は立ち上がって一言挨拶をした。

それから、あっという間に2年が過ぎた。コンファレンスの幕開けを告げる伝統的な委員長の基調演説をするのはこれが最後だ。私はその朝早く起きて、日の出前にプールで泳いだ。それからスタッフと一緒にパームコートで朝食をとった。その後ほどなくして、私は大講堂に行き、マイクをもった。ウォルト・ルッケンが紹介を始め、私をステージに迎えてくれた。

私は会場をよくみた。600人ぐらいが着席し、さらに100人ぐらいの人が立っていて、まだドアから入ってくる人がいるのがみえた。私は聴衆に感謝の意を表し、成し遂げたこと、やり残したことなどに関して私の意見を述べた。そして、「訪れた場所を到着したときよりも良い状態にして去りなさい、という両親の教え」を全うするよう励んだ、とまとめた。CFTCについていえば、それは運営、予算、透明性、説明責任、マーケット・インテリジェンスをより良いものにすることであった。

私は少しむせた声で、「私は10年以上前からボカに来ていますが、CFTC委員長として皆さんに演説するのはこれが最後です」と言った。私は聴衆に、彼らをはじめとするアメリカ国民に奉仕する栄誉に浴したことを感謝した。聴衆の反応に圧倒された。

あるジャーナリストはこのスピーチを次のような見出しで取り上げた。

クリス・ジャンカルロはどのようにして先物業界の活気を取り戻すことに貢献したか

クリス・ジャンカルロは、おそらく、業界史上最も人気のある規制当局者として名を残すだろう。彼は今年辞任するCFTC委員長であり……今年のFIAボカ・コンファレンスでのお別れの挨拶において、在任中のCFTCの成果に焦点を当てて話した。

ジャンカルロは、2年前のFIAボカ・コンファレンスにおけるスピーチで、規制には実務的かつ協力的なアプローチが必要だと提唱し、業界に新たな楽観主義と活力を吹き込んだ。これまでのCFTC委員長とはまったく対照的な彼のアプローチは、CFTC委員長に対するおそらく史上初のスタンディング・オベーションを巻き起こした。そして、今年のFIAボカ・コンファレンスでの最後の演説において、聴衆は二度目となるスタンディング・オベーションを彼に送った。

彼は、フィンテックのコミュニティとの協働を目的としたCFTCのテクノロジー・ラボなど、いくつかの成果について語った……。

彼はまた、CFTCとして6年ぶりとなる予算の増額も実現した。彼によると「私たちの予算要求の合理性のみに依拠したもの」だったという。ジャンカルロによると、市場がテクノロジーで動く場面が増えて、複雑になってきているため、より優れたテクノロジーのための予算増はCFTCにとって絶対的に重要だという。

最終的にジャンカルロは、CFTCのスタンスと業界とのかかわり方を変えた委員長として人々の記憶に残るだろう（注2）。

退任する

そのほかにも、お別れの挨拶をしなければならないところがあった。議会もその一つだった。5月、私はロングワース・ビルで開かれた下院農業委員会において、最後の証言を行った。2017年の中西部音楽ツアーのリーダーでもあった民主党のコリン・ピーターソン委員長は、「お帰りなさい。前回この部屋で会った時は、一緒にギターを弾きましたよね」と言ってくれた。

そのとおりだった。数カ月前、まさにこの部屋で、彼と私、そして彼のバンド、セカンド・アメンドメンツは、超党派の「議会ロックンロール連盟」に集まった民主・共和両党の聴衆を楽しませた。今朝の同じ部屋では、CFTCの成果と進捗について、両党から賛辞が寄せられた。

2週間後、私は議会の反対側にある上院関連施設にいて、上院の金融サービスに係る歳出小委員会で証言していた。私はいま一度、証券取引委員会（SEC）クレイトン委員長の隣で証言していた。その公聴会は、多くの点において至って普段どおりのものだった。

そのなかで、ルイジアナ州選出の上院議員、ジョン・ケネディ委員長は、わざわざ私の職務に対して感謝の言葉をくれた。「人生の5年間を捧げるというのは長いものです。そして、それが単なる仕事でないことも理解しています。委員長の任務というのはある種のライフスタイルのようなものなのです」と。

最古参のクーンズ上院議員は、私の後ろに座っているレジーナに直接話しかけた。

「奥さまであるレジーナに、ご主人の国への奉仕を支えてくださったことについて感謝の気持ちをお伝えしたいと思います。そして、あなたがた二人に対し、CFTC委員長としてわが国に貢献してくださったことに、ケネディ委員長とともに感謝の意を表します」

1時間半の証言の後、会議はケネディ上院議員の以下の言葉がもたらしたちょっとしたユーモアで終わった。

「ジャンカルロ委員長、私たちはあなたがいなくなると寂しくなります。あなたは並外れた仕事をしてくれましたから」

私は笑顔で答えた。

「上院議員、私がこんなことを言うとは思ってもみなかったですが、私もとても寂しいです！」

（場内爆笑）

小槌がたたかれ、会議は終了した。

もう一つの重要なお別れの挨拶は、暗号通貨コミュニティへのものであった。CFTCのジョージ・プレン上級エコノミストとの会話に触発され、私は2019年ニューヨーク・ブロックチェーン週間にあわせてオンラインのオープンレターを公開した。そのタイトルは「自由市場とブロックチェーンの未来」だった。

書き出しはこうだ。

暗号通貨、分散型台帳技術（DLT）、より広範にはフィンテックなど、暗号通貨コミュニティの人々の心の中心にある多くの問題に取り組むことができて光栄でした。また、CFTC委員長として務めさせていただいたことに感謝しています。特に、この活気に満ちた、聡明で野心的な人々から成る素晴らしいコミュニティから「クリプト父さん」というあだ名をつけていただいたことには恐縮しています。

暗号通貨、DLT、フィンテックがCFTCの主要な話題になるとは、CFTCに参加した当時は夢にも思いませんでした。この時期にCFTCの指揮をとり、こうした新たなテクノロジーをはねつけたり潰したりすべきだという要求や懸念を政府内で静める声となれたことを、幸運に思います。

CFTCが効果的な規制当局であり続けるためには、CFTCがこれらの変化についていかなければならない、そうしなければ私たちの規制は時代遅れで役に立たないものになってしまう。これが、私の委員長在任中のコアとなる信念でした。

喜ばしいことに、CFTCはこの2年間、現代の市場がデジタル化するのを何もせずに傍観していたわけではありませんでした(注3)。


レオナルド・ダ・ヴィンチの没後500周年とルネッサンス期におけるイノベーションの探求についても触れた。まさにいま、探検の新時代が始まったのだ。私は、自由市場と民主的資本主義という不朽の理想を礎にして、新時代が築かれるべきだと提唱した。

お別れの挨拶がほぼ完了し、最後の規則変更案がCFTC委員会に提出されるなか、マイク・ギルと私のスタッフが送別会を企画してくれた。送別会はCFTCの会議場で開催され、職員や来賓で満員になった。連邦準備制度理事会（FRB）パウエル議長、イングランド銀行アンドリュー・ベイリー総裁、SECクレイトン委員長、マイク・コナウェイ元下院金融サービス委員長、CFTCの同僚だったシャロン・ボーエンなどがスピーカーとして参列してくれた。セオドア・ルーズベルト元大統領の有名なスピーチの一節「アリーナに立つ男」を引用した4人の同僚委員（ダン・バーコヴィッツ委員を含む）のコメントには特に感動した。

「重要なのは批評家ではない。強者がどんなふうにつまずくのか、偉業のどこに欠点があるか、といったことを指摘する人ではない。名誉はすべて、実際にアリーナに立つ者に与えられる。勇敢に戦い、ほこりと汗と血で顔を汚した男のものだ。最悪の場合、失敗に終わるかもしれないが、それは少なくとも果敢に挑戦した結果だ。ゆえに、その魂は、勝利も敗北も知らない冷淡で臆病な魂と同じ場所で眠ることは決してない」(注4)

クインテンズ委員は、私がCFTCでの在任期間に書いた文章をネタにした。彼の推定によると、私はCFTCにいた5年間で、三つの白書、九つの議会証言、63の演説、103の公式声明を執筆した。計算上、合計で46万9197文字の刊行物を出したことになり、「もう少しで『戦争と平和』ですね！」と言われた。他方で、私のCFTCでの仕事について、ラルフ・ワルド・エマーソンの「敷かれた道を進むより、道なきところを進み、足跡を残せ」という警句を体現したものだと言い、それを聞いた私は感動した。

最後にＣＦＴＣの演台に立ったとき、「あなたを支えてくれた人に報いよ」という重要な格言を思い出した。私の最後のお別れの挨拶は、私を支えてくれた人たちと、ＣＦＴＣの職員へのものだ。私が享受してきた成功のすべてをもたらしてくれた人たちだ。私は、政府であろうと、ビジネスであろうと、その他いかなる職業であろうと、家族や友人、同僚の支えなしに、リーダーは大きな仕事を成し遂げられないと言った。そして、レジーナ、両親、子どもたちに感謝した。また、他の規制機関の同胞やＣＦＴＣの同僚委員に感謝した。そして何よりも、一般職員に感謝した。真面目で勤勉で献身的な連邦政府の職員だ。今後の人生がどこにたどり着こうと、ＣＦＴＣの善き人々のリーダーとなる機会に恵まれたことを常に誇りに思うと伝えた。

涙がこみ上げるなか、私は会場を横切り、ステージに勢いよく上がり、コリン・ピーターソンとセカンド・アメンドメンツのバンドに合流した。そして、地元の友人二人やミュージシャンと一緒に、ＣＦＴＣに捧げる曲を歌った。

ニール・ヤングの「ロング・メイ・ユー・ラン」を。

第15章

暗号通貨の曲がりくねった道

自動車に乗ってみんなから遠ざかっていくときの、彼らが地平線に徐々に消えていくあの感覚はいったい何だろう。

私たちを待つあまりにも巨大な世界であり、さよならでもある。

それでも、私たちは彼方の空の下にある次のクレイジーな冒険にワクワクしている。


——ジャック・ケルアック（小説家）、「On the Road」

静水のほとりで

商品先物取引委員会（ＣＦＴＣ）を退任した時、私は身も心も疲れきっていた。ＣＦＴＣ委員に就任した日から委員長を退任した日まで、私はあらゆるエネルギーを職務に注いだ。２０１９年７月14日、日曜日の夜遅く、委員長室のドアを閉めた時、私はボロボロだった。翌朝午前９時にはヒース・ターバートが委員長室に入ることになっていた。

最初の長めの休養は、９月初旬だった。レジーナと私は、アディロンダック山地西部のビッグ・ムース湖にあるウォルドハイム・リゾートのホイップソー・コテージで完璧な夏の８日間を過ごした。

私たちは早朝に泳ぎ、山々を長時間散歩し、夕方には炎の光で読書をした。それは内省のためだけでなく、若返りのためにも良い時間だった。

ある朝、ビッグ・ムース湖の北のほとりに座って携帯電話でニュースを読みながら、インターネットがいかにニュースの配信とジャーナリズムのビジネスを変えたかについて考えた。実際、私がキャリアを重ねるなかで、インターネットは、音楽（パンドラやスポティファイを想像してみてほしい）やテレビ（ユーチューブやネットフリックス）から、小売り（アマゾンやイーベイ）や地域の交通手段（ウーバーやリフト）まで、旅行・レジャー（エクスペディアやトラベロシティ）や写真（フリッカーやスマグマグ）から、コミュニケーション（ツイッターやフェイスタイム）、ソーシャル・ネットワーキング

（フェイスブックやリンクトイン）、ビジネスでのミーティング（ズームやブルージーンズ）まで、実に多くの業界を変革してきた。

私は、インターネットがまだその白魔術とも黒魔術ともつかない効果を発揮し尽くしていないことに気づいた。インターネットは竜巻のように拡大し続け、道行くすべてのものを破壊し続けた。情報のインターネットをはるかに超えて発展し、私のスマートフォンで朝の世界のニュースを簡単に選別していた。そしてモノのインターネット（ＩｏＴ）へと進化し、アディロンダック山地まで6時間運転した後、私のボルボＳ90のブレーキオイル、冷却水、エンジン・オイル水位の「健康診断」を携帯機器でできるようになった。そしていま、インターネットは価値のインターネットへと変貌を遂げた。それにより、私の自動車の所有権は、すぐに紛失してしまう紙よりもはるかに優れたもので表章されるようになった。すなわち、改変のできないデジタル台帳に記録され、いつでもどこからでも、世界中のどのコンピュータからでもアクセスして、私の車の所有者が私であり、私だけであることを確認できるようになったわけだ。そして、さらに便利なことに、必要に応じて、私の車の一部を隣人に売却して共有することもできるようになった。

インターネットの第一波は、人類間のグローバルなコミュニケーションを強化し、第二波は電子機器間のコミュニケーションを可能にした。第三波は、人と企業との間の自律的なやりとりや価値の交換を促進するものとなるだろう。この第三波が直接照準をあわせていたのは、最も重要なコモディティであるお金であり、それを扱う銀行や金融業者だった。

お金の本質

今後の変化の規模を理解するために、この質問に答えてみよう。お金とは何か。

お金とは、本質的には信頼であり、社会的に構築されるものだ。共有された価値の概念、「共有されたフィクション」だ(注1)。お金は私たち全員がお金だと同意しているものだ。価値があるのは、価値があることに同意しているからだ。たしかに、お金には政府の承認や裏付けがあるかもしれないが、社会的信頼がなければ無価値だ。その価値はすべて、社会がその価値を受容することから派生している。イングランド銀行の前総裁、マーク・カーニーの言葉を借りれば、「お金は、信頼、強靭性、ダイナミズム、連帯感、持続可能性という価値に裏打ちされた芸術品に近い。中央銀行はそのキュレーターに当たる」(注2)

よくある誤解とは裏腹に、過去50年間、金や銀に裏打ちされてこなかった米ドルについても同様のことがいえる。ドルはいかなるものに対しても法的権利をもたない。ドルの価値はすべて、国内的にも国際的にも広く受け入れられ、交換手段、価値保存、価値尺度として利用されてきたことによる。そうした広範な普及は、社会的信頼のなせる業だ。

お金はまた変化しやすいものでもある。安定した状態が長く続いた後、突然何か別のものに変化する(注3)。「何人かの桁違いの天才が新しいアイデアをもっていたり、世界が根本的に変化して、新たな種類のお金が必要になったり、あるいは金融崩壊が通貨の存続の危機を引き起こしたりする。その結果として生じるのは、お金に関する基本的な考え方の変容だ。お金とは何か、だれがつくるのか、何が使用目的なのか」(注4)

私がこれまで直接みてきたことから察するに、私たちは今日、そのようなお金に関する基本的な考え方の変容の一種を経験しているのだと思う。その理由を理解するために、きわめて簡単にお金の歴史をみてみよう。

貨幣は人類の文明化にあわせて進化してきた。当初、交易は物々交換を通じて行われた。たとえば、鶏と土器を交換するといったものだ。しかし、鶏を売りたいが土器は必要ないとしたら、社会はどうすればよいだろうか。その答えは、価値を表章するものとして社会に認識される証明書＝トークンだった。それは、土器でも鶏でも毛布でも、どんな物にでも交換できた。

最初のトークンは、貝殻かビーズなどだったのだろう。その後トークンは、ローマ軍の通貨である塩のような固有の価値を有するものに進化していった(注5)。その他の固有の価値をもつトークンは、銀や金といった貴金属から鋳造される貨幣だった。より現代に近づくと、通貨のトークンは、紙や最近増えているポリマー紙幣など、固有の価値がほとんどない、実体のない物に基づいている。今日流通しているドル紙幣はトークンだ。人間は直感的に価値のトークンを理解する。これは、ＤＮＡにしっかりと組み込まれている。だからこそ、社会が未来に向けて進化するにつれて、トークンも進化するのだ。

これまでの実物のトークンの欠点は、ある地域に使用が限定されていることだ。物理的にそこにいる支払人と受取人との間の実物取引でしか使用できない。また、実物トークンは輸送が困難であるため、多額の支払には不向きだ。実物トークンはまた、発行・使用地域以外では価値が低下する。重要なのは、現代の電子商取引では実物トークンとしてのお金は機能しないということだ。

トークン化された通貨の地域性は、ヨーロッパの商人が貿易と商取引をグローバルに拡大しようとした大航海時代に、ますます障害となった。そこで、1600年代初頭、アムステルダム為替銀行は、個人がトークン化されたお金を預けるかわりに、譲渡可能な銀行の負債を表章する手形を発行した。この手形は、地域外でも容易に持ち運んで使用することができた（注6）。商人を顧客とする他のヨーロッパの銀行も追随し、このサービスを拡大した。彼らは実物のお金を預金として受け入れ、「銀行券」として知られる独自の紙幣を発行した。

銀行券のイノベーションは大成功を収めた。今日、世界経済で使われているお金のほとんどは銀行が発行したものだ。銀行が発行するお金は特定の金融機関の債務であり、政府や中央銀行の債務ではない。ただし、口座保有者はある程度、政府の預金保険の恩恵を受けることができる。クレジットカードやデビットカード、小切手による日常的な支払は、商業銀行その他金融機関によって提供されるお金の一例だ。今日の銀行の取引明細書に表示されているお金は銀行が発行するお金であり、銀行はそれを裏付ける同等量のトークン化された政府のお金を保有しているわけではない。

銀行が発行するお金は「口座ベース」のお金とも呼ばれる。トークンの形態ではなく、特定の銀行や金融機関の貸借対照表上、預金口座に係る負債として存在するからだ。口座ベースのシステムは複式簿記の産物だ。口座ベースのお金では、実物トークンとは異なり、その価値は勘定科目に仕訳され、口座保有者の預金残高と銀行の預金者に対する債務が一致するようになっている。

テクノロジーの観点から、トークン・ベースのお金と口座ベースのお金には大きな違いがある。それは正当性の検証の過程にかかわる。トークン・ベースのお金、たとえばドル紙幣では、検証は主に受取人によって行われ、紙幣が本物であり偽造されたものではないことを確認する。取引の当事者を特定する必要はない。10ドル札でサンドイッチを買うとき、自分の名前や利用する銀行、口座残高をだれかに教える必要はない。一方、口座ベースのお金は、第三者による両取引当事者の本人確認、支払人の口座資金が十分であることの確認、受取人による資金受領の確認が必要になる。デビットカードやクレジットカード、小切手でサンドイッチを買うと、どこかのだれか、あるいはなんらかのアルゴリズムが、買った人が何者で、利用する銀行がどこで、口座残高がいくらかを把握する。これらは、顕著かつ重要な特徴だ。

ゼル（Zelle）やベンモ（Venmo）を使っている人は、まだ口座ベースのお金を使っていることになる。そこでは、口座ベースのお金の移動を指示する第三者による一連の電子メッセージを通じて取引が行われる。こうしたキャッシュレス決済は、カード、電信送金、小切手、ベンモなどのデジタル・アプリで行われるが、銀行が当事者を特定し、それぞれの入金と引落しを記録、照合、決済するまでは、取引は完全には完了しない（つまり、取り消される可能性がある）。アップルペイで支払うためにスマートフォンをリーダーにかざすと、また別の電子メッセージのやりとりが始まる。ユーザーは、実際に価値を移転させているわけではない。どこかの営利企業が、そのメッセージの受信を受けて、価値を移転させる。そして、ここがキモなのだが、通常、その対価として、ユーザーまたはその相手方から料金を徴収する。

つまり、トークン化されたお金の欠点は、物理的空間とサイバー空間の両方で使用範囲が限定的であることだが、口座ベースのお金の欠点は、排他的で、費用がかさみ、遅いことだ。なぜ、私はこんなことを言うのか。

トークン・ベースのお金と異なり、口座ベースのお金の取引は、取引の個々の当事者の識別を必要とする。すべての取引においてそうした識別が必要なのは、両当事者それぞれの銀行口座を特定することにより、支払人の口座に請求額に足る金額があり、受取人が正しい金額を受領したことを確認するためだ。最初に当事者を特定しなければ、口座ベースのプロセスは開始しない。また、このプロセスにも時間がかかる。そして、そうしたすべての識別を行い、すべての引落しと入金の処理をするために、第三者に料金を支払う必要もある。

間違いなく、17世紀以降、排他性、遅さ、コストという口座ベースのお金の三つの特徴は著しく削減された。実際、口座ベースのお金の限定性、遅延、費用は劇的に改善し続けている(注7)。それでもなお、これらの問題がすべて改善されているわけではない。口座ベースのお金の利用は、まだ排他的だ。アメリカ人の5％強(注8)、世界の人々の21％(注9)が銀行口座をもたず、物理的な現金に頼らざるをえない。また、口座ベースのお金はまだ遅い。アメリカでは通常、小切手の決済や証券取引の決済には数日を要する。そして、いまだその費用は高い。アメリカにおけるクレジットカードその他決済サービスの手数料は、国内総生産（GDP）の2・3％相当、あるいは毎年4000億ドル以上と推定されている（注10）。数百ドルを海外に送金するには、金額に対して平均6・38％の手数料が発生する（注11）。

暗号通貨革命

では、価値のインターネットはお金にどのような革命をもたらすのだろうか。きわめて簡単に言えば、人類史上初めて、お金が時間、空間、社会的階級を超越できるようになる。暗号通貨は、トークン化されたお金の地域的な制限と、口座ベースのお金の排他性、遅さ、コストのいずれも解決する。実物の現金とは異なり、暗号通貨では、スーパーマーケットのカウンター越しであれ、国際送金であれ、テキスト・メッセージを送信するのと同じように価値の移転を簡単、迅速、かつコストをかけずにできる。

価値の移転はもはや地理的な制約を受けず、口座ベースのお金とは異なり、個人間で直接行われる。そこでは、仲介する第三者が当事者のアイデンティティ、口座資金の十分性、資金の受領を確認する必要はなく、そのためのコストと時間も必要ない。また、トークンの移転であるため、自分のIDを明かす必要もなければ、そもそもIDをもつ必要すらない。検証はもっぱら受取人のデジタル・ウォレットによって行われ、そこでは、取引相手のアイデンティティではなく、暗号通貨トークンの真正性をアルゴリズムによって確認する。銀行口座の残高はいくらか、また銀行口座を所有しているのかさえ調べる必要はない。暗号通貨が登場したことで、国際的な送金はもはや、IDをもち、送金手数料を支払える人たちだけのものではなくなった。

第7章では、暗号通貨とは何か、どのように機能するかを説明した。一文で言えば、暗号通貨とは、中央機関のかわりに合意メカニズムがあり、改ざんを防ぐために暗号を用いて取引の検証と記録の保持が行われる、分散化されたコンピュータ・ネットワーク上に構築された価値をデジタルに表章したものだ。暗号通貨は一般的に、その正当性を検証するため、個別のバリデーターによる検証ではなく合意方式を採用していることから、「検閲への耐性」があるといわれており(注12)、金融のプライバシーと経済的自由を推進することになる。

今日では、何千種類もの暗号通貨が存在し、それぞれが異なる特徴をもち、異なるカテゴリーに分類される。多くの暗号通貨は、独自の金融その他のサービスの機能を有する。決済や外国為替取引を可能にするものもあれば、融資やヘッジの場を提供するものもある(注13)。それは通常、単一のオペレーター機関なしで行われる。暗号通貨の一つであるファイルコインは、アマゾン・ウェブ・サービスやグーグル・クラウドのようなビッグテックの中央集中型ファイル・ストレージ・サービスではなく、グローバルなコンピュータの個人間ネットワークにデータを格納できるようにする。他方、ファイルコインは、余分なハードドライブ領域をネットワークと共有するインセンティブを参加者に付与する(注14)。

「ファイルコインは、世界中に瞬時かつ自動的に少額送金するようお金をプログラムできることが、まったく新しいテクノロジーにつながる経済的インセンティブを生み出せることを実証した」(注15)。他の暗号通貨の多くも同様に「プログラム可能」だ。つまり、デジタル・トークンをスマートコントラクトと組み合わせて、最も複雑なビジネスとプロセスのロジックをトークン自体に埋め込むことができるわけだ。将来のなんらかのイベント発生時に、家の温度を上げたり照明を落としたりするよう新しいスマート・デバイスをプログラムできるのと同様に、将来の出来事に応じて支払をしたり他の形式のお金に変換したりするよう特定の暗号通貨をプログラムすることもできる。暗号通貨の本質は、プログラム可能で分散化されたソフトウェア・アプリケーションを実現できることにあると考える人もいる(注16)。

暗号通貨は、価値のあるものがあちこちに自律的に移動することを可能にするだけでなく、人類史上初めて、価値が時間を超えて自律的に移動することをも可能ならしめている。つまり、アルゴリズムにより自動執行するスマートコントラクトと組み合わせることで、価値あるもの、特にお金は、プロのバリデーターによる伝統的なサービスがなくとも、将来の取引を行うようプログラムできるようになったのだ。そう遠くない将来、死後も含めたずっと先の未来において、なんらかのことをするためにお金をプログラムできる。たとえば、何人もの弁護士や管財人、遺言執行者を雇わずとも、孫の結婚祝いを送ったり、母校が理科実験の器具を購入する資金を援助したりできるようになるだろう。

ステーブルコイン

プログラム可能であることは、急速に台頭しているステーブルコインと呼ばれる暗号通貨において特に魅力的な機能だ。ステーブルコインは、米ドルなどの準備通貨に価値を連動させることで価格の安定を図る暗号通貨だ。これらは、ノンバンクの金融債務を表章しており、同額の法定通貨と交換できるよう、一般的には、銀行における法定不換通貨建ての預金もしくはカストディアンに保管されている短期国債等を担保にしている(注17)。ステーブルコインは、プリペイドのデビットカードやトラベラーズチェックに似ているとみることもできるかもしれない(注18)。

ステーブルコインは、ブロックチェーンに不可逆的に記録されるため、決済の確実性を向上させる。グローバルな通貨取引がますます増加するなかで、ステーブルコインは、法定不換通貨と暗号通貨との間の効率的な橋渡し役を担っている。また、取引に数時間から数日かかる米ドルに比べて、ステーブルコインは数分で決済できるものとして、国内・国際決済においてますます利用されるようになっている。これは、重要な経済効率性の一つである取引速度を大幅に向上させる。ステーブルコインの年間取引高は、アメリカのホールセールの年間決済額25兆ドルと比較して、すでに16兆ドルに達していると推定されている(注19)。ステーブルコインは短期間のうちに、より速く、安く、よりプログラム可能なかたちで、価値を移動させる手段となった。

ステーブルコインは、デジタル資産のエコシステムにおいて急速に成長している分野だ。人気のあるステーブルコインは、テザー、USDC、バイナンス、DAI、パクソス、ジェミニ・ドルなどだ。ステーブルコインの需要は主に、暗号通貨の即時処理・決済能力に加えて、安定した評価額を求めるデジタル資産のトレーダーや投資家から来ている。各国の規制当局や中央銀行は、ステーブルコインへの関心を強めている。ある有識者によれば、有価証券の即時決済と結びついたプログラム可能なステーブルコインによって、金融機関の広範なカウンターパーティー信用エクスポージャーを、規制当局が包括的に可視化できる可能性がある。それは、2008年の金融危機時には存在せず、現在も模索されているものだ（注20）。

それでもなお、ステーブルコインに懸念を抱く人はいる。私のかつての同僚、ティム・マサドは、ステーブルコインについて、マネー・マーケット・ファンド（MMF）の経済的な同等物であるとみている。つまり、その真の価値は、裏付けとなる投資ポートフォリオの市場価値に基づくということだ（注21）。彼が言うには、アメリカには、ステーブルコインを規制するための法的枠組みがなく、裏付資産の投資対象に関する要件もなく、監査や報告の要件もない（注22）。また、ステーブルコインの価値が多くの人から疑問視されることとなった場合、「突然かつ大量の引出しは、より広範な暗号通貨エコシステムにおいて重大な問題になりうる」と思慮深い指摘をしている（注23）。ステーブルコインに対する提案の一つは、カレンシー・ボード制で管理され、主要な準備通貨によってペッグされ、100％裏付けられるべき、というものだ（注24）。もう一つの提案は、ステーブルコインの裏付資産の保有に係る透明性向上のための、よく練られた厳格すぎない規制だろう。

実際、ステーブルコインという包括的な用語は、やむをえないとはいえ、当を得ていない。ステーブルコインの重要な設計上の違いをあいまいにしてしまうからだ。たとえば、主要なステーブルコインが、どの程度、規制を遵守したうえで円滑なインターネット決済を考慮して設計されているか、あるいは、どの程度、ステーブルコインの安定した価値を支える準備通貨について保守的な管理、カストディ、統制がなされるように設計されているか、といった点だ。すべてのステーブルコインが同じようにつくられているわけではない（注25）。現実には、似通ったものがあるという程度だ。

DeFi

暗号通貨がお金を空間と時間の制約から解放するのと同時に、価値のインターネットは、もう一つの劇的なイノベーションを生み出している。それは分散型金融であり、一般にDeFiと略されている。

簡単に言うと、DeFiは、ワールド・ワイド・ウェブ上で、だれもが自由に利用できるようなかたちで金融サービスを構築する。これにより、銀行や証券会社、オッズメーカー（胴元）、取引所などの仲介者が必要なくなる。DeFiは仲介者を、ブロックチェーン上に書かれた透明性の高いコンピュータのコードに置き換えることで、個々の貸し手や借り手、買い手や売り手、賭けの参加者が、中央の仲介者を経由するのではなく、直接相互にやりとりできるようにする。DeFiは暗号通貨と分散型台帳技術を通じて、世界中に分散したコンピュータから成る巨大なネットワークのもつ計算能力を駆使して、通常は大規模な企業が単独で行う業務処理を遂行し、預金業務から融資、証券取引、賭博に至るまで、あらゆる金融サービスを提供する。新たなタイプのDeFiアプリケーションのなかには、暗号通貨の所有者がトレーダーに暗号通貨を直接貸し付けることで、高い利回りを稼げるようにしているものもある(注26)。

DeFiはまだ萌芽段階ではあるものの、公共政策にとって大きな課題となっている。なぜなら、従来の規制策定の道筋は、一般的に、まず政策立案者が規制対象となる産業のエコシステムを調査し、主要な登場人物や仲介者を特定するところから入るからだ。金融市場の場合は、取引所、清算機関、引受人、ディーラー、マーケットメーカー等がこれに該当する。次の段階は、それらの事業体を登録させて規制し、自主規制団体の傘下に収め、自主規制機関に規制当局へのデータ提供その他の報告を代行させることだ。仲介者は、特定の特権、参入障壁、準独占を見返りとして、これらの任務を遂行する。

こうした「事業体ベース」の規制は、アナログな世界では合理的な規制方法である。これを通じて、規制当局は長い間、だいたいにおいては成功裏に、エコシステムの行動、態度、秩序を監督してきた。しかし、仲介者を仲間に引き入れ代行させるという伝統的な規制アプローチは、仲介者を排除して個々の市場参加者の直接的な行動を中核に据え、前面に押し出すDeFiの可能性から直接的な挑戦を受けている(注27)。従来の「事業体ベース」の規制アプローチではなく、新たな「活動ベース」の規制アプローチの検討が必要になってきている。

たとえば、ウーバーのようなライドシェア・サービスの発展を受けたタクシー規制など、インターネットが他の多くの昔からある規制枠組みの妥当性を問うてきたのと同じように、今後も進化し続ける可能性の高いDeFiは、仲介者を仲間に引き入れるという伝統的な規制手法の妥当性に疑問を投げかける可能性を秘めている（注28）。すなわち、DeFiはコストを削減して遅延をなくし、競争を促進し、消費者のアクセスしやすさを改善する一方で、規制当局の従来の監督のあり方を一変させるということだ。

こうした社会的利益を実現するために、政策立案者は従来のやり方とは異なる行動をとる必要がある。政策立案者は、証券取引委員会（SEC）へスター・ピアース委員が言うように、「こいつをしっかり抑えつけて、すでに規制している市場のようにしてしまえ」という規制上の誘惑を避けなければならない（注29）。

これは特に、マネー・ローンダリングや脱税への対応における伝統的なアプローチに当てはまる。商業銀行が行う現行のマネー・ローンダリング対策（AML）と顧客確認（KYC）のチェックは非常に不正確であり、誤検出のほうが多いことはよく知られている。ある研究によると、現在のシステムは犯罪資金の調達に0・1％未満の影響しか与えておらず、コンプライアンスにかかる費用は回収された犯罪資金を100倍以上超過し、銀行や納税者、一般市民は犯罪組織よりも不利益を被っている（注30）。現在のAML／KYCプロセスには、明らかに不十分な点が多い。このような非効率なシステムを現状のまま維持することは、DeFiやデジタル・トークン技術のさらなる発展を妨害する理由にはなりえない。私たちは違法行為に絡む金融活動に対抗するべく、より効果的な方法を見つけなければならない。その答えは、ビッグデータ分析、自動パターン認識、人工知能といった新技術のなかにあるかもしれない。

２０２１年の晩春、私はマンハッタンのおしゃれなミートパッキング地区の、ある屋上で開催された深夜のパーティーに参加した。息子二人と、彼らと同年代の人たちが大勢いるなか、数十人の若いDeFiイノベーターと話した。彼らは、将来のイベントを予測する合意ベースの分散型データ取引所を運営する著名DeFiベンチャーの１周年を祝っているところだった。私は、こうした起業家たちの自由奔放で独創的なエネルギーに触発された。彼らは、ほとんどの新たな職業と経済成長の源泉であり続けている「創造的な選択」の精神を体現していた（注31）。チャンスさえ与えられれば、彼らこそが、静的ではなく動的で、今日だけではなく明日のニーズにも応えうる「デジタル化された未来の金融」への道を指し示す者たちである。

このような新たな価値のインターネットにおける進化の道筋は、間違いなく平坦ではないだろう。あらゆる目覚ましい変化と同じように、バブル、後退、失敗、成功が起こるだろう。不祥事や犯罪も起こるだろう。暗号通貨市場の崩壊も一度や二度ではないかもしれない。賛成派も反対派も、規制当局や政治家を味方につけようとするだろう。利益相反とごまかしによる自己利益の追求も蔓延し続けるだろう。既存の体制を強く攻撃する者も、それを守ろうとする者も出てくるだろう。必ず、暗号通貨の弾圧を求める声と保護を求める声の両方が公にされるだろう。

しかし、規制対応がどのようなものであろうと、このテクノロジーは止まらないだろう。ある法域での抑圧は、テクノロジーの進化を他の法域へ移動させるだけだ。このイノベーションの方向性はますます明確になってきており、ただただ驚くばかりだ。ビットコインは氷山の一角にすぎない。インターネットの第一波のように、このインターネットの第三波は、いまでは想像すらできないほど多くのビジネスのディスラプションとイノベーション、そして価値の破壊と創造をもたらすだろう。

政策立案者にとっての課題は、価値のインターネットがもつ創造的なエントロピーを自分たちの庭で発生させる勇気をもち、それを抑制して他の場所に行ってしまわないようにすることだ。私が2017年に、バーゼルのあの風変わりな白い会議室で世界の金融規制当局者に言ったように、このイノベーションはなくならない。荒れ狂う風のようだ。「避難するか、吹き飛ばされるか、帆を張って乗りこなすかだ」

自主規制

暗号通貨とDeFiのイノベーションへの厳しい規制を正当化する理由を一つあげるとすれば、サイバー犯罪になる。第7章では、暗号通貨の醜悪な利用事例と、それを根絶しようとする規制当局の取組みについて述べた。しかし、2020年には、すべての暗号通貨関連の活動に占める犯罪の割合はわずか0・34％、取引額にして100億ドル相当にまで減少した（注32）。これは、世界中の違法行為から生じる2兆ドルの年間収入と比べれば、大海の一滴のようなものだ（注33）。暗号通貨を使用するランサムウェアでさえ、暗号通貨の年間取引額のごく一部にすぎない（注34）。2021年4月、コロニアル・パイプライン社の石油およびガソリンのパイプライン・システムを制御するコンピュータのハッキングに成功したオンライン犯罪者は、身代金として75ビットコインの支払を受けた。しかし、その数週間後、連邦捜査局（FBI）は、サイバー犯罪者が使用していたビットコインのウォレットを乗っ取ることで、身代金のうち64ビットコインを取り戻すことができた。CNBCのインタビューで、私は、本件は暗号通貨を受け入れるにあたって良い先例だと言った。「このことは、ビットコインのブロックチェーンが法執行をしにくい分野ではないことを証明しています。また、犯罪行為のための完璧な道具ではないことも証明しました」と述べた(注35)。もし犯罪者や共犯者が身代金をビットコインではなく現物のお金で受け取っていたなら、彼らは今日もまだそれを保持していたかもしれない。

実際、「ビットコインの透明性により、従来の銀行取引や通貨と比べて大幅に詐欺や盗難を減少させることができるだろう」(注36)。これは、ビットコインその他多くの暗号通貨取引は、一般的に匿名ではなく、ペンネームが使われるからだ。すなわち、多くの暗号通貨ブロックチェーン上のユーザー・アドレスは、個人IDではなく英数字で特定される。ペンネームは身元を隠す効果もある反面、対象となる取引は追跡可能なまま残る。新たな犯罪スキームを予測することで、金融規制当局は、マネー・ローンダリング、脱税、そしてデジタル化された未来のお金において必然的に生じる犯罪行為を阻止するべく、ビッグデータ分析、パターン認識、暗号通貨やDeFiにより適したその他テクノロジーを駆使した犯罪対策の手法を考え出すことができる(注37)。

司法省のマカン・デラヒム司法次官補（当時）は、2021年1月の最終演説で、「デジタル市場規則策定理事会」の設立を提案した。デジタル市場における市場健全性と投資家保護の問題に係る規則策定について多大な権限をもつ、業界と政府高官から成る規制機関だ（注38）。市場ガバナンスに係るこの官民連携のアプローチは、急速に進化するデジタル経済を効果的に規制するに足る機敏さを欠きがちな従来型の規制当局が課す「厳格」かつ「固定的」な規則を補完しうると、デラヒムは主張した。

デラヒムの発言は、より広範なデジタル市場における反トラスト政策に関するものだったが、自主規制の必要性は暗号通貨の分野で最も明白だろう。前述のとおり、アメリカでは、市場を規制するどの連邦当局も、暗号通貨取引に対する包括的な管轄をもっていない。SECは、有価証券に分類される暗号通貨の発行・取引を規制するが、コモディティは規制しない。CFTCは、コモディティに分類される暗号通貨のデリバティブ取引に対して完全な規制権限を有している。しかし、原資産たる暗号通貨の現物取引に対するCFTCの規制執行権限は限定的だ。その結果、SEC、CFTC、連邦政府の各銀行当局、その他の連邦・州・国際機関の権限が交錯し、しばしば衝突するツギハギの規制アプローチができあがった。このような規制の重複は、残念ながらアメリカでは珍しいことではないが、暗号通貨のための包括的な規制スキームの不在が、暗号通貨のさらなるイノベーションと経済発展を妨げることとなった。

このパッチワークはまた、重大な規制上の隙間を残すことにもつながった。有価証券に分類されない暗号通貨の現物取引のためのアメリカの取引プラットフォームについては、それを直接管轄する連邦機関がない。その結果、暗号通貨の現物市場では、アメリカの証券市場やデリバティブ市場では一般的な、詐欺や価格操作、不正行為に係る投資家保護措置に関して国家レベルの規制が存在しない。

いまこそ、急成長する暗号通貨業界におけるベストプラクティスと適切な投資家保護をどのように促進するかを検討するときだ。SECとCFTCの管轄を拡大して、暗号通貨の現物市場をカバーすることを提案する声もある。これは検討に値する一方、SECにはコモディティに対する法的権限がないことには留意が必要だ。また、SECは得てして、ストレートな規制執行措置以外の手法で金融市場の発展を導くことには消極的であり、その結果、暗号通貨に関する重要な規制運営の専門性を身につけられていない。一方、CFTCは3年半以上、ビットコインとイーサのデリバティブの主要市場における唯一の規制機関として機能してきた。CFTCの暗号通貨に関する知識と規制の専門性は、国内外を問わず、他のどの規制当局よりも優れている。それでも、CFTCは、アメリカの個人投資家保護のための一次的な権限はもっていない。

他のアルファベット数文字で略称される連邦政府の規制機関も同様に、暗号通貨に関する権限・権能がないと主張している。金融安定監督評議会（FSOC）に暗号通貨を規制させるという案がある。しかしそれは、暗号通貨の監督と、経済の成長・発展の両方を促進することにつながらない。FSOCには、暗号通貨市場の監督を遂行するための実務能力も組織的専門性もない。システミック・リスクを監視する機関であるFSOCの、比較的新しい暗号通貨業界に対する法的管轄を正当化することは一筋縄ではいかないだろう。

むしろ、政策立案者はまず、暗号通貨業界の自主規制を検討すべきだ（注39）。最も基本的な定義として、自主規制機関（ＳＲＯ）とは、その会員に対して規則や基準を設定する権限をもつ民間または準政府機関を指す。多くの場合、ＳＲＯは制定法によって権限を付与されており、最終的には所管する規制当局の監督に服する。ＳＲＯへの参加は任意の場合もあるが、証券会社等を監督する金融取引業規制機構（ＦＩＮＲＡ）のように、制定法ないし規制により参加が義務づけられていることが多い。

アメリカには、自主規制に関して古くからの成功体験がある(注40)。連邦規制が登場する１９２０年代から数十年さかのぼる１８５９年以来、現在はＣＭＥグループの一部となっているシカゴ商品取引所等のアメリカの先物取引所は、ＳＲＯとしてよく運営されてきた(注41)。そしてそれらは今日でも、ＳＲＯとして機能している。さらに、他の先物市場参加者は、非常に効果的なＳＲＯである全国先物協会（ＮＦＡ）によって監督されている。２００８年の金融危機の際、複数の連邦規制当局によって直接規制される銀行業界とは異なり、自主規制に服する先物業界は低迷も破綻もしなかった。アメリカの先物業界における長期にわたる自主規制と、システミックな安定性および突出した国際競争力との間の密接なつながりを否定することはむずかしい。

暗号通貨業界では、業界リーダーや現在・過去の連邦政府の政策立案者を含め、公式な自主規制を導入することについて、幅広い支持とモメンタムがある(注42)。ベスト・プラクティスを推奨し、暗号通貨に関する責任ある行動規範を公表している、自発的な暗号通貨業界団体の数をみれば、自己統治への欲求が強いことがわかる(注43)。

政府による排他的な監督と比べて、ＳＲＯに基づく規制枠組みがもつメリットをふまえれば、自己統治への関心が高いこともおそらく不思議ではない。特に重要なのは、SROでは、市場慣行や新たな問題に関して最も精通した業界の専門家に、より大きな権限が与えられることだ。SROは知識の専門化を推進し、暗号通貨関連の問題だけにフォーカスする。これは、連邦機関が、SROより大幅に広範な管轄範囲のあらゆる側面を監視するのとは対照的だ。暗号通貨が進化の初期段階にあることや、その基盤となる技術の複雑さをふまえると、ステークホルダーからの技術に関する十分なインプットは、健全な投資家保護の発展にとって重要だ。

暗号通貨のSROを承認することで、政府機関は最優先の課題のために限られた資源を温存することができるようになり、これは規制の効率性向上につながるだろう。会員から運営資金を調達することで、SROによる監督では納税者負担が発生しない。加えて、暗号通貨のSROが機能することで、州政府と連邦政府の規制イニシアチブの重複の整理につながり、財政資源のさらなる節約をもたらす可能性もある。

最後に、暗号通貨のSROは、現行の規制体制のもとでは提供されていない、会員と公衆のための情報ハブとして機能する。NFAのようなSROは、業界としての基準を普及させ、遵守を求めるだけでなく、研修、市場レポートの作成、教育資料、コンプライアンス指針などの提供を通じて、投資家が会員を精査できるようにしている。加えて、SROは仲裁と調停の場として重要な役割を果たしており、会員が関係するもめ事を、裁判を経ずに解決することを可能にしている。暗号通貨のSROは、そうしたサービスや情報の一元的かつ専門的な供給源になるだろう。

暗号通貨ネイティブな規制

市場の健全性と安定性を維持し、さらなる発展を導くためには、アメリカが国家として暗号通貨に対するより明確な規制枠組みを整備する必要性が、ますます明らかになっている。連邦政府が支援する暗号通貨業界の自主規制は、容易に開始できる、有望かつ補完的な将来の道筋である。アメリカの先物市場において、自主規制は間違いなく、イノベーションと経済成長のための勝利の方程式であった。

しかし、最終的には、暗号通貨の持続的成長と、関連するブロックチェーンおよびDeFiのイノベーションに応じて、連邦政府による規制体系が必要になる。暗号通貨に対する適切な規制枠組みを構築するために、議会はまず、達成すべき公共政策を特定する必要がある。その際、トマス・アクィナスの助言「航海術は造船術を支配しなければならない」に留意する必要がある(注44)。アクィナスが言おうとしたのは、人間の行動は、建築様式に関する好みではなく、希求される究極の善によって規定されなければならないということだ(注45)。

まず、最初の原則から自問してみよう。一次的には暗号通貨、二次的にはブロックチェーンとDeFiについて、アメリカの公共政策は何であろうか。どのような公益がもたらされるべきか。暗号通貨に関するアメリカの公共政策の中核が投資家保護であるならば、投資家保護を法的使命とするSECが主導的な役割を果たすことは間違いない。しかし、そうだとしたら、SEC自身がイノベーティブでなければばならない。過去数十年間、投資家保護に対するSECのアプローチは、最も有望な新規ビジネスの成長機会への参加から、一般投資家を保護するものだった。そうした成長機会への参加は、裕福で洗練された「自衛力認定投資家」にのみ認められる。この制限的な規制アプローチは、ウォール街が長らく享受していない水準の関心と興奮を一般投資家から集めている暗号通貨の文化的な側面を阻害する。投資家保護が不可欠であるならば、SECは、新たな監督モデルを打ち出さなければならない。それは、暗号通貨を草創期から推進してきた世代を締め出すことも、レガシーの規制手続に課題を突き付ける新たな革新的ビジネス・モデルを発明した世代を罰することもなく、市場における責任ある行動を促すものだ。

他方、暗号通貨に関する公共政策が、非常に多くの主要なグローバル・コモディティと同様、より多くのグローバルに参照される価格を設定する、堅牢でよく規制された暗号通貨デリバティブ市場をもつことであるならば、CFTCが主導的な役割を果たすことになる。すでに、CFTCがその歩みを始めて4年近くになる。

また、通貨監督庁（OCC）、連邦預金保険公社（FDIC）、連邦準備制度（FRB）が最近立ち上げた「暗号資産政策スプリント・イニシアチブ」も、投資機会の拡大とレガシーの決済・金融システムの近代化のために、価値のインターネット、フィンテック、暗号通貨、DeFiの探求におけるアメリカのリーダーシップを強化する役割を一部担えるかもしれない。

遅かれ早かれ、議会は暗号通貨に関するアメリカの公共政策を確立しなければならない。それは、すべてのアメリカ人にとって排他的でなく、よりアクセスしやすく、コストが低く、よりダイナミックな金融決済システムをつくるという国益を実現するものであるべきだ。そのためには、暗号通貨イノベーションの健全な発展、秩序ある暗号通貨取引市場、既存の金融決済システムの近代化を促進する必要がある。この場合、議会はその任務の遂行に適した単一もしくは複数の連邦規制当局に対して、責任と相応の資金をあてがうべきだ。検討に値するアプローチの一つとして、SECとCFTCが共同で米国連邦レベルの「暗号通貨市場局」を設立することだ。両機関の職員によって構成される組織で、両機関のリソース、場合によっては別の機関のリソースをも活用しつつ、アメリカのイノベーションおよび個人の参加への道筋を明確に示した実用的で「暗号通貨ネイティブ」な規制枠組みを策定する。暗号通貨関連企業が過度な規制リスクを負わずに責任ある運営を行えるよう、暗号通貨のセーフハーバー（注46）その他ガイドラインを提言することも、十分な検討に値する。

アメリカの健全な金融イノベーションに資することのない規制アプローチの一つとしてあげられるのは、積極的な規制執行を通じた政策運営の継続、さらに言えば拡大だ。暗号通貨の成長と発展は、回避すべき金融危機や抑制すべき詐欺の横行をもたらすものではなく、広範にわたって保有される退職資産を極端な規制の焦土作戦によって保護することも適切でない。暗号通貨業界がランサムウェア、マネー・ローンダリング、課税回避への対策を含むベスト・プラクティスの強化に向けた断固たる措置をとり続ける必要があることは論をまたない。これらの取組みは、適切に設計された自主規制と州・連邦政府の監督構造によって推進することができる。このような健全な監督があることで、アメリカの素晴らしいイノベーションは継続し、また、遅く、コストが高く、排他的な金融インフラに新たなソリューションをもたらすことができる。２０１８年の上院公聴会で述べたように、私たちは、強硬な対応ではなく、思慮深くバランスのとれた対応を通じ、この新たなイノベーターの世代がもつ暗号通貨と金融イノベーションへの情熱に対して敬意を払わなければならない。いまこそ議会は、暗号通貨に特化し、それを後押しするような包括的な規制枠組みを策定することで、このダイナミックな金融イノベーターの一群が直面している規制リスクを軽減するべきだ。

ビットコインラリー２・０

本書の最初のほうで、デリバティブがどのように機能するかについて、いささか長ったらしく説明をした。そうしたのには理由がある。それは、デリバティブが、いかに効率的かつゆがみなく、原資産たるコモディティの市場価格の設定に貢献しているかを説明するためだった。ＣＦＴＣが２０１７年にビットコイン先物、イーサ先物、その他暗号通貨デリバティブのローンチを阻止しないと決定したことが、暗号通貨の長期的な発展にとっていかに重要であったかを理解できるようにするための説明だった。当該決定により、プロの機関投資家は現在、世界でも最高峰の規制機関、ＣＦＴＣが規制する透明性と秩序のある市場において、信頼性のある市場価格を発見し、取引ができる。暗号通貨デリバティブのプロ向け市場が存在しなければ、それが参照する現物市場は小さく未成熟なままであっただろう（注47）。

すべての暗号通貨の元祖、ビットコインは、二度目となる猛烈な価格上昇とともに2021年を迎えた。第1四半期に、ビットコインは1枚当り6万ドルを超え、高値を更新した。その後、第2四半期の終わりまでに、ビットコインの価格は50％近く下落した。ビットコインのマイニングと決済に対する中国の大規模な取締りが一因だった（注48）。その後、本書が印刷中だった2021年7月に、ビットコインは反騰し始めた。ビットコインは総供給量が固定されたコモディティであるため、ボラティリティの高さは想定の範囲内だ。基礎的な経済学によれば、総供給量が固定されているコモディティの場合、需要の増減は唯一の事象に帰結する。即時かつ明確な価格変動だ。

ビットコインや他の暗号通貨の市場ボラティリティは、アメリカ国外の一部の暗号通貨取引プラットフォームで採用されている高水準の取引レバレッジと組み合わさることで、より深刻な懸念事項になる（注49）。海外の暗号通貨プラットフォームの一部は、最大で125倍のレバレッジ取引を提供している。トレーダーはレバレッジ取引を行う際、基本的には暗号通貨プラットフォームから借入れをして大きなポジションをとる。レバレッジ取引は、損失も利益も増幅させる可能性がある。価格が上昇すれば、トレーダーはわずかな証拠金を支払って、利益を確保する。価格が下落した場合、トレーダーはプラットフォームに返済しなければならない。プラットフォームは、返済を確実にするために、あらかじめ設定した価格になったら売却を求めることが多い。市場のボラティリティが高い局面において、レバレッジは、プロのトレーダーにとっては強力なツールであり、アマチュアにとっては危険なツールとなる。

2021年のビットコインの高騰とそれに続く暴落は、またもや不愉快な称賛と批判を引き起こした。ビットコインはたしかに、あらゆる人にとってあらゆる意味をもつ。無数の経済的イノベーションをもたらす技術革命、指数関数的に増大する金融資産、検閲耐性のあるデジタルの金、通貨の減価に対するヘッジ、既存の金融システムへの反発などだ。他方で、ビットコインはボラティリティが高く投機的で、環境を破壊し、社会の役に立たず、さらに悪いことに、法律の回避や不正な金融取引のために使用される可能性があるとみる人もいる。

しかし、ビットコインが該当しないものが一つある。ビットコインは政府がつくったものではない。社会的なものだ。ビットコインは国家の公認を受けず、政府の決済プラットフォームを利用せず、政府の歳出・歳入の決済にも使われない（エルサルバドルを除く）。おそらく最も重要なのは、政府の金融政策に服さないことだ。ビットコイン推進派が熱烈に支持し、反対派が最も警戒するのは、ビットコインが金融の「植民地主義」(注50)や仲介者の検閲、あるいは急激なインフレの際の中央銀行による通貨価値の引下げといったものから無縁であることかもしれない(注51)。

多くの人がビットコインの価値と価格を混同している。それでもなお、デジタル化された未来のお金の草分けとして、ビットコインの価値は確立されてきた。

では、ビットコインの現在の価格はどうなのか。明らかに、ビットコインの有用性に関する相反する意見が、その価値に関する相反する意見に影響している。幸いなことに、CFTCが規制するアメリカのビットコイン先物・オプションの取引市場は、流動性の集約、板情報の配信、買い手と売り手のマッチング、現金および現物ビットコインでの取引決済を、すべて規制された透明性の高い市場で行うことを通じて、そうした意見の相違を解消できるよう運営されている。2021年6月には、デリバティブ取引所全体におけるビットコイン先物の建玉の合計は、第1四半期の190億ドルから120億ドル近くにまで減少した(注52)。このデリバティブ取引の流動性プールは、重要な価格発見機能を提供する。これにより、ビットコインをめぐる議論の両陣営とも、ビットコインの価値に関して、上か下かといった意見を表明することができる。ビットコインの価格が政府の強力な介入ではなく、規制の行き届いた流動性のある先物市場において活発化する商取引によって決定されているという事実は、ビットコイン「過激派」でなくとも安心材料だろう。

マイアミ・バイス

ワシントンを離れてからのうれしい誤算は、法務の仕事に戻ったことだ。2020年1月、私は著名法律事務所のウィルキー・ファー・アンド・ギャラガーの上級顧問に就任した。1888年にニューヨークで設立された「ウィルキー」には、多くの高名なOBを輩出してきた輝かしい歴史がある。また、公職を終えた名望ある政府高官を迎え入れるという誇り高い伝統もある。たとえば、事務所の名前の由来にもなった、1940年の大統領選で共和党候補となったウェンデル・ウィルキーのほか、ニューヨーク州知事を務めたマリオ・クオモ、連邦エネルギー規制委員会の委員長を務めたノーマン・ベイも名を連ねている。今日のウィルキーは、金融市場、法律、テクノロジーが交差する分野において特に強みをもっている。同社のシニア弁護士の一人であるジェフ・ポスは、私が以前勤めていたGFIグループを担当した経験があり、CFTCを退職した私を採用してくれた。私たちは、暗号通貨、フィンテック、DeFiに関するウィルキーの広範な取組みを集約するべく、2021年に数十人の弁護士から成る社内の実務グループ「ウィルキー・デジタル・ワークス」を結成した。

2021年6月の最初の週末、ウィルキーのパートナーであるジャスティン・ブラウダーと私は、ビットコイン2021という会議に出席するために、マイアミ行きの飛行機に飛び乗った。COVID-19のロックダウン以来、初めての出張だったので、こうした移動は気分が良かった。その会議の雰囲気は熱狂的だった。強烈な熱意をもつ若者を中心に1万2000人以上が参加する、史上最大のビットコイン会議となった。それでも、ウォール街の銀行や機関投資家の重役、著名起業家の関与を目の当たりにして、アセットクラスとしてのビットコインが成熟しつつある兆候だと感じた。彼らは、フロリダの陽光のもと早起きし、夜は海岸線を見下ろすコリンズ・アベニュー沿いの屋上での無数のパーティーに出ていた。マイアミは暗号通貨版パロアルト（訳者注：ハイテク企業が集積するシリコンバレーの都市）になった。

金曜日にマイアミ・ビーチでシンシア・ルミス上院議員と遅い朝食をとった後、私たちは街に戻り、巨大な会議場の舞台裏に行った。ルミス上院議員は影響力のある「上院金融イノベーション連盟」を立ち上げたばかりだった。そこで、私たちはまず、タイラーとキャメロン・ウィンクルボス兄弟がビットコインをデジタルの金と表現し、その価値が現物の金を上回ると予言するのを目の当たりにした。その次に、ツイッターおよび決済サービスのスクエアのCEOを務めるジャック・ドーシーが、「もし私がスクエアやツイッターにいなければ、ビットコインに取り組んでいただろう」と発言するのを目撃した。

それから私は、おしゃべりな友人のブライアン・ブルックス元OCC暫定長官とステージに上がった。ブルックスの在職は短期間ではあったが、精力的に活動し、規制改革と金融テクノロジー普及の伝道師として多大な貢献をした。

マイアミに集まった何千人ものビットコイナーの前で、ブルックスと私は、連邦規制当局として、フィンテック、暗号通貨、DeFiに対して前向きな姿勢をとることができたのは、トランプ政権の間、これらのトピックに関する包括的な政策方針がなかったからだと話した。私は、状況が変化していることを感じており、バイデン政権は、金融イノベーションに対する広範で厳格な規制を主張するだろうと述べた。ブルックスと私は、より広範な暗号規制が導入されたときに、それが合理的でビットコインを後押しするものになるよう、ビットコインの聴衆・業界に対して、ワシントンでの発言力を確立するよう促した。私は、暗号通貨コミュニティが来る規制への対応を強制されるよりも、彼らが規制をかたちづくる役割を果たすほうがはるかによいだろうと述べた。

一瞬、私はこの場面に以前も直面したことがあると気づいた。2009年、私はスワップ業界に対し、ドッド・フランク法に向けて、ビジネス慣行の構造的改革をはっきり示すよう促していた。完全にデジャヴだった。

土曜日の会議では、エルサルバドルのナジブ・ブケレ大統領がビットコインを公式な法定通貨にする法案を発表した映像を再生した(注53)。会場は大喝采に包まれた(注54)。「お金が安全で、かつ政治の気まぐれに左右されない世界への重要な一歩だ」とみる人もいれば、国の破滅だとみる人もいた(注55)。国際通貨基金(IMF)は、不安、不確実、疑念(FUD)を示した(注56)。

止められない潮流

実際、CFTCが2017年にビットコイン先物にゴーサインを出したことは、引き続き反響を呼んでいた。CMEが現金決済型ビットコイン先物・オプションを成功させたことで、暗号通貨デリバティブ取引は急成長した(注57)。アメリカの先物業界は、その性質に従い、この新しいテクノロジーをめぐって大胆なイノベーションを続けていた。2019年、ICEのバックト取引所は、米ドル決済ではなく現物決済のビットコイン先物の提供を開始した(注58)。独立系のレッジャーXはビットコイン・オプションおよび先物(注59)を提供し始めており、CMEはイーサ先物(注60)およびマイクロ・ビットコイン先物の取扱いを開始していた(注61)。エリスXは、トレーダーを大幅な価格変動から保護することを目的とした値幅制限付きのビットコイン先物およびイーサ先物をローンチした。

2021年までに、透明性と流動性が高く、十分に規制された世界で唯一の暗号通貨先物市場をCFTCが安定的に監督してきたことで、個人およびプロの暗号通貨トレーダー、マーケットメーカー、ヘッジファンド、カストディアン、プライムブローカー、ベンチマーク運営機関、融資・預金取扱機関、退職金プラン運営者、暗号通貨クレジットカード、取引監視サービス、業界団体、アドバイザー、専門の弁護士と会計士から成る巨大なエコシステムが育まれた。暗号通貨はますます、今日の金融勢力図の一端を占めるようになっている。由緒あるBNYメロン（設立1784年）はビットコインを取り扱うようになっている。シティグループ（設立1812年）は、機関投資家顧客のためのビットコイン先物の取扱いを検討している。マスミューチュアル（設立1851年）は、ビットコイン1億ドル相当を保険の一般勘定に組み入れた。マスターカード（設立1966年）は暗号通貨を自社の決済システムに組み入れている。このセクターは、数兆ドル規模のグローバル産業に成長した。

今日の暗号通貨のエコシステムが構築されるにあたり、CFTCは触媒として重要な役割を果たした。CFTCがビットコイン先物の自己認証にゴーサインを出すという政治的リスクを果敢に背負ったことで、暗号通貨市場におけるイノベーションや自由企業、経済発展のために必要な確実性が提供された。SECのヘスター・ピアース委員は、CFTCが促進した「健全なビットコイン先物市場」を称賛し、「規制当局は、伝統的な市場参加者が、規制上の義務を遵守しているという確信をもって暗号通貨に関与できるよう、規制の明確化に取り組むべきである」との見解を示している（注62）。対照的に、今日のアメリカおよび海外における規制当局の多くは、政治的なリスクを回避するために、経済発展を刺激するどころか規制執行措置を通じて阻害することで、不確実性と規制リスクをいっそう高めてしまっている。

私が暗号通貨の世代的側面を理解するに至るまでの経緯は前述のとおりだ。私は、ミレニアル世代とZ世代が、彼らの信頼をなかなか獲得できない銀行業界とその監督機構を嫌ってそこから離れ、いかにテクノロジーを社会変化の仲介者と考えているかを説明した。いくつかの調査によると、暗号通貨はミレニアル世代を中心とする幅広い層に受け入れられている(注63)。アメリカの成人全体の9%がビットコインを保有しているのに対して、ミレニアル世代は16%がビットコインを保有しており、株式や債券、不動産といった伝統的な投資資産よりもそれを選好している(注64)。

私は、新たな世代が金融イノベーションへの関心をもつか否かを決める重大な局面において、彼らに共感し、激励を与えたと自負している。暗号通貨とDeFiのコミュニティには、非常にダイナミックで創造的な何かがある。銀行の支店に足を踏み入れることはめったにないが、昼夜を問わずいつでも音楽をダウンロードし、時間単位でポッドキャストを聴き、数秒でテキスト・メッセージや写真を世界中に送信する世代は、金融取引の決済に3日間(しかも銀行の営業時間内に)も待ちたくない。彼ら自身の実験的な取組みから、より直接的で効率的な金融モデルが生まれるだろう。失敗する取組みもあれば成功する取組みもあるだろう。しかし究極的には、それらはお金と金融の未来の方向性を指し示している。彼らをないがしろにするのは、愚かで傲慢だ。

私が暗号通貨のイノベーションに対するCFTCの前向きなアプローチを先導できたのは、間違いなく、ホワイトハウスに抑制されなかったからだ。彼らには、フィンテックや暗号通貨に関して、肯定的あるいは否定的な、いかなる政策もなかった。トランプ大統領は何度もビットコインを非難したが、彼の見解が政権の政策や方針として受け止められることはなかった。そのため、金融におけるデジタル革命への対応は、各連邦金融規制当局のトップが各々の所管の範囲内で行うこととされた。私を後押ししたのが、市場とプロダクトのイノベーションに関するCFTCの比類なき伝統であったことは間違いない。また、プロダクトのイノベーションと新たな市場の発展に違和感を覚えないCFTC職員と明晰な委員の協力も得た。暗号通貨規制の先陣を切るグローバルな主要市場当局は、CFTCをおいてほかになかっただろう。

2021年7月4日の独立記念日時点で、バイデン政権は、フィンテックと暗号通貨に係る包括的な政策を発表していない。そうした政策の策定に向けた親身な励ましがあったにもかかわらずである（注65）。一部の評論家は、現在のバイデン政権の暗号通貨へのアプローチを非常に防衛的で反動的なものだとみている（注66）。市場ボラティリティや違法取引における暗号通貨の利用といった外部性にフォーカスする一方、イノベーションと成長を通じて国益を推進するつもりがほとんどないというわけだ。特に残念なのは、CFTCベナム暫定委員長や、その他の適任の候補者がいるにもかかわらず、バイデン大統領が政権発足から6カ月以上たってもなおCFTC委員長を指名しなかったことだ。暗号通貨の規制当局として世界で最も経験豊富で実績を有するCFTCのトップに対するこのような不注意は、アメリカの金融イノベーションに必要な規制上の透明性という観点から良い兆候とは言えない。国が暗号通貨の成長に向けた合理的な政策対応を必要としているときに、ビットコインその他の暗号通貨のデリバティブ取引市場を規制する経験をもつ唯一の規制当局のトップが上院で承認されていないことは正当化できない。

私がCFTCのトップを務めていたとき、多くの政府高官は暗号通貨の発展に対してストレートに敵対的だった。思い出されるのは、CFTC退任の数カ月前にニューヨークで開催されたG20の金融安定理事会（FSB）会合だ。ウォール街にあるニューヨーク連邦準備銀行の威厳ある事務所の、天井が高く、木の壁と梁でつくられた会議室、ベンジャミン・ストロングに集まっていたのは、世界の金融システムにかかわる高官の大部分だった。著名な中央銀行総裁、重要な証券規制当局のトップ、主要国の財務大臣数十名に加えて、証券監督者国際機構（IOSCO）、国際決済銀行（BIS）、世界銀行、経済協力開発機構、欧州中央銀行（ECB）、欧州委員会、バーゼル銀行監督委員会、保険監督者国際協会、国際会計基準審議会、決済・市場インフラ委員会の代表者たちだ。

イニシャル・コイン・オファリングに関する議論に移ると、世界有数の経済大国の財務相が「われわれは暗号通貨を存続させるために規制するのか、それとも消滅させるために規制するのか」と問いかけた。

興味深い質問だった。出席者の何人かは視線を膝に落とした。直接の答えはなく、議論は続いた。しかし、もし私がこの会場で集票したら、「暗号通貨を消滅させる」が多数派となることは間違いなかった。

しかし、1年もたたないうちに、政府部門のスタンスは変わり始めた。フェイスブックのリブラ構想や中国人民銀行のデジタル通貨に関する発表に続いて（あるいはそれらへの対応として）、60を超える中央銀行のリサーチャーが、中央銀行通貨のデジタル化を検討し始めた。それを自国通貨の国際的な利用を促進、維持する機会ととらえている者も少なくない。BISは、かつて中央銀行デジタル通貨、あるいは「CBDC」を否定していたが、その後、全面的に注目するようになった。BISは2019年、CBDCを研究する最初の欧州イノベーション・ハブを設立した（注67）。そのディレクターとして、ECBの理事会での働きぶりから私が尊敬してやまない聡明なフランスの銀行家、ブノワ・クーレが指名された。2021年6月には、4番目となるBISのイノベーション・ハブがロンドンに設立された（注68）。

中央銀行の人々が暗号通貨やそれに似たものを発明したわけではないが、暗号通貨が提供する価値に関して彼らの目の多くは節穴ではなかった。間もなく、彼らの関心は指数関数的に高まっていくだろう。

第16章

デジタル・ドル

発見とは、新たな風景を探すことではなく、新たな目をもつことだ。

――マルセル・プルースト（小説家）、

「Remembrance of the Things Past」

お金の未来のための戦い

私は、エリザベス・ウォーレン上院議員が議長を務める上院銀行委員会の経済政策小委員会で公式な証言を行った直後の2021年6月に、この最終章を執筆している。商品先物取引委員会（CFTC）委員になる前に3回、CFTC在職中に約10回、そして退任後4回、議会で証言してきた。そのため、この直近の公聴会も、おなじみの、ほとんどルーティン業務のように感じられた。それでも、それは民間部門に戻ってから始まった独特な旅路における重要なマイルストーンとなった。

この新たな冒険は2年近く前に始まった。CFTC委員長室の鍵を明け渡して間もなく、私はチェサピーク湾周辺で、ちょっとしたドライブとヨットを楽しむために、二人の息子とワシントンを出発した。ヨットへの道中、バージニア州のヨークタウン半島に立ち寄った。目的地は、ジョージ・ワシントン総司令官率いるアメリカ大陸軍とロシャンボー伯爵率いるフランス軍がコーンウォリス将軍率いるイギリス軍を降伏させ、アメリカ独立達成への道を開いた戦場だった。

携帯電話が鳴った。車のハンズフリーのスピーカーで答えた。弟のチャーリーだ。私と息子たちに温かい挨拶をした後、彼は中央銀行デジタル通貨、いわゆるCBDCについて考えたことがあるかと尋ねてきた。

たしかに、あった。私の考えは単純明快だった。先に説明したように、インターネットは進化し続け、暗号通貨のかたちで金融サービスとお金を非中央化していた。主権国家が独自のデジタル通貨を発行するのは時間の問題だった。米ドルもそうなると確信していた。運転しながら、私たちは暗号通貨が国内外でドルに与える影響について話した。

私たちはその後、CFTCを去ったばかりのダニエル・ゴルフィーンに電話し、この議論に加わってもらった。それから数週間、私たちはこのテーマについて調査を続け、さまざまなアイデアを検討した。2019年10月、ダニエルと私はウォール・ストリート・ジャーナルに、「私たちは月に人を送った。サイバー空間にドルを送ることもできるはずだ」という刺激的な論説を寄稿した(注1)。中国の来たるデジタル通貨の発行が、スプートニク号打上げのサイバー空間版だと論じた。私たちは、中国が人民元のデジタル化を急速に進展させているにもかかわらず、米国政府が危機感をもっていないことに警鐘を鳴らした。私たちは、経済面での主要な競合国が法定デジタル通貨を導入している間、何もせずにいることは、いつの日か世界の主要準備通貨としてのドルの地位を脅かすリスクがあると主張した。

その記事は広く注目され、好意的な反応を得た。この記事が出版された日、私はセントラルパークを見下ろすニューヨーク・アスレチック・クラブにあるアーチ型の天井の食堂で、運動後の朝食をとっていた。私は、たまたま隣の席に座ったティム・マサドに、記事の掲載された紙面を渡すことができた。その後、かつての同僚、ゲイリー・コーンから「WSJの素晴らしい記事」とのテキスト・メッセージが届いた。

数週間後、私はデジタル金融の世界的な中心地の一つであるシンガポールで開催された年に一度のフィンテック・フェスティバルに出席し、デイビッド・トリートに会った。聡明で人当たりのいい彼は、世界的コンサルティング会社、アクセンチュアのマネージング・ディレクターであり、資本市場ブロックチェーン部門のグローバル・ヘッドを務めていた。デイビッドはアクセンチュアで、いくつもの主要中央銀行を相手にするCBDCアドバイザリー・サービスを率いていた。彼は、デジタル・ドルを探求する私たちの運動を称賛し、アクセンチュアがグローバルに有する膨大なリソースでサポートすることを申し出てくれた。アクセンチュアがCBDCに関してリーダーシップを発揮していたため、私はチャーリー、ダニエルと相談し、アクセンチュアをリード・アーキテクト兼テクノロジー・イノベーション・パートナーとすることに決めた。

2020年1月、デイビッド・トリートと私は、世界を支配するインフルエンサーのエリートが毎年冬に集まる、スイスでの世界経済フォーラムに出席した。標高が高く、この1週間は人口密度も高くなる山麓の町ダボスで、私たちはデジタル・ドル・プロジェクト（DDP）の発足を発表した(注2)。DDPは、トークン化されたUS CBDC、または私たちの呼称であるデジタル・ドルのメリットに関する公の議論に特化するシンクタンクだ。DDPの使命は、米ドルのデジタル通貨化の研究を促進し、民間部門のオピニオン・リーダーやプレーヤーを集めて本件への提言を促し、公的部門を支援するために実現可能なモデルを提案することだ(注3)。

私たちは、多くの視点と専門的知見を集約するべく、非常に経験豊富な諮問委員会の設置を2020年3月中旬に発表した。諮問委員会には、経済学者、ビジネスリーダー、技術者、イノベーター、弁護士、学者、消費者運動家、人権問題の専門家などが参加している(注4)。私たちは、政策立案者、国際機関、非営利団体、学者、民間団体などのステークホルダーを対象とした一連の説明会を、公開・非公開で開始した。その後、オバマ大統領の経済政策担当特別補佐官を務めた経験豊富なエイリアン・ハリスが、DDPの理事会に加わった(注5)。

中央銀行デジタル通貨（CBDC）

CBDCは、中央銀行によって発行され、主権政府がその価値を裏付けるデジタルマネーを指す。この点が、政府の裏付けを得ていないビットコインや暗号通貨と異なる。CBDCは、デジタルな口座ベースのシステムから、政府認定の合意メカニズムを通じて検証される完全なデジタル・トークンに至るまで、いくつかの形態をとりうる。消費者からみると、CBDCウォレットが既存の銀行サービスと統合され、日々の決済機能を担うことになる。店頭での支払は引き続き、完全非接触型のソリューションを含め、従来のクレジットカード対応型端末を介して行うこともできる。違いは、現在のシステムのように第三者へのメッセージではなく、これらの端末を通じて即時かつ実際にお金が移転されるということだ。

デジタル・ドルの提言

2020年5月末、DDPは最初の白書を発表した（注6）。米国政府の完全な誓約と信用に裏付けられた、トークン化された米ドルを提案するものであった。これは実質的に、実物の現金を含めた既存の形態のお金と並行して使用される米国政府のデジタル通貨となるものだった。形式がデジタルになるだけで、その価値は紙幣のドルと同じになる。

DDPの提案は、既存の二層制の銀行システムと、個人・法人向け融資における商業銀行の重要な役割を維持しようとするものだ（注7）。そして、デジタル・ドルの発行、流通、償還が、現行のコインやドル紙幣と同様に行われることを提案する。すなわち、連邦準備制度（FRB）は、国内の銀行等の規制対象機関に対して、準備預金と引き換えにデジタル・ドルを配分する。銀行はその後、国内のエンドユーザーのデジタル・ウォレットにデジタル・ドルを配布する。保有限度などを慎重に設計することで（注8）、CBDCが民間銀行の脅威になることはないはずだ。個人や企業が何かを購入したり投資したりするには、依然として信用を必要とするだろう。商業・リテール銀行は、無利子のデジタル・ウォレットから、預金保険があり付利もされる銀行のデジタル口座に預金を集めることができるはずだ。

デジタル・ドル

DDPでは、米ドルのCBDCを「デジタル・ドル」と呼んでいる。キャッチーな呼び名だと考えたからだ。しかし、少し誤解を招くかもしれない。ドルは、すでにデジタルな形態で存在する。たとえば、金融機関が提供する電子的な銀行口座などだ。しかし、DDPが提案しているのは、トークン化された法定通貨であり、口座ベースのお金ではない。デジタルな口座ベースのお金と異なり、トークン化されたデジタル・ドルの送金は、検証する仲介者を通す必要がなく、テキスト・メッセージを送るのと同じくらい簡単で、即時で、コストのかからないものとなる。

DDPは、商用であれ分散型であれ、開発が続く民間の暗号通貨については、公式に中立の立場をとっている。また、DDPの提案は金融政策についても中立であり、マネーサプライの問題にいかなる見解も示していない。デジタル・ドルは政策のためのツールであり、政策そのものの表明ではない。慎重な中央銀行がCBDCのオリジネーションにおいて、法定通貨の印刷と同様に慎重であること、また放漫な中央銀行があらゆる形態の通貨に対して一様に放漫であると想定するのは理にかなっている。

デジタル・ドルは、ビットコインと異なり、環境面での持続可能性に悪影響を及ぼさない。デジタル・ドルでは、プルーフ・オブ・ワークのために大量のエネルギーを消費し、新たに鋳造されたコインを獲得する「マイニング」は必要ない。かわりに、デジタル・ドルはFRBが暗号技術を使って作成し、電子的に配布される。そうした流通方法により、デジタル・ドルは現行の法定通貨と比べても、環境に優しいものとなる。現行の法定通貨には、看過されがちだが環境コストの大きいATMの運用や、紙幣や硬貨に係る物理的なマイニング、鋳造、流通が伴うからだ。

関心の原動力

前述のとおり、デジタルマネーの探究では、民間部門が政府や中央銀行より10年ほど先行している。それがDDP発足の理由の一つだ。アメリカの公的部門と国民を奮い立たせる必要がある。実際、この1年間、各国政府は追いついてきた。国際決済銀行（BIS）の最近の報告書によると、中央銀行の90％近くがデジタル法定通貨発行のメリット・デメリットを検討しており、5分の3がCBDCに関する実験を積極的に行っている（注9）。

中央銀行のCBDCへの関心には、少なくとも七つの原動力がある。

一つ目はデータの捕捉だ。21世紀において、世界で最も価値のある資源はデータであり（注10）、そのなかでも金融データは最も価値あるデータかもしれない。中国人民銀行がCBDCの検討を始めたきっかけは、大勢に支持され急成長しているモバイル端末決済プロバイダーのアリペイとウィーチャット・ペイが、中国市民の金融データへの独自のアクセスを有することになる可能性を懸念したためだと思われる。共産主義の中国では、金融は中国共産党が独占する政策ツールであり、重要な金融データを中国共産党の統制の外に置くことは許容できない。さらに、CBDCは国家による監視の手段として多大な可能性を秘めている。たとえば、個人や企業を追跡し、その政治的信頼度を評価する中国の「社会信用」制度の効果的なツールとして利用できる（注11）。

しかし、民間企業が金融データを自らのものとしてコントロールすることに懸念を示したのは中国の中央銀行だけではなかった。ロンドン、ブリュッセル、ワシントンの政策立案者も、ソーシャルメディア大手のフェイスブックが2019年にデジタル決済を可能にする独自の暗号通貨、リブラ（後にディエムと改名）を発表したとき、消費者のプライバシーに関して同様の懸念を抱いた（注12）。

中央銀行におけるCBDCへの関心の第二の原動力は、金融市場インフラの近代化だ。これは、金融サービスへの依存度の高い経済においては特に重要である。たとえば、シンガポールは世界に先駆けて、送金や有価証券の清算・決済における分散型台帳技術の利用を模索する複数年・多段階のプロジェクトを遂行している。最終的には、既存のシステムにかわって、中央銀行が発行するデジタル・トークンに基づく、よりシンプルで使いやすく、かつ効率的なシステムの開発を目指している（注13）。また、スイス国立銀行とフランス銀行は間もなく、ヨーロッパで初となるCBDCクロスボーダー決済の実証実験を開始する（注14）。

中国も、金融インフラの近代化に非常に注力している。中国は、分散型台帳技術の探求においてかなり進んでいる（注15）。中国は、ブロックチェーンのイノベーションを牽引し、国際基準を設定するために、国レベルでブロックチェーン・サービス・ネットワーク（BSN）を立ち上げた（注16）。中国のBSNは、民間企業、特に中小企業にとっての二大参入障壁、すなわち、法外なコストと既存金融システム・インフラとの相互運用性（インターオペラビリティ）を解消する基盤を提供するプラットフォームだ（注17）。2021年4月までに、BSNには世界中から2万人のユーザーと2500以上のプロジェクトが集まった（注18）。アメリカを含め、このようなことをしている国はほかにない。

同時に、中国は法定デジタル通貨の開発では特に先行しており、金融インフラを近代化するべく、デジタル通貨電子決済システム、あるいはDCEPと呼ばれるものに取り組んでいる。米国デジタル商工会議所の分析によると、中国は自国デジタル通貨に関連する特許を80件以上出願している（注19）。DCEPは、巨大なデータ処理・決済システムだ。大規模で有力な中国企業の多くが、テクノロジーの実装と決済の履行に関するパートナーとして、DCEPに参画している。

中国人民元の国際的な通貨記号は伝統的にCNYだ。そして、中国は新たな電子通貨をe-CNYと呼んでいる。今日、中国の市民も非市民も、中国の大手6行からデジタル・ウォレットをダウンロードし、e-CNYを充填できる（注20）。中国のデジタル・ウォレットは、その機能が、本人確認不要の少額拠出を含む、異なる使用段階に応じた四つのカテゴリーに分類されるなど、非常に高度な設計となっている（注21）。利用者は、3000台のATMで新しいデジタル・ウォレットにe-CNYをダウンロードし、北京や上海といった主要都市にある何万もの店舗で買い物ができる(注22)。新たなe-CNYはプログラム可能でもあり、第一段階として、都市部において地下鉄やバスのチケットを購入したり、自転車のライドシェアをしたりするための支払をする機能を備えている(注23)。

中央銀行におけるCBDCへの関心の第三の原動力は、金融包摂だ。デジタル通貨は、金融へのアクセスを銀行口座をもたない人々にまで拡大するうえで非常に有望だ。実際、中国はe-CNYを利用して、約4億人の中国市民が慢性的に金融サービスから排除されている状況に対処しようとしている。その目的によるデジタル通貨の発行において、中国よりもさらに先行しているのがバハマだ。バハマ・ドルのデジタル版である「サンド・ドル」は、若いバハマ国民の金融包摂を改善することを目的としている。彼らの多くは、スマートフォンを所持しているが、18万平方マイル以上の700の島々に散らばって生活しており、銀行の店舗を簡単に利用できない。

アメリカでは、約1400万の成人が銀行口座を保有していない(注24)。デジタル・ドルは、システム・コストの低下、入手しやすいデジタル・ウォレットを通じて、十分な金融サービスを享受していない人々に金融包摂を拡大する一助になるかもしれない。スマートフォン上のデジタル・ドルのウォレットは、より幅広い金融サービスの「高速道路への入口」になりうる。実際、US CBDCの開発は、これまで排除されてきた人々に対して、金融サービス・プロバイダーがサービスを充実させるための出発点にすぎないかもしれない。ジョージタウン大学の法学教授、クリス・ブラマーは以下のように述べている。

金融包摂の観点から、トークン化されたドルの潜在的な優位性は無視できない。デジタル・ドルを支えるインフラは、金融包摂のモデルそのものの変革に包括的に貢献できるような、ほかの種類のアプリケーションで使えるかもしれない。たとえば、政府が運営するデジタルＩＤ、信用スコアの代替ツール、貯蓄プログラムなどだ。さらに、低所得者向けのロボアドバイザーや金融教育サービスまでもが含まれるかもしれない(注25)。

中央銀行におけるCBDCへの関心の第四の原動力は、精緻な金融政策だ。その必要性は、ＣＯＶＩＤ－19パンデミックへの米国政府の初期対応において明白になった。数千万人のアメリカ人が小切手で給付金を受け取るために１カ月以上待たされる一方、１００万人以上の故人に給付金が支払われた(注26)。パンデミックによる全国的なロックダウンのもと、小切手を使って銀行口座をもたない国民に迅速に給付金を配布する米国政府の能力に、根本的な欠陥があることがあらわになった。ＣＯＶＩＤ－19危機の際に、デジタル・ドルが個人を特定することが可能なかたちで流通していたならば、対象となる受取人のデジタル・ウォレットに即時に給付金を送れたであろう。デジタル・ドルはより広範に、社会保障給付金、給食引換券、食料配給券等、米国政府の援助を即時に支給するためにも使うことができる。

中央銀行におけるＣＢＤＣへの関心の第五の原動力は、ステーブルコインの急成長だ。前章では、金融安定にステーブルコインが及ぼす影響に関するマサド前ＣＦＴＣ委員長の懸念について説明した。懸念されるのは、民間のステーブルコインの運営者自身が支払不能に陥り、金融市場やより広範な経済に悪影響を与えることだ。

それでも、中央銀行がステーブルコインに注目している理由は、金融安定への懸念だけではない。ステーブルコインの決済スピードや確実性が、口座ベースの取引に比べて、格段に向上していることもその一つだ。市場シェアが拡大するにつれて、ステーブルコインは多くのユーザーにとって主要な取引手段となる可能性がある(注27)。中央銀行の懸念は、中央銀行の統制の及ばないところで、お金がこうした民間システム内でほぼ完結して循環するようになることだ(注28)。「その思考の中心にあるのは、中央銀行がデジタル通貨をやらなければ、巨大テック企業がやるということだ」(注29)。CBDC探求の第一人者でもあるフランス銀行のビルロワドガロー総裁は、最近、欧州連合(EU)がデジタル・ユーロの計画を推し進めなければ、EUは通貨に対する主権的支配を失うリスクがあると述べた(注30)。イングランド銀行マーク・カーニー前総裁は、民間のステーブルコインよりもCBDCのほうが好ましいと表明した。中央銀行がCBDCの可能性を検討し準備している間に、民間のステーブルコインが巨大化し、その結果として生じる抜本的な変化、「ウーバー症候群」は巻戻しが利かないという(注31)。

ステーブルコインのこの目覚ましい台頭によって、中央銀行は「闘争か逃走か」、つまりステーブルコインの成功を抑制するか乗っ取るかの選択に直面した。中国はその両方を行っているようだ。2021年の初夏、中国は国内における暗号通貨マイニングを全面的に禁止した。これにより、世界のビットコイン産出量の半分以上に当たる中国内のビットコイン産出に衝撃を与えた。中国のビットコイン・マイナーは、コンピュータのマイニング・オペレーションをたたむか、売却するか、またはテキサスやカザフスタン等に移転した。中国はまた、銀行やオンライン決済プロバイダーが暗号通貨取引関連のサービスを提供することを禁止した。同時に、中国はe-CNYの導入をさらに加速させるために、成功を収めていたモバイル決済の巨人、アリペイとウィーチャット・ペイのインフラを利用し続けた(注32)。西側先進国においては、BISが、CBDCの開発に向けた独自の取組みを加速する一方で、ステーブルコインについては、せいぜい既存の金融システムの「付属物」にすぎないとして嘲笑するようになった(注33)。

オリンピック・ゴールド

中央銀行におけるCBDCへの関心の第六の原動力は、地政学的な影響力と経済力だ。西側の国家安全保障機関は、中国のe-CNYに係るグローバルな野望への懸念を強めている。中国がe-CNYを国際的に利用するものと位置づけ、グローバル金融システムの枠外で運用されるように設計していることは周知の事実だ。そのプロセスを急発進させるために、中国は2022年冬季オリンピックにおいてe-CNYウォレットを世界中から来るアスリートや観客に配布し、オリンピック期間中、さらには彼らが帰国した後にも使用できるようにする計画だ(注34)。2022年初頭までに、中国は地球の四隅にe-CNYの種を蒔き終わっているだろう。

中国はe-CNYを、優先度の高い国際的なインフラ開発戦略の「一帯一路」に統合する可能性が高い(注35)。そうすることによって、一帯一路に参加する数十カ国に対してe-CNYを利用した決済を促すかもしれない。そうした諸国はe-CNYを利用することで、地球上の発展途上地域に十分なサービスを提供できていない、時代遅れできわめて遅く、役に立たないことも多い銀行システムの多くを迂回することができる(注36)。中国はすでに、香港、タイ、中国、アラブ首長国連邦の中央銀行が参画する「多国間CBDCブリッジ」プロジェクトを通じて、汎アジアCBDC決済ネットワークの実現可能性を検証しているところだ(注37)。加えて、中国は、東南アジアやアフリカの諸国に対して、彼らのデジタル通貨をe-CNYに連動させるよう呼びかけるかもしれない。

国際的な文脈において、最終的にe-CNYがどのように機能するか、一つの例を考えてみよう。中国が建設して資金も提供した浄水場を有するアフリカの大都市があるとする。この施設には中国が開発した電子センサーが搭載されており、塩素その他の素材・部品の残量が少なくなったことを検知する。この中国製センサーは、中国の最先端の5G通信技術を介して、中国のサプライヤーに自動的に発注するようコンピュータに指示する。サプライヤーは、e-CNYで直接支払を受け取ることができる。このとき、人間の関与は、ほとんどないしまったく必要ない。この支払の送金は、グローバルな口座ベースの銀行システムの外側ですべて処理される。

このようなデジタル送金のメカニズムは、間違いなく、都市、サプライチェーン、電力網の効率性を増すだろうし、e-CNYの好循環も生まれるだろう。e-CNY口座による即時・安価・直接の決済の利便性を享受するカウンターパーティーや国が増えれば増えるほど、ネットワーク効果が大きくなり、中国の経済的影響力が及ぶ範囲も大きくなる（注38）。米国政府の監視下にある、商業銀行間の送金に使用されるメッセージ交換ネットワーク、SWIFTを介さないクロスボーダー決済も可能になるだろう。その結果、地政学的な政策手段である経済制裁の普遍性が損なわれるおそれがある（注39）。

お金の最先端

有史以来、法定通貨と非法定通貨は、グローバルな商取引におけるパトロンの地位をめぐって競合してきた。ある通貨が他の通貨に対してディスカウントされて、またはプレミアムをつけて取引されることには多くの要因があるが、特に発行者の経済力と安定性に基づく社会的信頼によるところが大きかった。技術的な改良によって、ある通貨が他の通貨より優位に立つこともあった。たとえば、唐代の中国の革新的な紙幣や、アメリカの通貨の名前の由来となったスペイン・ドルがあげられる。スペイン・ドルは、15世紀から18世紀にかけて流通し、商業上の利便性の観点から容易に8分割でき、「ピーシーズ・オブ・エイト」と呼ばれた（注40）。

CFTCにいた頃から、私はコモディティ取引をめぐるグローバルな経済競争を強く認識している。小麦、大豆、原油など、世界的に主要な取引対象となっているコモディティのほとんどの価格が、今日、CFTCが規制する、深い流動性と高い透明性をもつアメリカの商品先物市場で設定され、米ドルで決済されているという事実は、アメリカにとって非常に大きな強みである。それは、これらグローバルなコモディティが世界中で、米ドルで決済され、計上されていることを意味する。また、アメリカの農家やエネルギー供給者が為替レートの変動リスクを負わずにすむことを意味する。そして、おそらくより重要なのは、海外の貿易相手国が、グローバルなコモディティを輸入する際の支払のために、米ドルを保有する必要があることだ。こうした関係性は、米ドルの基軸通貨としての地位の重要な柱となっている。

中国はアメリカのこの優位性を認識している。大豆、原油、鉄鉱石といった主要コモディティの世界最大の消費国である中国は、これらのコモディティの価格が米ドルではなく自国通貨で設定されれば、多大な経済的優位性を得ることができる。これが、中国がここ数年、鉄鉱石や原油などの先物取引市場を海外のトレーダーに一部開放している理由の一つだ（注41）。また、中国が最近、先物市場への投資と清算をさらに海外に開放する新たな法律を可決した理由でもある（注42）。

さらに、それは中国がブロックチェーン技術の開発でリーダーシップを発揮している理由でもある。2018年初に私が上院で述べたように、ルイ・ドレフュス社は初めて分散型台帳技術だけを利用したアメリカ産大豆の中国への大量出荷を実現した（注43）。船荷証券から受領証まで、出荷に関する契約上のすべての事項は、両当事者により、単一の汎用型分散台帳において行われた。これは始まりにすぎなかった（注44）。

金融システムの技術的キャパシティは今日、かつての紙幣やピーシーズ・オブ・エイトと同様に、重要な差別化要因となっている。お金に関する技術的変革は必然的に、市場経済の金銭的インセンティブによって引き起こされる(注45)。いつの日か、中国が、分散型台帳技術におけるリードの拡大、先物市場の開放、新たなe-CNYの三者を組み合わせることで、自身が管理する単一の通貨ネットワーク上で、世界の主要コモディティの物流、決済、価格ヘッジの全工程を取り扱うようになることは想像にかたくない。これはすでに始まっている。中国の2021年夏の報道によると、新たなe-CNYは中国の商品先物市場で初めて使用されたという(注46)。これにより、経済・財政にもたらされる効率性は、多大なものになるだろう。

CNYがデジタルであろうとなかろうと、すぐにドルに匹敵するグローバルな主要通貨になるという見通しはまったくもって信じがたい(注47)。中国の資本統制や、商事契約の強制執行における一貫性のなさは、人民元の準備通貨としての機能の妨げとなる。米ドルは依然として世界の主要準備通貨であり、中央銀行の外貨準備の59・5%を占めている。それに対して人民元は2・5%だ(注48)。また、米ドルはクロスボーダー決済の39%を占めている。それに対して人民元は1・9%だ(注49)。世界の主要準備通貨としてのドルの突出した地位は、多くの恒常的なネットワーク要素に支えられている。具体的には、アメリカの強大な経済、世界の諸国との広範な貿易関係、米国債を含む深みのある金融市場、長期にわたる米ドルの安定した価値、為替取引の容易さ、法の支配と強固な財産権、信頼性のある金融政策だ(注50)。これらの要素は、現状では比類ない「ネットワーク効果」を米ドルにもたらしている。これらの要素のいずれについても、米ドル以外の通貨によって脅かされるおそれは少ないし、まして、他通貨が単にCBDCという技術的な優位性をもっているということだけで、脅かされることは決してない（注51）。

しかし、中国のデジタル通貨の戦略的なポテンシャルの全体像を評価するには、これまでとはまったく別の角度から、中国がしようとしていることのポテンシャルを評価する必要がある。ＣＢＤＣは、まったく新しいデジタル金融システム、すなわち決済とデータ処理が大規模にネットワーク化された金融構造における構成要素の一つ（主要ではあるが）にすぎないと考えるべきだ（注52）。米国デジタル商工会議所によれば、中国が申請した84件のＣＢＤＣ関連特許のうち、事実上すべてがデジタル通貨システムを既存の銀行インフラに統合することに関連している（注53）。このシステムは、国内外のｅ－ＣＮＹに係るすべての金融機能とプログラム可能な取引を支える、インターオペラビリティのある分散型台帳によって構成される。そこには、融資、国内外の決済、有価証券とコモディティの取引、個人・法人向け決済、金融政策が含まれる。このシステムの中心となるのは、中国の中央銀行である中国人民銀行であり、同行が、自国通貨がかかわるすべての重要な金融機能と取引を所管し、統制することになる。このネットワーク化され統合されたシステムは、独自のネットワーク効果を生み出す可能性がある。瞬時に、低コストで、グローバルに、しかも欧米が支配するグローバルな銀行システムの外側ですべてが展開される、前例のない新たなタイプのネットワークだ。遅延の緩和、取引コストの低減、金融の流通速度向上の可能性は、すでに活況を呈している中国経済を異次元の成長へと導く可能性がある（注54）。

ここで問われるべきなのは、もし米ドルがアナログのままでいる一方で、ｅ－ＣＮＹや、実現に近づきつつあるようにみえるデジタル・ユーロといった他の主要な準備通貨が、アクセス可能な分散型台帳に記録され、プログラム可能になり、他の中核的な金融市場インフラとネットワーク化された場合、米ドルはどうなってしまうのか、ということだ。聡明で真面目なFRBラエル・ブレイナード理事（訳者注：当時）は、まさにこの理由のために、「アメリカにデジタル通貨は不要だという考えを理解することができない」と述べている（注55）。

羨望の的である米ドルのアナログなネットワーク効果は、デジタルな明日においても同じ価値をもつだろうか。それとも、明日の準備通貨の勢力図は、各国のデジタル通貨が全世界における当該通貨建ての金融機能およびプログラム可能な取引と統合された、新たなタイプのネットワーク次第となるのだろうか。中国は明らかに、このことを突き止めようとしている。

競合するCBDCネットワーク

これまで説明したCBDCの六つの原動力は重要ではあるが、最重要なのは7番目かもしれない。CBDCのインターオペラビリティに係る国際標準の設定におけるリーダーシップだ。

私たちが知っている今日の世界では、米ドル圏やユーロ圏というように通貨圏同士が競合している。そこでは、通貨制度・銀行取引・外貨準備が単一の準備通貨を志向する。私は、こうした古い通貨圏は将来、完全にネットワーク化されたCBDC分散型台帳圏に取って代わられると予想している。そこでは、中国のe-CNYブロックチェーン圏とデジタル・ユーロ・ブロックチェーン圏ができる可能性が高い。これらのブロックチェーン圏では、一国のデジタル通貨はすべての重要な金融機能と取引の基盤となるCBDC分散台帳に配備されることになる。銀行取引、市場取引、清算・決済、金融政策の実行などはすべてこのCBDC分散台帳に記録される。

中国は、こうしたCBDC金融ネットワークを駆動させるために、CBDCのインフラとブロックチェーン技術でナンバーワンのデベロッパーになることを目指している(注56)。今後、独自のCBDCを導入しようとしている国は、自ら技術を開発するのではなく、中国のデジタル通貨電子決済の技術を採用する可能性がある。これにより、中国はCBDCテクノロジーの主要輸出国になる機会を得ることになる。このテクノロジーには、世界中のあまりにも多くの権力者が熱望する、国内金融の監視のための機能も含まれる。

おそらくより重要なこととして、中国は、このようにCBDCブロックチェーン圏が分裂して競合する世界において、基準とプロトコルの策定で主導権を握ろうとしている。中国にはすでに先行者としての優位性がある。昨年、中国の習近平総書記は、中国共産党指導部に対して「中国がオンライン経済の世界的リーダーであるこの潮流を活用せよ。そして、デジタル通貨とデジタル課税に関する国際ルールの形成に積極的に参加し、新たな競争優位を創出せよ」と述べたとされている(注57)。それ以来、中国人民銀行幹部は、国際的な議論の場で、CBDCのインターオペラビリティ、政策の協調、取引監視に関する新たな方策の提案を積極化してきた(注58)。統合されたCBDC金融ネットワークにおいて、そのような中国の潜在的なリーダーシップのパワーはとてつもなく大きい。

これで、デジタルマネーの未来をめぐる競争で、各国が何をめぐって争っているのか、その端緒はみえてきたはずだ。それは少なくとも、過去100年間の技術革新をめぐる競争で追い求められたものと比べても、非常に重要なものだ。地政学的な力関係は、その結果いかんにかかっている。

いまこそ力をあわせて

否応なしに、私たちは新しい世界に突入している。アメリカをはじめとする先進国が、ほんの少しだけ急いで既存の金融システムを微修正し、それをより迅速で、いまより少し便利なものにして、次の世代に対してもサービスを提供し続けられる、と考えられたら楽だろう。その可能性も十分にある。しかし、運を天に任せるのが賢明だろうか。アメリカは、現行の口座ベースの金融システムにおいてはトッププレーヤーであり設計者でもあるわけだが、そのツギハギの金融システムは時代遅れとなってしまっている。他の西側の経済面での競合国に比べて、低コストで、便利に、即時に資金を動かすことができていない(注59)。このレガシー金融システムの維持に注力し、新たな価値のインターネットにおける主導権を主要な経済的・地政学的競合国に明け渡してしまうことは賢明だろうか。使い古されたアイスホッケーの決まり文句を引合いに出すならば、われわれは「パックがいまある場所でなく、これから来そうな場所に滑っていく」べきではないだろうか。中国はイノベーションという名のテーブルの上座に着こうとしている。ヨーロッパも、デジタル・ユーロに向けた取組みを開始すると最近発表しており、同席したいようだ(注60)。しかしアメリカはどうするのか。

FRBジェイ・パウエル議長は、US CBDCを探究することが国家的に重要であるとの主張を強めている。彼は正しくも、CBDCを開発する最初の主要国になるよりも、US CBDCを適切に設計することが重要だと強調している。また、サイバー攻撃、偽造や詐欺からCBDCを保護する必要性、金融政策や金融安定に対する影響、ユーザーのプライバシーとセキュリティを守りつつ違法行為への対応を図ることなど、CBDCの利点とリスクの両方を評価する必要があると述べている。e-CNYの対象都市拡大に関する2021年4月の発表に関して、パウエル議長は、デジタル・ドルの計画では国民と議会が密接に関与しなければならないと述べた(注61)。

パウエル議長のリーダーシップのもと、またラエル・ブレイナード理事(注62)の強い関心もあり、連邦準備制度はCBDCを真剣に検討している。2021年2月には、パウエルのシニアチームのメンバー複数名が、US CBDCの五つの前提条件を打ち出した。明確な政策目標、幅広いステークホルダーの支持、強力な法的枠組み、市場の準備、堅牢なテクノロジーだ(注63)。テクノロジーの部分に関しては、ボストン連邦準備銀行の経験豊富な研究者グループがマサチューセッツ工科大学(MIT)と協力して取り組んでいる(注64)。これらの取組みは、主にCBDCアーキテクチャーの中核技術にフォーカスしている(注65)。この重要な研究の成果は、2021年9月に発表予定だ(訳者注:第一フェーズのホワイト・ペーパーは2022年2月に公表)。

検証すべき前提条件は四つ残されている。DDPはそのうち、政策目標、幅広いステークホルダーの支援、市場の準備という三つの前提条件の探求の支援を企図している。そのため、DDPは2021年5月、政策上の課題や機会を探るパイロット・プログラムを実施するべく、オープン・中立性・コラボレーションを特徴とするフォーラムの創設を発表した（注66）（注67）。この研究プラットフォームは、広範な商業的・非商業的なステークホルダーが協力するための「実験場」としての役割を果たすことが期待されている。DDPの取組みは、ボストン連邦準備銀行、MIT、他の地区連銀、FRBの研究を補完するものであり、これらに対抗することを意図したものではない。

アメリカのパイロット・プロジェクト

DDPのパイロット・プログラムでは、技術面・機能面の要件を調査、分析、理解し、アプリケーションとアプローチを試験し、リテールとホールセール両方の商業的利用における有望なユースケースを検討する。各プロジェクトと参加機関は、DDPの超党派のアドバイザリー・グループによって承認された基準に従って選択・指定される。一連のプロジェクトは、商業的な影響や優先順位にとらわれず、生のデータを洗い出して提示することを目指すという、公平で非営利的な視点から設計される。各プロジェクトの初期資金は、アクセンチュアの寛大な資金援助でまかなわれる。DDPは、学術研究のほか、議会、FRB、財務省、より広範なステークホルダーによる政策の検討のために、パイロット・プログラムの結果を公表する予定だ。

しっかり設計され、耐久性があり、普遍的なUS CBDCをつくりあげることは、膨大で複雑な取組みになるだろう。これほど複雑で、米ドルの世界的な重要性にとって価値があるものは、性急に進めるべきではない。適切に設計するには、時間と真剣な取組みが必要だ。

それでもなお、いまこそ事を始めなければならない。先日のスペースXによる宇宙船の打上げは、アメリカがかつてマーキュリー、ジェミニ、アポロとして知られる一連のパイロット・プログラムを通じて宇宙と月面を探査していたことを思い出させてくれる。デジタル・ドルについても同様に、アメリカの官民が連携して、入念に計画・実行される一連のパイロット・プログラムを通じて探究していくべきだ。DDPには、幅広いステークホルダーの参加と議論を通じて、CBDCがもたらす公共政策上の課題と機会の探求を支援する強い意欲がある。

デジタル・プライバシーへの期待

中国はCBDCを、より包摂的かつ近代的な、ブロックチェーンに基づく金融システムを構築するための重要な要素とみている。その試みが成功すれば、アメリカをはじめとする民主主義国家は、無視しえない重大な課題に直面することになる。しかし、このことを誇張したり、おそれたりしてはならない。自由な社会の目標が、そうでない社会を模倣することであってはならない。アメリカは、ソ連の失敗した計画経済を模倣することで、ソ連を「歴史の灰だまり」に追いやったわけではない（注68）。むしろ、アメリカは、その自由市場や、インセンティブに基づいた民間部門中心の経済の効率性とダイナミズムを通じて、国民にその恩恵をもたらしつつ、ソ連を凌駕した。e-CNYからの挑戦に対しても同様に、自由社会の原理に立ち返る必要がある。アメリカが、インターネットの第一波の基準策定においてリーダーであったように、CBDCの世界基準策定でも主導的役割を担いたいのであれば、CBDC自体について、より探求しなければならない。ただし、それは、民主主義の価値観と一致するやり方でなければならない。

第二次世界大戦後のドル支配は、モノとサービスの真にグローバルな市場の誕生という歴史的にまれな現象を生んだ。その結果、過去からずっと貧しかった何百万人もの人々が中流階級にのし上がることができた。1981年から2019年にかけて、世界の貧困率は42・3%から8・2%へと低下した（注69）。40年足らずの間に80%もの減少をみたわけだ。今日、歴史上かつてないほど多くの人々が、より良い健康、児童福祉、物資的な手段の充実に伴う教育的および市民的自由の恩恵を享受している（注70）。

20世紀末に生じた、この特筆すべき人類のウェルビーイングの開花は、個人の自由、言論の自由、個人のプライバシー、小さな政府、法の支配、向上心といった、民主主義の理想が世界的に受け入れられたことと関係があるように思われる。これらの理想は、米ドルに組み込まれている。

こうした理想の一部は、アメリカ合衆国憲法にも盛り込まれている。たとえば、修正第4条の個人のプライバシーに関する権利があげられる。それを基に、正当な法執行や国防、その他やむをえない理由のために個人のプライバシーを制限する連邦政府の限定的な権能と個人のプライバシー権とのバランスを規定する一連の法体系が生まれている。

金融や情報に関するプライバシーの権利は、修正第4条によって明確に規定されているわけではないが、過去半世紀の間、裁判所は総じて「プライバシーの合理的期待」と呼ばれる法理にのっとってプライバシーを保護してきた。とはいえ、2001年9月11日の同時多発テロ以降、修正第4条によるプライバシー保護はかなり弱体化している。実際、前述のとおり、口座ベースの金融取引は、すべての場合において、前提条件として個人IDを必要とするため、完全にプライベートなものではない。このデジタル時代において、経済的プライバシーと他の社会的優先課題との間で新たなバランスをとるために、修正第4条の法理をさらに進化させる必要がある。CBDCが社会的支持を得るには、CBDCの合法的利用によって生成されたデータについて、憲法上の保護の有無にかかわらず、プライバシー保護を明確に適用しなければならない。

プライバシーは、個人とその基本的権利を尊重する自由社会では不可欠だ。アメリカ合衆国憲法の枠組みでは、人々はプライバシー保護を享受できる。理由があろうとなかろうと、自分の情報を他人に明かす必要はない。このように、人が自分自身、自分の情報、自分の人間関係の支配者であることは、多くの点で市民の力を強くする。たとえば、市民の政治的、法的な独立をもたらす。プライバシーは、異説を支持する個人の自由を補強する。プライバシーは、ストーカーやハラスメントの被害者を守る。プライバシーは、他人や社会とのかかわり方について、人々に自主性と選択の自由を与える。プライバシー、とりわけ経済的プライバシーは、主権者が主権者であり続けることを可能にし、自由な社会が自由であり続けることを可能にする。

DDPは、十分に機能するCBDCとは、次のようなものであるべきだと考えている(注71)。

・**プライベート**:人々は、企業による不当な追跡や政府による監視の対象になることなく、US CBDCを利用できるべきだ。金融その他のサービス提供者との情報共有は公明正大かつ契約に基づくものであるべきで、そうでなければ人々は情報共有を拒否できる。CBDC利用データへの法執行機関によるアクセスは、アメリカ合衆国憲法修正第4条や召喚状手続などの当該場面に適した法律によって管理されるべきだ。

・**安全**:US CBDCは、盗難、ハッキング、違法な押収、不正なデータ・マイニング、詐欺に対する人々の安全を低下させるのではなく、向上させる必要がある。個人的にお金を扱うためのより安全な方法を人々に提供するべきだ。それは、攻撃に対して堅牢で、法的に保護されたシステム上で、見知らぬテクノロジーを使った詐欺からお金を守るためのツールを用意することで可能となる。デジタル・ドルは、商業的主体と政府当局の双方による搾取から人々の金融データを保護しなければならない。

・**アクセス可能**：US CBDCは、アメリカ人および世界のドル利用者による金融サービスへのアクセスを改善するべきだ。より効率的なシステムであるため、基本的なCBDC取引のコストは低くなるはずだ。また、オープンなシステムとして金融サービスの競争を促進し、より良いサービスがより低コストで提供されるようになるはずだ。

・**透明**：CBDCは、運用の透明性が確保されたシステム上で稼働すべきだ。そうすることで、一般市民を含むさまざまなシステムのユーザーが、その技術的な機能性、セキュリティ、容認できない監視やデータ・マイニングといった搾取に対する耐性を、自分自身で個別に確認することができる。

修正第4条に基づく適切な法制度が整備され、匿名性と個人のプライバシーに関して十分に配慮した設計が選択されれば、デジタル・ドルは、商業的主体や他の主権国家が提供する、多くの競合する決済手段よりも優れたプライバシー保護を確保できる。

経済的自由とプライバシーという伝統的な民主主義の理想をデジタル・ドルに組み込むことで、そのグローバルな魅力は間違いなく高まるだろう。発展途上国の何億もの人々が、デジタル決済の利便性のためだけに、やっと手に入れた経済的な安全と自律を諦めて、権威主義的国家の監視下に入ることに抵抗を感じるのは当然だ。過去何度もそうしてきたように、アメリカは最高の理想に沿った方法で世界を牽引することができる。

数字の安全性

「戦争は、将軍たちに任せておくにはあまりにも重要だ」といわれている(注72)。同様に、お金、特にデジタルマネーは、中央銀行に任せておくにはあまりにも重要だ。FRBパウエル議長が、ユーザーのプライバシーおよびセキュリティ保護の必要性を認識していることには安心感を覚えるが、本人確認とマネー・ローンダリング対策に関する規則の主要執行機関である中央銀行のみによってCBDCが設計される場合、プライバシー権が適切に保護されるとは考えにくい。多くの中央銀行は、裁量を委ねられた場合、トークン・ベースのCBDCではなく、監視やデータ・マイニングが容易な口座ベースのCBDCを選択するだろう。

だからこそ、アメリカのデジタル・ドルが検討・構築される際に、経済的プライバシー保護を重視する人たちに十分に関与してもらい、彼らの意見に耳を傾けることが非常に重要となる。これが、DDPが設立された理由の一つだ。つまり、US CBDCの設計に、民間部門の視点を取り入れるということだ。結局のところ、お金は少なくとも、政府の構成物であるのと同じくらい社会の構成物なのだ。個人の自由、言論の自由、個人のプライバシー、自由企業、法の支配といった、今日のドルに刻み込まれている社会的価値は、未来のデジタル・ドルにおいても組み込まれなければならない。

しかし、正直にいえば、おそれていることもある。情報のインターネットはもともと、報道機関による管理を迂回して、ボーダーレスで個人間の情報交換を可能にすることを約束していた。しばらくの間、インターネットは国家の支配に抵抗する人々に不可欠な「無線交信」をもたらし、ある場合には、21世紀初頭のソーシャルメディア革命の源泉となった(注73)。しかし今日、情報のインターネットにおける自由が危ぶまれている。アメリカでは、政治的党派にけしかけられた一握りのメディア・オリガルヒが、どのオンライン・スピーチが放映され、どれがオーウェルの小説に出てくる「記憶穴」に消えていくかをコントロールしている。その顕著な例が、COVID-19の起源に関する政治的に不適切な議論をソーシャルメディアが封じ込めたり(注74)、COVID-19の治療プロトコルに関する議会公聴会の動画が削除されたりしていることだ(注75)。前大統領がソーシャルメディアから追放されたのは、その最たる例といえよう(注76)。

COVID-19の起源や代替的な治療、ドナルド・トランプについてどう考えるかはさておき、ソーシャルメディアがもつ、国民の対話を検閲し排除する強大な力は、前例のないものだ。自分の発言や見解、応援する候補者が同じように検閲されたら、どのように感じるだろうか。

私たちの経済的自由に関していえば、米国政府がデジタル・ドルを通じて、一般的なアメリカ人の支出を監視したり、通常であれば合法な取引を制限したりといった、あからさまなことを直接するとは考えにくい(注77)。しかし、デジタル通貨はもっと巧妙な方法で不正に利用される可能性がある。近年、多くの連邦政府機関が、民間のデータ業者から機密性の高い個人データを取得することによって、憲法で規定されたプライバシー保護を繰り返し回避してきた(注78)。ある報道によると、バイデン政権は、不当な捜索や監視からアメリカ国民を守る憲法修正第4条や他の法律を回避するために、民間企業を使って国民の活動を追跡することを検討しているという(注79)。私が委員長を務めたCFTCでさえ、2016年には召喚状なしでプライベートなソースコードを入手するという軽率なアプローチをとり、前述のような諍いを引き起こした。

民間の暗号通貨やステーブルコインのスポンサー、ウォレット・プロバイダー等のデジタル・ドルの民間サービス・プロバイダーでさえも、今日の政治的発言に対して行われているのと同じように、一定の不都合な主体との金融取引をできなくするよう政治的圧力を受けることは十分に予想される。政治的圧力のもと、デジタル・ウォレット・プロバイダーは、銃器製造業者や堕胎医など好ましくないとされる産業との取引を禁止するかもしれない。これは、時の政権がどういった価値観を支持するのかによる。

デジタル通貨ネットワークの運営者やステーブルコインのスポンサーが、どのような金融取引が可能で、どの金融取引を阻むべきかを決定できるとしたらどうだろうか。彼らが、自分たちの嫌う候補者や政治的主張を応援すること、あるいは自分たちの嫌う活動や娯楽を監視したり制限したりできるとしたらどうだろう。LGBT+の権利や、アメリカ合衆国憲法修正第2条が示す個人の自由等を支援する団体に自分の意志で寄付することを妨げられたらどうだろうか。結局のところ、ある集団が尊重する自由や称賛する大義は、他の集団にとっては反感を買う禁止された活動という場合もあるわけだ。

これらはすべて、あまりにもオーウェル風に聞こえるため、「もう現金のままでいいや」となってしまうかもしれない。しかし、すでに一部の国でみられるように、現金が廃止された場合はどうなるのか。今日においてでさえ、重要な社会的もしくは慈善的な活動を支援するために現金が使えるかどうか、試してみるといい。

そして、もしデータが本当に21世紀における最も貴重なコモディティであるならば、この問いを投げかけなければならない。「だれが私たちの金融データを所有するのか」。この問いは、私たちの取引データと個人データが、個人から企業や政府機関にますます多く流れ込むなかで、特に重要になる。私たちが提供するデータが多ければ多いほど、それを掘り出し、分析し、私たちを操作したり私たちにかわって意思決定を行ったりするために使用できるようになる(注80)。政府の一握りのテクノクラート・エリートの意図がどれだけ開明的なものであろうと、彼らに権力が集中することを防ぎたいのであれば、答えは「手出しするな」となる。主権者たる国民は経済的プライバシーと金融資産の保有において安全を確保されていなければならない。

だからこそ、CBDCはプライバシー権に加えて、自由社会で利用されるための中核機能として、検閲への耐性をその特性としてもっていなければならない。自由市場経済において合法な商品やサービスを購入することができるという、デジタル・ドルおよび他の政府もしくは民間のデジタル通貨の機能に政治的・社会的制限を課してはならない。だからこそ、CBDCが開発されるなかで、自由社会における経済的プライバシーを支持する人たちが声を上げる必要がある。いろいろな意味で、それこそが私がこの本を書いた理由だ。お金が目の前で変化を遂げつつあることを説明し、国民にその変化を理解してもらうためだ。デジタルマネーをもつことの利便性が約束されているからといって、自由を失う脅威を無視することはできない。

言論の自由、自由企業、個人の経済的プライバシーといった市民の自由に対して不可侵の保護が与えられなければ、デジタル・ドルは民主主義社会にとって、独裁的な社会における通貨以上の価値をもたない。アメリカ国民、そして世界中の自由な人々は、個人の自由とプライバシーの強固な保護をデジタル・ドルに組み込むことで、非常に多くのものを得られる。このことを無視すれば、自由な世界は多くのものを失う。個人の自由とプライバシーの保護は、真の民主主義の未来にとって必要不可欠だ。

市民的自由の観点からみると、ＵＳ ＣＢＤＣは、合衆国憲法修正第４条の保護を適切に受けている場合、そうした保護を受けない民間のステーブルコインよりも優れているかもしれない。そうしたデジタル・ドルは、憲法でプライバシーが保護された、支払のための「公的な選択肢」と考えることもできよう(注81)。

他方、経済活動に対する許容できない政府監視や、本来であれば合法な取引に対する制限を防ぐには、しっかり設計されたステーブルコインや、その他民間のデジタルマネーとの活発な競争が最も重要だ。「考えてみてほしいのは、ある取引について、すべての情報を保有する主体が存在しない、プライバシー問題へのジグソーパズルのようなアプローチだ。そうすると、ＣＢＤＣが金融監視のツールにはならない」(注82)。要するに、政府のデジタル通貨と民間のデジタル通貨という幅広い選択肢があることによって、経済的自由と個人のプライバシーは最も効果的に保証される。

作家でコメンテーターのウィリアム・F・バックリー・ジュニアは、「ハーバード大学の教員より、むしろボストンの電話帳の最初の2000人」に統治されたほうがましだ、という有名な冗談を残している（注83）。これは、未来のデジタル化されたお金における、経済的プライバシーを保護するプロセスにも当てはまる。ビッグテックや政府による侵害から個人のプライバシーを適切に保護する仕事を、バーゼル、ブリュッセル、ワシントン、シアトル、シリコンバレーのエリート官僚に任せきりにするわけにはいかない。その推進力と、もちろん需要は、自由な市民から来るものでなければならない。

そうすると、また議論の出発点に戻ってくる。ビットコインだ。金融プライバシーに対する合理的な期待が政府のデジタルマネーに明確に組み込まれていない場合、検閲耐性をもつビットコインやその他暗号通貨が繁栄し、成功し続けることは間違いない。それは、違法な用途のためだけではない。単純に、そして当然の権利として、自分のお金のプライバシーを保ちたいと考え、統治機構がそれを実現できると信じられなくなった、一般市民が利用するためでもある。

同じことが貨幣価値についてもいえる。政府と中央銀行がインフレによって貯蓄に課税し、経済成長を抑制し、経済的不平等を生じさせるようになれば、ビットコインの魅力が高まり、そのグローバルな普及が加速するだろう。先述のとおり、しっかり設計され、プライバシーが強化され、慎重に管理されたCBDCを探究することで、アメリカや他の民主主義国が得られるものは非常に多い。国がそうしなければ、国民が失うものは非常に多くなる。

マウンドに戻る

この原稿を書き終えようとしていた時、上院銀行委員会の経済政策小委員会で証言するよう招集されたことは前述のとおりだ。公聴会はルイジアナ州選出のジョン・ケネディ上院議員の言葉で始まり、マサチューセッツ州選出のエリザベス・ウォーレン上院議員が議長を務めた。

2021年6月9日、私は以下の陳述から証言を始めた（注84）。

「この委員会のメンバーを含む多くの思慮深い有識者の方々は、正しくもデジタル・ドルのリスクを懸念しています。民間銀行を中心とした金融システムや金融安定、エネルギー消費、現行の決済モデル、経済的プライバシー、準備通貨としてのドルの地位等のリスクです」

「規制当局の元トップとして、私も、デジタルマネーを含む新しいイノベーションについて、どのような問題が起こりうるのか、という観点からみてしまいがちです」

「しかし、思考実験として、何がもたらされるか、ということについても、少し考えてみたいと思います」

「第一に、デジタル・ドルが商業銀行の保有する預金を減らすのではないかと懸念する声もあります」

「しかし、もし逆のことが起こったらどうでしょうか。もし、より多くのお金が銀行部門にシフトしたら、特にこれまで銀行口座をもっていなかったり、十分な銀行サービスを受けていなかったりした人々が、その利便性を理由にデジタル・ドルを銀行口座にシフトしたら、どうなるでしょうか。携帯機器やデジタル・ウォレットが、金利や預金保険のある銀行サービスへの魅力的な導入経路になるとしたら、どうでしょうか。そして、商業銀行にある預金をデジタル・ドルに替えるのがもっと簡単になることで、パニック時にはむしろ先を争ってデジタル・ドルに替えたりしなくなったら、どうでしょうか」

「第二に、皆さんの多くは正しくもエネルギー消費のことを懸念しています。しかし、もしデジタル・ドルが、ビットコインその他の「プルーフ・オブ・ワーク」が必要な分散化されたデジタル資産よりもはるかに少ないエネルギー消費ですんだら、どうでしょうか。そして、もしデジタル・ドルが、現行の貨幣・紙幣における物理的な採掘、鋳造、流通で発生しているエネルギーよりも少ないエネルギー消費ですんだら、どうでしょうか」

「第三に、デジタル・ドルが現行の決済のビジネス・モデルに悪影響を与えるのではないかと懸念する人もいます。しかし、もしデジタル・ドルが、実際には消費者や中小企業の決済コストや銀行手数料を削減するとしたら、どうでしょうか。もし、デジタル・ドルが即時決済をもたらし、多額の当座貸越手数料その他手数料といった、中小企業やアメリカの消費者を苦しめているキャッシュフローに伴うストレスを軽減するとしたら、どうでしょうか。また、デジタルマネーの利用に伴う経済活動の活発化が、ビジネス機会の拡大、中小企業の設立、生産性向上につながったとしたら、どうでしょうか」

「第四に、私たちは皆、正しくも、デジタルマネーの大規模な監視を通じて、個人のプライバシーが侵害されることを懸念しています。しかし、もしデジタル・ドルが初期段階から慎重に設計され、合衆国憲法修正第4条に沿った個人のプライバシーに対するアメリカ人の合理的な期待を組み入れたものだとしたら、どうでしょうか。正当な法執行の必要性と、憲法に基づく個人のプライバシー保護との間で、適切なバランスが実現できたとしたら、どうでしょうか。そして、そのようなアメリカの法的な制限、適正手続の制限を備えたデジタル・ドルが、他の多くの政府のデジタル通貨、さらには民間の商業的なデジタル通貨と比較して、個人のプライバシーの保護において優れて**い**る、としたら、どうでしょうか」

「最後に、世界の基軸通貨としてのドルの地位は十分に確立されており、さらなるイノベーションは不要という主張も聞きます。しかし、もしデジタル・ドルが、金融安定や生産性、効率性を向上させるのと同時に、新たな機能、使いやすさ、プログラム可能なスマートコントラクトによって、ドルの価値を高めるとしたら、どうでしょうか。また、こうしたプラス材料を加えるのと同時に、堅牢で強力な経済、優れた統治、開放性、法の支配の裏付けというよく知られたドルの競争優位を維持できるとしたら、どうでしょうか」

「そして、私たちの最高位の国家理念に忠実に、個人のプライバシーを保護しながら、これらをすべて実現するとしたら、どうでしょうか。そうであれば、私たちは、来るデジタル化されたお金の未来において、同胞市民のために米ドルについてしかるべき準備をするという私たちの責務を全うしていないことになるのではないでしょうか」

この公聴会は良いものだった。私がその前年に証言して以来、デジタルマネーに対する理解は格段に深まっていた。一部の上院議員は明らかに、お金の未来のために点と点をつなげていた。上院銀行委員会の委員は、全般的に、US CBDCが金融包摂を促進し、決済システムを近代化する可能性と、そのさらなる探究を支持してくれた。

いささか驚いたことに、ウォーレン上院議員は、多くの一般的なアメリカ人のためになるというイノベーションの約束は実現されていないとして、ステーブルコインを含む暗号通貨への先鋭的な攻撃を開始した。この批判は、BISの2021年6月の報告書にも反映されている。そこでは、暗号通貨を「お金というよりも投機的資産であり、多くの場合、マネー・ローンダリングやランサムウェア攻撃などの金融犯罪のために使用される。特にビットコインは、その莫大なエネルギー消費量をふまえると、公共の利益にかなう特性はほとんどない」と一蹴している(注85)。この報告書はさらに、ステーブルコインを「従来の金融システムの付属物であり、ゲームチェンジャーではない」と説明している(注86)。

ギュスターヴ・フローベールの見解に倣えば(注87)、イノベーションが成功するか否かは、それに対する反発がいかに激しいかによって測ることができる。サトシ・ナカモトのホワイト・ペーパーが発刊されてから10年後に、ようやく公式に価値のインターネットに注目し始めたＢＩＳが、ビットコインとステーブルコインに対してかくも激しく攻撃していることは、注目に値する。ビットコインとその後登場する暗号通貨がなければ、世界の中央銀行がＣＢＤＣを検討することさえなかったことを、ＢＩＳは認めていない。間違いなく、過去10年間ビットコインと暗号通貨の成長を無視したり嘲笑したりしてきた一部の中央銀行関係者や政府高官は、ＣＢＤＣの流行に急いで飛び乗るに際して、謙虚になって民間部門の多大なリーダーシップから学ぶべきだ。

米国政府は総じて、ＣＢＤＣへの政策対応について、いまだに検討フェーズにあるが、アメリカの民間部門は、特にステーブルコインの分野で、暗号通貨の開発において飛躍的な進歩を続けている。これまでのところ、こうした取組みは、米国政府の取組みよりもはるかに進んでいる。公的部門と民間部門の取組みを合算すれば、アメリカは世界に後れをとっているというよりも、むしろ「お金と決済の未来を賭けた競争にすでに勝利している」といえるのではないか（注88）。もちろんこれは、アメリカの公的部門と民間部門が活発に協調していることを前提にしているが、現実はそうなっていない。そうするべきだ。

デジタルマネーが発展することで、必然的に民間部門と公的部門が対立するようになるわけではない。政府は、民間部門のイノベーションから学ぶべきことが多い。実際、政府部門は民間部門をおおいに参考にして、取組みを加速させるべきだ。ウォーレン上院議員のような消費者保護論者も、レガシーの銀行業界を改革するうえでの強力な味方は、民間の暗号通貨やDeFiからの競争的挑戦だという考えに至るかもしれない。中央銀行は、独自のＣＢＤＣを組成するのではなく、民間部門のプレーヤーが革新的なデジタル通貨を構築できるように、「オープンなインターネット・ベースの金融サービス」のためのコアな原則を策定するというかたちでリーダーシップを発揮するべきだ、という堅実な議論がある。

国際通貨基金（ＩＭＦ）とニューヨーク連邦準備銀行の優秀なエコノミストたちは、最近の一連のブログ記事で、ＣＢＤＣとステーブルコインという政府と民間の暗号通貨が、デジタルなお金の未来において、どのように連携できるのかについて考察した（注89）。彼らは、中央銀行がデジタル通貨の開発を促進する方法には、ステーブルコインのような民間部門が発行する安全なデジタル通貨の社会への供給を支援するという間接的方法と、公的なＣＢＤＣを発行するという直接的方法とがあると指摘する。そして、この二つのアプローチが相互排他的なものではないことを明確にしている。アプリの開発者が携帯電話に魅力的な機能を追加するのと同様に、あるいは初期のインターネットと同様に、ＣＢＤＣを民間部門のイノベーションを促進する基盤として設計できることを示唆している（注90）。

民間部門と公的部門の協力の必要性については、一般に合意されているようだ。前世紀の宇宙空間探査であれ、世紀の変わり目のサイバー空間の探査であれ、アメリカが技術革新で世界を先導したときはいつも、公的部門と民間部門が協働してきた（注91）。こうした協働において、米国政府は公益のために中心的な政策枠組みを策定し、民間部門は技術的な革新性、高いプロジェクト管理能力、競争で培われたスピード感をもたらした。両者の融合がなければ、月面とサイバースペースの探査は20世紀ではなく21世紀にずれ込んでしまっていたかもしれない。

USCBDCの開発は国益にとって非常に重要であるため、民間部門は関与せず、もっぱら公的部門のみが担うべきだという主張もありうるが、私は同意できない。USCBDCの開発は国益にとって非常に重要だからこそ、両者の協力が必要だ。デジタル・ドルはあらゆる形態のお金と同様に、社会的信頼がなければ成功しないだろう。デジタル・ドルの創出には、社会全体が深く関与しなければならない。だからこそ、私たちはDDPを立ち上げたのだ。米ドルのデジタルな未来への民間部門の関与を促進することを目指して。

イングランド銀行のマーク・カーニー前総裁の言葉を借りれば、「現代のお金はさまざまな組織によって裏付けられているが、そのほとんどは中央銀行にある。そして、お金の価値は信認に基づいている。ある一時点での一般市民の信認だけでなく、重要なのは、常に一般市民の合意が必要であることだ。このことは、中央銀行が貨幣価値を維持するために何をするかだけでなく、その方法や、説明の仕方をも規定する。お金に関していえば、国民の合意と信頼は育まれ、持続的に維持されなければならない」(注92)

このデジタル通貨イノベーションの世界的な波は、急速に勢いを増している。アメリカにとっての問題は、このインターネットの波のなかでアメリカがどのような役割を果たすのか、そしてアメリカの中核的な価値観がどの程度生かされるのかということだ。アメリカは、公的部門と民間部門の両方で、デジタル・イノベーションという次なる波で指導的役割を果たさなければならない。さもなければ、グローバルな競合国の価値観がこのイノベーションに組み込まれることを覚悟しなければならない。

インターネットが進化を続けるなかで、情報、ソーシャル・ネットワーキング、小売、地域交通、旅行やレジャー、写真、音楽、娯楽産業を変革してきたのと同じように、お金が変革することはない、と考えるのはナイーブだ。それは確実に起こる。少なくともお金自身については、その変革はすでに始まっている。イノベーションのペースが今日以上に遅くなることはないだろう。すべての経済および商業インフラをたえず近代化しなければならないのと同じ理由で、政策立案者はドルの近代化を検討する義務がある。つまり、テクノロジーとイノベーションの進化と新しい構造をフォローし、それを生かす必要がある。摩擦の低下、コストの低下、政策ツールの改良、社会的包摂の改善を追求する必要がある。長らく提供されてきた口座ベースの基礎インフラと並行して、新たなデジタル通貨の構造を探求する必要がある。

言論の自由、個人のプライバシー、自由企業、検閲への耐性といった、今日のドルに組み込まれている尊い価値が、デジタルな未来のお金においても受け入れられるようなかたちで、私たちはドルを近代化すべきだ。

いまこそ、アメリカにおけるイノベーションの最高の伝統にのっとり、公共・民間両部門の思慮深いパートナーシップによって、US CBDCの機会と課題を探求する時だ。

結論 道端での思い（注1）

その名に値する唯一の自由とは、他人の幸福を奪ったり、幸福を得ようとする努力を妨害したりしない限り、自分なりのやり方で自分の幸福を追求する自由である。

——ジョン・スチュアート・ミル「On Liberty」（1859年）

価値の哲学

最後に、最大多数の人々に最大の幸福をもたらす行動を支持する哲学である功利主義の主唱者、ジョン・スチュアート・ミルの生涯を簡単に振り返ってみたい(注2)。デジタルなお金の未来、より幅広い金融包摂の未来、経済的自由、そして何世代にもわたって持続する民主主義の価値への哲学的アプローチを提示するためだ。

功利主義論を提唱したイギリスの哲学者ジョン・スチュアート・ミルの人生には、多くの人が忘れている重要な側面がある。彼は、長年にわたって、東インド会社の役員を務めた。同社は2世紀前に、インドをはじめとする世界の多くの地域を支配していたイギリスの独占企業だった(注3)。

ロンドンに本社を置く東インド会社は、世界中で、商業、貿易、市場開発、領土拡大に従事するグローバルな巨大勢力だった。その貿易はインド亜大陸に集中していた。同社は多国籍で、強力で、グローバルな企業だった。グローバル化という概念ができるずっと前のことだ。1599年にエリザベス1世の勅許によって、「喜望峰以東およびマゼラン海峡以西のすべての国」と独占的に貿易をする権利を与えられた。同社は後に、大きな軍事勢力となり、大英帝国の名のもとで帝国を築くこととなった。

東インド会社は、政治的な計略から生まれ、選ばれた少数によって支配される不透明な非公開企業であり、勅許を得た会員にのみ株式を売却していた。それでもなお、同社はイギリスの公的利益を促進し、イギリスと同社株主の利益は一致していた。英国政府は同社に追従しインドに進出した。ある歴史家は同社を「規制当局であり唯一の事業者でもあった」とした(注4)。貿易を行う場である市場を監督し、かつ、その市場を事実上独占していた。

要するに、東インド会社は事実上、その収益性と、貿易と課税による英国経済への貢献から、民間企業であるとともに公的存在でもあった。企業であり、準政府機関でもあり、自身以外のだれに対しても説明責任を負わなかった。

同社は、南インドを強権的に支配したことで悪名高い。支配と富の独占のために、ひそかに職権を乱用していた。植民地軍によって課された重税は、インド社会を崩壊寸前に追い込んだ。インドの農村部で飢饉が数百万人を襲ったとき、東インド会社はその苦難を和らげるためになんらの措置もとらなかった。それどころか、重税によって大衆を苦しめ続けた。だれに対しても説明責任を負わない、やりたい放題の振る舞いは、インドにとって壊滅的な結果をもたらした。

ミルは東インド会社による血なまぐさい統治の「外部性」の一部を相殺することができるのではないかと考えた。彼は同社に1823年に入社し、1858年まで35年間勤務した。彼の父ジェームズ・ミルとジェレミー・ベンサムの考えを発展させた功利主義に関する彼の研究については多くのことが書かれている。だが、ジョン・スチュアート・ミルの東インド会社時代については、ほとんど何も書かれていない。東インド会社に在籍していた時、注目すべきことに、彼は経済と司法の改革、女性の権利、普通選挙権を主張していた。

ミルは結果的に、19世紀の最も強力な企業の一つにおいて広報担当のヴァイス・プレジデントだったわけだ。そのような状況のなかで彼は、自分の哲学的な著作における功利主義について解説する機会を得た。

今日、同じような状況を想像してみてほしい。哲学者がフォーチュン500企業を経営していたらどうだっただろうか。あるいは規制当局、中央銀行のトップであればどうだっただろう。ソクラテスがゴールドマン・サックスで内部監査をしたり、シモーヌ・ド・ボーボワールが米国連邦準備制度理事会（FRB）の理事を務めたりしているところを想像してみてほしい。レジス・ドゥブレ、あるいはアイン・ランドが商品先物取引委員会（CFTC）で私の職務に就いていたらどうだっただろうか。

それも悪くなかったかもしれない。先に述べたように、公共政策や政府には、公私にわたってさまざまなバックグラウンドをもつ男女が必要だ。金融分野の統治については特にそうだ。

ミルを取り上げた理由は二つある。まず、偉大な哲学者が会社に勤めている姿を想像するのはおもしろいからだ。だが、第二の理由は、彼の例は、改革派としての理想と経歴、そして善意だけでは偉大な結果を生むには不十分だということを示しているからだ。それ以上の何かが必要なのだ。

自由と責任

弁護士として、企業幹部として、そしていま、元規制当局者として、私は東インド会社の活動の範囲の広さに魅力を感じる。しかし、事業体は、かつての東インド会社のように、政府にかわってその役割を果たすべきではない。東インド会社の歴史は常に、秘密主義、強欲、見苦しい私利私欲、そして破綻の結末といった亡霊につきまとわれることになるだろう（同社は1874年に閉鎖された）。それと同様に、規制当局も、規制の対象である事業の商業的または社会的な優先順位を定めるべきではない。また、それらにとらわれるべきでもない。私たちには、自由と責任の適切なバランスによって定義される、適切な、しかし完全に不可侵ではない企業と政府の間の分離帯が必要だ。

自由と責任のバランスをとることは、CFTCでの5年間、私の脳裏から離れたことはなかった。私は、2008年の金融危機によって心に焼きついた信念をもってワシントンに行った。それは、金融スワップの取引、決済、報告について改革が必要だという信念だった。議会はドッド・フランク法によって改革の枠組みを正しく策定したが、CFTCはその一部について誤った規則策定を行っていると確信していた。私はそれを正すことに注力した。

だが、私は徐々に、CFTCの姿勢が後ろ向きであることに気づいた。直近の危機に備えることで頭がいっぱいで、将来直面しうる無数の課題には無関心だった。ドッド・フランク法は、サイバーセキュリティ、アルゴリズム取引、ディーラーの集中、市場の流動性枯渇、分散型台帳技術、暗号通貨など現在の懸念にはいっさい触れていない。その結果、ほとんど何も行われておらず、行われているとしてもそれは、同意見の人々による推測に基づくものにすぎなかった。

2016年の大統領選挙における予想外の結果のおかげで、私は図らずもCFTCの委員長になった。私はＣＦＴＣが、21世紀のデジタル市場に適した、前向きで競争力のある21世紀の規制機関となるように舵取りをした。優れた幹部チーム、心の広い同僚の委員たち、そして明確なリーダーシップに飢えていた職員たちの支援を受けて、ＣＦＴＣは生まれ変わり、市場を熟知し、テクノロジーに詳しく、プリンシプル・ベースで、イノベーションを歓迎する規制当局としてあらためて認識されるようになった。

こうした努力がもたらした結果は偶然によるものではなかった。計画と実行力に基づくものだった。それは意識的な選択であったが、政治的リスクを冒して、嘲笑を買ったこともある。勇気が必要だった。その成功は、アメリカの自由でオープンな市場の革新性に、ダイナミックで野心的な社会にふさわしい知的で責任のある規制をマッチさせたいという願いから生まれた。

ジョン・スチュアート・ミルのように、市場規制当局者は道徳的な枠組みに基づいて職務にあたる。私はそのようにした。もちろん、当局の職務は、個人の意思ではなく法律に定められた範囲内で進められなければならない。だが、その法的な範囲においても、裁量と判断の余地がある。私の選択は、私の歩んできた道に基づくものだ。経済的なチャンスを求めてアメリカにやってきた謙虚な移民の曽孫は私だけではない。彼らはいずれも、アメリカの自由市場の経済的インセンティブや、個人の自制心と財務的責任を重んじるアメリカの民間企業を原動力とする経済において繁栄した。彼らはアメリカの多元主義的な文化、市民社会、代表制民主主義、法の支配を支持し、促進した。彼らはそうした制度の価値を吸収し、私に伝授してくれた。

それらの価値はあわさって、実績あるシステムである民主的資本主義として知られている。どこにでも自由で競争的な市場があり、それとの組合せで、自由な企業、個人の選択、自発的な取引、市民社会、人と財産の法的保護があるということは、単なる意見ではなく、経済的な事実であり、そこには、幅広く持続可能な繁栄と人類の進歩がある。

自由市場では、何百万人もの消費者が、自己の利益と個人のニーズに従って、未来を方向づける決定を下す。他者が彼らにかわってそうした決定を下すことはない。「資本主義は、個人に対して自分自身で考える自由を与え、最も生産的なアイデア、製品またはサービスを創造した者に対して、他の生産者が対価を与える唯一の経済／政治システムである」(注5)。クラウドソーシングに魅了される新世代にとって、自由な資本市場は究極のクラウドソースによる意思決定だ。

私の本棚には、神学者マイケル・ノヴァクの『民主的資本主義の精神』という貴重な本がある(注6)。彼は「われわれの歴史をかたちづくってきたあらゆる政治経済システムのなかで、民主的資本主義ほど、寿命を延ばし、貧困と飢餓の撲滅を現実的なものとし、選択の範囲を広げるなど、人間の生活に対する普通の期待に革命をもたらしたものはない」(注7)と論じている。

民主的規制の精神

ノヴァクを引用するのは、金融市場に対する規制の権限に関する倫理的なアプローチを提案するためだ。それは、先進的な経済、社会、政治の価値観に基づくものだ。私たちは、市場規制は経済だけでなく、自由と責任のバランスをとるための一連の道徳的なおもりによって規定されるものと考えるべきだ。

第一のプリンシプルは、黄金律だろう。C・S・ルイスの観察にあるように、すべての偉大な文明に黄金律が現れるのには理由がある(注8)。それが文明の基礎だからだ。それがなければ野蛮になる。私たちは、市場において、そしてビジネスにおいても、互いに、自分が他者に求める尊敬と配慮をもって接するべきだ。それが、市場規制当局が市場参加者を扱うべき方法であり、市場参加者も適切な規制にはそのように対応すべきだ。

第二に、民主的資本主義は、規制当局が市場の健全性を守る法律を強力に執行することを要求する。金融市場における詐欺、欺罔、相場操縦を容認してはならない。犯罪は少数の個人的な利益のために自由を侵害する。市場の健全性は、堅牢な取引と責任あるリスクテイクを促進するために不可欠であり、法律の執行は経済的自由を守るために必要だ。

第三に、公平でなければならない。規制当局は、だれかの味方をしたり、特定の市場関係者を優遇したりしてはならない。勝者と敗者を選んでもいけない。規制当局は自由に動ける代理人でも悪役でもなく、議会が定めた範囲内で行動しなければならない。法律に従い、公平かつ公正な代理人として認識されなければならない。「道徳資本」と呼ばれるものをもたなければならない。個人・組織の性格がそこでは重要になる。

第四に、民主的資本主義の精神に基づく市場規制は、私たちの立憲共和制の基礎である市民的自由の行使を尊重する。私たちにはそれぞれ、不可侵の権利がある。生命、自由、幸福の追求は、個人的自由であり、私は、それは道徳的・政治的自由であるだけでなく、経済的自由でもあると信じている。それは、政府のエリートが選ぶのではなく、個人が自分で選んだ職に就いて人生を送ることを可能にする「創造的選択の自由」だ。

したがって、市場規制当局は、正当な理由なしに経済の自由を制限してはならない。実際、規制当局者は、合衆国憲法と権利章典に謳われる政府の権限の制限を支持し擁護することを宣誓する。つまり、市場規制当局者には、経済と市場の活動を含む憲法上の自由と市民的自由を保護する義務がある。だからこそ、一般論として、良い規制は、単なる偶発的な不正の事案ではなく実証可能な問題に対処するものでなければならない。仮定ではなく、確固たる証拠に基づかなければならない。複数ある措置のなかから最適なアプローチを選ばなければならない。厳密な計量経済学的分析によって効果を測定しなければならない。柔軟でテクノロジー中立的な規制の枠組みを通じてイノベーションと競争を促進するものでなければならない。

規制が多すぎる、少なすぎるということはない。そのような言い分は、政治的な修辞にすぎない。2008年の金融危機は、規制が少なすぎることが引き起こしたものではない。規制がより多くあっても防げなかっただろう。重要なのは規制の量ではなく、質だ。良い規制か悪い規制か、その影響を計算し尽くした規制か計算不足の規制か。それしかない。問題は常に、規制が監督対象となる環境の改善に有効か否かだ。

第五に、自由市場は市民的自由の行使を支える。自由市場は、イノベーション、生産性、雇用創出、健康の改善、そして人類の進歩を促進すべきだ。だが、この自由は無制限ではない。独占を生み出し、他者を欺き、市場を操作し、究極的に自由市場を阻害するために利用されてはならない。自由市場は、自由市場の破壊のために悪用されてはならない。そこで市場規制当局が入ってくる。民主的資本主義の精神において、規制当局の使命は、十分なマーケット・インテリジェンスと慎重に計算された措置を通じて、そのような搾取を防ぐことだ。

2008年の金融危機は、「信用バブルが膨張している間、規制当局はどこにいたのか。なぜ当局は、できるときにバブルを潰さなかったのか」という当然の疑問を投げかけた。その原因をあらためて探る必要はない。それでも、その後、2017年に大規模な資産バブルが発生した時には、CFTCが動いた。また、それは市場を中心とするかたちで行われた。CFTCは、一部の市場参加者や中央銀行が求めていたであろうビットコインの市場活動の抑制はしなかった。むしろCFTCは、個人でも機関投資家でも、ロングでもショートでも、より多様な投資家が参加することを容認した。そうすることで、ビットコイン市場は自らバランスを取り戻した。そして、脆弱性は若干少なくなり、ショックに対する耐久性を高めた。市場哲学者ナシーム・タレブが提唱した反脆弱性、すなわち有機的な耐久性をより強めたわけだ(注9)。ビットコインは成熟し、繁栄した。危険は回避された。CFTCの市場規制は自由市場を強化し、抑制はしなかった。

第六に、民主的資本主義の精神に基づく市場規制は、プロフェッショナリズムを奨励する。適格性は重要だ。規制当局者たちには、職務を果たす準備ができていなければならない。彼らは規制対象について、学術研究だけではなく、実務経験をも通じて精通していなければならない。同時に、CFTCのような規制当局は、そうした任務を遂行できる適格性の要件を満たす専門家を採用するために、十分な資金がなければならない。国民の信頼がかかっている。

私たちは二極化した社会に住んでいる。そこでは、マスコミや政治的な階級が対立をあおる。民間セクターの出身者がこのようなことを書くのは意外に思われるかもしれない。私は、CFTCその他連邦政府機関において、数多くの聡明で才ある人々と一緒に働いてきた。彼らは国家の財産だ。政府の職員は、働かないわりに給料が高く、普通のアメリカ人の懸念を理解していないと吹聴する者が多すぎる。私は、民間で30年、連邦政府で5年働いた。これだけは言っておこう。CFTCの私の同僚たちは誠心誠意、国家に奉仕してきたし、いま現在もそうしている。彼らはプロだ。グローバル経済の複雑な市場に、専門性、インテリジェンス、そしてコミットメントをもたらしている。彼らは、アメリカにおける公僕が、若者が志望する価値ある崇高な職業であり続けていることの証しだ。

アメリカの建国者たちは、参加型民主主義という独自の代表制の仕組みを築いた。他国と異なり、米国政府は、市民によってかたちづくられ、市民社会を侵害する権限を制限されていたが、それでも、公共問題に有能な人材が積極的に参加することを歓迎した。この参加型民主主義は、夢と野望を抱いてこの国にやってきて、勤勉さ、忍耐、そして決意をもって、想像を超える成功を収めた何世代もの移民に最適なものだった。

そして、それは今日も変わらない。アメリカとその参加型の政府は、共有すべき価値をもつ市民の多様性を歓迎し、それに依存することによって、強化されている。公職は、たとえ実際に適任であったとしても、学者、元上院スタッフ、その他現職の政治家など、政治家が認める経歴をもつ者に限定されてはならず、商工業にその門戸を閉ざしてはならない。民間の有能な人材が加わり、後にその人材が公的な仕事の課題、責任、名誉をよく理解して民間に戻ることによって、政府や規制の感応度が高まることになる。

第七に、民主的資本主義は、個人を、主体としても客体としても重要なものとして扱う。ミルは、その著作のなかで時折、人間の「尊厳」について語っている。市場は、労働者やトレーダーや市場参加者を搾取すべきではない。人間の尊厳は、私たちの規制の取組みにおいて無視されることなく、守られなければならない。人は軽んじられてはならない。人は、数字でも、分類でも、ファイルでも、また、ソーシャルメディアのアカウントでもない。飽和状態にあるオンラインの世界では、あまりにも人間性が失われており、人がその尊厳を奪われている。世界の人口がほぼ80億を数えるなか、それぞれが個性ある一個人であり、そのように扱われなければならない。

人間の尊厳は、プロパガンダやドグマではなく、思考と教育を奨励する。残念なことに、今日の教育機関や報道機関の実態は、知的な多様性をもたず、画一的であることがあまりにも多い。集団思考と、マスコミや社会的エリート層の嘲笑を受けたくないという恐怖感は、規制の近代化を妨げる。

知的な同調性は、民主的資本主義、健全でダイナミックな市場、それらが必要とする健全な市場規制にとっては忌まわしいものだ。政治やメディアの嘲笑をおそれていては、規制当局は有効でありえない。極端な党派主義、マスコミの攻撃、企業活動を犯罪視することは、臆病で従順な官僚を生み出すことにつながる。時に、自由の土地と勇者の祖国は、FUD（訳者注：「おそれ、不確実性、疑念」の略）の土地と臆病の祖国にみえる。臆病さと自尊心は、アメリカがデジタルの未来の課題に立ち向かう力を損なうかもしれない。

ジョン・スチュアート・ミルは次のように書いている。

「他の専制国家と同様に、多数者の専制も最初は主に官憲の行為を通して行われるものとおそれられていたし、いまでも俗にはそう思われている。だが、思慮深い人々は、社会そのものが専制的であるとき、すなわち社会を構成する個々人が集合的に専制的であるとき、その専制の手段は、政治的機能を担う者の行為に限定されないということに気づいた。」（注10）

私たちに必要なのは、いらいらするような服従ではなく勇気だ。民主的資本主義には、度胸と信念の強さをもった規制当局者が必要だ。詩人や哲学者、あるいは偶然に規制当局者になったようなアウトサイダーにこそ、インサイダーが見逃したものがみえることがある。今日、私は、この新たな価値のインターネットが、新たな通貨の形態以上のものであるという事実を（それは刺激的で革新的なことではあるが）、インサイダーが見逃していることを懸念している。それは、本書の冒頭で私が指摘した老朽化した金融システムをアップグレードするための新たな枠組みを提供し、金融システムを、時間、社会的階級、中央の検閲に制限されない、より包括的で、より低コストで、より速く、より安価なグローバル・システムにしていくかもしれない。インサイダーたちは、自分たちの一義的な義務は、このインターネットの新たな波が、人類の進歩のためにいかにして既存の金融システムを改善できるかを検証するよりも、既存のシステムを守り、既存の機構を守り、慣れ親しんだビジネスのやり方を守り、既存の規制の形態と規制分野への政治的な統制を維持することだと信じているのかもしれない。さらに悪いことに、彼らは、新たな経済的野心と経済的自由の精神に基づいて、再び『時代は変わる』（注11）と叫ぶ新世代への敬意をもたず、耳を貸そうとしないかもしれない。古い金融秩序における体制とその守護者に対して信頼を失った世代は、より明るい未来を築くために、よりオープンで耐久性のある新たなシステムを求めている。

『銀河ヒッチハイク・ガイド』の著者、ダグラス・アダムズは、次のように述べている。

「自分が生まれた時に世界にあるものはすべて、普通で、日常的で、世界の営みのごく自然な一部だ。自分が15歳から35歳の間に発明されたものは、新しくてエキサイティングかつ革命的なもので、それを自分の仕事にすることができるかもしれない。自分が35歳になった後に発明されたものは何であれ、自然の秩序に反する」（注12）

対象が暗号通貨であれデジタル・ドルであれ、アダムズの訓示は、55年前の公民権時代における世代間ギャップと同じくらい大きな、今日の金融テクノロジーに関する世代間ギャップに当てはまるだろう。

今日の金融イノベーションに関する世代間ギャップを乗り越える時が来た。アメリカはその歴史を通じて、官民の協力に基づくテクノロジーの開発において、世界をリードしてきた。宇宙開発計画にせよ、インターネットの第一波にせよ、アメリカは、自由企業、経済安定、技術革新、個人の自由とプライバシー、法の支配といった長年にわたる価値観を反映した大胆なテクノロジーにおける冒険をしてきた。それが、大きなことをするときのアメリカのやり方だった。

再び、大きなことをする時が来た。最先端のツールや技術を駆使して、物理的なインフラだけでなく、金融のインフラも再構築しなければならない。価値のインターネットのモメンタムは高まりつつある。私たちはその機会を活用しなければならない。私たちは、デジタル・イノベーションの次の時代において、自由社会の価値観をもってリーダーシップを発揮しなければならない。そうしなければ、お金の未来は、世界の競合国の反民主主義的な価値観を取り込んでしまう。

自由な市場と自由な人々

自由市場資本主義は貧困と抑圧の根源ではなく、それらの解毒剤だ。世界を貧困から救い、人類の可能性を解放する点では他に類をみない。市場資本主義の欠陥や過ちがどうであれ、代表民主主義における大胆な自由企業を通じて解決するのが最善だ。

自由市場の欠点は、政府主導の経済によって解決されるものではない。現実には、資本、モノ、サービスが政府機関によって配分されるときはいつでも、闇市と食料の配給を受ける人々の行列ができる。政府が支配する市場は、常に豊かさを貧しさと不平等に変える。自由市場の放棄は経済を荒廃させる。それによって機会の平等は貧困の平等に取って代わられる。20世紀には、中央政府が食料の調達を計画する国々において約7000万人が飢餓によって死亡した（注13）。現代も、こうしたシステムは、私たちの目前で飢餓と伝染病を引き起こしている（注14）。

アメリカの多くのベビーブーマーにとってあこがれだったヨーロッパの「社会民主主義」でさえ、堅苦しい体制だ。活力ある資本主義とは異なり、「社会主義は、国民が自らをリスクから守るために購入した保険だ。だが、結果的には、彼らがあらゆる経済環境における真の機会と危険を知ることを邪魔することになる。その恵みと試みの恩恵を享受するかわりに、経済全体がダイナミックな世界において静態的にとどまるという、より大きなリスクを負うことになる」（注15）。高い失業率、鈍い成長、硬直した官僚主義によって、社会民主主義は、シリコンバレーの丘やブルックリンの街路、マイアミ・ビーチのペントハウスを目指すような世界の最も精力的で起業家精神に富んだ者を引き付けることはできない。ヨーロッパのビリオネアの上位10人のうち5人が、先祖がはるか昔に築いた財産を相続した者であるのに対して、アメリカでは、上位10人中9人が、自力で立ち上げ、何百万もの雇用とキャリアを創出した事業からのみ富を築いた者であることは驚くに値しない（注16）。

私たちは、子どもたちに、商業や人間の事業に対する政治的な支配は、決して魅力的でもなければ、野心的でもないということを伝えなければならない。それが試されたあらゆる場所で、詐欺と失敗がもたらされた。社会主義は人間の自由と社会を破壊する。個人や家族から権力を奪い、政府やそのエリートたちに与える。それは、多くの者に対して無制限の権力を行使する、少数の選ばれた者による虐待を可能にする。政治が主導する経済は、若者の夢を破壊する。世界中の若者は、常に社会主義から自由市場・自由社会へと逃避している。

私たちは、自由市場資本主義の価値に対する信頼を主張しなければならない。自由市場は、明るい未来、自己実現できる未来を常に希求する今日の若者たちにとって自然な選択であるべきだ。

そこで私たちは、黄金律という振出しに戻る。私たちは、お互いの姿に自らの魂を映す鏡を見出さなければならない。「人生は単なる出来事や経験の連続ではない。それは、真実、善、そして美の探求だ」（注17）。金融市場は、人々が責任をもって自己の願望を果たし社会善を促進するための場でなければならない。そこでは、他者に対応する際、誠実さ、品位、信頼性が求められる。ビジネスとイノベーションはそれを求める者にとって、労働に満足感と精神的な崇高さを見出せる場でなくてはならない。それは私たちを、より良い家族、同僚、市民、ビジネスマン、市場参加者、規制当局者にするものでなければならない。アリストテレスは、規制や政策は、それが道徳的であれば、私たちをより高潔かつ善良にすると考えた（注18）。それらが、より良い明日の礎となる。「自分が善だと思うことを自分なりのやり方で」おそれることなく追求する自由は、神の賜物だ。

人間のポテンシャルの未来

ニュージャージーのハドソン川沿いの町から議事堂へ、ウォール街から首都への旅を経て、私は出発点に戻ってきた。静かな郊外の家だ。私は過去の問題に対応するためにワシントンに行ったつもりだったが、実際は将来の課題に直面することになった。それは、価値あるデジタルなものの未来だ。そしてそこには、最も切望されるもの、すなわちお金も含まれる。

私は、お金と金融のデジタル化された未来は、必ず、しかも想像以上に早くやってくると確信している。それにより、アメリカの老朽化したアナログの金融インフラと規制の枠組みの欠点が露呈するに違いない。それはすでに起こっている。私たちはそれをおそれるのではなく、利用しなければならない。

私がまだわからないのは、この革新的な変化の最終的な影響がどのようなものかということだ。この新しい価値のインターネットは、ウィキペディアが知識と情報を分散化したように、価値あるものを分散化するだろうか。それとも逆に、ソーシャルメディアが私たちの個人情報を盗み、私たちの心理を操るように、価値あるものを中央集権化するだろうか。もし後者が現実となれば、政府や政治エリートたちは、私たちのお金とその使い方を監視し、最終的には両者をコントロールするかもしれない。それは、圧倒的に抑圧的な政府の権力となり、ひどく活気のない未来へと導く。

そうではなく、私たちは人類の自由の未来のために立ち上がらなければならない。私たちは、このデジタル・イノベーションの波、すなわち「価値のインターネット」を利用して、将来世代のために、金融包摂、資本と金融の自由、そして経済成長を促進しなければならない。私たちは、このイノベーションの政治的な統制と監視の強化に抵抗しなければならない。正しい選択をするためには、私たちはおそれずに大胆でなければならない。最終的には、哲学者や農民、教師や音楽家、市場の規制当局者やトレーダーなど、男女を問わず、おそれを知らない人々から成る自由な社会が選択をすることになる。

私たちは、私たち自身と子どもたちのために、未来を信じる気持ちを新たにしなければならない。おそれず、自信をもたなければならない。そうすることで、私たちは地球上のあらゆる人間の自発的取組み、生産性、意欲、夢を応援し、それに報いることができる。ワシントン、ブリュッセル、バーゼルのエリート層だけではなく、カンザス州ホワイトクラウドの大豆生産農家、ミネソタ州メルローズの酪農家、テキサス州バードウェルの綿花生産農家、さらにはシカゴのコモディティ・トレーダー、ニューヨークとロンドンのスワップ・ディーラー、テキサス州オースティンのフィンテック・デベロッパー、ワイオミング州のクリプト起業家、マイアミのビットコイン信者、その他あらゆる者のために。国内外、先進国および開発途上国のあらゆる人々の明日のために、そうしなければならない。

健全な政策、規制・監督と民間セクターのイノベーションとの適切なバランス、そして、もちろん幾分の勇気があれば、新しいテクノロジーとグローバルな取引手法によって、私たちの市場は責任ある進化を遂げるだろう。それによって、経済は成長を続け、希望が制約を受けない未来が創造されるだろう。そこでは、創造性と経済的な表現それ自体が社会善とされ、人間の成長と進歩の源とされる。

追記

本書が出版されようとしているちょうどその時、アメリカの議会上院は、全国のインフラの近代化に資金を供給する超党派の法案を可決した。その施策の一部では、広範な税務情報の報告義務を通じて暗号通貨取引に課される280億ドルの税金を資金源の一部とすることが提案されている。同法案は不当にも、ソフトウェアの開発業者、ハードウェアの製造業者、マイニング業者を含む、広範な暗号通貨取引の周辺サービス業者を対象に含めている。

私は先に、暗号通貨に関する適切な規制の枠組みを選択するためには、議会がまず、達成すべき公共政策を特定する必要があると述べた。どうやら、議会はこれで、暗号通貨に関する最初の政策上の優先事項を特定したようだ。それに課税するということである。アメリカの物理的な基盤であるインフラが数十年にわたって無視されてきた挙げ句、議会は、インフラを更新する手段として、誕生して間もない暗号通貨業界に課税し、負担を強いるつもりのようだ。暗号通貨業界が、インフラ同様に老朽化したアメリカの金融インフラについてソリューションを提供する可能性が高いにもかかわらず、である。これまでにも散々みられてきたことだが、議会は過去の政策の失敗のツケを清算するために、国家の将来を担保にしているように思える。

2021年8月8日

［付　録］

CFTC委員長の講演

J・クリストファー・ジャンカルロ
2018年1月19日にフロリダ州ネイプルズで開催された米国法曹協会（ABA）のデリバティブ・先物部門のコンファレンスにおいて

はじめに

ありがとうございます。こんにちは。

まず、このコンファレンスに出席している商品先物取引委員会（ＣＦＴＣ）の同僚、ベナム、クインテンズ両委員と、スタッフに感謝したいと思います。彼らは、素晴らしい能力をもち、見識の高い公僕です。彼らとともに働けることを誇りに思います。彼らの考えはどんな議論をも活性化し、拡大させてくれます。ダン・デイビス、マット・カルキン、ジェイミー・マクドナルド、エリック・パン、ヴィンス・マクゴナグル、皆、出席してくれてありがとうございます。

そして、私を招いてくださり、素晴らしいプログラムを企画してくださった主催者に感謝したいと思います。また、リタ・モールワースやケン・ライスラーをはじめ大勢の同僚たちとここで会えるのはうれしいことです。ケンが言うように、他の地域の気温を考えると、今年は非常にタイムリーに温暖な開催場所の追求が行われました。

ＡＢＡのデリバティブ部門のメンバーはお互いのことをよく知っています。比較的小さな部門ですが、以前よりは規模が大きくなっています。その部門が、毎年集まって、デリバティブの現状を精査するわけです。会合のポテンシャルは明らかで、そのもたらす結果は甚大なものです。多くの点で、デリバティブを専門とする法律家にとって、連邦準備制度理事会（ＦＲＢ）の「ジャクソンホール」会議に相当します。

今日は、私も、その威力と影響力の一部に加えていただきたいと思います。

ご存じのように、ドッド・フランク法が制定される以前、当部門の規模と範囲は、商品取引所法（CEA）の規制下にある上場デリバティブに限定されていました。2008年以前のこの会合は、その限定を反映したものでした。

しかし、ドッド・フランク法第7編が可決され、あらゆるデリバティブに対する連邦の規制が拡大され、他方で第7編を廃止する試みもないなかで、ABAの当部門が検討し、議論し、思慮をもって対応すべき問題の範囲は、より広範、重要、永続的なものとなりました。

いま、私たちはもう一度、その範囲を拡張して、前に進む必要があります。当部門は、これを好機とし、次世代で最も優秀な弁護士を取り込み、デリバティブの法律と実務の分野にさらなる貢献をすることが求められています。

実際、私たちは、いままさに、世界が急激に変化の速度を増すなかで会合しています。インターネットその他、指数関数的に拡張するデジタル・テクノロジーは、情報伝達から個人の買い物やコミュニケーションに至るまで、21世紀初期のあらゆるものに、ますます大きな影響を与えています。

そうしたテクノロジーが、アメリカのデリバティブ市場にも同じような革新的な影響を与えていることは驚くに値しません。それは、トレーディング、市場、金融情勢全体を変化させ、資本形成やリスク移転に多大な影響を及ぼしています。そのなかには、アルゴリズムに基づくトレーディングと自動化されたデータの転送、「ビッグデータ」情報の分析と解釈、状況に応じて取引執行する人工知能、自己評価してリアルタイムで支払額を算出する「スマートコントラクト」、従来の市場インフラに取って代わろうとする、ブロックチェーンとして知られる分散型台帳テクノロジーが含まれます。

近年、これらの技術の多くが複数の支流から集まって一つの川になり、その川は最近、渓流となり、海流となっています。それはだれもがみて、聞いて、読んだことがあるものです。暗号通貨です。

暗号通貨がもたらす課題と機会

2017年の終わりに、暗号通貨、特にビットコインが世界を席巻しました。ウォール・ストリート・ジャーナルは、2017年にビットコインの価値が1375%上昇したと推定しています(注1)。ビットコインなど暗号通貨の話題は、オンラインのチャットから、金融メディアの裏面を飾るようになり、そこから全国紙の一面、銀行のCEOに対するアナリストの四半期ごとの質問、そしてホワイトハウスでの記者会見へと、急速に広まっていきました。

それは私たちを日々、毎時間、急速に新しい未来へと押し流しています。そして、その急流は、確立された先物規制の枠組みの一部にぶつかっています。たとえば、暗号通貨先物の価格操作を防止する先物取引所の義務や、そうした商品の適切なリスク管理を確保する先物清算機関の義務などです。

だから私は、ここで講演しようと考えたのです。暗号通貨はＡＢＡのデリバティブ部門の集中的な注意を必要としています。私たちはそれを無視することはできません。いまは、現実から目をそらしたり、誤解したり、個人の好き嫌いを言っている時でも場合でもありません。認識、内省、分別の時です……新たな航路を行くとき……新たな未来への道筋をつける時です。明日ではありません。今日です。

これまで、このABAの部門は、デリバティブ市場の変化に対して重要かつタイムリーな対応を行ってきました。そしていままた、皆さんが、当部門が必要とされています。

暗号通貨への関心は主に、グローバルに相互に接続されたオンラインの世界で生きる新興世代が原動力となっています。その世代は、その多くが間もなく、証券会社を通じて社債に投資するかわりに、携帯電話を通じてデジタル資産に投資をするようになる世代です。

デジタル通貨の最大の魅力は、伝統的な銀行制度とそれに伴う手数料を不要とする、アルゴリズムに基づく分散型の価値貯蔵、価値尺度、支払手段としてのポテンシャルにあります（注2）。そして、さらなる魅力は、ビットコインを含む多くの暗号通貨を支える分散型台帳技術の多大な可能性にあります。それは、政府と業界、両方の指導層の注目を集めています。

暗号通貨の支持者は、昔からある「二重支払」問題に対応するビットコインの革新的な技術によるソリューションを指摘します。「二重支払」の問題があったため、取引主体に実際に取引を行う能力があり、それが実行されることを保証する、信頼できる中央管理者が必要とされてきました。ビットコインは、中央管理者が提供する信頼を、ルールベースのオープンな合意に基づくソフトウェアのメカニズムに置き換えるものです（注3）。実際、多くの思慮深いビジネス、技術、学問、そして政策の指導者層が、市場参加者がどのように取引を行い、所有権を移転し、個人間（P2P）の経済システムの原動力となるかなど、そのようなイノベーションから生じる可能性のある影響を探ってきました(注4)。

しかしながら、現時点では、ビットコインそのものの長所として主張されるものの多くは、ややもすれば信憑性に欠けます。価値貯蔵の手段としては不安定で、価値尺度としては過度に変動性が高く、支払手段としては高価すぎます。批判者は、ビットコインに対する現在の関心は行き過ぎであり、熱狂、狂気でさえあると主張します。彼らは、ビットコインの価格の高騰を、17世紀の「チューリップバブル」にたとえます(注5)。暗号通貨はなんら社会に役立つ機能を果たさないばかりか、不当な目的で利用される可能性があると主張します(注6)。なかには、一部の国に倣って、ビットコインを禁止すべきだと主張する者もいます(注7)。

ビットコインのような暗号通貨については、当然多くの意見があります。実際、暗号通貨は、あらゆる人にとってあらゆる意味をもちえます。人によっては、潜在的な富、次のビッグバン、技術革新、そして抗しがたい価値の提案を意味する一方、新たなかたちの詐欺、罠、そして善良な人からお金をだましとる手段とみる人もいます。

意見の違いはあれ、客観的な視点が役に立つでしょう。1月16日の朝の時点で、単価1万2000ドルに基づくビットコイン全体の価値はおよそ2000億ドル(注8)、すべての暗号通貨の価値はおよそ5770億ドルでした。このように、ビットコインの「時価総額」は、インテルやシティグループ（いずれも約2000億ドル）のような「大型株」企業と同水準です。ビットコインのような暗号通貨が、時に投資商品として金に匹敵すると考えられることもありますが（注9）、ワールド・ゴールド・カウンシルが推定する世界の金の総価値は8兆ドルと、暗号通貨の市場規模を大幅に超過していることを認識する必要があります。明らかに、暗号通貨に対するマスコミの関心は、今日の世界経済におけるその重要性をはるかに超えています。

それでもなお、比較的小規模な資産クラスであるにもかかわらず、暗号通貨は規制当局にとって、大きな機会と課題となっています。CFTCは、ビットコインなどの暗号通貨がもたらす重大なリスクについて警鐘を鳴らしてきました。そのなかには、以下が含まれます。

・規制・監督されない取引プラットフォームの「オペレーショナル・リスク」
・ハッキングが可能な取引プラットフォームと暗号通貨ウォレットの「サイバーセキュリティ・リスク」
・激しい価格変動がもたらす「投機リスク」
・従来の風説の流布、インサイダー取引、虚偽開示、ポンジ・スキームなどを通じた「詐欺・価格操作リスク」

アメリカの自由市場経済と商業および経済の自由の信奉者として、私は、潜在的なリスクがいかに大きかろうと、合法な新興テクノロジーの社会的な有用性について、個人的な価値判断から規制方針を決定することには反対です。実際、私は、元CFTC委員で暫定委員長だったシーラ・ベアーが最近、ビットコインについて記した「価値とは、美と同じように、見る人の目のなかにあるものです」という言葉に同意します（注10）。

一つ確かなことは、暗号通貨取引を無視しても、それがなくなることはないということです。また、それは責任ある規制の戦略でもありません。私も「政府がすべきことは、ビットコインの価値について判断することではなく……市場の評価がどのようなものであろうと、ビットコインの価格が、詐欺や価格操作のないなかで投資家が情報に基づいて行った意思決定を反映したものとなるよう、措置を講じることです」というベアーの意見に賛成です（注11）。

連邦政府による暗号通貨の監督

ご存じのように、アメリカの法律は、参照資産であるビットコインもしくは暗号通貨のスポット市場について、包括的・直接的な連邦政府の監督を規定していません。その結果、アメリカにおける暗号通貨の規制は、以下のような多面的かつ重複したアプローチとなっています。

・州銀行規制当局
・内国歳入庁（ＩＲＳ）

・財務省の金融犯罪取締ネットワーク（FinCEN）
・証券取引委員会（SEC）

CFTCもまた、重要な役割を担っています。そして、私たちはその役割を果たしてきました。早くも2014年には、私の前任者のティモシー・マサド委員長が、暗号通貨およびそれをCEAのもとでCFTCが監督する可能性について議論していました（注12）。それ以来、CFTCは以下を実行してきました。

・暗号通貨はコモディティだと宣言（2015年）（注13）
・スワップ執行ファシリティ（SEF）における暗号通貨スワップの仮装取引等を禁じる法律を執行（2015年）（注14）
・未登録のビットコイン先物取引所に対する制裁措置（2016年）（注15）
・暗号通貨におけるデリバティブ市場とスポット市場の定義に関するガイダンス案の公表（2017年）（注16）
・スポット暗号通貨市場におけるバリュエーションとボラティリティに関する警告を発出（2017年）（注17）
・暗号通貨のポンジ・スキームに対する制裁措置（2017年）（注18）

なぜ、CFTCは行動したのでしょうか。CFTCは、暗号通貨に対する責任ある規制対応には以下が必要だと考えています。

1．第一に、消費者の教育です。過去半年の間にCFTCは、暗号通貨についてかつてないほどの量の消費者情報を発出してきました。たとえば、CFTCの暗号通貨手引(注19)、ビットコインの消費者向けアドバイザリー(注20)、市場向けアドバイザリー(注21)、ビットコイン専用のウェブページ(注22)、暗号通貨のスポット市場の定義に関するガイダンス案(注23)、週刊のビットコイン先物「トレーダーのコミットメント」データ(注24)などがあります。

2．第二に、最近創設された暗号通貨ワーキング・グループを通じて、他の連邦規制当局、特にSEC、FRB、財務省、また必要に応じて連邦捜査局（FBI）や司法省と連携しています。

3．第三に、詐欺防止および価格操作の規制執行措置の観点から、暗号通貨デリバティブ市場および同市場が参照するスポット市場におけるCFTCの法的権限を主張することです。

4．第四に、トレーディングおよびカウンターパーティーのデータ収集を通じた、暗号通貨デリバティブ市場および同市場が参照する決済基準レートに係る規制上の可視性を向上させることです。

5．第五に、暗号通貨デリバティブと同商品が参照する現物スポット取引における詐欺、乱用、価格操作、虚偽の勧誘を起訴することです。

ここ数日の間、ＣＦＴＣは、暗号通貨に関する詐欺や市場における不正行為に対して、一連の民事訴訟を提起しました。これらを含め、今後の措置は、ＳＥＣその他の金融規制当局と密接に協力し、アメリカの暗号通貨市場において詐欺や価格操作を働く者を積極的に起訴するというＣＦＴＣの決意を表すものです。

暗号通貨商品：その概況とコンプライアンス・チェックリスト

ＣＦＴＣの五つの目標は、暗号通貨に対する世界的な関心の高まりに対応するものです。しかし、そうした潮流はまた、世界初のビットコイン先物商品も生み出しました。

ビットコイン先物のローンチに対するＣＦＴＣのアプローチについては多くが報道されていますので、ここでちょっとした全体像も必要でしょう。ビットコイン先物市場は比較的規模が小さく、その建玉は、ＣＭＥにおいては6290ビットコイン(注25)、そしてＣｂｏｅ先物取引所（ＣＦＥ）においては4901ビットコインとなっています（2018年1月12日時点）。ビットコインの価格が1万2000ドルとして(注26)、およそ1億3500万ドルの想定元本になります。これに対して、ＣＭＥのＷＴＩ原油先物の建玉の想定元本は、2018年1月12日の時点で約1700億ドル（264万コントラクト）と1000倍以上、コメックス金先物の建玉の想定元本は約750億ドル（57万5000コントラクト）でした。

最近、CFTC職員は、CMEとCFEのビットコイン先物商品を、細心の注意と配慮をもって検証しました。これらの商品の独自性をふまえ、CFTC職員は、ビットコイン先物商品とその現金決済プロセスが価格操作されやすい状態にないことを確実にすべく(注27)、CEAおよびCFTC規則におけるCMEとCFEの責任を慎重に考慮する必要に迫られました(注28)。また、商品の証拠金が十分であることを確保するべく、関連するデリバティブ清算機関(DCO)のリスク管理も慎重に考慮しなければなりませんでした。

この点に関して、CFTC職員は、前例のないほど広範な一連の措置について、CMEとCFEの自発的な協力を得ました。そのなかには、次の七つの要素が含まれています。

1. 指定契約市場(DCM)が、取引所の大口トレーダーの報告基準を5ビットコイン以下に設定しました
2. 取引およびトレーダーのデータへのアクセスを可能にするために、DCMがスポット市場プラットフォームと直接または間接的な情報共有に合意しました
3. DCMが、現物市場からの価格設定データを監視し、異常ないし不均衡な動きを特定することに同意しました
4. DCMが、異常ないし不均衡な動きが特定された場合に、取引決済とトレーダーのレベルにおける照会を行うことに同意しました

5. DCMが、要求に応じて、取引決済およびトレーダーのデータの提供を含む取引活動について、CFTCの監視担当職員と定期的に連絡をとることに同意しました
6. DCMが、CFTCの市場監視部門が分刻みで状況を監視できるように、商品のローンチを調整することに同意しました
7. DCOが、現金決済の商品について、当初証拠金(注29)および維持証拠金を相当程度高い水準に設定しました

これらの要素のうち最初の六つは、新商品がCEAの基本原則とCFTC規則および関連するガイダンスにおけるDCMの義務に準拠していることを判断するために採用されたものです。あわせて、商品が価格操作されやすい状態にないことを確認すること、暗号通貨に係るCFTC職員の「より厳格な審査」プロセスにおける現金決済の手続を監視することも目的としています。7番目の要素である当初証拠金と維持証拠金を高水準に設定することは、ビットコインのボラティリティに対応するうえで、十分な担保を確保することを目的としています。

基本原則の遵守に関する「より厳格な審査」のプロセスを策定する際、CFTC職員は、ビットコイン・デリバティブ市場と同市場が参照する決済基準レートの可視性と監視を優先しました。CFTC職員は、そうした可視性を確保することによって、CFTCがビットコイン市場の参加者と消費者、ならびに連邦の監視・執行における公共の利益を最もよく守ることができると考えました。この可視性は、

新たなビットコイン先物市場と参照する現物市場の両方における詐欺と価格操作を起訴するためのCFTCの能力を大幅に強化するものです。

清算参加者の利益について、CFTCは、DCOの清算参加者である世界の主要な銀行や証券会社は、ビットコイン先物取引を行わないこと（一部は行わないことを選択しました）、顧客に対して非常に高い水準の当初証拠金を要求すること（多くがそうしています）、DCOリスク委員会へ積極的に参加すること、を通じて自社の商業的利益を守ることができると認識しています(注30)。

CFTCは、ビットコイン先物の自己認証の前に公聴会を開催しなかったことで、大手市場参加者からいくらかの批判を受けました(注31)。しかし、規則の自己認証プロセスと異なり、新商品の自己認証に関するCFTC職員の審査について、パブリックコメントを求める規定は制定法にありません。制定法によっても規則によっても、公聴会開催前にCMEとCFEによる新商品のローンチを阻止することはできなかったはずです。

それでもなお、CFTC職員は、DCOがこれらのビットコイン先物契約の清算を開始する前に、公聴会やパブリックコメント募集がなかったことに対して、自己認証したDCMの少なくとも一つの関連DCOの清算参加者数社が提起した懸念に配慮しています。

私は、関係者、特に清算参加者が、暗号通貨デリバティブを提案する規制プラットフォームや新たな暗号通貨商品の清算を検討するDCOに対して、適切な懸念を提起する機会をもつことは正当だと考えます。参照する暗号通貨市場が萌芽の段階にあり、その新興の資産クラスが独自の課題をもたらすとあっては、なおさらです。

そのため、私は最近、ＣＦＴＣ職員に、審査チェックリストに８番目の要素の追加を依頼しました。すべての新たな暗号通貨デリバティブの審査にあたって、ＤＣＭとＳＥＦは、取引機関やコモディティ取引員を含む関係者から適切な情報を収集し、それに対応するために自主規制機関としてどのような措置を講じたかをＣＦＴＣに開示することが求められます。さらに私はＣＦＴＣ職員に対して、新商品の清算に係るＤＣＯのガバナンスを精査し、考えられる追加措置について提案するよう求めました。

次のステップ

暗号通貨の審査チェックリストの多くの要素は、法令やＣＦＴＣ規則に定められているものの、現状、ＣＦＴＣ職員は引き続き自主的に取引所と協力していきます。とはいえ、暗号通貨の審査チェックリストそのものを補強する具体的な規則変更について述べる価値はあるでしょう。

私はＣＦＴＣのジェネラル・カウンセルに対して、審査チェックリストのさまざまな要素を成文化するための制定法上の対応について、ＣＦＴＣ各委員との議論の準備をしておくよう求めました。また、私は彼に、暗号通貨商品の審査に係るＣＦＴＣ職員のアプローチをよりよくサポートするべく、考えられる規制上・法律上の措置を委員会に提案するよう指示しました。

ビットコイン先物に関する一部の報道は、問題は商品の自己認証のプロセス全体であることを示唆します。私は現在の自己認証プロセスを是とも非ともするものではなく、それを継承したものですが、こうした報道は重要なポイントを見落としていると思っています。すでに述べたように、真の問題は、(a)暗号通貨デリバティブが価格操作されやすくならないようにするうえで、CEAおよびCFTC規制に基づくDCMの責任が、この新興の資産クラスが萌芽の段階にあることをふまえて、十分に頑健か否か、(b)DCOが、暗号通貨デリバティブの証拠金が十分であることを保証するうえで、CEAおよびCFTC規則における責任を果たしているか否か、だと私は考えています。

とはいえ、CFTCによる商品の自己認証プロセスについて、簡単にコメントはしておきたいと思います。このABAの部門の長年のメンバーであればご存じのように、連邦議会とこれまでのCFTCは、DCMに対して、自主規制機関として新商品を設計し認証する能力を与えるために、意図的に商品の自己認証の枠組みを策定しました。議会は、新しく革新的なデリバティブ商品の開発が、新商品の承認に伴う政治的なリスクを意識した慎重な規制当局によって妨げられないようにするために、自己認証プロセスの枠組みを設定しました。CFTCの現在の商品自己認証の枠組みは、アメリカの上場先物市場を世界の羨望の的にした市場主導のイノベーションを奨励する公共政策と整合性がとれています。ビットコイン先物の市場への影響がどうであれ、長い間うまく機能してきた商品の自己認証プロセスに支障をきたさないことを願っています。

ＣＦＴＣの選択

私は、暗号通貨の急激な台頭に対するＣＦＴＣの対応は、バランスのとれたものであったと思います。何もしないのは、無責任だったでしょう。法律や規則において可能であったとしても、これらの新たな先物商品を阻止することによって、ビットコインなどの暗号通貨の台頭を止めることはできなかったでしょう。むしろ、暗号通貨の現物市場は、詐欺や価格操作に対する連邦規制の監視なしに運営を続けることになっていたでしょう。

結　論

歴史は私たちをいま、この瞬間に置いています。暗号通貨などの新たなテクノロジーの利用は、私たちの視野を広げ、新しい考え方、新しい誘惑、新しいリスク、新しい機会をもたらしています。しかし、あらゆる新しいアイデアがそうであるように、おそらく、いや必ず、予期せざる事態や課題はあるでしょう。特定のブームや確実な不況を予測するのは平凡で、ほとんど価値がありません。事はより複雑です。

私は、皆さんの意見とコメントを聞くところから、この講演を始めました。最後も同じ趣旨を述べて、締めくくりたいと思います。クインテンズ、ベナム両委員と彼らの諮問委員会のおかげで、意見やフィードバックを得る機会をいただいたことに感謝します。

私たちは皆さんに期待を寄せています。テクノロジー、経済、法律、規制の流れが交錯するところに、皆さんの専門領域があります。いまこそ、皆さんの認知度を高め、積極的に関与し、行動する時です。前進する時が来ました。

いまこそ、ABAのこの部門が最も活躍し、大きな挑戦、おそらく人生最大級の挑戦に挑む時です。私たちは、模範、ガイダンス、配属、報酬を通じて、最も優秀な人材をこの分野に集めなければなりません。

より多くの対話、より多くの書き物、より頑健なアイデアの発信が必要です。先見性のある考え方、ベスト・プラクティス、創造的で知的な商品が必要です。

そして、その知的なパワーは、暗号通貨や複雑なクロスボーダーの規則の整合性という課題に対応するためだけに必要なものではありません。革新的なデジタル・テクノロジーが登場し、国際的な規制の地政学が複雑化する時代において、経済成長および繁栄に不可欠なグローバル金融市場の健全かつ効率的な規制を促進するという、より広範な課題に立ち向かうために必要なものです。

こうした歴史上の瞬間が幕を開けるなか、私たちは、先手を打って、何が起こるかを予測し、不測の事態に備える必要があります。私たちは未知の将来に向かって進んでいます。それは、より高い専門知識、思慮深さ、創造性、そしてコミットメントを必要とする未来です。

つまり、皆さんのような人間をより多く必要とする未来です。

ありがとうございました。

日本語版の発刊にあたって

1 Atlantic Council, Central Bank Digital Currency Tracker, 2022.（https://www.atlanticcouncil.org/cbdctracker/）

2 "Legislation for European CBDC Will be Proposed in 2023," *CBDC Insider*, Feb. 11, 2022.（https://cbdcinsider.com/2022/02/11/legislation-for-european-cbdc-will-be-proposed-in-2023/）

3 "China's digital currency eCNY reached 261 million digital wallets," *China Internet Watch*, April 25, 2022.（https://www.chinainternetwatch.com/33050/cbdc-ecny/）

4 "E-CNY signals digitalization to connect everything," *China Daily*, March 22, 2021.（https://global.chinadaily.com.cn/a/202103/22/WS6057f6a8a31024ad0bab0a22_2.html）

5 Wolfie Zhao,"China's New Digital Yuan Test Shows It Can Programmed to Confine Utility," *The Block Crypto*, July 2, 2021.（https://www.theblockcrypto.com/post/110377/china-digital-yuan-test-programmable-chengdu）

6 Darrell Duffie and Elizabeth Economy, Editors, "Digital Currencies: The US, China and the World at a Crossroads," *Hoover Institute*, 2022.（https://www.hoover.org/sites/default/files/research/docs/duffie-economy_digitalcurrencies_web_revised.pdf）

7 Paul Mozur, Muyi Xiao and John Liu, "How China Polices the Future: An Unseen Cage of Surveillance," *New York Times*, June 27, 2022.（https://www.nytimes.com/2022/06/25/technology/china-surveillance-police.html）

8 Rachael D'Amore, " 'Yes, this drone is speaking to you': How China is reportedly enforcing coronavirus rules," *Global News*, February 11, 2020.（https://globalnews.ca/news/6535353/china-coronavirus-drones-quarantine/）

9 カナダ首相官邸。

10 Agustin Carstens, "Digital Currencies and the Soul of Money." ゲーテ大学法・金融研究所のコンファレンス "Data, Digitalization, the New Finance and Central Bank Digital Currencies: The Future of Banking and Money", Jan. 18, 2022.（https://www.bis.org/speeches/sp220118.htm）における発言。「私たちは、だれが今日１００ドル札を使っているか、だれが今日

１０００ペソ札を使っているか、わからない。大きな違いは、ＣＢＤＣでは、この中央銀行の債務の表章の利用方法を決める規則・規制について、中央銀行が絶対的なコントロールを有することになり、また、それを執行するテクノロジーも保有することになる点だ」。

11 Jack Schickler, "Digital Euro Will Have Privacy Safeguards, European Finance Ministers Say," *CoinDesk*, Apr. 4, 2022.（https://www.coindesk.com/policy/2022/04/04/digital-euro-will-have-privacy-safeguards-european-finance-ministers-say/）

12 Ananya Kumar and Josh Lipsky, "Central banks are embracing digital currencies. Will the US lead or follow?" *New Atlanticist*, June 2, 2022.（https://www.atlanticcouncil.org/blogs/new-atlanticist/central-banks-are-embracing-digital）

13 Federal Reserve Board Research and Analysis, "Money and Payments: The US Dollar in the Age of Digital Transformation," January 2022.（https://www.federalreserve.gov/publications/january-2022-cbdc.htm）

14 The White House, Office of Science and Technology Policy Technical Evaluation for a U.S. Central Bank Digital Currency System, September 2022.（https://www.whitehouse.gov/ostp/news-updates/2022/09/16/technical-possibilities-for-a-u-s-central-bank-digital-currency/）

序　章

1 Chris Giancarlo & Ken Hasimoto, "Looking for a Road," 未発表歌詞、１９７５。

2 価値のインターネットに関する洞察に富む議論については、以下を参照。Tapscott, Don, Tapscott Alex, "Blockchain Revolution: How the Technology Behind Bitcoin and Other Cryptocurrencies is Changing the World," Portfolio Penguin（January 1, 2018）and Casey, Michael J and Vigna Paul, "The Truth Machine: The Blockchain and the Future of Everything," St.Martin's Press（February 27, 2018）.

3 「ビットコイン」という言葉は、暗号通貨という概念を指す場合は大文字で、個々のトークンまたは価値単位を指す場合は小文字で表記されることが多い。本書ではビットコインを概念として説明するため、常に大文字を使用する。

4 『スミス都へ行く』は、ジーン・アーサーとジェームズ・スチュワートが主演し、新しく任命された世間知らずのアメリカ上院議員が汚れた政治制度を改革するために戦う、フランク・カプラが監督した１９３９年の政治コメディ・ドラマ映画だ。

第 1 章

1 ドッド・フランク・ウォール街改革・消費者保護法（Public Law 111-203, H.R.4173, 通称ドッド・フランク法）は、２０１０年7月21日にアメリカのバラク・オバマ大統領の署名により連邦法として成立した。これは、すべての連邦金融規制機関と国内の金融サービス業界のほぼすべてに影響を与える、アメリカにおける大恐慌以来、最大の金融規制枠組みの改革だった。ドッド・フランク法では、店頭デリバティブを規制する商品先物取引委員会（ＣＦＴＣ）の権限が大幅に拡大された。

2 Robert J.Shiller, Finance and the Good Society（Princeton University Press, 2012）, 76.

3 レオ・メラメドは、アメリカの弁護士、金融機関幹部、ＣＭＥグループ名誉会長で、米国財務省証券先物、ユーロダラー、株価指数先物など数多くの金融商品のパイオニアである。背景知識については、以下を参照。Leo Melamed, Man of the Futures:The Story of Leo Melamed & the Birth of Modern Finance（Harriman House, 2021）。

4 リチャード・Ｌ・サンダーは、アメリカの実業家、エコノミスト、起業家で、金利先物を開拓した米国金融取引所の会長兼ＣＥＯである。また、温室効果ガスの削減と取引を促進する世界初の取引所を設立し、「カーボン取引の父」と呼ばれている。以下を参照。Good Derivatives: A Story of Financial and Environmental Innovation（Wiley, 2012）.

5 Anatoli Kupriyanov, 2009 ISDA Derivatives Usage Survey, International Swaps and Derivatives Association（ISDA）Research Notes, No.2（Spring 2009）,1-5.（https://www.isda.org/a/SSiDE/isda-research-notes2.pdf）

6 ミルケン研究所は、デリバティブがアメリカ経済にもたらす経済的便益として、以下を見出した。金融機関によるデリバティブの利用を通じて、民間部門への信用供与を拡大した結果、アメリカの四半期の実質ＧＤＰは２００３年第１四半期から２０１２年第３四半期まで各四半期で約27億ドル増加。非金融機関によるデリバティブの利用を通じて、設備投資能力が向上し、同四半期のアメリカの実質ＧＤＰは約10億ドル増加。それらを合計して、デリバティブはアメリカの実質Ｇ

ＤＰを四半期ごとに約37億ドル拡大させた。２００３年から２０１２年の間の経済活動の増加は、計１・１％（１４９５億ドル）。２０１２年末には、雇用は53万４００人（０・６％）、工業生産は２・１％増加。以下を参照。Apanard Prabha et al., "Deriving the Economic Impact of Derivatives," Milken Institute (Mar. 2014), 1. (http://assets1b.milkeninstitute.org/assets/Publication/ResearchReport/PDF/Derivatives-Report.pdf)

7 日常生活におけるデリバティブ商品の役割の実態については、以下を参照。Dawn Stump, "Maybe Mom's Job Is Cool After All: Derivatives Get a Bad Rap, but They Keep Hamburgers Affordable," Roll Call, March 8, 2021. (https://www.rollcall.com/2021/03/08/maybe-moms-job-is-cool-after-all/)

8 Food and Agriculture Organization of the United Nations, International Fund for Agricultural Development, World Food Programme, "The State of Food Insecurity in the World 2014:Strengthening the Enabling Environment for Food Security and Nutrition," 2014. (http://www.fao.org/publications/card/en/c/56efd1a2-0f6e-4185-8005-62170e9b27bb/)

9 United States Census Bureau, International Data Base World Population:1950-2050. (http://www.census.gov/population/international/data/idb/worldpopgraph.php)

10 David Pilling, "The Real Price of Madagascar's Vanilla Boom," *The Financial Times* (June 5, 2018) は、バニラの先物市場が機能していないことが、マダガスカルのバニラ価格の高騰と暴落のサイクルを生み出し、マダガスカルの貧困と暴力的なギャング活動を悪化させていることを示している。(https://www.ft.com/content/02042190-65bc-11e8-90c2-9563a0613e56)

11 コスモスクラブは１８７８年に設立されたワシントンの社交クラブで、科学、文学、芸術、専門的職業、公共サービスの分野で著名。会員は、学問、創造的才能、知的才能に関係するほぼすべての職業に就いている。会員には、３人の大統領、２人の副大統領、十数人の最高裁判事、36人のノーベル賞受賞者、61人のピューリッツァー賞受賞者、55人の大統領自由勲章受章者がいる。

12 スワップ市場の改革を提唱したＣＦＴＣ委員として最も注目され、おそらく最も重要な人物は、１９９６年８月26日～１９９９年６月１日に在任したブルックスリー・ボーン元委員長だ。議会とクリントン政権に対し、店頭スワップを規制することをＣＦＴＣに授権することを求め、これが否決された際に、主義主張を理由に委員長を辞任した。

13 報告、清算、取引所取引、価格発見、透明性は、１００年以上にわたって規制の行き届いた先物業界を特徴づける要素となっている。

14 ２００８年の金融危機後の世界のスワップ市場における最低清算率は、金利スワップで約40％、クレジット・デフォルト・スワップで約８％と推定されている。２０１７年までに、新規金利スワップおよび新規クレジット・デフォルト・スワップの約85％が清算された。CFTC Chairman J. Christopher Giancarlo, "Cross Border Swaps Regulation Version 2.0: A Risk-Based Approach with Deference to Comparable Non-US Regulation." (https://www.cftc.gov/sites/default/files/2018-04/oce_chairman_swapregversion 2 whitepaper_042618.pdf)

15 Giancarlo, Cross Border Swaps Regulation Version 2.0.

16 Commissioner J. Christopher Giancarlo, "Pro-Reform Reconsideration of the CFTC Swaps Trading Rules: Return to Dodd–Frank" (Jan. 29, 2015)（以降、Giancarlo, "Pro-Reform Reconsideration."として参照）。(https://www.cftc.gov/sites/default/files/idc/groups/public/@newsroom/documents/file/sefwhitepaper012915.pdf)

17 Giancarlo, "Pro-Reform Reconsideration".

18 Giancarlo, "Pro-Reform Reconsideration".

19 J. Christopher Giancarlo, "Flawed US Rules Fragment Swaps Market: Avoiding US Rules Is Now the Driving Force in Global Swaps Market,"Comment, *Financial Times* (November 10, 2014). (https://www.ft.com/content/e70bbdfc-666f-11e4-8bf6-00144feabdc0)

20 Katy Burne, "CFTC's Giancarlo: New Rules Divide Swaps Market: Rules Threaten Wall Street Jobs and Could Destablize Financial Markets, He Says," *Wall Street Journal* (November 11, 2014). (https://www.wsj.com/articles/cftcs-giancarlo-says-new-rules-are-dividing-swaps-market-1415744134)

21 ゲーリー・コーンの素晴らしい個人的な物語に関する洞察は、以下を参照。Malcolm Gladwell, *David and Goliath: Underdogs, Misfits, and the Art of Battling Giants* (Little Brown, 2013).

第 2 章

1 eSecurities, *Trading and Regulation on the Internet*（American Lawyer Media, Published September 1998 - January 2003）

2 彼はイギリスの著名なレコーディング・アーティスト、マイク・マーリンのオルター・エゴではないかと一部から疑われている。（https://en.wikipedia.org/wiki/Mike_Marlin）

3 「大不況は、中流以下という外縁にいる人たちの住宅ローンの証券化商品に資金をつぎ込もうと躍起になっていた多くの西側・東側諸国の政府と銀行が動き出したことで起きた。不安定で低成長の経済における不平等は、実質所得と富を借金に置き換える動きを引き起こした。その結果、中間層では巨額の負債がふくらみ、富裕層では資産がふくれ上がった」。George Gilder, *The Scandal of Money: Why Wall Street Recovers but the Economy does Not*（Washington, DC: Regnery Publishing, 2016）, 90-91.

4 www.wmbaa.org

5 ミカ・グリーンは以前、債券市場協会と証券業協会の合併により設立された証券業金融市場協会（SIFMA）のプレジデント兼共同CEOを務めていた。現在、彼は著名法律事務所ステップトウ&ジョンソンのパートナーである。

6 多くのレストランが「デルモニコ」の名前を使用する。元祖かつ最高のデルモニコは、ロウアー・マンハッタンのビーバー通り56番地で19世紀から営業している。デルモニコは、アメリカに高級レストランの概念を導入し、デルモニコ・ステーキ、チキン・ア・ラ・キング、エッグ・ベネディクト、ロブスター・ニューバーグ、ベイクド・アラスカなどの料理を生み出したといわれている。

第 3 章

1 商品先物に対する連邦政府の監督は、1922年の穀物先物法から始まり、1936年商品取引所法で強化された。

2 Commodity Exchange Act（ch. 545, 49 Stat. 1491, enacted June 15, 1936）.

3 Steven Lofchie, "CFTC Commissioner Giancarlo Calls for Progress on Swaps Trading Rules," Commentary, *Cadwalader Cabinet*

(August 4, 2015). (https://www.findknowdo.com/news/08/04/2015/cftc-commissioner-giancarlo-calls-progress-swaps-trading-rules)

4 Mike Kentz, "Swap Auctions Gain CFTC Favour: Regulator Gives in to Controversial Broker Execution Protocols," IFR (August 8, 2015).

5 そこは、歌手のドン・マクリーンが「アメリカン・パイ」という名曲で語った「音楽が死んだ場所」だ。

6 Statement of Commissioner J. Christopher Giancarlo Proposed Rule for Position Limits for Derivatives, December 5, 2016. (https://www.cftc.gov/PressRoom/SpeechesTestimony/giancarlostatement)

7 "The New Mediocre Is Not Good Enough," Keynote Address of the Author Before the Cato Summit on Financial Regulation (June 2, 2015)(以降、Giancarlo, "The New Mediocre." として参照)。(https://www.cftc.gov/PressRoom/SpeechesTestimony/opagiancarlos-7#P36_9523)

8 Labor Force Participation Rates, US Department of Labor, Bureau of Labor Statistics. (http://data.bls.gov/timeseries/LNU01300000)(last visited Jun. 1, 2015)

9 Richard Fry, "A Rising Share of Young Adults Live in Their Parents' Home," Pew Research Center (Aug. 1, 2013). (http://www.pewsocialtrends.org/2013/08/01/a-rising-share-of- young-adults-live-in-their-parents-home/)

10 News Release, "Employment Characteristics of Families—2014," US Department of Labor, Bureau of Labor Statistics (Apr. 23, 2015). (http://www.bls.gov/news.release/pdf/famee.pdf)

11 W. Mark Crain and Nicole V. Crain, "The Cost of Federal Regulation to the U.S. Economy, Manufacturing and Small Business," National Association of Manufacturers (Sept. 10, 2014), 1. (http://www.nam.org/Data-and-Reports/Cost-of-Federal-Regulations/Federal-Regulation-Full-Study.pdf)

12 Crain and Crain, "The Cost of Federal Regulations."

13 Crain and Crain, “The Cost of Federal Regulations.”

14 “Follow Up Report: Review of the Commodity Futures Trading Commission’s Response to Allegations Pertaining to the Office of the Chief Economist,” CFTC（January 13, 2016）, posted to the CFTC website on February 18, 2016.（https://www.cftc.gov/sites/default/files/idc/groups/public/@aboutcftc/documents/file/oig_oce011316.pdf）

第4章

1 ＩＯＳＣＯは、世界の証券・先物市場を監督する１００カ国以上の規制機関から成る組織。ＩＯＳＣＯの任務は、(a)投資家保護を強化しシステミック・リスクを低減するための高い規制基準の策定・実施・促進、(b)取引所との情報共有、技術的・実務的課題への支援、(c)国境および市場を越えてグローバルな投資取引を監視するための基準を確立すること。ＩＯＳＣＯ本部はスペインのマドリードに置かれている。（https://www.iosco.org）

2 James Rickards, *The Death of Money: The Coming Collapse of the International Monetary System*（New York: Portfolio, 2014）, 19-28. リカーズは、オサマ・ビン・ラディンは世界貿易センタービルへの攻撃の後にアメリカ金融市場が混乱に陥り、価値破壊が広がるとの予想から、彼の幹部工作員が来るテロ攻撃のインサイダー情報を利用して、アメリカの航空輸送会社の株を空売りすることで利益を得ようとしたのではないかと指摘した。

3 ジャーナリストのジリアン・テットは、現代の組織で働く人々がなぜリスクと機会の両方を無視するような行動をとるのかということについて、洞察力ある検証を行った。Gillian Tett, *The Silo Effect*（New York: Simon and Schuster, 2015）.

4 “Sharp Price Movements in Commodity Futures Markets: A Report,” Market Intelligence Branch, Division of Market Oversight, Commodity Futures Trading Commission（June 2018）.（https://www.cftc.gov/sites/default/files/2018-06/SharpPriceMovementsReport0618.pdf）

5 Tommy Stubbington, “Banks Turn to Blockchains to Reform Costly Bond Market,” *Financial Times*（July 1, 2021）.（https://www.ft.com/content/8b1005ed-5d70-4a31-b577-6c7f1f507c60）

6 ＤＬＴを活用できる分野に関する興味深い調査については、William Mougayar, The Business Blockchain（Hoboken: Wiley）

2016.

7 J. Christopher Giancarlo, "Special Address Before the Depository Trust & Clearing Corporation 2016 Blockchain Symposium," March 29, 2016. (https://www.cftc.gov/PressRoom/SpeechesTestimony/opagiancarlo-13)

8 Leo Melamed, *Man of the Futures*, 179.

9 J. Christopher Giancarlo, "21st Century Markets Need 21st Century Regulation," Address to the American Enterprise Institute, September 21, 2016. (https://www.cftc.gov/PressRoom/SpeechesTestimony/opagiancarlo-17)

10 Giancarlo, "The New Mediocre."

11 "Gross Domestic Product, Percent Change from Preceding Period," US Department of Commerce, Bureau of Economic Analysis. (https://www.bea.gov/national/xls/gdpchg.xls) (last visited Jun. 1, 2015)

12 Crain and Crain, "The Cost of Federal Regulations."

13 Crain and Crain, "The Cost of Federal Regulations."

14 Ernst & Young, "UK Fintech: On the Cutting Edge," 2016, 7 (Commissioned by H.M. Treasury). (http://www.ey.com/Publication/vwLUAssets/EY-UK-Fintech-On-the-cutting-edge-Executive-summary/$FILE/EY-UK-Fintech-On-the-cutting-edge-exec-summary.pdf)

15 Ernst & Young, "UK Fintech: On the Cutting Edge," 51, note 18.

第 5 章

1 Daniel James Brown, *The Boys in the Boat: Nine Americans and Their Epic Quest for Gold at the 1936 Berlin Olympics* (New York: Penguin Books, 2014).

2 "Statement of Commissioner J. Christopher Giancarlo on the Implementation Date for Margin on Uncleared Swaps" (August 31,

2016).（https://www.cftc.gov/PressRoom/SpeechesTestimony/giancarlostatement083116）

3 "CFTC Charges MF Global Inc., MF Global Holdings Ltd., Former CEO Jon S. Corzine and Former Employee Edith O'Brien for MF Global's Unlawful Misuse of Nearly One Billion Dollars of Customer Funds and Related Violations," CFTC Release Number 6626-13（June 27, 2013).（https://www.cftc.gov/PressRoom/PressReleases/6626-13）

4 Consent Order for Permanent Injunction, Civil Monetary Penalty and Other Equitable Relief Against Defendant Jon S. Corzine, Civil Action No. 11=cv-7866, United States District Court Southern District of New York（January 4, 2017).（https://www.cftc.gov/sites/default/files/idc/groups/public/@lrenforcementactions/documents/legalpleading/enfcorzineorder010517.pdf）

5 Consent Order for Permanent Injunction, Civil Monetary Penalty and Other Equitable Relief Against Defendant Jon S. Corzine.

6 Hester Peirce and Benjamin Klutsey（eds.), Reframing Financial Regulation: Enhancing Stability and Protecting Consumers（Mercatus Center, George Washington University: 2016).（https://www.mercatus.org/publications/financial-markets/reframing-financial-regulation）

7 サウスダコタ州のアイアン・マウンテン・ロードには、３１４のカーブ、14のスイッチバック、三つのピッグテール、三つのトンネルがある。

8 イタリアのストラダ・スタターレ１６３は、ヘアピンカーブ、ジグザグ道とティレニア海の素晴らしい景色で有名だ。

第６章

1 Opinion: "Another Last-Minute Regulation: The Feds Want to Seize Trade Secrets Without Due Process," *Wall Street Journal*, November 7, 2016.（https://www.wsj.com/articles/another-last-minute-regulation-1478563886）

2 Britannica, "Leadership in War of Abraham Lincoln".（https://www.britannica.com/biography/Abraham-Lincoln/Leadership in War）

3 イタリアの経済学者ヴィルフレド・パレートにちなんで「パレートの原則」としても知られている。１８９５年に、多くの現象において、生産の80％が20％の努力によりもたらされており、ビジネスにおいても、80％の成果は20％の職員によりもたらされると唱えた。

4 Remarks of Acting Chairman J. Christopher Giancarlo before the 11th Annual Capital Markets Summit: Financing American Business US Chamber of Commerce, “Transforming the CFTC,” March 3, 2017.（https://www.cftc.gov/PressRoom/SpeechesTestimony/opagiancarlo-21）

5 Norm Champ, Going Public: My Adventures Inside the SEC and How to Prevent the Next Devastating Crisis（New York: McGraw-Hill 2017）.

6 The Risk Desk, July 28, 2017, Scudder Publications.

7 １７８９年に設立されたデュランツ・ホテルは、ロンドンに残る最後の個人所有ホテルの１つだ。（www.durrantshotel.co.uk）

8 The Risk Desk, October 17, 2021, Scudder Publications.

9 Open Letter: “Response to Vatican Bollettino, ‘Oeconomicae et Pecuniariae Quaestiones,’” CFTC website, Washington D.C.（July 21, 2018）.（https://www.cftc.gov/pressroom/speechestestimony/giancarloresponsetobollettino072118）

10 “CFTC Summary of Performance and Financial Information, Fiscal Year 2016”.（https://www.cftc.gov/sites/default/files/reports/summary/2016/index.htm）

11 Richard Hill, Market Intel at Heart of CFTC Reorganization, Lawyers Say, Bloomberg BNA, March 27, 2017.（http://www.finregalert.com/market-intel-at-heart-of-cftc-reorganization-lawyers-say/）

12 ２０１７年には、毎月の市場レビュー「ディープダイブ」を使って、ビットコインの「マイニング」プロセスについて学んだ。

13 US Department of the Treasury, “Financial Stability Oversight Council”.（https://home.treatury.gov/policy-issues/financial-

markets-financial-institutions-and-fiscal-service/fsoc）

14 ２０１７年の創設以来、LabCFTCは金融市場におけるデジタル資産、暗号通貨、スマートコントラクト、人工知能に関する教育的な入門資料を公開している。（https://www.cftc.gov/LabCFTC/Primers/index.htm）

15 "Registration Open for CFTC First Fintech Conference"（September 10, 2018).（https://www.cftc.gov/PressRoom/PressReleases/7782-18）

16 Fintech Cooperation Arrangements provides framework for regulatory cooperation, data sharing and referrals.（https://www.cftc.gov/LabCFTC/FinTechCoopArrangements/index.htm）

17 Andrew Ackerman, "Trump Nominates J.Christopher Giancarlo as CFTC Chairman," *Wall Street Journal*（March 14, 2017).（https://www.wsj.com/articles/ trump-nominates-j-christopher-giancarlo-as-cftc-chairman-1489538771）

18 Committee on Agriculture, Nutrition, and Forestry, United States Senate, Nomination of J. Christopher Giancarlo to be Chairman, Commodity Futures Trading Commission（June 22, 2017).（https://www.agriculture.senate.gov/imo/media/doc/Nomination%20 of%20Giancarlo.pdf）

第７章

1 "A CFTC Primer on Virtual Currencies," October 17, 2017.（https://www.cftc.gov/sites/default/files/idc/groups/public/documents/file/labcftc_primercurrencies100417.pdf）

2 ２０２１年6月30日時点のコインマーケットキャップによる。（https://coinmarketcap.com/charts/）

3 Coinbase, "Where Can I Spend Bitcoin ?".（https://help.coinbase.com/en/coinbase/gettingstarted/crypto-education/where-can-i-spend-Bitcoin）

4 https://bitcoin.org/bitcoin.pdf

5 Paul Veradittkat, "A Different View on Bitcoin's Energy Consumption," Tabb Forum (May 17, 2021). (https://www.linkedin.com/pulse/different-view-bitcoins-energy-consumption- paul-veradittakit/)

6 Marcus Lu, "Visualizing the Power Consumption of Bitcoin Mining," *Visual Capitalist* (April 20, 2021). (https://www.visualcapitalist.com/ visualizing-the-power-consumption-of-Bitcoin-mining/)

7 Marcus Lu, "Visualizing the Power Consumption of Bitcoin Mining".

8 Marcus Lu, "Visualizing the Power Consumption of Bitcoin Mining".

9 Steven Zheng, "CoinShares Report: Renewable Energy Accounts for 77.6% of Total Bitcoin's Energy Usage" November 30, 2018. (https://www.theblockcrypto.com/daily/4271/coinshares-report-renewable-energy-accounts-for-77-6of-total-bitcoin-energy-usage)

10 TQ Tezos, "Proof of Work vs. Proof of Stake: Ecological Footprint," Medium.com (March 16, 2021). (https://medium.com/tqtezos/proof-of-work-vs-proof-of-stake-the-ecological-footprint-c58029faee44)

11 Yvonne Lau, "Ethereum Founder Vitalik Buterin Says Long-Awaited Shift to 'Proof-of-Stake' Could Solve Environmental Woes," *Fortune* (May 27, 2021). (https://fortune.com/2021/05/27/ethereum-founder-vitalik-buterin-proof-of-stake-environment-carbon/)

12 David Adler, "Silk Road: The Dark Side of Cryptocurrency," *Fordham Journal of Corporate and Financial Law* (February 21, 2018). (https://news.law.fordham.edu/jcfl/2018/02/21/silk-road-the-dark-side-of-cryptocurrency/)

13 Emily Flitter, "FBI Shuts Alleged Online Drug Marketplace, Silk Road," *Reuters* (October 2, 2013). (https://www.reuters.com/article/us-crime-silkroad-raid/ fbi-shuts-alleged-online-drug-marketplace-silk-road-idUSBRE9910TR20131002)

14 Danny Nelson, "Silk Road Programmer Pleads Guilty to Making False Statements," CoinDesk (September 21, 2020). (https://www.coindesk.com/michael-weigand-silk-road)

15 ジェミニは黄道帯の３番目の星座で、ラテン語の「双子」に由来する。

16 私は特に、Casey, Michael and Vigna, Paul, "The Age of Cryptocurrency: How Bitcoin and Digital Money Are Challenging the Global Economic Order," (St. Martin's Press, New York, 2015) に影響を受けた。

17 "CFTC Orders Bitcoin Options Trading Platform Operator and Its CEO Orders Cease Illegally Offering Bitcoin Options and to Cease Operating a Facility for Trading or Processing of Swaps without Registering," CFTC press release (September 17, 2015). (https://www.cftc.gov/PressRoom/PressReleases/7231-15)

18 David Siegel, "Understanding the DAO Attack," CoinDesk (June 25, 2016). (https://www.coindesk.com/understanding-dao-hack-journalists)

19 "CME and Crypto Facilities Announce Bitcoin Reference Rate and Index," Markets Media (May 2, 2016). (https://www.marketsmedia.com/cme-crypto-facilities-announce- bitcoin-reference-rate-index/)

20 "CFTC Orders Bitcoin Exchange Bitfinex to Pay $75,000 for Offering Illegal Off-Exchange Finance Regtail Commodity Transactions and Failing to Register as a Commodity Commission Merchant," CFTC press release (June 2, 2016). (https://www.cftc.gov/PressRoom/PressReleases/7380-16)

21 "CFTC Orders Bitcoin Exchange Bitfinex to Pay $75,000".

22 １９９６年２月、議会は「インターネットは……政府による規制を最小限にすることで繁栄し、すべてのアメリカ人がその恩恵を享受した」ことを認識し、ゆえに、インターネットへのアクセス・サービスが「連邦または州の規制に阻害されない」ようにすることを求めた。１９９６年電気通信法とその後のクリントン政権の「グローバルな電子商取引のための枠組み」は、人間社会に多大な変化をもたらしたインターネットの開明的な規制の基礎として知られている。

23 Telecommunications Act of 1996.

24 ＣＢＯＥグローバル・マーケッツが保有するＣＢＯＥは、２２００社以上の企業、22の株価指数、１４０の上場投資信託

（ＥＴＦ）に係るオプションを提供するアメリカ最大のオプション取引所だ。（www.cboe.com）

25　２０００年商品先物近代化法（ＣＦＭＡ）の改正およびＣＦＴＣによるパート40の追加に先立ち、各取引所は商品の承認を得るためにＣＦＴＣに申請していた。１９２２年からＣＦＭＡが法律として署名されるまでに承認された商品は８００未満であった。それ以来、ＣＦＴＣが規制する取引所は1万２０００以上の商品を自己認証している。コモディティではなく金融商品については、ＣＦＴＣによって承認されたものが４９４、自己認証されたものが１９３８だった（"Written Testimony of Chairman J. Christopher Giancarlo before the Senate Banking Committee, Washington D.C.,"（February 6, 2018）, Introduction: Virtual Currency）。（https://www.cftc.gov/PressRoom/SpeechesTestimony/opagiancarlo37#P59_18438）

26　ＣＭＥグループは、世界有数の金融イノベーターであり、グローバル経済の基盤となる金融先物や現物決済デリバティブの創出に多大な役割を果たしてきた。現在、ＣＭＥグループは、シカゴ・マーカンタイル取引所（ＣＭＥ）、シカゴ・ボード・オブ・トレード（ＣＢＯＴ）、ニューヨーク・マーカンタイル取引所（ＮＹＭＥＸ）、コモディティ取引所（ＣＯＭＥＸ）という四つの主要な先物取引所で構成されており、総合取引所のなかで最も広範な指標先物およびオプション商品を提供している。（www.cmegroup.com）

27　"CME Group Announces Launch of Bitcoin Futures," October 31, 2017.（https://www.cmegroup.com/media-room/press-releases/2017/10/31/cme_group_announceslaunchofbitcoinfutures.html）

第８章

1　ピエール・アイザック・マンデス＝フランス（１９０７年1月11日～１９８２年10月18日）は、１９５４年から１９５５年まで８カ月間、フランス第四共和政の閣僚評議会議長を務めたフランスの政治家。

2　Federal Register/Vol.82, No.243, Wednesday December 20, 2017.（https://www.govinfo.gov/content/pkg/FR-2017-12-20/pdf/2017-27421.pdf）

3　"CFTC Issues Final Interpretation Guidance on Actual Delivery for Digital Assets," press release.（https://www.cftc.gov/PressRoom/PressReleases/8139-20）

4 J. Christopher Giancarlo, "The Importance of Large Trade Size Liquidity in U.S. Financial Markets," Third Annual Conference on the Evolving Structure of the US Treasury Market, Federal Reserve Board of New York（November 28, 2017）.（https://www.cftc.gov/PressRoom/SpeechesTestimony/opagiancarlo-33）

5 残念なことに、ＣＦＴＣは最終的には限定的なスポット市場のデータ（たとえば、ＣＦＴＣが懸念を提起したときの商品決済期間中）しか入手できず、そのフォーマットも非常に使いにくかった。

6 "Statement on Self-Certification of Bitcoin Products by CME, CFE and Cantor Exchange," CFTC Release Number 7654-17, December 1, 2017.（https://www.cftc.gov/PressRoom/PressReleases/7654-17）

7 Alexander Osipovich, "First U.S. Bitcoin Futures to Start Trading Next Week," *Dow Jones Newswire*, Fox Business（December 4, 2017）.（https://www.foxbusiness.com/features/）

8 その後数カ月間、さまざまな場面で、ムニューシンとトランプ大統領は強い懸念をもって暗号通貨に言及した。

9 "Cryptocurrency a Response to Financial Crisis, Says CEO," *Wall Street Journal*（June 24, 2016）, statement of Blythe Masters.（https://www.wsj.com/video/cryptocurrency-a-response-to-financial-crisis-says-ceo/D28A8012-413F-447E-AA5A-F1911BA64FC3.html）

10 Sheila Bair, "Why We Shouldn't Ban Bitcoin," *Yahoo Finance*（December 26, 2017）.（https://www.yahoo.com/entertainment/former-fdic-chair-sheila-bair-shoult-ban-Bitcoin-141019569.html）

第９章

1 Ｇ20とは、アルゼンチン、オーストラリア、ブラジル、カナダ、中国、欧州連合（ＥＵ）、フランス、ドイツ、インド、インドネシア、イタリア、日本、メキシコ、ロシア、サウジアラビア、南アフリカ、韓国、トルコ、イギリス、アメリカを指す。スペインは永久招待国。

2 Jay Clayton and J.Christopher Giancarlo, "Regulators Are Looking at Cryptocurrency: At the SEC and CFTC We Take Our

Responsibility Seriously," *Wall Street Journal*（Jan. 24, 2018）（以降、Clayton and Giancarlo, "Regulators Are Looking at Cryptocurrency"として参照）。（https://www.wsj.com/articles/regulators-are-looking-at-cryptocurrency-1516836363）

3 Robert Schmidt and Benjamin Bain, "Who Wants to Be Bitcoin's Watchdog?" Bloomberg（January 12, 2018）.（https://www.bloomberg.com/news/articles/2018-01-12/who-wants-to-be-bitcoin-s-watchdog）

4 Schmidt and Bain, "Who Wants to Be Bitcoin's Watchdog?"

5 Schmidt and Bain, "Who Wants to Be Bitcoin's Watchdog?"

6 J. Christopher Giancarlo, "Remarks to the ABA Derivatives and Futures Section Conference, Naples, Florida," CFTC（January 19, 2018）.（https://www.cftc.gov/PressRoom/SpeechesTestimony/opagiancarlo34）

7 Alain de Botton, "The News: A User's Manual," Pantheon（February 2017）.

第 10 章

1 "Cryptocurrency a Response to Financial Crisis, Says CEO," video statement of Blythe Masters, *Wall Street Journal*（June 14, 2016）.（https://www.wsj.com/video/cryptocurrency-a-response-to-financial-crisis-says-ceo/D28A8012-413F-447E-AA5A-F1911BA64FC3.html）

2 Eric Sammons, "10 Types of Crypto Fans-Which Are You?" Dashforcenews.com（Sept. 27, 2017）.（https://www.dashforcenews.com/10-types-of-crypto-fans-which-are-you/）

3 US Senate Committee on Banking, Housing and Urban Affairs, Hearing: "Virtual Currencies: The Oversight Role of the U.S. Securities and Exchange Commission and the U.S. Commodity Futures Trading Commission"（February 6, 2018）（以降、Virtual Currency Hearingとして参照）。（https://www.banking.senate.gov/hearings/virtual-currencies-the-oversight-role-of-the-us-securities-and-exchange-commission-and-the-us-commodity-futures-trading-commission）

4 Virtual Currency Hearing.

5 Clayton and Giancarlo, "Regulators Are Looking at Cryptocurrency."

6 Virtual Currency Hearing.

7 "U.S. Soy Cargo to China Traded Using Blockchain," Reuters（Jan. 22, 2018).（https://www.reuters.com/article/grains-blockchain/u-s-soy-cargo-to-china-traded-using-blockchain-idUSL8N1PG0VJ）

8 "Giancarlo, the Man, the Legend, the Meme," Trustnodes（February 7, 2018).（https://www.trustnodes.com/2018/02/07/giancarlo-man-legend-meme）

9 Joon Ian Wong, "How an American Commodities Regulator Became the Unlikely Star of 'Crypto Twitter,'" Quartz（March 2, 2018).（https://qz.com/1220027/the-cftcs-j-christopher-giancarlo-giancarlocftc-is-an-likely-herer-of-crypto-twitter/）

10 Mark Krieger, "Chairman of the CFTC Made Surprisingly Thoughtful Comments about Bitcoin Today," Liberty Blitzkrieg.com, February 6, 2018.（https://libertyblitzkrieg.com/2018/02/06/chairman-of-the-cftc-made-surprisingly-thoughtful-comments-about-bitcoin-today/）

11 Marketplace Staff, "Biden: Yellen Needs a 'Hamilton' Musical. Dessa: Here You Go," January 21, 2021.（https://www.marketplace.org/2021/01/21/yellen-hamilton-musical-biden-dessa/）

第 11 章

1 ２０１３年にＣＦＴＣが公表した解釈指針は、Ｇ20スワップ規制改革の実施を表明していた法域においても、アメリカ人（US persons）が取引するスワップについてはＣＦＴＣの取引ルールを課すというものであり、海外の市場規制当局から猛烈に、かつほぼ全面的に反発を受けた。17 CFR Chapter I. Interpretive Guidance and Policy Statement Regarding Compliance With Certain Swap Regulations, Federal Register Vol.78, No.144（Friday, July 26, 2013).（https://www.cftc.gov/sites/default/files/idc/groups/public/@lrfederalregister/documents/file/2013-17958a.pdf）。ＣＦＴＣのジル・ソマーズ委員は、この指針を「銀河間通商条項」と巧みに称した。CFTC Commissioner Jill E. Sommers, Commissioner, Statement of Concurrence: (1) Cross-Border Application of Certain Swaps Provisions of the Commodity Exchange Act, Proposed Interpretive Guidance and Policy

Statement; (2) Notice of Proposed Exemptive Order and Request for Comment Regarding Compliance with Certain Swap Regulations (June 29, 2012). (https://www.cftc.gov/PressRoom/SpeechesTestimony/sommersstatement062912)

2 Anu Bradford, The Brussels Effect: How the European Union Rules the World (New York: Oxford University Press, 2020)

3 Giancarlo, "Deference is the Path Forward in Cross-Border Supervision of CCPs," Les Echos, Paris, France, Sep. 11, 2017. (https://www.lesechos.fr/2017/09/regulation-financiere-poursuivre-lharmonisation-des-chambres-de-compensation-181467) ; Giancarlo, "Cross-Border Swaps Regulation Version 2.0: A Risk-Based Approach with Deference to Comparable Non-U.S. Regulation" (Oct. 1, 2018). (https://www.cftc.gov/sites/default/files/2018-10/Whitepaper_CBSR100118_0.pdf)

4 "CFTC Approved Final Cross-Border Swaps Rule and an Exempt SEF Amendment Order at July 23 Open Meeting," July 23, 2020. (https://www.cftc.gov/PressRoom/PressReleases/8211-20)

第 12 章

1 イーサリアムの起源については、以下を参照。Matthew Leising, Out of the Ether: The Amazing Story of Ethereum and the $55 Million Heist That Almost Destroyed It All (Hoboken: Wiley, 2020).

2 William Hinman, "Digital Asset Transactions: When Howey Met Gary (Plastic)," Remarks at the Yahoo Finance All Markets Summit: Crypto (June 14, 2018). (https://www.sec.gov/news/speech/speech-hinman-061418)

3 市場の耐久性と価格操作への抵抗力は、市場参加者の深さと広さの両方によってもたらされる。Barney Frank and J. Christopher Giancarlo, Opinion: "Manipulation Helped Kill Libor. Its Replacement Needs to be Stronger" Barron's (Aug. 28, 2020). (https://www.barrons.com/articles/when-libor-transitions-out-will-sofr-be-any-better-51598629759)

4 ＬＩＢＯＲの不正操作に関する興味深い説明は、以下を参照。David Enrich, "The Spider Network: The Wild Story of a Math Genius, a Gang of Backstabbing Bankers, and One of the Greatest Scams in Financial History," March 21, 2017, Custom House, New York.

5 Galina Hale, Arvind Krishnamurthy, Marianna Kudlyak and Patrick Schultz, “How Futures Trading Changed Bitcoin Prices,” Federal Reserve Bank of San Francisco Economic Research, FRBSF Economic Letter 2018-12（May 7, 2018).（https://www.frbsf.org/economic-research/publications/economic-letter/2018/may/how-futures-trading-changed-bitcoin-prices/）

6 現代における「大きな政府」の支持者たちが、もはやまねしようとしないスタイルだ。James Panero, “Biden's Architecture of Power,” *Wall Street Journal*（May 26, 2021).（https://www.wsj.com/articles/bidens-architecture-of-power-11622065951?mod=searchresults_pos1&page=1）

7 米連邦公開市場委員会は、政策金利とマネーサプライに関する主要な決定を通じて、アメリカの金融政策を決定している。同委員会は、連邦準備制度理事会の7名の理事、ニューヨーク連銀総裁、他の11の地区連銀総裁のうちの4名で構成されている。同委員会の議長は、必ず連邦準備制度理事会の議長が務める。

8 Letter from Jack Kingston, Congressman and Chairman of the House Subcommittee on Agriculture, Rural Development Food and Drug Administration, and Related Agencies, to Gary Gensler, Chairman of the Commodity Futures Trading Commission（June 8, 2012)（on file with the Commodity Futures Trading Commission).

9 タックマンの「エンティティ・ネッテッド・ノーショナルズ」に関する研究は、その後、他の優れたCFTCエコノミストとの共著論文として、学術誌に掲載された。Lee Baker, Richard Haynes, John Roberts, Rajiv Sharma, and Bruce Tuckman, “Risk Transfer with Interest Rate Swaps,” Financial Markets, Institutions & Instruments, New York University Salomon Center and Wiley Periodicals, Volume 30, Number1, 2021:30, 3-28.

10 “Impact of Automated Orders in Futures Markets,” Report by Staff of the Market Intelligence Branch, Division of Market Oversight, CFTC, March 2019.（https://www.cftc.gov/sites/default/files/2019-03/automatedordersreport032719.pdf）

11 Ram Charan, “The Attacker's Advantage: Turning Uncertainty into Breakthrough Opportunities”（New York: Public Affairs, 2015).

12 Nick Chong, “CFTC Chair: Cryptocurrencies Have a Future, They Are Here to Stay,” CNBC, October 2, 2018.（https://www.newsbtc.com/tech/cftc-chair-cryptocurrencies-have-a-future-they-are-here-to-stay/）

13 Nick Chong, "CFTC Chair."

14 Jean Eaglesham, Dave Michaels, and Danny Dougherty, "Regulators' Penalties Against Wall Street Are Down Sharply in 2017—Business-Friendly Shift Under President Trump Is Only One Factor, as Enforcement Actions from the Financial Crisis Wind Down," *Wall Street Journal*（August 6, 2017）.（https://www.wsj.com/articles/regulators-penalties-against-wall-street-are-down-sharply-in-2017-1502028001）

15 Eaglesham, Michaels, and Dougherty, "Regulators' Penalties Against Wall Street Are Down Sharply in 2017."

16 Eaglesham, Michaels, and Dougherty, "Regulators' Penalties Against Wall Street Are Down Sharply in 2017."

17 Eaglesham, Michaels, and Dougherty, "Regulators' Penalties Against Wall Street Are Down Sharply in 2017."

18 J. Christopher Giancarlo, "Regulatory Enforcement & Healthy Markets: Perfect Together," Remarks at Economic Club of Minnesota, Minneapolis, Minnesota（October 2, 2018）.（https://www.cftc.gov/PressRoom/SpeechesTestimony/opagiancarlo56）

19 Giancarlo, "Regulatory Enforcement & Healthy Markets."

20 Giancarlo, "Regulatory Enforcement & Healthy Markets."

21 "CFTC Division of Enforcement Issues Report on FY 2018 Results," CFTC press release（Nov. 25, 2018）.（https://www.cftc.gov/PressRoom/PressReleases/7841-18）

22 "Enforcement Manual, CFTC Division of Enforcement," CFTC press release（May 20, 2020）.（https://www.cftc.gov/media/1966）

第 13 章

1 "Advisory with Respect to Virtual Currency Derivative Product Listings," CFTC Staff Advisory No.18-14, May 21, 2018.（https://www.cftc.gov/PressRoom/PressReleases/7731-18）

2 実際、私の後任のヒース・ターバートは、会長兼最高経営責任者という肩書を使用した。

3 https://www.cftc.gov/PressRoom/PressReleases/7936-19

4 Tom Zanki, "CFTC Head Seeks Bigger Budget, But Trump Wants It Flat," Law 360, May 23, 2014.（https://www.law360.com/articles/927470/cftc-head-seeks-bigger-budget-but-trump-wants-it-flat）

5 "CFTC and Kansas State University Announce 2018 Agriculture Commodity Futures Conference," CFTC press release, Nov. 15, 2017.（https://www.cftc.gov/PressRoom/PressReleases/7646-17）

6 "Swap Execution Facilities and Trade Execution Requirement Proposed Rule," *Federal Register*, Volume 83, Issue 231, Nov. 30, 2018.（https://www.cftc.gov/sites/default/files/2018-11/2018-24642a.pdf?utm_source=govdelivery）

7 J. Christopher Giancarlo, "Address to the ABA Business Law Section, Derivatives & Futures Law Committee Winter Meeting," American Bar Association, Jan. 25, 2019.（https://www.americanbar.org/content/dam/aba/events/business_law/2019/01/derivatives/jcg_speech.pdf）

8 ＣＦＴＣが海外におけるいくつかの重要なデリバティブ清算機関に対する一次的な規制当局となるのは、グローバルな取引における米ドル建て清算担保の比率と、清算参加者および取引流動性供給者としての米銀の役割が、ともに非常に大きいという背景がある。

9 インターコンチネンタル取引所（ＮＹＳＥ：ＩＣＥ）は、ＩＣＥとして知られている。ＩＣＥは、世界的な証券取引所、清算機関を運営し、住宅ローン・テクノロジー、データ、上場サービスを世界中に提供している、アメリカのフォーチュン５００企業だ。ＩＣＥが運営する取引所のなかには、ニューヨーク証券取引所も含まれる。（www.intercontinentalexchange.com）

10 J. Christopher Giancarlo, "The Future of the City of London: Global, European Financial Center, Guildhall, London," June 4, 2019.（https://www.cftc.gov/PressRoom/SpeechesTestimony/opagiancarlo74）

11 https://montypython.fandom.com/wiki/The_Ministry_of_Silly_Walks

第 14 章

1 *House of Cards*, Season 1, Episode 2, Chapter 2.

2 Jim Kharouf, "How Chris Giancarlo Helped the Futures Industry Get Its Groove Back," johnlothian.com, March 14, 2019.（https://johnlothiannews.com/how-chris-giancarlo-helped-the-futures-industry-get-its-groove-back/）

3 J. Christopher Giancarlo, "Free Markets and the Future of Blockchain," CoinDesk, May 15, 2019.（https://www.coindesk.com/christopher-giancarlo-cftc-future-of-blockchain）

4 Theodore Roosevelt, "Citizenship in a Republic" speech delivered at the Sorbonne, Paris, France, April 23, 1910.（https://www.leadershipnow.com/tr-citizenship.html）

第 15 章

1 Jacob Goldstein, *Money: The True Story of a Made-Up Thing*（New York: Hachette Books, 2020）.

2 Mark Carney, "The Art of Central Banking in a Centrifugal World," Andrew Crockett Lecture, Bank for International Settlements, June 28, 2021.（https://www.bis.org/events/acrockett_2021_speech.pdf）

3 Goldstein, *Money*.

4 Goldstein, *Money*.

5 「サラリー」という言葉はラテン語で「塩」を意味する「サーリス（salis）」に由来する。

6 Niall Ferguson, *The Ascent of Money*（New York: Penguin Books, 2018）, 2nd ed., 45-46.

7 Tony McLaughlin, "Two Paths to Tomorrow's Money," Citi Digital Policy, Strategy and Advisory, October 2020.（https://www.citibank.com/icg/bcma/psg/assets/docs/Tomorrow-Money-Citi.pdf）

8 FDIC, "How American Banks: Household Use of Banking and Financial Services," Oct. 19, 2020. (https://www.fdic.gov/analysis/household-survey/index.html)

9 The World Bank, Global Findex Database 2017. (https://globalfindex.worldbank.org)

10 Darrell Duffie, "Testimony Before U.S. Senate Committee on Banking, Housing and Urban Affairs Subcommittee on Economic Policy," June 9, 2021. (https://www.banking.senate.gov/imo/media/doc/Duffie%20Testimony%206-9-21.pdf), McKinsey & Company, "The 2020 McKinsey Global Payments Report." (https://www.mckinsey.com/~/media/mckinsey/industries/financial%20services/our%20insights/accelerating%20winds%20of%20change%20in%20global%20payments/2020-mckinsey-global-payments-report-vf.pdf) より引用。

11 Darrell Duffie, "Testimony Before U.S. Senate Committee."

12 Adam Ludwin, "A Letter to Jamie Dimon," October 16, 2017. (http://www.ceresaig.com/wp- content/uploads/2017/11/A-Letter-to-JP-Morgan-Jamie-Dimon---Block-Chain-Crypto-FX.pdf)

13 Brian P. Brooks, "Crypto Is the Future. More Banks, Regulators Need to Embrace It," *American Banker*, May 26, 2021. (https://www.americanbanker.com/opinion/crypto-is-the-future-more-banks-regulators-need-to-embrace-it)

14 同右。

15 Marta Belcher, "Testimony to Senate Committee on Banking, Housing and Urban Affairs, Cryptocurrencies, What Are They Good For?," July 27, 2021. (https://www.banking.senate.gov/imo/media/doc/Walch%20Testimony%207-27-21.pdf)

16 Ludwin, "A Letter to Jamie Dimon."

17 ステーブルコインの現状については、以下によくまとめられている。FTSE Russell and Digital Asset Research, "*Stablecoin Ecosystem Primer*," May 2021. (https://content.ftserussell.com/sites/default/files/stablecoin_ecosystem_primer_final.pdf?_ga=2.216755473.682178879.1623967329-913208021.1623967329)

18 Brooks, "Crypto Is the Future."

19 Caitlin Long, "Ten Stablecoin Predictions and Their Monetary Policy Implications"（コインマーケットキャップドットコムおよびマスターカードの数字を引用）, *Cato Journal*, Spring/Summer 2021.（https://www.cato.org/cato-journal/spring/summer-2021/ten-stablecoin-predictions-their-monetary-policy-implications）

20 Long, "Ten Stablecoin Predictions."

21 Timothy Massad, "Can a Cryptocurrency Break the Buck?," Bloomberg, May 31, 2021.（https://www.bloomberg.com/opinion/articles/2021-05-31/stablecoins-like-tether-should-face-regulators-scrutiny#xj4y7vzkg）

22 Massad, "Can a Cryptocurrency Break the Buck?"

23 Massad, "Can a Cryptocurrency Break the Buck?"

24 Steve H. Henke and Robert J. Simon, "Beyond Bitcoin, Its Time for Cryptocurrency Boards," *National Review*, March 19, 2021.（https://www.nationalreview.com/2021/03/beyond-bitcoin-its-time-for-cryptocurrency-boards/）

25 David Marcus, "Good Stablecoins, A Protocol for Money and Digital Wallets: the Formula to Fix Our Broken Payment System," August 18, 2021, Medium.com.（https://medium.com/@davidmarcus/good-stablecoins-a-protocol-for-money-and-digital-wallets-the-formula-to-fix-our-broken-payment-f11f59fc92d7）

26 Justina Lee, "Crypto Die-Hards Built a $90 Billion Wall Street on the Internet," Bloomberg, June 16, 2021.（https://www.bloomberg.com/news/articles/2021-06-16/defi-platforms-with-names-like-sushiswap-aim-to-be-nasdaq-for-crypto#xj4y7vzkg）

27 CFTCダン・バーコヴィッツ委員は最近、アメリカのデリバティブ市場におけるDeFiの問題について言及し、CFTCが所管する法律のもとでのDeFiの合法性に疑義を呈した。規制されない無認可のデリバティブ市場が、規制され認可されたデリバティブ市場と競争できるようにすることは「悪いアイデア」だと主張した。Dan M. Berkovitz, "Climate Change

and Decentralized Finance: New Challenges for the CFTC, Keynote Address before FIA and SIFMA-AMG, Asset Management Derivatives Forum 2021," June 8, 2021. (www.cftc.gov/PressRoom/SpeechesTestimony/opaberkovitz7)

28 Samuel R. Staley, Catherine Annis, and Matthew Kelly, "Regulatory Overdrive: Taxi Regulations, Market Concentration and Service Availability," Institute for Justice, October 18, 2018. (https://ij.org/wp-content/uploads/2018/10/Taxi-WhitePaper.pdf)

29 Carla Mozée, "SEC Commissioner Hester Peirce Worries That Stricter Rules by US Officials Will Hurt the Crypto Market," Markets Insider, June 9, 2021. (https://markets.businessinsider.com/currencies/news/sec-commissioner-hester-pierce-worries-rules-cryptocurrency-market-gensler-bitcoin-2021-6-1030508646)

30 Ronald F. Pol, "Anti-Money Laundering: The World's Least Effective Policy Experiment? Together, We Can Fix it," Policy Design and Practice, Volume 3, February 25, 2020. (https://www.tandfonline.com/doi/full/10.1080/25741292.2020.1725366)

31 ジョージ・ギルダーは、米国国勢調査局のビジネス・ダイナミクス統計を引用し、１９９６年から２００９年の間、ほぼすべての新規雇用がスタートアップ企業から生まれたと主張している。George Gilder, *Knowledge and Power: The Information Theory of Capitalism and How It Is Revolutionizing Our World* (Washington: Regnery, 2013), 33.

32 *The Chainalysis 2021 Crypto Crime Report.* (https://go.chainalysis.com/2021-Crypto-Crime-Report.html)

33 国連薬物・犯罪事務所参照。(https://www.unodc.org/unodc/en/money-laundering/overview.html)

34 *The Chainalysis 2021 Crypto Crime Report.*

35 MacKenzie Sigalos, "The FBI Likely Exploited Sloppy Password Storage to Seize Colonial Pipeline Bitcoin Ransom," CNBC, June 8, 2021. (https://www.cnbc.com/2021/06/08/fbi-likely-exploited-sloppy-password-storage-to-seize-colonial-ransom.html)

36 Ezra Galston, "Untraceable Bitcoin Is a Myth," *The Wall Street Journal*, June 16, 2021. (https://www.wsj.com/articles/untraceable-bitcoin-is-a-myth-11623860828)

37 Yaya J. Fanusi, "Central Bank Digital Currencies: The Threat from Money Launderers and How to Stop Them," *The Lawfare*

Podcast, Dec. 15, 2020.（https://www.lawfareblog.com/lawfare-podcast-yaya-fanusie-central-bank-digital-currencies-threat-money-launderers-and-how-stop）

38 Makan Delrahim, "A Whole New World: An Antitrust Entreaty for a Digital Age," Jan. 19, 2021.（https://www.justice.gov/opa/speech/assistant-attorney-general-makan-delrahim-delivers-final-address）

39 Giancarlo, Bahlke, and Pittman, "Peer-to-Peer Governance: Why Cryptocurrency SROs Can Work," Bloomberg Law, Feb. 11, 2021.（https://news.bloomberglaw.com/us-law-week/peer-to-peer-governance-why-cryptocurrency-sros-can-work）

40 CFTC, "US Futures Trading and Regulation Before the Creation of the CFTC."（https://www.cftc.gov/About/HistoryoftheCFTC/history_precftc.html）

41 Jonathan Lurie, *The Chicago Board of Trade, 1859-1905: The Dynamics of Self-Regulation*（University of Illinois Press, 1979）.

42 たとえば、CFTC Commissioner Brian Quintenz, *Keynote Address Before the DC Blockchain Summit*, Mar. 7, 2018.（https://www.cftc.gov/PressRoom/SpeechesTestimony/opaquintenz8）

43 近年、暗号通貨に関していくつかの自発的な自主規制機関が組織されたり提案されたりしている。そこには、仮想コモディティ協会やデジタル資産市場協会が含まれる。また、暗号通貨関連の業界団体としては、ブロックチェーン協会、デジタル商工会議所、暗号資産格付評議会などがある。同様の概念は、イギリス、日本、韓国などほかの国ではすでに公式なものとなっている。

44 Saint Thomas Aquinas, *The Summa Contra Gentiles*（The English Dominican Fathers trans., Burns Oates & Washbourne Ltd., 1924）.

45 したがって、造船は、安全で効率的な航海を可能にするために行われるべきである。見た目は美しいが航海に適さない船を設計することによって、航海が危険にさらされるべきではない。

46 ＳＥＣのヘスター・ピアース委員は、熟考されたセーフハーバー・ルールを提案している。"Token Safe Harbor Proposal

2.0," April 13, 2021. (https://www.sec.gov/news/public-statement/peirce-statement-token-safe-harbor-proposal-2.0)

47 Saheli Roy Choudhury, "Bitcoin Is Breaking Records Because Bigger Investors Are Buying It Now, Says PwC," CNBC, Jan. 4, 2021. (https://www.cnbc.com/2021/01/04/bitcoin-btc-rally-partly-driven-by-more-institutional-investors-pwc-says.html)

48 Xie Yu, Chong Koh Ping, and Joe Wallace, "Bitcoin Price Extends Drop After China Intensified Crypto Crackdown," *The Wall Street Journal*, June 21, 2021. (https://www.wsj.com/articles/china-orders-ant-group-state-banks-to-root-out-cryptocurrency-related-activities-11624282695)

49 Chris Morris, "Big Short Investor Says Bitcoin Is in a Speculative Bubble," *Fortune*, March 1, 2021. (https://fortune.com/2021/03/01/bitcoin-bubble-michael-burry-big-short-investing-btc/)

50 Alex Gladstein, "Fighting Monetary Colonialism with Open-Source Code," Nasdaq, June 24, 2021. (https://www.nasdaq.com/articles/fighting-monetary-colonialism-with-open-source-code-2021-06-23?amp)

51 Gwynn Guilford, "Inflation Jumps to 13-Year High as Prices Surge 5%," *The Wall Street Journal*, June 11, 2021. (https://www.wsj.com/articles/us-inflation-consumer-price-index-may-2021-11623288303)

52 Omkar Godbole, "Open Positions in CME-Based Bitcoin Futures Slump to 5 ½ Month Low," CoinDesk, June 4, 2021. (https://www.coindesk.com/markets/2021/06/04/open-positions-in-cme-based-bitcoin-futures-slump-to-5-12-month-low/)

53 Nelson Renteria, Tom Wilson, and Karin Strohecker, "In a World First, El Salvador Makes Bitcoin Legal Tender," Reuters, June 9, 2021. (https://www.reuters.com/world/americas/el-salvador-approves-first-law-bitcoin-legal-tender-2021-06-09/)

54 Max Raskin, "A Global First: Bitcoin as National Currency," *The Wall Street Journal*, June 15, 2021. (https://www.wsj.com/articles/a-global-first-bitcoin-as-national-currency-11623796143)

55 James Crawley, "Adopting Bitcoin as Legal Tender Could Ruin El Salvador's Economy, Economist Says," CoinDesk, June 16, 2021. (https://www.coindesk.com/hankebitcoin-el-salvador)

56 Rodrigo Campos, "*World Bank Rejects El Salvador Request for Help on Bitcoin Implementation*," Reuters, June 16, 2021.（https://www.reuters.com/business/el-salvador-keep-dollar-legal-tender-seeks-world-bank-help-with-bitcoin-2021-06-16/）

57 Juntina Lee, "Ex-Wall Street Quants Net 78% Return in Crypto Options Boom," Bloomberg, June 21, 2021.（https://www.bloomberg.com/news/articles/2021-06-21/a-130-million-crypto-quant-nets-big-returns-as-options-boom）

58 Nikhilesh De, "*Bakkt Says It's 'Clear to Launch' Bitcoin Futures Next Month*," CoinDesk, August 16, 2019.（https://www.coindesk.com/bakkt-says-its-cleared-to-launch-bitcoin-futures-next-month）

59 "CFTC Approves LedgerX to Clear Fully-Collateralised Futures and Options on Futures," Hedgeweek, March 9, 2020.（https://www.hedgeweek.com/2020/09/03/289180/cftc-approves-ledgerx-clear-fully-collateralized-futures-and-options-future）

60 "CME Group Announces Launch of Ether Futures CME Group," CME Group press release, February 8, 2021.（https://www.cmegroup.com/media-room/press-releases/2021/2/08/cme_group_announceslaunchofetherfutures.html#）

61 "CME Group to Launch Micro Bitcoin Futures on May 3," CME Group press release, March 30, 2021.（https://www.cmegroup.com/media-room/press-releases/2021/3/30/cme_group_to_launchmicrobitcoinfuturesonmay3.html）

62 Hester Peirce, "Paper, Plastic, Peer-to-Peer," Remarks at the British Blockchain Association's Conference: Success Through Synergy, Next Generation Leadership for Extraordinary Times, March 15, 2021.（https://www.sec.gov/news/speech/peirce-paper-plastic-peer-to-peer-031521）

63 Spencer Bogart, "Bitcoin Is（Still）a Demographic Mega-trend: Data Update," Blockchain CapitalBlog, Dec. 2, 2020.（https://medium.com/blockchain-capital-blog/bitcoin-is-still-a-demographic-mega-trend-data-update-c50df59a6cb3）

64 Bogart, "Bitcoin Is（Still）a Demographic Mega-trend."

65 Don Tapscott, Anthony Williams, and Kirsten Sandberg, "New Directions for Government in the Second Era of the Digital Age: Strategy, Action and Policy for the Biden-Harris Administration," Foreword by Tony Scott, Blockchain Research Institute, Feb. 9,

2021. (https://app.hubspot.com/documents/5052729/view/226751718?accessId=18087e)

66 Donna Redel and Olta Andoni, "Has the Biden Administration Lost the Plot on Crypto Regulation?," CoinDesk, July 1, 2021. (https://www.coindesk.com/biden-administration-loses-plot-on-crypto-regulation)

67 Bank for International Settlements, "About the BIS Innovation Hub" (n.d.). (https://www.bis.org/about/bisih/about.htm)

68 Bank of England, "Bank for International Settlements and Bank of England Launch Innovation Hub London Centre," BIS press release, June 11, 2021. (https://www.bankofengland.co.uk/news/2021/june/bank-for-international-settlements-and-boe-launch-innovation-hub-london-centre)

第 16 章

1 J. Christopher Giancarlo and Daniel Gorfine, "We Sent a Man to the Moon. We Can Send the Dollar to Cyberspace," *The Wall Street Journal*, Oct. 15, 2019. (https://www.wsj.com/articles/we-sent-a-man-to-the-moon-we-can-send-the-dollar-to-cyberspace-11571179923)

2 Helen Partz, "Davos: Giancarlo's Digital Dollar Project Will Focus on Benefits of a US CBDC," CoinTelegraph, Jan. 22, 2020. (https://cointelegraph.com/news/davos-giancarlos-digital-dollar-project-will-focus-on-benefits-of-a-us-cbdc)

3 デジタル・ドル・プロジェクトは商業目的の試みではない。自己資金で運営されており、商業的な製品やサービスはない。唯一の任務は公益への奉仕だ。

4 https://digitaldollarproject.org/advisory-group/

5 https://newsroom.accenture.com/news/digital-dollar-project-to-launch-pilot-programs-to-explore-designs-and-uses-of-a-us-central-bank-digital-currency.htm

6 The Digital Dollar Project, "Exploring a US CBDC," May 2020. (www.digitaldollarproject.org/exploring-a-us-cbdc)

7 同右。

8 商業銀行業務とのカニバリゼーションを避けるべく、ＣＢＤＣの保有量に上限を設けることを提案するアナリストもいる。 Joanna Ossinger, "JPMorgan Says Digital Currencies Must Balance Inclusion, Banks," Bloomberg, August 6, 2021.（https://www.bloomberg.com/news/articles/2021-08-06/jpmorgan-says-digital-currencies-must-balance-inclusion-banks?sref=008H7iJP）

9 Codruta Boar and Andreas Wehrli, "Ready, steady, go? Results on the Third BIS Survey on Central Bank Digital Currency," Bank for International Settlements（BIS）, BIS *Paper No. 114*, Jan. 27, 2021.（https://www.bis.org/publ/bppdf/bispap114.pdf）

10 "The World's Most Valuable Resource Is No Longer Oil, but Data," *The Economist*, May 6, 2021.（https://www.economist.com/leaders/2017/05/06/the-worlds-most-valuable-resource-is-no-longer-oil-but-data）

11 Pierre Yared, "Nothing to Celebrate: A Century After the Bolshevik Revolution, We Should Remember Communism's Stark Legacy – Including Mass Starvation," *City Journal*, Winter 2018.（https://www.city-journal.org/html/nothing-celebrate-15660.html）

12 Taylor Telford, "Why Governments Around the World are Afraid of Libra, Facebook's Cryptocurrency," Washington Post, July 12, 2019.（https://www.washingtonpost.com/business/2019/07/12/why-governments-around-world-are-afraid-libra-facebooks-cryptocurrency/）

13 "Project Ubin: Central Bank Digital Money Using Distributed Ledger Technology," Monetary Authority of Singapore（n.d.).（https://www.mas.gov.sg/schemes-and-initiatives/Project-Ubin）

14 John Revill, "French and Swiss Central Banks to Trial Wholesale Digital Currencies," Reuters, June 10, 2021.（https://www.reuters.com/business/fmance/french-swiss-central-banks-trial-wholesale-digital-currencies-2021-06-10/）

15 McKinsey & Company, "China's Digital Economy: A Leading Global Force," August 2017.（https://www.mckinsey.com/~/media/mckinsey/featured%20insights/China/Chinas%20digital%20economy%20A%20leading%20global%20force/MGI-Chinas-digital-economy-A-leading-global-force.ashx）

16 James T. Adreddy, "Beijing Tries to Put Its Imprint on Blockchain," *The Wall Street Journal*, May 11, 2021.（https://www.wsj.com/articles/beijing-tries-to-put-its-imprint-on-blockchain-11620735603）

17 Alexander Zaitchik, Jeanhee Kim, and Kelly Le, "Special Series: China Bets on the Blockchain," Forkast News, June 28, 2021.（https://forkast.news/video-audio/part-i-china-bets-on-the-blockchain/）

18 Zaitchik et al., "Special Series: China Bets on the Blockchain."

19 Hannah Murphy and Yuan Yang, "Patents Reveal Extent of China's Digital Currency Plans," *Financial Times*, Feb. 12, 2020.（https://www.ft.com/content/f10e94cc-4d74-11ea-95a0-43d18ec715f5）

20 SMSH, "Yes, Foreigners Can Use China's New E-CNY Digital Currency: Alipay and WeChat Pay Are So 2020," Smart Shanghai/*Shanghai Life*, May 21, 2021.（https://www.smartshanghai.com/articles/activities/how-to-use-china-digital-yuan-cbdc）

21 Mu Changchun, "Opinion: China's Digital Yuan Wallet Designed to Meet Everyone's Needs," Caixin, June 16, 2021.（https://www.caixinglobal.com/2021-06-16/opinion-chinas-digital-yuan-wallet-designed-to-meet-everyones-needs-101727437.html?rkey=pAgjKe3ecjJNiwQ6B8r4EPFL%2FE7ci4pKefjbMYLjiCXABf4EEUJQDA%3D%3D）

22 Changchun, "Opinion: China's Digital Yuan Wallet."

23 Wolfie Zhao, "China's New Digital Yuan Test Shows It Can Be Programmed to Confine Utility," The Block Crypto, July 2, 2021.（https://www.theblock.co/post/110377/china-digital-yuan-test-programmable-chengdu）

24 "2017 FDIC National Survey of Unbanked and Underbanked Households," Federal Deposit Insurance Corporation, Oct. 2018.（https://www.fdic.gov/householdsurvey/2017/2017report.pdf）

25 Chris Brummer, "Thinking Big on Fed Accounts, Digital Dollars and Financial Inclusion," Medium.com, June 23, 2020.（https://chrisbrummer.medium.com/thinking-big-on-fed-accounts-digital-dollars-and-financial-inclusion-622733baacba）

26 Erica Werner, "Treasury Sent More Than 1 Million Coronavirus Stimulus Payments to Dead People, Congressional Watchdog

Finds," *Washington Post*, June 25, 2020.（https://www.washingtonpost.com/us-policy/2020/06/25/irs-stimulus-checks-dead-people-gao/）

27 "Digital Disruption: The Inevitable Rise of CBDC," Morgan Stanley Research, April 12, 2021.（https://www.morganstanley.com/ideas/central-bank-digital-currency-disruption）

28 Werner, "Treasury Sent More Than 1 Million Coronavirus Stimulus Payments."

29 Claire Jones and Izabella Kaminska, "CBDCs Now Seem a Matter of When, Not If," Opinion FT Alphaville, June 23, 2021.（https://www.ft.com/content/adc2130e-0f46-4da2-ae3f-3b4b0cacbeda）

30 "Monetary Sovereignty at Risk in Push for Digital Euro – French Central Banker," Reuters, June 29, 2021.（https://www.reuters.com/business/monetary-sovereignty-risk-push-digital-euro-french-central-banker-2021-06-29/）

31 Carney, "The Art of Central Banking in a Centrifugal World."

32 Jing Yang, "China's Digital Yuan Puts Ant and Tencent in an Awkward Spot," *The Wall Street Journal*, July 25, 2021.（https://www.wsj.com/articles/chinas-digital-yuan-puts-ant-and-tencent-in-an-awkward-spot-11627210802）

33 Bank for International Settlements, Annual Economic Report 2021, June 29, 2021.（https://www.bis.org/publ/arpdf/ar2021e.htm）

34 Issaku Harada, "China Aims to Launch Digital Yuan by 2022 Winter Olympics," *Nikkei Asia*, May 27, 2020.（https://asia.nikkei.com/Spotlight/Cryptocurrencies/China-aims-to-launch-digital-yuan-by-2022-Winter-Olympics）

35 中国の一帯一路プロジェクトの影響力の概要については、以下参照。Andrew Chatzky and James McBride, "*China's Massive Belt and Road Initiative*," Council on Foreign Relations Backgrounder, Jan. 28, 2020.（https://www.cfr.org/backgrounder/chinas-massive-belt-and-road-initiative）

36 Zaitchik et al., "Special Series: China Bets on the Blockchain."

37 "Central Banks of China and United Arab Emirates Join Digital Currency Project for Cross-Border Payments," Bank for International Settlements press release, Feb. 21, 2021. (https://www.bis.org/press/p210223.htm)

38 Zaitchik et al., "Special Series: China Bets on the Blockchain."

39 経済制裁の個別事案や頻度に関する個人的意見が何であれ、他の主たる外交手段である戦争ほど広範にわたって破壊的なものではない。

40 Shepard Pond, "The Spanish Dollar: The World's Most Famous Silver Coin," The President and Fellows of Harvard College, *Bulletin of the Business Historical Society Vol. 15*, No. 1, Feb. 1941. (https://wwwjstor.org/stable/i356449)

41 Kirsten Hyde, "China Opens Futures Markets Further to Outside World," FIA, Nov. 25, 2020. (https://www.fia.org/marketvoice/articles/china-opens-futures-markets-further-outside-world)

42 FIA, "FIA Supports China's Historic Futures Law," May 21, 2021. (https://www.fia.org/resources/fia-supports-chinas-historic-futures-law)

43 "U.S. Soy Cargo to China Traded Using Blockchain," Reuters, Jan. 22, 2018. (https://www.reuters.com/article/grains-blockchain/u-s-soy-cargo-to-china-traded-using-blockchain-idUSL8N1PG0VJ)

44 アメリカの政権が複雑な米中貿易関係を解体・分離しようとしていた最中に、米中間でこの革新的なブロックチェーン取引が行われたということは、いくぶん皮肉だ。

45 Michael D. Bordo, "Central Bank Digital Currency in Historical Perspective: Another Crossroad in Monetary History," National Bureau of Economic Research, Working Paper 29171, August 2021. (https://www.nber.org/papers/w29171)

46 Sebastian Sinclair, "Digital Yuan Used in China's Domestic Futures Market for First Time: Report," Yahoo Finance, August 21, 2021. (https://finance.yahoo.com/news/digital-yuan-used-china-domestic-033927042.html)

47 Eswar S. Prasad, *Gaining Currency: The Rise of the Renminbi* (New York: Oxford University Press, 2017), 245.

48 International Monetary Fund. (https://data.imf.org/?sk=E6A5F467-C14B-4AA8-9F6D-5A09EC4E62A4)

49 International Monetary Fund.

50 Randal K. Quarles, "Parachute Pants and Central Bank Money," Speech AT the 113th Annual Utah Bankers Association Convention, Board of Governors of the Federal Reserve System, June 28, 2021. (https://www.federalreserve.gov/newsevents/speech/quarles20210628a.htm)

51 Quarles, "Parachute Pants."

52 Matthew D. Johnson, "China's Digital Renminbi Initiative Is a Network, Not a Currency," Blogpost: The Strategist, June 16, 2021. (https://www.aspistrategist.org.au/chinas-digital-renminbi-initiative-is-a-network-not-a-currency/)

53 Hannah Murphy and Yuan Yang, "Patents Reveal Extent."

54 映画『スターウォーズ』で登場するハイパードライブは、宇宙船が光速に達し、超空間の別次元にある星の間を横断することを可能にする推進システムだ。結果として、ハイパードライブは銀河社会、貿易、政治、そして戦争をかたちづくる重要な手段となった。Wookieepedia. (https://starwars.fandom.com/wiki/Hyperdrive)

55 Ann Saphir, "Fed's Brainard: Can't Wrap Head Around Not Having U.S. Central Bank Digital Currency," Reuters, July 30, 2021. (https://www.reuters.com/technology/feds-brainard-cant-wrap-head-around-not-having-us-central-bank-digital-currency-2021-07-31/)

56 Adam Zarazinski and Christina Tkach, "China Digital Currency Scorecard: What You Need to Know," TabbForum, May 4, 2021. (https://tabbforum.com/opinions/china-digital-currency-scorecard-what-you-need-to-know/)

57 Garnaut Global, "The Truth About Digital Currency and De-Dollarisation," April 1, 2021.

58 Johnson, "China's Digital Renminbi Initiative Is a Network."

59 Christian Catalini, and Andrew Lilley, "Why is the United States Lagging Behind in Payments?," SSRN, July 27, 2021.（https://papers.ssrn.com/sol3/papers.cfm?abstract_id=3893937）

60 Silvia Amaro, "The ECB Starts Work on Creating a Digital Version of the Euro," CNBC, July 14, 2021.（https://www.cnbc.com/2021/07/14/the-ecb-starts-work-on-creating-a-digital-version-of-the-euro-.html）

61 Craig Torres, "Powell: Need for Digital Dollar Is an Issue for Congress, Public," Bloomberg, April 11, 2021.（https://www.bloomberg.com/news/articles/2021-04-12/powell-need-for-digital-dollar-is-an-issue-for-congress-public）

62 Lael Brainard, "Private Money and Central Bank Money as Payments Go Digital: An Update on CBDCs," Board of Governors of the Federal Reserve System, May 24, 2021.（https://www.federalreserve.gov/newsevents/speech/brainard20210524a.htm）

63 Jess Cheng, Angela N. Lawson, and Paul Wong, "Preconditions for a General-Purpose Central Bank Digital Currency," Board of Governors of the Federal Reserve System, *Federal Notes*, Feb. 24, 2021.（https://www.federalreserve.gov/econres/notes/feds-notes/preconditions-for-a-general-purpose-central-bank-digital-currency-20210224.htm）。このＦＲＢノートには、以下の五つの大まかな前提条件が示されている：明確な政策目標、幅広いステークホルダーの支持、強力な法的枠組み、強固なテクノロジー、市場の準備。

64 Treacy Reynolds, "The Federal Reserve Bank of Boston Announces Collaboration with MIT to Research Digital Currency," Federal Reserve Bank of Boston, Aug. 13, 2020.（https://www.bostonfed.org/news-and-events/press-releases/2020/the-federal-reserve-bank-of-boston-announces-collaboration-with-mit-to-research-digital-currency.aspx）

65 Eric S. Rosengren, "Central Bank Perspectives on Central Bank Digital Currencies," Remarks of President and CEO Eric S. Rosengren, Federal Reserve Bank of Boston, May 21, 2021.（https://www.bostonfed.org/news-and-events/speeches/2021/central-bank-perspectives-on-central-bank-digital-currencies.aspx）

66 Digital Dollar Project, "Digital Dollar Project to Launch Pilot Programs to Explore Designs and Uses of a US Central Bank Digital Currency," May 3, 2021.（https://digitaldollar-project.org）

67 同右。

68 Ronald Reagan, “Address to the British Parliament,” June 8, 1982.（https://www.historyplace.com/speeches/reagan-parliament.htm）

69 Federal Reserve Bank of Dallas, “Globalization and Monetary Policy Institute, 2014 Annual Report.”（https://www.dallasfed.org/~/media/documents/institute/annual/2014/annual14.pdf）

70 フランス元首相ジョルジュ・クレマンソー。

71 デジタル・ドル・プロジェクト、アドバイザリー・グループのプライバシー小委員会による。具体的には、エリザベス・グレイ、ジム・ハーパー、シガル・マンデルカーだ。

72 社会変化をもたらすインターネットの役割の痛烈な描写として、以下参照。Emily Parker, *Now I Know Who My Comrades Are: Voices from the Internet Underground*（New York: Sarah Crichton Books/Farrar, Straus and Giroux, 2014）.

73 Bret Swanson, “Big Tech and Big Finance Breed Hubris,” *The Wall Street Journal*, Opinion, July 6, 2021.（https://www.wsj.com/articles/big-tech-and-big-finance-breed-hubris-11625520108）

74 World Bank Poverty Homepage.（https://www.worldbank.org/en/topic/poverty）

75 Ron Johnson, “YouTube Cancels the U.S. Senate,” *The Wall Street Journal*, February 2, 2021.（https://www.wsj.com/articles/youtube-cancels-the-u-s-senate-11612288061）

76 Nick Clegg, “In Response to Oversight Board, Trump Suspended for Two Years; Will Only Be Reinstated If Conditions Permit,” Facebook, June 4, 2021.（https://about.fb.com/news/2021/06/facebook-response-to-oversight-board-recommendations-trump/）

77 ただし、おそらくそれほどむずかしくはないだろう。２０２１年６月に内国歳入庁（ＩＲＳ）の個人納税申告書が漏えいしたことは、政治的意図のためにプライバシーを侵害する驚くべき犯罪を示唆している。“Return of the IRS Scandal,” *The*

Wall Street Journal, Opinion, June 8, 2021. (https://www.wsj.com/articles/return-of-the-irs-scandal-11623191964)

78 多くのアメリカ連邦政府機関は、民間ベンダーから消費者の機密データを取得することで、憲法のプライバシー保護条項を回避している。Laura Hecht-Felella, "Federal Agencies Are Secretly Buying Consumer Data," Brennan Center for Justice, April 16, 2021. (https://www.brennancenter.org/our-work/analysis-opinion/federal-agencies-are-secretly-buying-consumer-data)

79 Zachary Cohen and Katie Bo Williams, "Biden Team May Partner with Private Firms to Monitor Extremist Chatter Online," CNN, May 3, 2021. (https://edition.cnn.com/2021/05/03/politics/dhs-partner-private-firms-surveil-suspected-domestic-terrorists/index.html)

80 ベストセラーのある歴史学者によると、データを制する者が未来を制する。Yuval Noah Harari, 21 Lessons for the 21st Century (New York: Penguin Random House, 2018).

81 Joe Weisenthal and Tracy Alloway, "Interview with Hyun Song Shin, Economist, Bank for International Settlement," Bloomberg Odd Lots Newsletter, June 25, 2021.

82 Weisenthal and Alloway, "Interview with Hyun Song Shin."

83 https://www.youtube.com/watch?v=2nf_bu-kBr4

84 CBDC導入にあたり、何がうまくいかないかという通常の質問ではなく、何がうまくいくかを問うという、アイデアと言葉遣いの妙はダニエル・ゴルフィーンによる。

85 "CBDCs: An Opportunity for the Monetary System," Bank for International Settlements Annual Economic Report, June 23, 2021. (https://edition.cnn.com/2021/05/03/politics/dhs-partner-private-firms-surveil-suspected-domestic-terrorists/index.html)

86 "CBDCs: An Opportunity for the Monetary System."

87 19世紀のフランス人小説家ギュスターヴ・フローベールは、「人の価値は敵の数で計算できる」と語ったとされている。

88 Dante Disparte, "A Central Bank Digital Currency Would Be Bad for the US," CoinDesk, May 17, 2021.（https://www.coindesk.com/policy/2021/05/17/a-central-bank-digital-currency-would-be-bad-for-the-us/）

89 Tobias Adrian and Tommaso Mancini-Griffoli, "Public and Private Money Can Coexist in the Digital Age," IMF Blog, Feb. 18, 2021.（https://blogs.imf.org/2021/02/18/public-and-private-money-can-coexist-in-the-digital-age/）および Tobias Adrian, Michael Lee, Tommaso Mancini-Griffoli, and Antoine Martin, "Central Banks and Digital Currencies," Liberty Street Economics, June 23, 2021.（https://libertystreeteconomics.newyorkfed.org/）

90 Adrian and Mancini-Griffoli, "Public and Private Money Can Coexist"; Adrian et al., "Central Banks and Digital Currencies."

91 １９６０年代、米国航空宇宙局（ＮＡＳＡ）は民間企業やエンジニアリング企業、コントラクターと提携して人類を月面に着陸させ、当時のアメリカの最優先アジェンダを達成した。同じく１９６０年代には、ペンタゴンの国防高等研究計画局（ＤＡＲＰＡ）が民間部門に対して、主要なインターネットの構成要素の開発を委託した。その後、全米科学財団が、今日私たちの知るインターネットの基礎を築くべく、全米科学財団ネットワーク（ＮＳＦＮＥＴ）を創設し、民間企業および公立大学と契約した。

92 Carney, "The Art of Central Banking in a Centrifugal World."

結　論

1 ＣＢＤＣの導入について、どんな問題が起こりうるかというありきたりな疑問ではなく、どんな利点があるのかを問いかけるアイデアとレトリックはダニエル・ゴルフィーンに負うている（April 9, 2018).（https://www.cftc.gov/PressRoom/SpeechesTestimony/opagiancarlo43）

2 John Stuart Mill, "On Utilitarianism"（1861）in *Utilitarianism*（Mary Warnock ed., Glasgow, Scotland: William Collins Sons, 1962）には、『自由論』などミルの代表作や、ジェレミー・ベンサムとジョン・オースティンの作品が含まれる。背景については、John Skorupski, *John Stuart Mill*（Routledge, London, 1989). ここでは主に、ミルの哲学、分析、帰納的論理に焦点が当てられている。

3 John Keay, *The Honorable Company: A History of the English East India Company* (New York, Harper Collins, 1991); Niall Ferguson, *Empire: How Britain Made the Modern World* (New York: Penguin Press, 2004).

4 John A. Allison, *The Financial Crisis and the Free Market Cure* (New York: McGraw Hill, 2013), 253.

5 Michael Novak, *The Spirit of Democratic Capitalism* (New York: Madison Books, 1982).

6 Novak, *The Spirit of Democratic Capitalism*, 13.

7 Nassim Nicholas Taleb, *Antifragile: Things That Gain from Disorder* (New York: Random house, 2012).

8 C. S.Lewis, *The Abolition of Man* (1943). ミルはまた、On Utilitarianism ２６８頁において黄金律を支持している。

9 Niall Ferguson, *The Great Degeneration: How Institutions Decay and Economies Die* (New York: Penguin Press, 2013), 72, Walter Bagehot の *Lombard Street* とイングランド銀行の運営の成功の教訓を概説。

10 前出・ミル『自由論』。

11 Bob Dylan, 1964, Columbia Records.

12 Douglas Adams, *The Salmon of Doubt: Hitchhiking the Galaxy One Last Time* (William Heinemann Ltd, 2002.).

13 今日の社会主義国ベネズエラでは、病院の緊急処置室は、深刻な栄養失調の子どもたちで溢れている。これは、天然資源に恵まれたベネズエラが社会主義政権に移行する前には、めったにみられなかった状況だ。Meridith Kohut and Isayen Herrera "As Venezuela Collapses, Children Are Dying of Hunger," *New York Times*, Dec. 17, 2017. (https://www.nytimes.com/interactive/2017/12/17/world/americas/venezuela-children-starving.html). ２０１８年５月までに、１日当りおよそ５０００人が食糧を求めてベネズエラを脱出したと推定されている。このままでは、すでに避難した１５０万人に加えて、２０１８年末までに１８０万人が避難することになる。これはベネズエラの人口３２００万人の10％以上だ。Rhoda Howard-Hassmann, "Famine in Venezuela," World Peace Foundation, Aug. 21, 2018. (https://sites.tufts.edu/reinventingpeace/2018/08/21/famine-in-venezuela/)

14 George Gilder, Knowledge and Power（Washington D.C., Regnery, 2013）, 282.

15 Minerva Research, Sunday Briefing（June 13, 2021）.（https://minerva-intelligence.com/sunday_briefing/）

16 Pope Benedict XVI, Papal Welcome, World Youth Day 2008（Australia, July 17, 2008）.（https://www.vatican.va/content/benedict-xvi/en/messages/youth/documents/hf_ben-xvi_mes_20070720_youth）

17 Aristotle, "The Politics." 最新版はJohnathan Barnesが編集（Introduction by Melissa Lane, translated originally by Benjamin Jowett, Princeton, NJ, Princeton University Press, 2016）.

18 Yared, "Nothing to Celebrate."

付　録

1 Paul Vigna, "For Bitcoin: A Year Like No Other," The Wall Street Journal, Jan. 2, 2018.（https://www.wsj.com/articles/for-bitcoin-a-year-like-no-other-1514721601）

2 ミルトン・フリードマンは１９９９年の時点ですでに、仲介者のいないインターネット決済システムに言及していた。National Taxpayers Union, "Milton Friedman Full Interview on Anti-Trust and Tech (1999)," YouTube video（Aug. 9, 2012）.（https://www.youtube.com/watch?v=mlwxdyLnMXM&feature=youtube）

3 "CFTC Talks," Episode 24（Dec. 29, 2017）, Interview with Coincenter.org. Director of Research Peter Van Valkenburgh.（http://www.cftc.gov/Media/Podcast/index.htm）

4 Marc Andreessen, "Why Bitcoin Matters," *New York Times* DealBook,（Jan. 21, 2014）.（https://dealbook.nytimes.com/2014/01/21/why-bitcoin-matters/）, Jerry Brito and Andrea O'Sullivan, "Bitcoin: A Primer for Policymakers"（Arlington, VA: George Mason University Mercatus Center, 2016）.（https://www.mercatus.org/publication/bitcoin-primer-policymakers）, Christian Catalini and Joshua S. Gans, "Some Simple Economics of the Blockchain," Rotman School of Management Working Paper No.2874598, MIT Sloan Research Paper No.5191-16（last updated Sept. 21, 2017）.（https://papers.ssrn.com/sol3/papers.

cfm?abstract_id=2874598), Arjun Kharpal, “People are ‘understanding’ the ‘great potential’ of bitcoin, billionaire Peter Thiel says,” CNBC. (Oct. 17, 2017), (https://www.cnbc.com/2017/10/26/bitcoin-underestimated-peter-thiel-says.html), Hugh Son, “Bitcoin ‘More Than a Fad,’ Morgan Stanley CEO Says,” *Bloomberg* (Sept. 27, 2017). (https://www.bloomberg.com/news/articles/2017-09-27/bitcoin-more-than-just-a-fad-morgan-stanley-ceo-gorman-says), Chris Brummer and Daniel Gorfine, “Fintech: Building a 21st-Century Regulator’s Toolkit,” Milken Institute (Oct. 21, 2014). (http://www.milkeninstitute.org/publications/view/665)

5 Bronwyn Howell, “Is Bitcoin the Tulip Craze of the 21st Century, or Something Else?,” American Enterprise Institute, *AEIdeas*, Jan. 5, 2018. (http://www.aei.org/publication/is-bitcoin-the-tulip-crase-of-21st-century-or-something-else/)

6 暗号通貨だからといって、不正行為において有用であるわけではない。米ドルのような法定通貨、金やダイヤモンドのようなコモディティは、長い間、犯罪組織の資金源となってきた。

7 ビットコインを禁止した国としては、バングラデシュ、ボリビア、エクアドル、キルギスタン、モロッコ、ネパール、ベトナムなどがある。中国は銀行によるビットコインの利用を禁止した。

8 直近の数値については https://coinmarketcap.com/ 参照。

9 http://openmarkets.cmegroup.com/12749/bitcoin-gold-growth-comparison

10 Sheila Bair, “Former FDIC Chair: Why We Shouldn’t Ban Bitcoin,” *Yahoo Finance*, Dec. 26, 2017. (https://finance.yahoo.com/news/former-fdic-chair-sheila-bair-shouldnt-ban-bitcoin-141019569.html)

11 Bair, “Former FDIC Chair.”

12 Testimony of CFTC Chairman Timothy Massad before the US Senate Committee on Agriculture, Nutrition and Forestry, Dec. 10, 2018. (http://www.cftc.gov/PressRoom/SpeechesTestimony/opamassad-6)

13 Coinflip, Inc., Dkt. No.15-29, CFTC (Sept. 17, 2015). (http://www.cftc.gov/idc/groups/public/@lrenforcementactions/

documents/legalpleading/enfcoinfliprorder09172015.pdf）

14 TeraExchange LLC, Dkt. No.15-33, CFTC（Sept. 24, 2015).（http://www.cftc.gov/idc/groups/public/@lrenforcementactions/documents/legalpleading/enfteraexchangeorder92415.pdf）

15 BXFNA Inc. d/b/a Bitfinex, Dkt. No.16-19, CFTC（June 2, 2016).（http://www.cftc.gov/idc/groups/public/@lrenforcementactions/documents/legalpleading/enfb-fxnaorder060216.pdf）

16 "Retail Commodity Transactions Involving Virtual Currency," 82 Fed. Reg. 60335, Dec. 20, 2017.（www.gpo.gov/fdsys/pkg/FR-2017-12-20/pdf/2017-27421.pdf）

17 CFTC, "A CFTC Primer on Virtual Currencies," Oct. 17, 2017.（http://www.cftc.gov/idc/groups/public/documents/file/labcftc_primercurrencies100417.pdf）

18 ２０１７年９月21日、ＣＦＴＣは、ニューヨーク南部地区連邦裁判所に、ニコラス・ゲルフマンおよびゲルフマン・ブループリント社を提訴した。（http://www.cftc.gov/idc/groups/public/@lrenforcementactions/documents/legalpleading/enfgelfmancom-plaint09212017.pdf）

19 CFTC, "A CFTC Primer on Virtual Currencies."

20 CFTC, "Customer Advisory: Understand the Risk of Virtual Currency Trading," Dec. 15, 2017.（http://www.cftc.gov/idc/groups/public/@customerprotection/documents/file/customeradvisory_urvct121517.pdf）

21 CFTC, "Statement on Self-Certification of Bitcoin Products by CME, CFE and Cantor Exchange," Dec. 1, 2017.（http://www.cftc.gov/PressRoom/PressReleases/pr 7654-17）

22 CFTC, "Bitcoin."（http://www.cftc.gov/Bitcoin/index.htm）

23 "Retail Commodity Transactions Involving Virtual Currency."

24 CFTC, "Commitments of Traders."（http://www.cftc.gov/MarketReports/CommitmentsofTraders/index.htm）

25 各ＣＭＥコントラクトは、５ビットコインを表章する。

26 価格は日によって変わる。２０１８年１月17日現在、ウォール・ストリート・ジャーナルは、12月初以来、初めて１万１０００ドルを下回ったと報じている。Mike Bird and Gregor Stuart Hunter, "Bitcoin Sinks as More Regulation Looms," *The Wall Street Journal*, Jan. 17, 2018, B130.（https://www.wsj.com/articles/just-another-day-for-bitcoina-20-plunge-1516103459）

27 CEA Section 5（d）(3), 7 U.S.C. 7（d）(3)；Section 5（d）(4), 7 U.S.C. 7（d）(4)；17 C.F.R. 38. 253 and 38. 254（a), and Appendices B and C to Part 38 of the CFTC's regulations.

28 CEA Section 5 b（c）(2)（D）(iv), 7 U.S.C. 7 a-1（c）(2)（D）(iv)（"The margin from each member and participant of a derivatives clearing organization shall be sufficient to cover potential exposures in normal market conditions".）

29 ＣＭＥとＣＦＥのビットコイン先物の場合、当初証拠金は最終的にそれぞれのＤＣＯによって47％と44％に設定された。これは、ＣＭＥのトウモロコシ先物商品に必要な証拠金の10倍以上である。

30 ある清算参加者は、暗号通貨について別の清算システムの構築をＤＣＯに強制するようＣＦＴＣに求めた。しかし、ＣＦＴＣは、法令と規制により、ビットコイン先物商品の自己認証の条件として、別の決済システムや保証基金を要求することができなかった。ＣＥＡは、新たな先物商品の清算について自己認証手続を義務づけていない。過去、ＤＣＯにおいて別個の保証基金が設立されたケースは、ＣＦＴＣの措置ではなく、清算参加者とＤＣＯとの交渉に基づくものだった。

31 FIA, "Open letter to CFTC Chairman Giancarlo regarding the listing of cryptocurrency derivatives," Dec. 7, 2017.（https://fia.org/articles/open-letter-cftc-chairman-giancarlo-regarding-listing-cryptocurrency-derivatives）

訳者注：原注記載URLは原著ママ。本書刊行時点でアクセスできないものも含まれる。また、原著中付録（Appendix）の注32〜38は、本文に対応する参照箇所が指示されていないため割愛した。

ビットコインの価格推移（2013年５月-2020年12月）

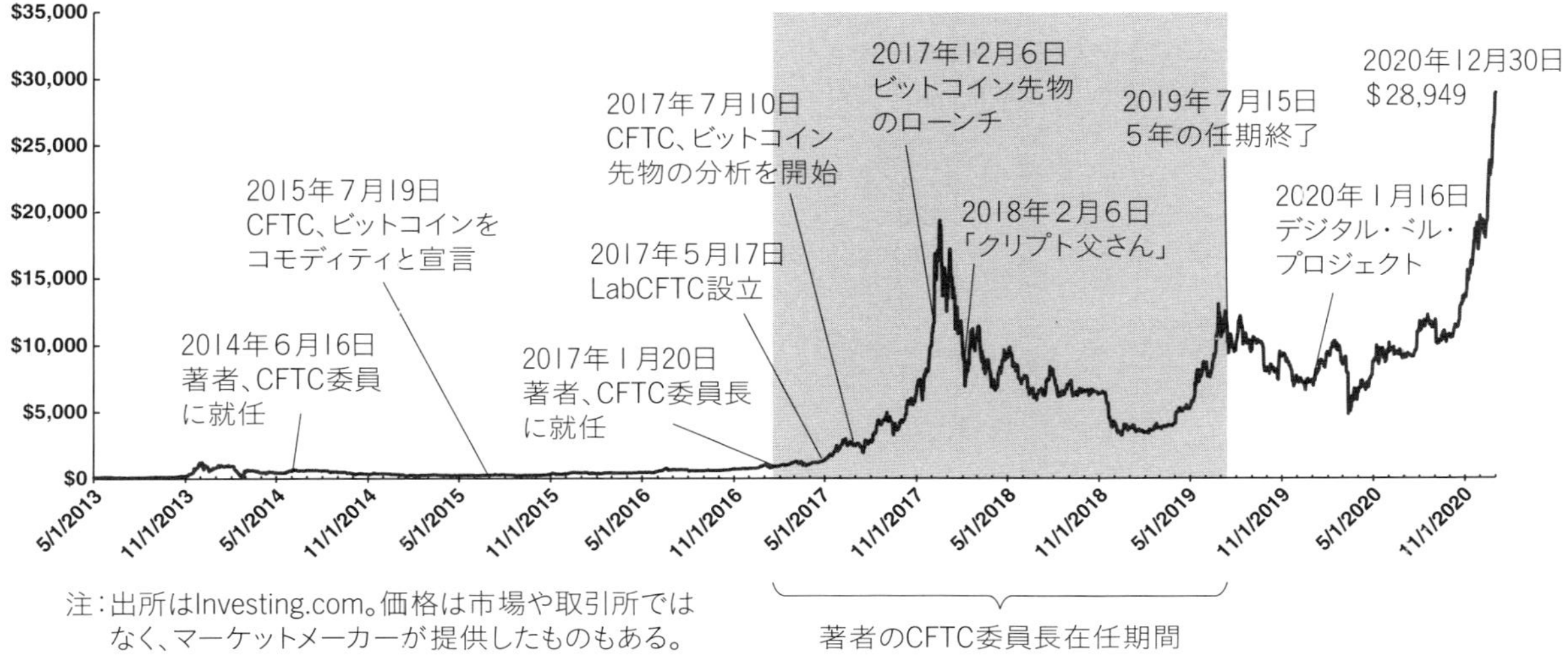

注：出所はInvesting.com。価格は市場や取引所ではなく、マーケットメーカーが提供したものもある。

謝辞

書籍の謝辞というのは、アカデミー賞の受賞者のスピーチの文学版だ。いずれも、そのすべてを可能にした人々に感謝の意を表すことを目的としている。両者に共通する最低ラインは、肝心な人物を決して忘れてはならないということだ。

しかしながら、両者にはまた、違いもある。アカデミー賞の受賞者は、自分がスピーチをするかどうか、前もって知らない。そして、いざ受賞した場合には、ほんの数分しか言うべきことを言える時間がない。だから、重要な友人を一人や二人、忘れても仕方がない。

一方で作家は、かなり前から本が出版されることを知っている。作家には、感謝に値する人々とその影響をすべて思い出すために必要な時間と空間がある。したがって、作家には、その応援や支援を通じて、本とその物語に貢献してくれたすべての人に感謝をしない言い訳はありえない。

というわけで、そのプレッシャーを念頭に置きながら、この謝辞を書いている。だれかを忘れたら言い訳はできない（だが、もし忘れたら許してほしい）。

それでは、この本とこの旅を可能たらしめてくれた人々への心からの感謝を、以下のとおり表したい。

ワイリーのビル・ファルルーンは、最初からこの本のコンセプトを気に入り、迷うことなく、熱意をもって最後までつきあってくれた。パーヴィ・パテル、サマンサ・エンダース、シンデゥジャアビラミ・ラヴィチャンディラン、ドナ・J・ウェインソン、その他ワイリーのチームに、心から感謝する。

常に熱心で情熱溢れる私の執筆活動の代理人、ティム・ヘイズに感謝する。エリース・ダニエルは、ノーム・チャンプと同様に時間を惜しまずにアドバイスしてくれた。ハーブ・シャフナーはその実直さをもって、優れたジャーナリストであるロジャー・パーロフは熱心な査読者として、細心の注意を払って編集にあたり、多大な貢献をしてくれた。ジョン・ソダーグリーンとクリス・フェラーリは、私の歴史の理解が正しいことを確認してくれた。マイルス・トンプソンは、私の主題の枠組みづくりを手伝ってくれた。スティーブ・アダムスキは、私の発言が公正であることを確認してくれた。エリック・パン、アミール・ザイディ、ダニエル・ゴルフィーン、マイク・ギル、エリカ・リチャードソンは、それぞれ本の一節を読んで思慮深いアドバイスをしてくれた。ジョン・ショスキーのおかげで、政府高官として独自の声をあげることができたことを決して忘れない。イスラエル・ポラックとカイル・コマフォードは、文中の引用の多くで手伝ってくれた。

最初に気づきを与えてくれた、そして与え続けてくれたウィンクルボス兄弟、キャメロンとタイラーには、素晴らしい序文とサンモリッツでの楽しい夕食に感謝したい。また、多くの偉大な暗号通貨OGに感謝し、敬意を表したい。ジェレミー・アレイアー、ヨニとローネン・アッシア、サム・バンクマン・フリード、ブライアン・ブルックス、チャド・カスカリラ、マイケル・ケイシー、シェイン・コプラン、メルテム・デミロース、ダンテ・ディスパルテ、ヤン・ヴァンエク、アヴィカル・ガーグ、エラッド・ギル、マット・ゲーツ、キャスリン・ホーン、トム・ジェソップ、エイミー・ディヴァイン・キム、ジョーイー・クラグ、スチュワート・レヴィー、ケイトリン・ロング、ジョセフ・ルービン、フロリ・マルケズ、ブライス・マスターズ、アサフ・メイアー、ダン・モアーヘッド、リチャード・オルセン、アリ・ポール、アンソニー・ポンプリアノ、ザック・プリンス、ドナ・レデル、マシュー・ロスザック、ユヴァル・ルーズ、デビッド・ラター、マルコ・サントーリ、ダン・シュルマン、カイ・シェフィールド、ローラ・シン、コリーン・サリバン、ドンとアレックス・タプスコット、シーラ・ウォーレン、チャンペン・ザオだ。

ミッキー・グーチと彼の素晴らしい創造物であるGFIグループには、いくら恩返しをしても足りない。10年半の間、素晴らしい仲間たちと一緒に、働き、笑い、ホールセール市場を運営した。ハーブ・アルフォン、ニック・ブラウン、トム・キャンクロ、マリサ・カッソーニ、ロバート・クロッサン、マイケル・コスグローブ、クレイ・デービス、ダリル・デニセン、マイケル・エヴェラート、ダドリー・フィッシュバーン、スコット・フィッツパトリック、リチャード・ジャイルス、クリス・アン・グリメット、ジョン・ヒーリー、コリン・ヘフロン、ヘレナ・ジャラバコヴァ、ロン・リーヴァイ、ジェームズ・マーティン、プラッシュ・ナイク、マーク・パスクアル、ジム・ピアース、ジョン・ピルソ、スコット・ピントフ、マーク・スフィア、ダグ・スティール、ジュリアン・スウェイン、ダナ・アーシュラー、マット・ウッダムス、そのほか大勢だ。ＧＦＩは、単なるビジネスという以上に、「実に楽しかった（Good Fun Indeed）」。

私のワシントンへの道は、ニューヨークのハノーヴァー・スクエアで、金融危機の後、生涯の友となった同業者たちと食事をともにしたことから始まった。WMBAの共同創設者であるショーン・ベルナルド、クリス・フェレリ、ジュリアン・ハーディング、スティーブ・メルケル、ビル・シールズ、そして信頼できるガイドのマイカ・グリーンに感謝する。

ほとんど共通点のない二人の大統領に仕えたことを含む私の政府での職務について、これを支援してくれたことに感謝すべき多くの人々がいる。それでもなお、私を指名してくれたバラク・オバマ大統領とドナルド・J・トランプ大統領には感謝している。また、2013年に私の指名を発表するようオバマ大統領に薦めてくれたニュージャージー州のクリス・クリスティ知事と、2017年に次期大統領に私の存在を知らせてくれたゲーリー・コーンにも感謝する。

私は、同僚のCFTC委員、ラス・ベナム、シャロン・ブラウン・フラスカ、ゲーリー・ゲンスラー、ウォルト・ルッケン、ティム・マサド、ジム・ニューサム、ヒース・ターバート、ダン・バーコヴィッツ、シャロン・ボーエン、マイケル・ダン、フレッド・ハットフィールド、ブライアン・クインテンズ、スコット・オマリア、ジル・ソマーズ、ドーン・スタンプ、マーク・ウェッチェン、故バート・チルトンに心から感謝する。これらの立派な男女の、党派を超えて職務に徹する姿勢が、CFTCをワシントンで最も機能的で専門性の高い機関の一つたらしめている。

CFTCが私の委員長時代に何かを成し遂げたとすれば、それは、500人を超える熱心な公僕のおかげだ。彼らはリーダー、そしてプロフェッショナルとして注目すべき人々だ。ジェフ・バンドマン、アンディ・ブッシュ、ブライアン・バッシー、メアリー・コネリー、マット・ダイグラー、ダン・ディビス、リッチ・ダンカー、フィリス・ディエズ、アイリーン・ドノヴァン、ナンシー・ドイル、ドナ・フォークホワイト、アイリーン・フラーティ、ウェス・フレンチ、エイタン・ゴールマン、ワード・グリフィン、メル・グネワルデナ、ヴェニータ・ヒル、ローズマリー・ホリンガー、ショニース・ジョーンズ、シヴォン・カーショウ、クリストファー・カークパトリック、マット・カルキン、ジョン・ロートン、マイケル・ロカンテ、グレッチェン・ロウ、ジェイミー・マクドナルド、ヴィンス・マクゴナグル、ニコール・マクネアー、チャック・マーヴィン、ライル・マンロウ、エリック・パン、ケビン・ピコリ、チェルシー・ピゾーラ、ジョージ・プレン、フィリップ・レイモンディ、エリカ・リチャードソン、ジョン・ロジャース、ベラ・ローゼンバーグ、ロブ・シュワルツ、マギー・スクラー、トム・スミス、サラ・サマーヴィル、サイエ・スリニヴァサン、マナル・サルタン、トニー・トンプソン、チャーリー・ソーントン、ブルース・タックマン、デビッド・ヴァン・ワグナー、ラウル・ヴァーマ、ケビン・ウェブ、スコット・ウィリアムソン、トレーシー・ウィンゲート、アン・ライト、マージー・イエイツ、アミール・ザイディ、その他多数だ。また、新人の頃の私を支えてくれたマーシャ・ブレイス、そしていつも気さくに話してくれたジェイソン・ゴギンズにも感謝している。私の身柄がマイク・ギルに引き渡された時から、彼の一貫したバランス感覚、善良な性格、そして慈愛に直面した。

有能な政府高官やスタッフの近くで働き、彼らと協力できたことは、私にとって非常に幸運なことだと思っている。連邦準備制度理事会のジャネット・イエレン、ジェローム・パウエル両議長をはじめ、ラエル・ブレイナード、ランディ・クオールズ両理事、地区連銀のビル・ダドリー、チャーリー・エヴァンズ、エスター・ジョージ、ニール・カシュカリ、ジョン・ウィリアムズ各総裁、国家経済会議のゲーリー・コーン、ラリー・クドロウ両委員長、スティーブ・ムニューシン財務長官、証券取引委員会のメアリー・ジョー・ホワイト、ジェイ・クレイトン両委員長とトロイ・パラディース、ダン・ギャラガー、カラ・スタイン、マイク・ピウォワー、ヘスター・ピアース各委員、通貨監督庁のトーマス・カリー、ジョセフ・オッティング、ブライアン・ブルックス各長官、連邦預金保険公社のマーティン・グリーンバーグ、エレナ・マクウィリアムズ各総裁、消費者金融保護局のリチャード・コードレイ、キャシー・クラニンガー両局長、連邦住宅金融局のメル・ワット、マーク・カラブリア両局長。また、デイビッド・ボウマン、コラド・カメラ、ニール・チャタジー、アラン・コーエン、ブレント・マッキントッシュ、デイビッド・マルパス、シガル・マンデルカー、ジャスティン・ムジニッチ、アンドリュー・オルメム、モーガン・オルタガス、ネイト・ワーフェル、そして親愛なる友人トニー・サイエなど、献身的な公僕たちに同様に感謝している。アメリカとその市民に対する彼らの奉仕は最高の称賛に値する。

私の就任宣誓を厳粛かつ神聖な行事として執行してくれたクラレンス・トーマス最高裁判事に深く感謝する。また、多数の現職および元議員の厚意と、アメリカの金融市場に影響する事項への関与に深く感謝する。下院のポール・ライアン元議長をはじめ、マイク・コナウェイ、ウォーレン・デイビッドソン、トム・エマー、スコット・ギャレット、アンソニー・ゴンザレス、ヴィッキー・ハーツラー、ジム・ハイムス、ビル・ホイゼンガ、フランク・ルーカス、ブレイン・リュートケマイヤー、スティーブン・リンチ、パトリック・マクヘンリー、コリン・ピーターソン、デビッド・スコット、オースティン・スコット、ダレン・ソト各下院議員、上院ではジョン・ブーズマン（アーカンソー州）、シェリー・ムーア・カピート（ウェストバージニア州）、クリス・クーンズ（デラウェア州）、トム・コットン（アーカンソー州）、マイク・クラポ（アイダホ州）、スティーブ・ダインス（モンタナ州）、ジョニ・アーンスト（アイオワ州）、ビル・ハガティ（テネシー州）、ジョン・ケネディ（ルイジアナ州）、ジェームズ・ランクフォード（オクラホマ州）、シンシア・ルーミス（ワイオミング州）、ミッチ・マコネル（ケンタッキー州）、ジェリー・モラン（カンザス州）、ロブ・ポートマン（オハイオ州）、パット・ロバーツ（カンザス州）、ミット・ロムニー（ユタ州）、デビー・スタベナウ（ミシガン州）、ジョン・スーン（サウスダコタ州）、トム・ティリス（ノースカロライナ州）、クリス・ヴァン・ホーレン（メリーランド州）、マーク・ワーナー（バージニア州）、エリザベス・ウォーレン（マサチューセッツ州）、リチャード・シェルビー（アラバマ州）各議員等だ。

また、素晴らしいグローバルなリーダーおよびそのスタッフとともに働く栄誉に浴することもできた。イギリスのフィリップ・ハモンド財務大臣、同国財務省高官のチャールズ・ロクスバラ、キャサリン・ブラディック、イングランド銀行マーク・カーニーおよびアンドリュー・ベイリー両総裁、サー・ジョン・カンリフおよびサム・ウッド両副総裁、欧州委員会バルディス・ドムブロフスキス副委員長、その同僚のオリヴィエ・ゲルサン、ジョン・ベリガン、マリオ・ナバ、国際決済銀行ディレクターのブノワ・クーレ、欧州証券市場機構スティーヴン・マイヨール長官、オンタリオ証券委員会元委員長モーリーン・ジェンセン、フランス金融市場庁長官ロバート・オフェレ、ドイツ連邦金融監督庁フェリックス・フーフェルトおよびマーク・ブランソン両長官、香港証券先物委員会のアシュリー・アルダー最高経営責任者、アイルランド中央銀行のダービル・ロウランド事務局長、イタリア国家証券委員会のパオロ・サボナ委員長とニコレッタ・ジュスト共同局長、ケベック金融市場庁長官のルイ・モリセー、シンガポール通貨庁長官のラビ・メノン、日本の金融庁の氷見野良三長官と水口純審議官。NFAのリーダーシップにも感謝している。トム・セックストン、カレン・ウーツ、エド・ダッソーだ。また同様に、FIAのウォルト・ルッケン、アリソン・ラートン、ジャックリーン・メサに感謝している。

デジタル・ダラー・プロジェクトは、目覚ましい道のりを歩んできた。2019年12月に活動を開始したとき、アメリカ当局は、中央銀行デジタル通貨（CBDC）を検討する理由はほとんどないと考えていた。18カ月たって、彼らは先頭を競うようになっている。私たちの声の正当性が証明されたわけだ。第一級のアドバイザリー・グループと同胞メンバーに感謝したい。チャーリー・ジャンカルロ、ダニエル・ゴルフィーン、エイドリアン・ハリス、デイビッド・トリートだ。そしてアクセンチュアの素晴らしいチームにも感謝したい。アマンダ・ブリノ、デニーズ・ベラール、アリソン・ゲイブ、ルーク・ジャンカルロ、マイケル・グレコ、ロバート・ホフマン、ジオフ・カーン、オスメネ・マンデン、ダニエル・マーテル、ヴィンセント・メレ、ジュリエット・マイヤー、ドミニク・パオリノ、レスリー・ウォン、アリッサ・ウォーリー、ジョン・ベリサリオスだ。

私は、コモン・セキュリタイゼーション・ソリューションズの会長として、ささやかながら社会貢献を続けられることに喜びを感じている。私は、暫定取締役のサンドラ・トンプソンと取締役会メンバーであるトニー・レンツィ、デイビッド・ベンソン、ダイラン・グレン、アンディ・ヒギンボサム、リネット・ケリー、マイク・ピウォワー、レイモン・リチャーズ、ジェリー・ワイスのサポートに感謝している。不屈のペリアン・ボアリングと一緒に仕事をすることは喜びであり、デジタル商工会議所の諮問委員会の委員を務めることは名誉なことだ。

アメリカの実業家、経済学者、起業家であり、アメリカン・ファイナンシャル・エクスチェンジ（AFX）の会長兼CEOを務めるリチャード・L・サンダーは、私にインスピレーションを与えてくれる。私のAFXの取締役の同胞、バーバラ・G・ノヴィック、アート・ケリー、ロバート・アルバートソン、アンディ・ローウェンタール、そして故キャロル・L・ブルッキンズも同様だ。同様に、野村ホールディングスの取締役として、進取の精神をもつCEO、奥田健太郎さんをサポートできることも光栄に思う。

ウィルキー・ファー・アンド・ギャラガーに加わって本当に良かった。同社は、従業員の扱いという些細なことから、顧客の扱いという重大なことまで、すべて正しいことを行っている。COVID-19感染拡大のなかで、従業員・顧客の両方を大事にしているところをみて確信した。ジム・アンダーソン、スコット・アレネア、コンラッド・バーク、マーゴ・ベイリー、バリー・バーバッシュ、ノーマン・ベイ、マシュー・バーガー、カリスティナ・ブレイクスリー、ジャスティン・ブラウダー、ブラント・ブラウン、ジョージア・ブリット、ジム・バーンズ、トム・カラビーノ、ユジーン・チャン、ナン・I・チェン、ルビー・チェリー、ヘンリエッタ・デサリス、マイケル・デニーロ、アシーナ・イーストウッド、ウェス・エグチ、アーチー・ファロン、マット・フェルドマン、エリザベス・グレイ、エリック・ハルペリン、ミッキー・ハーツ、ベネディクト・ハー、ジョージ・カマイン、デイビッド・カッツ、ニール・クマール、デイビッド・マッケイブ、リタ・モルワース、デイビッド・モートロック、マージェリー・ニール、トーマス・オーバースタイナー、ポール・パンターノ、クリス・ピーターズ、グラハム・ピットマン、ジェフ・ポス、ジェフ・ポス、アーティ・ロゴフ、ビル・ルーニー、マイケル・シャッチャー、ヘザー・シュナイダー、クラウディア・ザイヤー、クリス・サンジーノス、ビル・ステルマック、ニール・タウンゼント、デボラ・タックマン、アダム・タートルトーブ、キンバリー・ワックラー、マーティン・ワインスタイン、故ジャック・ナスバウムに心から感謝する。

私は、学校の内外を問わず、多くの偉大な教師たちに恵まれた。彼らに対して非常に大きな恩義を感じている。ニュージャージー州コンベント・ステーションの聖エリザベス修道院の献身的な修道女たち、ドワイト・イングルウッドのマルコム・ダフィー、アルバート・グレコ、ジーン・ヴォイティラ、アニタ・リスキン、スキッドモア・カレッジのフィリス・ロス、ヘンリー・ギャラント、アーウィン・レヴィーン、メアリー・エレン・フィッシャー、パトリシア・アン・リー、タッド・コロダ、ヴァンダービルト大学のジョン・マーシャル、ドン・ランゲブート、ハル・マイヤー、カーティス・マレット・プレヴォストのタウンゼント・ナイト、アルバート・フランケ、ジェリー・マレガン、マーク・

バース、ラリー・グッドマン、ジェフリー・リオネット、そして知的なインフルエンサーとなってくれたクリス・ブラマー、ダレル・ダフィー、ナイアル・ファーガソン、ジョージ・ギルダー、ペギー・ヌーナン、モーリーン・オハラ、ハル・スコット、そして偉大なるレオ・メラメドだ。また、ヴァンダービルト・ロースクールのクリス・ガスリー、イェシャ・ヤデフ、モーガン・リックス、スキッドモア・カレッジのフラッグ・テイラー、キャサリン・ヒル両教授、そして特に2019年に1週間、図書館で私がこの本の準備のためにCFTC時代の書類を整理する場を提供してくれたフィリップ・グロッツバッハ元学長、ウェンディ・アンソニー、ジョー・ポーターに感謝している。

私は多くの親愛なる同僚や友人に恵まれている。身近にいる場合も遠くにいる場合もある彼らから多くを学び、多くの恩恵を受けている。マイク・アダム、ジョー・アレグロ、ジョン・アシュクロフト、ポール・アトキンス、マルヴィン・ベイダー、ジョアン・ベアフット、チャールズ・ボー、バイエルー家、フレッド・クロスニエ、デトーレス一家、ブルース・ディチコ、ジェイミー・ディトリッチ、テリー・ダフィー、ブライアン・ダーキン、クリス・エドモンズ、ジョセフ・イングルハード、ウィリー・ファルケンスターン、ブレンダン・フォーリー、サルヴァトーレ・ジャンピッコロ、アンジェラ・ジャンカルロ、エド・ギレスピー、ポール・グリーバーマン、マシュー・ゲーツ、ジェイ・グルシュキン、カイル・ハウプトマン、クリス・ヒーマイヤー、デイビッド・ヒルシュマン、クリス・イアコヴェラ、メル・インメルガット、エリックとエイミー・カミシャー、マイク・ケリー、ケン・カーソン、エドとコーラ・コッチ、ジェフ・リーヴォフ、ドリュー・マロニー、キャサリン・マクギネス、ライアン・マクキー、ジョナサン・ヤキム、デニス（マック）マッキンリー、ケビン・マクパートランド、アン・マクミレン、ショーン・ニアリー、ジム・ニューサム、アート・オコナー、サンディー・オコナー、ビル・パラトゥッチ、スコット・パーソンズ、エド・ピーターソンとピーターソン一家、ミシェル・プライス、ケン・ライスラー、リンダとピーター・リッチ、サンチェスおよびスカリオーネ一家、マークとパティ・シュミッツ、マイケルとHJとペイス・シュワルツ、カイヴァン・シャキブ、マーニー・シンプソン、ジョン・スマート、ジェフ・スプリーチャー、ケリー・ローフラー、アネット・サザーランド、ジム・タバッキ、ラリー・タブ、エド・ティリー、マーク・タッカー、ロイ・タンポウスキー、アダム・ヴァーニー、ジョン・ヴォイト、シーラ・K・ウィリス、ドン・ウィルソン、ジョン・ウォットンだ。私にすべてを書き留めておくようにと主張したデイヴィッド・ギリーズと、アメリカで成功するために何世代にもわたって払った犠牲を思い起こさせるグーグェン家（ジャンフランソワ、アンソフィー、マロ、アーサー、ロラ、マヤ）に感謝している。マーティン／プラット一家には、比類なき省察の場を提供してくれた恩義を感じている。私はまた、シスター・ジョアン・ピキウロ、そしてルカ・カヴィアダ、スティーブン・フィクター両牧師、アシュリー・ハリントン、ジャック・オコネル、ロバート・ウォルフィー、カーシリスタス・ケン・ブランズフィールド、ピーター・フスコ、ジョセフ・ジェンコ、マイケル・ジュリアーノ博士、ルー・モンデロ、トム・カーニー、ジャック・オグレイディ、ドック・ピーターソン、パット・フェラーラ、ヴィンセント・シア、その他大勢、私を支えてくれた人々に感謝している。私はすぐに戻ってくる。神のご加護を！

彼らはもうこの世にいないが、いまの私があるのは、祖父母のフローレンスとヘンリー・シュワルツ、フィオリーナとチャールズ・ジャンカルロのおかげだ。彼らがいまそばにいてくれたなら、彼らが言ったとおり、私の人生がどれだけ素晴らしいものだったか、伝えることができただろう。私は幸運なことに、義理の両親であるハリーとティナ・ベイエル、そして彼らの素晴らしい子どもたちと幸福を分かち合うことができた。私が初めて彼らの台所のテーブルに座って、彼らの美しい娘と結婚すると発表して以来、彼らは無条件の愛情を私に注いでくれた。私は、生涯の友であるマリーサ・カソニや、その屋上にいたときにホワイトハウスが私の指名を知らせてきたローマの家の持ち主、マリーサ・ゲスアルドを含む、素晴らしいヨーロッパのいとこたちから4代にわたって大西洋を越えて愛情を注がれていることに感謝している。私はまた、父の良くも悪くも力強い教えと、亡くなる前の静かな愛情表現に感謝している。母はいまでも大勢の人生の光と微笑みの源となっている。私は彼女に触発されて、読書と文章を書くことが好きになった。この本は私から彼女への贈り物だ。私の兄弟は、明るい未来と冒険に満ちた子ども時代の遠い記憶を蘇らせる。兄のチャーリーはずっと私の目標であったし、いまもそうだ。弟のマイクとティムは交代で一家の名誉を守るために戦った。彼らと彼らの家族は、私にとって言葉に表せないほど大切な存在だ。子どもたち、エマ、ルーク、ヘンリーは、私の最も輝かしい誇りであり最大の喜びだ。彼らが元気いっぱいにこの世に足を踏み入れるのを目の当たりにしたことは、私の人生のもう一つの宝物だ。そのすべてについて、とりわけ神に感謝している。

最後になるが、「サージェント・ペパーズ」についてジョン、ポール、ジョージ、リンゴに、コードを教えてくれたことについてチェラさんに、作詞とリード・リックスを教えてくれたことについてリッキー・フリンに、「涙のサンダー・ロード」についてブルース・スプリングスティーンに、「天国への階段」についてカイダス、アラン・サパースタイン、ハウイー・ゴードン、トニー・クートルピに、サラトガで歌ったことについてジェイ・シャルマンに、バックポーチで合唱したことについてジョー・アレグロとデイブ・ギリーズに、「フォーギブ・ミー・イェット」についてマイク・マーリンに、ウェストハンプトンのストーン・ポニーとロブ・ノーデンの76ハウスでのナイトミュージックについてスラックスに、ロンドンについてプレシーデンツに、ミシガンとミズーリ、「アマリロ・バイ・モーニング」についてセカンド・アメンドメンツに、そして何よりも、いまも彼女の目に輝き続けるニール・ヤングの「ハーヴェスト・ムーン」に感謝している。

そして、その目はもちろん、レジーナ、私の花嫁であるあなたのものだ。32年間、人生をともにしてくれたことを感謝する。心から愛している。

著者について

J・クリストファー・ジャンカルロ（J. Christopher Giancarlo）

暗号通貨に対する新世代の関心を尊重するよう議会に呼びかけたことから「クリプト父さん」と呼ばれるJ・クリストファー・ジャンカルロは、米国商品先物取引委員会（CFTC）の第13代委員長を務めた。

「金融規制において最も影響力のある人物」の一人とされるジャンカルロはまた、米国金融安定監督評議会、金融市場に関する大統領ワーキンググループ、証券監督者国際機構理事会のメンバーも務めた。2014年にバラク・オバマ大統領によってCFTC委員に指名され、同年6月に全会一致で承認された。その後、ドナルド・トランプ大統領によってCFTC委員長に指名され、2017年8月に再び全会一致で承認された。

現在、国際的な法律事務所ウィルキー・ファー・アンド・ギャラガーの上級顧問弁護士であるほか、多数のテクノロジー企業および金融サービス企業の取締役や顧問を務め、また、エンジェル投資家でもある。アメリカの中央銀行デジタル通貨の調査を推進する非営利の取組み、デジタル・ドル・プロジェクトの共同創設者でもある。

１９８４年、ヴァンダービルト大学法学院にて法学博士号を取得。１９８１年、スキッドモア・カレッジを卒業、ファイ・ベータ・カッパで学士号を取得。

ニューヨーク州法曹会会員（１９８５年〜）であり、ＩＦＬＲアメリカから「規制改革への貢献」（２０２０年）、ロンドン市から「フリーダム・オブ・ザ・シティ・オブ・ロンドン」（２０１９年５月）、フレンチ・アメリカン・アカデミーから「今世紀の人」（２０１７年10月）をそれぞれ受賞。

Twitter: GiancarloMKTS

訳者解説

著者、クリス・ジャンカルロが「日本語版の発刊にあたって」で書いているように、原著が2021年に出版されてから、暗号通貨―民間の暗号通貨、中央銀行デジタル通貨（CBDC）―をめぐっては、アメリカ内外で実にいろいろな動きがありました。

背景としては、メタ（旧フェイスブック）によるグローバル・ステーブルコイン「リブラ」構想（ディエムへ改称後、関連資産売却）や、金融引締めなどの影響でビットコイン等の暗号通貨が暴落したこと、アルゴリズムを用いたドルペッグを図るステーブルコイン、テラUSDが破綻したことに対して、公的部門としての対応の必要性が認識されたことがあげられます。方向性としては、いずれも、民間暗号通貨に対しては規制強化する一方、CBDCについては開発を後押しする材料となりました。

アメリカでは、民主党バイデン政権が動きを加速しています。2022年3月には、暗号資産（暗号通貨だけでなく株式や債券をトークン化したものを含む）戦略に関する大統領令が発出されています。そこでは、財務長官がCBDCの経済に与える影響や民間暗号資産との関係、他国CBDCの影響について報告書をまとめることや、証券取引委員会（SEC）や商品先物取引委員会（CFTC）等の連邦当局が既存の投資家保護等の規制が暗号資産に対応できるか否かを検討することなどが求められています。

また、2022年9月には、責任ある暗号資産の開発に関する包括的枠組みがホワイトハウスより公表されています。そこでは、SECやCFTCが暗号資産分野での不正行為を積極的に取り締まることや、金融安定監督評議会（FSOC）が暗号資産の金融安定へのリスクについて検証すること（2022年10月公表）、財務省が分散型金融（DeFi）・非代替性トークン（NFT）について不正金融のリスク評価をすることなどが盛り込まれています。

このように米国政府は、暗号資産の規制枠組みの構築に向けた動きを着々と進めている一方、これまでのところは包括的な枠組みや方向性の提示、分析・評価にとどまっており、著者が求めているような「クリプト・ネイティブ」な規制体系や、自主規制を中心としたシステム整備に向けた具体的な施策は打ち出してはいません。

グローバルなレベルでも、暗号資産をめぐる動きは加速化しています。金融安定理事会（FSB）は2022年10月、G20財務相・中央銀行総裁会議を前に報告書を公表しており、暗号資産の規制・監督について、「同一活動・同一リスク・同一規制」の原則や当局間の協調、暗号資産関連企業のガバナンスやリスク管理の枠組みの整備、暗号資産エコシステムと広範な金融システムとの相互連結の特定・監視などを提言案として提示しています。

より具体的な暗号資産に係る規制を提言したものとしては、バーゼル銀行監督委員会が2022年6月に公表した、第二次市中協議文書「暗号資産エクスポージャーに係るプルデンシャルな取扱い」があげられます。同文書では、まず、暗号資産を大きく、①株式や債券等をトークン化したもの、②裏付けのある民間暗号通貨（ステーブルコイン）、③裏付けのない民間暗号通貨（たとえばビットコイン）に分類しています。そのうえで、銀行が保有する場合、原則として、①②については原資産と同様の資本規制を課すこととする一方で、③についてはリスクが高いものとして厳格な資本規制を課すと同時に、中核的自己資本の１％という保有上限も課しています。他方、ＣＢＤＣについては適用外としています。

このように、ビットコイン等については制限的な規制を課す方向性が示されているなか、迅速・低コストといった民間暗号通貨と同様のメリットが期待されるＣＢＤＣの開発に向けた動きがグローバルに広がっているというのが足元の状況です。大国でその最先端を行くのが、本文で著者が例示している中国のデジタル人民元、ｅ-ＣＮＹです。同様に本文で言及されているバハマのサンド・ドルなど、全体的に途上国でＣＢＤＣは先行しています。これは、ドルやユーロのように、基軸通貨としての現在の地位、あるいはレガシーがないことによるところが多分にあります。しかし、そのユーロも、デジタル・ユーロの検証を進めており、２０２３年10月にはなんらかの結論を得ることとされています。「日本語版の発刊にあたって」にあるように、検証の結果、デジタル・ユーロを導入しないということになる可能性は、いまのところ高くはなさそうです。

そうしたなか、ＣＢＤＣについては、基軸通貨のドルを擁するアメリカの動きが遅れているという見方が一般的だと思われます。もちろん、アメリカも何もしていないわけではありません。２０２２年１月には、連邦準備制度理事会（ＦＲＢ）がＣＢＤＣに関する報告書を公表しており、ＣＢＤＣの利点と課題を整理しています。そのなかで、国内に関しては、政府内の広範な支持がなければＣＢＤＣの発行はできないとして、立法措置の必要性を指摘する一方、国際的な視座からは、他国のＣＢＤＣがより魅力的なものとなった場合、ドルの基軸通貨としての地位が脅かされかねないため、米国ＣＢＤＣが米ドルの基軸通貨としての地位確保に役立つ可能性があると指摘しています。

また、「日本語版の発刊にあたって」でも指摘されているとおり、ＣＢＤＣに求められる特性として、ＦＲＢはプライバシーの重要性もあげています。暗号通貨なかんずくＣＢＤＣにおけるプライバシー保護は、重要論点として本書でも繰り返し指摘されているところです。日本においても、２０２１年４月から進められているＣＢＤＣに関する実証実験の過程で、論点の一つとしてプライバシーの確保と利用者情報の取扱いが位置づけられています。

アメリカや日本におけるＣＢＤＣ実現の可能性は依然として不透明ですが、一方で、上記ＦＲＢ報告書が想定しているように、そして本文で著者が予想しているように、ブロックチェーン通貨圏ないしＣＢＤＣ通貨圏、さらにはそれらによる基軸通貨の地位をめぐる競争の現実味は増してきているように感じます。今後も、暗号通貨をめぐる民間部門のイノベーション、それに対して各国政府がどのような規制対応を講じるか、政府・中銀によるＣＢＤＣ開発の動向は、注目に値するものと思われます。

野村資本市場研究所ウェブサイトで閲覧できる関係レポート一覧

http://www.nicmr.com/nicmr/report/capitalmarket.html

レポート名	執筆者	野村資本市場クォータリー掲載号
米国のビットコイン先物及びETF市場の整備を巡る課題と展望	岡田功太 木下生悟	2018年冬号
仮想通貨に対する米規制当局のスタンスと課題	岡田功太 木下生悟	2018年春号
米国のFedAccount構想とCBDCを巡る動き	淵田康之	2020年夏号
中国人民銀行が進める「デジタル人民元」発行計画の概要と展望	関根栄一	2020年夏号
新たな資金調達手法として期待されるSTO―海外の事例と日本における可能性―	神山哲也 塩島晋	2020年夏号
CBDCへの支持が高まる背景	淵田康之	2020年秋号
「一生ものの口座」としての公金受取口座構想とCBDCへの示唆	淵田康之	2021年冬号
「デジタル人民元」の中国国内での初の市民参加型実験の概要―深圳市・蘇州市に加え、北京冬季五輪での実験も始動―	関根栄一	2021年冬号
シンガポールで拡大するセキュリティトークン市場	北野陽平	2021年春号
タイ資本市場における公的部門主導のブロックチェーン活用―政府貯蓄債券の販売や規制の整備を中心に―	北野陽平	2021年夏号
世界初のCBDCはなぜ消えたのか？	淵田康之	2022年冬号
ステーブルコインは本質的に悪貨なのか？	淵田康之	2022年春号
DeFiが試す新しい金融	淵田康之	2022年夏号
伝統的金融とクリプトの接近と融合	淵田康之	2022年秋号
米国における暗号資産ビジネスの進展と規制枠組み策定に向けた動き	橋口達	2022年秋号

【監訳者略歴】

飯山　俊康（いいやま　としやす）

1987年早稲田大学商学部卒。1993年ノースカロライナ大学チャペルヒル校キーナン＝フラグラー・ビジネススクール修了（MBA）。1987年４月野村證券入社。ノムラ・インターナショナル（香港）アジア フィクスト・インカム部門長、シンジケート部長、執行役員インベストメント・バンキング担当、野村ホールディングス執行役員アジア地域ヘッドなどを経て、現在、野村ホールディングス執行役政策・エンゲージメント担当、中国委員会主席兼健康経営推進最高責任者（CHO）、野村證券代表取締役副社長、野村資本市場研究所代表取締役社長、ジャパン-チャイナ・キャピタル・パートナーズ取締役会長。

野村資本市場研究所

野村資本市場研究所は、1965年以来、野村総合研究所で行われてきた金融・資本市場および金融機関の制度・構造・動向等に関する調査の伝統を引き継ぎつつ、実務に根差した研究および政策提言を中立的かつ専門的に行うことを経営の基本方針に掲げた株式会社として、2004年４月１日に発足。日本の経済・社会の持続的発展のためには、市場メカニズムを活用したマネーフロー構造の強化が重要課題であるという認識のもと、複線的な金融・資本市場の確立に向けた、構造的な改革に寄与すべく、日本のみならず、欧米先進諸国の市場経済が直面する、グローバルかつ先端的な課題の調査研究を行うシンクタンク。また、中国や新興国経済における金融・資本市場の適切な運営のあり方を、ファンダメンタルズ分析や日米欧市場の経験に関する比較研究をふまえつつ考察していくことにも注力。2019年12月には、研究所内に野村サステナビリティ研究センターを新設。ESG、SDGsといった環境的・社会的課題への関心が国際的に高まるなか、金融・資本市場と密接なサステナビリティ関連テーマに係る調査研究も開始。調査研究活動の成果の一端は、季刊誌『野村資本市場クォータリー』『野村サステナビリティクォータリー』および、ウェブサイト（日本語、英語、中国語）などを通じて広く世界に発信。

【翻訳チーム】（2022年11月末現在）

関　　雄太　常務〔企画・編集担当〕

1990年慶應義塾大学法学部卒。1999年南カリフォルニア大学マーシャル・ビジネススクール修了（MBA）。1990年野村総合研究所入社。2004年野村資本市場研究所ニューヨーク駐在員事務所、2011年野村資本市場研究所研究部長などを経て、2021年４月より現職。

神山　哲也　主任研究員〔編集・校閲・校正および第２部担当〕

1998年早稲田大学政治経済学部政治学科卒。2000年同大学院政治学研究科修了。2000年野村総合研究所入社。同資本市場研究部、野村アセットマネジメント総合企画室、野村資本市場研究所ニューヨーク駐在員事務所、内閣官房国家戦略室、野村資本市場研究所ロンドン駐在員事務所などを経て、2019年４月より現職。

関田　智也　副主任研究員〔校閲・校正および第３部担当〕

2007年慶應義塾大学経済学部卒。2015年ミシガン大学応用経済学修士プログラム修了。野村アセットマネジメント運用部、プロダクト・マネジメント部などを経て、2022年１月より現職。

橋口　　達　研究員〔第４部担当〕

2017年東京大学経済学部卒。2017年野村證券入社。新潟支店を経て、2020年10月より現職。

門倉　朋美　研究員〔第１部担当〕

2019年立教大学経営学部卒。2019年日本証券業協会入社。2022年７月より野村資本市場研究所研究部出向。

ロザノ容子　アソシエイト〔序文・序章・結論・付録等担当〕

アメリカン大学国際関係大学院修了後、1987年ノムラ・リサーチ・インスティチュート（ニューヨーク）入社。2004年４月より野村資本市場研究所ニューヨーク駐在員事務所。

事項索引

暗号通貨の未来と国家
——「クリプト父さん」による闘いの記録

2023年2月7日　第1刷発行

著　者　J・クリストファー・ジャンカルロ
監訳者　飯　山　俊　康
訳　者　野村資本市場研究所
発行者　加　藤　一　浩

〒160-8520　東京都新宿区南元町19
発　　行　　所　一般社団法人 金融財政事情研究会
企画・制作・販売　株式会社 き　ん　ざ　い
出 版 部　TEL 03(3355)2251　FAX 03(3357)7416
販売受付　TEL 03(3358)2891　FAX 03(3358)0037
URL https://www.kinzai.jp/

DTP・校正：株式会社友人社／印刷：株式会社日本制作センター

・本書の内容の一部あるいは全部を無断で複写・複製・転訳載すること、および磁気または光記録媒体、コンピュータネットワーク上等へ入力することは、法律で認められた場合を除き、著作者および出版社の権利の侵害となります。
・落丁・乱丁本はお取替えいたします。定価はカバーに表示してあります。

ISBN978-4-322-14200-6